GUÍA VIVA

MARRUECOS

ANAYA TOURING

GUÍA VIVA
MARRUECOS

Autores: **Roger Mimó** y **Josep Maria Escofet.**

Editora de proyecto: **Ana María López.** Coordinación técnica: **Mercedes San Ildefonso.** Editora de redacción: **Nuria Ruiz de Viñaspre.** Cartografía: **Anaya Touring.** Técnico editorial: **David Lozano.** Equipo técnico: **Antonio Sereno** y **Gabriel Martínez.** Ilustraciones: **Ximena Maier.** Diseño de interior y cubierta: **marivies.**

Fotografías: **B. Berlín:** 326, 329, 334. **Escofet, J. M./Anaya:** 27, 30, 31, 36, 81, 110, 111, 156, 157, 181, 195, 199, 209, 228, 229, 230 sup., 335, 394, 406, 408, 409, 414, 417, 419, 420, 421, 423 sup. e inf., 425, 426, 428, 430, 431, 438, 441. **Fototeca 9x12:** 8, 48, 55, 59, 121, 149, 154, 163, 171, 204 inf., 205, 225, 230 inf. **Fotolia Images:** 358. **Leiva, Á de/Anaya:** 46, 204 sup. 401. **IstockPhoto Images:** 23, 35. 151, 158. **M. Arribas:** 420. **Oficina de Turismo de Marrruecos:** 109, 114, 178, 180, 198, 319, 435, 439, 443. **Ramón Ortega, P.-Fototeca de España/Anaya:** 155, 175, 206, 220, 223, 391, 392, 403, 405. **Roger Mimó:** 319. **Ruiz, J. B./Anaya:** 41, 42, 44.

Impresión: Orymu Artes Gráficas, S.A.

Depósito legal: M-360-2011
I.S.B.N.: 978-84-9935-135-3
Impreso en España - Printed in Spain

anayatouring_internacional@anaya.es La información contenida en esta guía ha sido cuidadosamente comprobada antes de su publicación. No obstante, dada la naturaleza variable de algunos datos, como horarios, recomendamos su verificación antes de salir de viaje. Los editores agradecen de antemano cualquier sugerencia u observación al respecto y declinan cualquier responsabilidad por las molestias que pudieran ocasionar a los usuarios de la guía.
www.anayatouring.com La página web de Anaya Touring ofrece un completo catálogo de publicaciones de la editorial de interés para los viajeros.

CONTENIDO

CÓMO USAR ESTA GUÍA

MAPAS

En las primeras páginas de la guía aparece un **mapa general de Marruecos**, donde se han señalado todos los lugares de interés descritos. Además se incluye un **mapa de itinerarios** en el capítulo correspondiente. Ambos resultarán muy útiles para realizar los desplazamientos.

LO BÁSICO

Al comienzo de esta guía encontraréis toda la información necesaria para preparar vuestro viaje a **Marruecos:** embajadas, transportes, moneda, documentación, sanidad, fiestas, horarios, etc. Se completa con un vocabulario de términos en árabe y beréber. Al final de este capítulo se han incluido algunos datos sobre las ciudades españolas de **Ceuta y Melilla,** por ser puntos frecuentes de partida en la ruta hacia Marruecos desde España.

MARRUECOS DE LA A A LA Z

En este apartado se describen, por orden alfabético, todas las **localidades** y lugares de interés de Marruecos. La descripción de la **Visita** a cada lugar se completa con varias secciones fijas: Transportes, Comer, Dormir, La Noche, Compras... Además, en cada caso, se añaden otras secciones específicas en función de las características concretas de cada lugar: historia, costumbres, fiestas, actividades deportivas...
Al final de este apartado se incluyen **8 itinerarios** que permiten enlazar las localidades y lugares de interés mencionados en esta guía.

INFO, TRANSPORTES Y ACCESOS

Incluye direcciones y teléfonos de los distintos puntos de información turística. Además se informa sobre todos los medios de transporte para llegar y moverse por el lugar (aeropuerto, autobuses, taxis, alquiler de vehículos, aparcamientos...) y sobre las distintas carreteras y rutas de acceso a la ciudad descrita.

VISITA

En este apartado aparece la **descripción monumental o paisajística** de cada localidad. En las páginas de la visita se incluyen también informaciones complementarias sobre los temas más variados: tradi-

ciones, mercados, lugares para hacer una pausa, curiosidades.... Acompañando a la visita, y para facilitarla, se incluyen dos **planos** (de día y de noche), que en colores diferenciados muestran los distintos ambientes de cada ciudad. En el **plano de día** se resaltan las zonas comerciales, así como los restaurantes y monumentos.
En el **plano de noche** se destacan los hoteles y las calles más animadas para salir de noche.

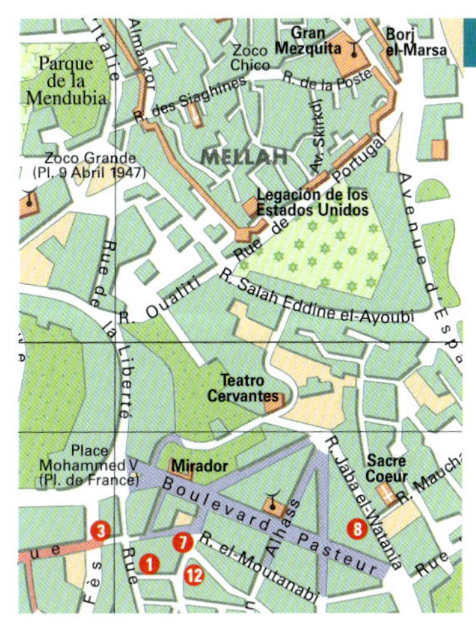

DORMIR Y COMER

En esta sección se da información detallada de los distintos hoteles y restaurantes que hemos seleccionado siguiendo un riguroso criterio de calidad/precio. En cuanto a los **alojamientos,** se describen pensiones, campings y hoteles. Igualmente se reseñan **restaurantes** de varias categorías y precios.
Resultará fácil localizar los alojamientos y restaurantes en los distintos planos de las ciudades que se incluyen.

CONTEXTO E ÍNDICES

El contexto comprende algunos apuntes sobre la historia, el arte, la religión, la música, la gastronomía y otros aspectos culturales de Marruecos.
Los índices, al final de la guía, ayudarán a localizar fácilmente los monumentos, los lugares de interés y los planos.

SIGNOS CONVENCIONALES EN LOS PLANOS

Planos de día
- Edificios de interés turístico
- Parques y jardines
- Restaurantes

Planos de noche
- Edificios de interés turístico
- Parques y jardines
- Alojamientos

- Cementerio musulmán
- Cementerio judío
- Mezquita/Iglesia católica
- Correos
- Aparcamiento/Taxis

N
OCÉANO
ATLÁNTICO
Lanzarote
ISLAS CANARIAS
Fuerteventura
Tarfaya
el-Haggounia
El Aaiún
Smara
Bukra
Bujdur
Bir Oum Ghrayn
Ayn Bentili
SAHARA
MAURITANIA
Jdiriya
Tindouf
Tan-Tan
Dra
Taidalt
Assa
Guelmim
Foum el-Hisn
Sidi Ifni
Tiznit
Tafraoute
Anti
Biougra
Igherm
Agadir
Taroudannt
Tamanar
Essauira
Chichaoua
Amizmiz
Marrakech
Tensift
Chemaïa
Safi
Oualidia
El-Jadida

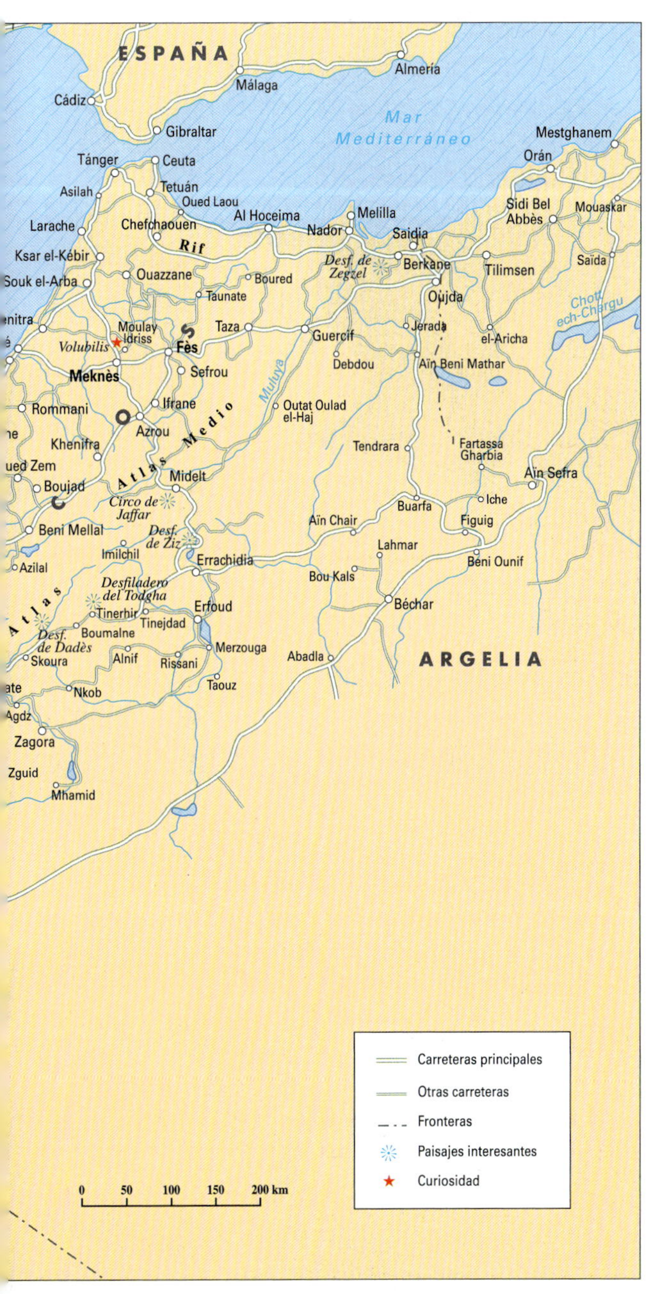
ESPAÑA
Cádiz
Málaga
Almería
Gibraltar
Mar Mediterráneo
Mestghanem
Orán
Tánger
Ceuta
Asilah
Tetuán
Oued Laou
Larache
Chefchaouen
Al Hoceima
Melilla
Nador
Saidia
Sidi Bel Abbès
Mouaskar
Ksar el-Kébir
Rif
Desf. de Zegzel
Berkane
Tilimsen
Saïda
Souk el-Arba
Ouazzane
Boured
Oujda
Taunate
Chott ech-Chergu
Moulay Idriss
Taza
Guercif
Jerada
el-Aricha
Volubilis
Fès
Meknès
Sefrou
Debdou
Aïn Beni Mathar
Muluya
Rommani
Ifrane
Outat Oulad el-Haj
Azrou
Atlas Medio
Khenifra
Tendrara
Fartassa Gharbia
Aïn Sefra
Boujad
Midelt
Iche
Circo de Jaffar
Buarfa
Aïn Chair
Figuig
Beni Mellal
Desf. de Ziz
Lahmar
Imilchil
Beni Ounif
Azilal
Errachidia
Bou Kals
Desfiladero del Todgha
Béchar
Tinerhir
Erfoud
Tinejdad
Boumalne
Desf. de Dadès
Merzouga
Abadla
ARGELIA
Skoura
Alnif
Rissani
Taouz
Nkob
Zagora
Zguid
Mhamid
Carreteras principales
Otras carreteras
Fronteras
Paisajes interesantes
Curiosidad
0
50
100
150
200 km

SAFRAN
PIMENT-
DOUX
30DH/

LO BÁSICO

ANTES DE SALIR

CÓMO LLEGAR

EN AVIÓN

Las compañías **Iberia** y **Royal Air Maroc** vuelan a Casablanca o Marrakech desde Madrid, Barcelona, Málaga, Bilbao y Las Palmas y a Tánger desde Madrid o Málaga. Una vez en Casablanca existen vuelos nacionales a las diferentes ciudades del país, que más o menos enlazan con las llegadas del extranjero (a veces hay algunas horas de espera).

Los horarios varían cada temporada. Para más información podéis acercaros a cualquier agencia de viajes o bien visitar las páginas web: www.iberia.com, www.royalairmaroc.com.

DIRECCIONES ÚTILES EN ESPAÑA

Oficina Marroquí de Turismo en Madrid: Ventura Rodríguez, 24-1-izq. Telf. 91 542 74 31, fax. 915 470 466; e-mail: informacion@turismomarruecos.com.

Consulado de Marruecos en Barcelona: Diputación, 68-70 (esq. Rocafort). Telf. 93 289 25 30.

Consulado de Marruecos en Algeciras: Teniente Maroto, 2. Telf. 956 661 803.

Consulado de Marruecos en Las Palmas: Pelayo, 14. Telf. 928 262 859.

Embajada de Marruecos en Madrid: Serrano, 179. Telf. 91 56 31 090.

MARRUECOS EN LA RED

www.turismomarruecos.com es la página de la Oficina de Turismo, en español.

www.tourisme.gov.ma pertenece al Ministerio de Turismo, en francés.

www.viajarpormarruecos.blogspot.com contiene mucha información práctica para recorrer el país, especialmente en vehículo 4 x 4.

www.visitarmarruecos.com describe ciudades y otros lugares de interés, en español.

www.marruecosdigital.net es una revista de actualidad con noticias variadas acerca del país en general, en español.

www.wunderground.com/global/MC.htm proporciona datos meteorológicos en tiempo real.

www.rogermimo.com está hecha por uno de los autores de esta guía y ofrece una amplia información cultural sobre el sur de Marruecos, en español.

CARNÉS PARA JÓVENES

TIVE es la oficina de turismo juvenil de la Dirección General de Juventud que presta a jóvenes y estudiantes hasta 30 años, en posesión del carnet internacional correspondiente, servicios relacionados con viajes, ocio y tiempo libre. Tiene más de 30 delegaciones repartidas por todas las provincias españolas. En Madrid está en la calle Fernando el Católico, 88. Telf. 91 543 74 12, fax. 91 544 00 62; e-mail: tive.juventud@madrid.org. De todos modos, en Marruecos estos carnés no son de mucha utilidad.

Asimismo se pueden comprar vuelos de bajo coste a Casablanca, Tánger y Marrakech desde diferentes aeropuertos españoles, en las páginas web www.easyjet.com, www.jet4you.com, www.ryanair.com, www.vueling.com y www.dickair.com.
Del **aeropuerto de Casablanca Mohamed V** salen trenes a la estación de *Casa Voyageurs* cada hora. Lo mismo ocurre en otras ciudades. Los **taxis,** por su parte, tienen unas tarifas especiales para cada aeropuerto, aunque bastante elevadas: de 100 a 200 DH.

EN BARCO

En barco se puede ir de Almería a Melilla o Nador; de Málaga a Melilla; Nador y Al Hoceima; de Algeciras a Ceuta, o al nuevo puerto de Tánger Méditerranée, entre Ceuta y Tánger comunicado con la estación de tren de esta última con un autobús de la empresa *Supratours,* así como de Tarifa a Tánger. Tanto los horarios como los precios varían de una temporada a otra. Lo mejor es informarse en alguna agencia de viajes.
También se pueden consultar las páginas web de las diferentes compañías: www.trasmediterranea.es, www.balearia.com, www.buquebus.com, www.euroferrys.com, www.frs.es, www.ferrymed.com, www.comarit.com y www.transbullcadiz.com.

EN COCHE O AUTOBÚS

Marruecos tiene **fronteras** con España a través de Ceuta y Melilla, con Mauritania y con Argelia. Esta última se mantiene cerrada desde 1993 por motivos de seguridad. El paso entre Marruecos y Mauritania por Guerguarat (al sur de Dakhla) está abierto actualmente sin restricciones, todos los días de 8 h a 19 h, e incluso hay transporte público. Para pasar de Marruecos a Mauritania es necesario un visado que puede obtenerse en Madrid o en Rabat.
Los pasos de Ceuta y Melilla están abiertos permanentemente sin límites horarios. Los trámites requieren aproximadamente una hora de espera ante diferentes ventanillas. Todos los ferris admiten **automóviles** a bordo.

En **autocar** se puede viajar desde Madrid o desde Barcelona a las diferentes ciudades marroquíes, a un precio razonable que incluye el billete al paso del Estrecho. Pero esta opción resulta poco práctica, ya que el viaje se hace interminable a causa de las múltiples paradas y el caótico desembarco en Tánger.

En tren

En ferrocarril existen diferentes pasajes para jóvenes que combinan el trayecto hasta cualquiera de las estaciones marroquíes con el barco. Los precios son bastante interesantes. Se puede obtener más información en las oficinas de *TIVE*.

DOCUMENTACIÓN

Para entrar en Marruecos es imprescindible disponer del **pasaporte en vigor.** Los españoles no necesitan visado, pero sí los ciudadanos de otras muchas nacionalidades.

La estancia máxima autorizada en el país es de 90 días.

Si se va a entrar en el país con un automóvil es necesario tener en vigor el **permiso de circulación,** también llamado "carta gris", así como la **carta verde,** que os proporcionará de forma gratuita vuestra compañía de seguros. Cuando el vehículo con el que se viaja está a nombre de otra persona, es imprescindible llevar una **procuración,** que se supone debe hacerse ante notario; en la práctica se admiten las procuraciones donde la firma del propietario esté reconocida por cualquier organismo oficial, con el sello correspondiente. Lo que cuenta es el sello.

Un vehículo extranjero puede permanecer en Marruecos por un máximo de 3 meses renovables a otros 3, lo que suma un total de 6 meses por año natural.

CUÁNDO IR Y QUÉ LLEVAR

Cualquier época del año es buena para ir a Marruecos, dependiendo de la zona a visitar y de lo que os moleste más, el calor o el frío.

A nivel de ocupación, en el norte la temporada alta es el verano, mientras que de Marrakech hacia el sur es el invierno. Hay que tener en cuenta que el turismo mayoritario es el francés, excepto en la zona de Agadir donde predomina el alemán y escandinavo.

Los franceses viajan sobre todo entre febrero y mayo, pero también entre septiembre y noviembre. Agosto es el mes de los españoles. En Semana Santa y en fin de año resulta difícil encontrar alojamiento.

El tipo de ropa que debéis llevar depende tanto de la época del año como de las zonas a visitar (ver apartado "El clima"). En cualquier caso, no debéis olvidar las protecciones contra el sol (sombrero, gafas...), que es fuerte todo el año, ni el calzado cómodo, teniendo en cuenta que hay muchas calles sin asfaltar y muchos caminos pedregosos.

Para aquellos que tengan el sueño difícil, se aconseja llevar una almohada a su gusto, ya que aunque hay hoteles que las tienen muy cómodas, hay otros en los que son extremadamente duras y voluminosas. Asimismo, es preferible llevar desde España los mapas y la información precisa, pues, aunque hay oficinas de turismo y librerías en cada ciudad, el material del que disponen resulta muy precario, salvo excepciones debidamente señaladas a lo largo del texto.

L CLIMA

Debido a la extensión y variedad orográfica del país, no se puede hablar de un clima para todo Marruecos. Por lo tanto, se hace necesario precisar según las regiones. A grandes rasgos, podemos diferenciar las que siguen:

La **costa mediterránea** goza de temperaturas bastante suaves todo el año, con lluvias abundantes debido a la proximidad del Rif.

La **costa del Atlántico** entre Tánger y Essaouira presenta asimismo un clima suave, con frío en invierno pero menos que en el interior y con un calor muy ligero en verano. En pleno mes de agosto es normal tener que abrigarse al atardecer. La humedad ambiental es alta, llueve regularmente y sopla con frecuencia un viento devastador.

La costa del Atlántico de Agadir hacia el sur es cálida todo el año, con lluvias poco frecuentes, lo que permite a los turistas nórdicos bañarse en pleno invierno.

Las **mesetas interiores** al norte del Atlas, en las que se hallan ciudades como Fès, Meknès o Marrakech, resultan muy calurosas en verano (hasta 40 °C) y muy frías en invierno (hasta 0 °C), con escasa humedad. La lluvia suele caer en otoño y en primavera, de modo continuado pero no muy fuerte.

El **Atlas Medio** es fresco en verano y glacial en invierno. Es fácil encontrar nieve de diciembre a marzo a partir de 1.000 m de altitud y lluvia en cualquier época del año.

El **Gran Atlas** también resulta extremadamente frío en invierno, mientras que en verano se producen fuertes cambios entre el día y la noche, descendiendo asimismo las temperaturas cuando no hace sol. Entre noviembre y abril nieva con frecuencia, permaneciendo la nieve en la vertiente norte a partir de 2.000 m y en la vertiente sur a partir de 3.000 m. El resto del año llueve en abundancia, aunque las tormentas no suelen durar más de uno o dos días y se intercalan con largos periodos de sol.

En los **valles presaháricos** situados entre el Gran Atlas y el Anti-Atlas el calor es muy fuerte en verano, hasta 48 °C, pero el frío resulta intenso en invierno. El valle del Draâ, debido a su falta de protección frente al desierto, alcanza las máximas temperaturas, mientras que los valles altos como el Todra o el Dadès gozan del aire fresco de la montaña, hasta el punto de que, en estos últimos, puede llegar a helar en enero. El clima es extremadamente seco en todos ellos y las lluvias, aunque breves, tienen un carácter torrencial, sobre todo en la segunda quincena de agosto, con grandes inundaciones.

Del **Anti Atlas** hacia el sur el clima es seco y bastante cálido todo el año, aunque suele refrescar considerablemente por la noche.

SANIDAD

Ninguna **vacuna** es necesaria para Marruecos, país de clima sano y donde las epidemias no son frecuentes.

Para moverse por las ciudades ni siquiera es preciso llevar botiquín, ya que generalmente todas las farmacias disponen de los mismos medicamentos que en España, sólo cambia un poco el nombre. Por el contrario, en las zonas montañosas escasean los servicios médicos y farmacéuticos, de modo que es mejor ir preparado.

En plena época de verano, son frecuentes entre los viajeros los trastornos intestinales, algunas veces acompañados de vómitos y dolores de cabeza. No hay que alarmarse: la enfermedad es tan conocida que la llaman "la turista" y los médicos locales la curan en un par de días.

MOVERSE POR MARRUECOS

INFORMACIÓN TURÍSTICA

En las diferentes **delegaciones de Turismo** se pueden obtener informaciones, contratar guías y reclamar siempre que no se esté satisfechos con algún servicio de cualquier tipo dentro del ámbito turístico.

A nivel informativo, sin embargo, no esperéis que os digan mucho más de lo que figura en esta guía, como no sea la fecha de algún evento puntual. Por lo general se limitan a repartir folletos publicitarios, con mucha fotografía pero escasamente prácticos. Para obtener más información se puede visitar la web: www.turismomarruecos.com.

En algunas otras ciudades os podréis encontrar, asimismo, un **Sindicato de Iniciativa,** donde también se puede contactar con guías oficiales y recabar información de todo tipo.

PLANOS Y MAPAS

Existen unos planos muy completos de Rabat, Casablanca y Marrakech con lista de calles, publicados por *Sochepress* y disponibles en todas las librerías de Marruecos. La última edición que se ha hecho, sin embargo, es de los años 1980, de modo que la información se ha quedado bastante obsoleta. El mejor plano de Casablanca es el de *DSM,* ya que es uno de los más detallados.

Hay asimismo otros planos de *Ed. Mokhtar Baroudi* de Marrakech, Fès, Meknès, y Agadir, que se pueden adquirir en librerías en la población de la que se trate. En cuanto a los planos que dan en las oficinas de turismo, no suelen ser mucho más útiles que los de esta guía.

INSTITUCIONES ESPAÑOLAS EN MARRUECOS

Embajada de España en Rabat

Rue Ain Khalouya, Rte. des Zaers, km 5,3 Suissi, telf. 0537 633 900, emergencias 0660 915 647, fax. 0537 630 600, emb.rabat@maec.es.

Consulados Generales

Agadir: 49 Rue Ibn Batouta, telf. 0528 845 710 / 681, fax. 0528 845 843, cog.agadir@maec.es.
Casablanca: 31 Rue d'Alger, telf. 0522 220 752, fax. 0522 205 049, emergencias: 0661 080 470, cog.casablanca@maec.es.
Larache: 1 Rue Casablanca, telf. 0539 913 302, fax. 0539 915 392,
Nador: 47 Av. Hassan II, BP 7, telf. 0536 606 136 / 524, emergencias 0661 764 005, cog.nador@maec.es.
Rabat: 1 Av. Ennasser, telf. 0537 687 470, fax. 0537 681 856, emergencias 0660 915 647, cog.rabat@maec.es.
Tánger: 85 Av. Habib Bourguiba, telf. 0539 937 000, fax. 0539 932 770, emergencias 0661 202 135, cog.tanger@maec.es.
Tetouan: Pl. Moulay el Mehdi, telf. 0539 703 984 / 86 y 87, emergencias 0661 705 430, cog.tetuan@maec.es.

Instituto Cervantes

Casablanca: 31 Rue d'Alger, telf. 0522 267 337, casablanca.cervantes.es, adcas@cervantes.es, fax. 0522 268 634.
Antena en **Chefchaouen,** Av. Moulay Abdessalam, Hay Idari, telf. 0539 988 801.
Fès: 5 Rue Douiat, Résidence Walili, telf. 0535 732 004, fax. 0535 731 981, fez.cervantes.es, cenfez@cervantes.es.
Marrakech: 14 Bd. Mohamed V, telf. 0524 422 055, fax. 0524 433 124, www.marrakech.cervantes.es, cenmar@cervantes.es
Rabat: 5 Zankat Madnine, telf. 0537 708 738, rabat.cervantes.es, cenrab@cervantes.es, fax. 037 700 279.
Tánger: 99 Av. Sidi Mohamed Ben Abdellah, telf. 0539 932 001, tanger.cervantes.es, centan@cervantes.es, fax. 0539 947 630.
Tetouan: 3 Rue Mohamed Torres, BP 877, telf. 0539 967 056, tetuan.cervantes.es, centet@cervantes.es, fax. 039 966 123.

En lo que respecta a los mapas de Marruecos, el más detallado a nivel de carreteras es el *Michelin*, en francés, que incluye casi todo el país a escala 1:1.000.000 y las regiones más turísticas a 1:600.000. También el *Marcus* ofrece buena información en ese mismo idioma, pero a una escala algo imprecisa (1:1.400.000).
En español destaca el *Plaza y Janés*, a 1/800.000.
Por el contrario, hay que evitar el *General*, que contiene numerosas informaciones disparatadas. Asimismo, debéis desconfiar de los mapas que regalan en las oficinas de turismo, pues os pueden desorientar más que otra cosa.
Existen unos mapas topográficos que están publicados por la *División de Cartografía del Ministerio de Agricultura*, a escala 1:250.000, 1:100.000 e incluso 1:50.000, ideales para las pistas y los senderos de montaña.
Sin embargo, aparte de su atraso (fueron trazados en 1970), para tratar de adquirirlos hay que pasar por un auténtico vía crucis burocrático de resultado incierto. No se comercializan en las librerías, sino en las oficinas del catastro de las ciudades de Rabat, Fès, Tánger y Marrakech.
Para equilibrar esta falta de cartografía detallada, la *Editorial Piolet* ha iniciado en 2008 una colección de mapas de montaña a escala 1/40.000 y de mapas culturales a escala 1/400.000 de las zonas de mayor interés. Web: www.editorialpiolet.com.

LA TRANSCRIPCIÓN

A lo largo de toda esta guía, se ha utilizado la trascripción española de los fonemas árabes para los nombres de personajes y nombres comunes. En cambio, hemos preferido transcribir los topónimos según la norma francesa, con la idea de facilitar su identificación en los mapas y en los indicadores de carretera.

HORA OFICIAL

En invierno es una hora más temprano que en la Península Ibérica. En verano puede ser una o dos horas menos, pues suelen cambiar la hora en mayo, junio, julio o agosto, pero puede cambiar cada año, ya que en ramadán (que últimamente cae en verano) se mantiene la hora solar. Ceuta y Melilla tienen la misma hora peninsular.

IDIOMAS

El idioma oficial de Marruecos es el **árabe culto,** el mismo que se emplea en todos los países árabes. A nivel popular, sin embargo, se usan, según la región, el árabe marroquí o el beréber. El **francés** constituye una segunda lengua, que se aprende en las escuelas a partir del tercer año de primaria y en el que se redactan numerosos documentos oficiales (aunque otros deben ir imperativamente en árabe culto). La gran mayoría de los hombres y una parte importante de las mujeres entienden francés y lo hablan con mayor o menor fluidez, aunque pocos lo escriben correctamente. Por supuesto, en el sector turístico es habitual. Si lo domináis, no tendréis ningún problema para comunicaros.

Cada vez son más los marroquíes que saben **inglés,** y sobre todo los que trabajan en hostelería o en comercio para extranjeros; sin embargo, a diferencia de otros países, todavía no es algo generalizado.

El **castellano** se conoce sobre todo en el norte, ya sea por influencia de la televisión, por el antiguo protectorado o por la propia afluencia de turismo hispánico en aquella zona. En el resto del país ocupa un lugar bastante secundario, tras los otros idiomas mencionados.

IESTAS

En Marruecos conviven dos calendarios, el mahometano y el gregoriano, con predominio de éste pero sin olvidar el primero.

Los organismos del Estado, bancos, grandes empresas, escuelas, correos, farmacias y algunos comercios de las ciudades modernas cierran sábado y domingo. Por el contrario, los artesanos y algunos mercaderes de la medina descansan el viernes, el día de la oración. Otros no descansan nunca, o lo hacen con ocasión del *Aid el Kebir.*

El calendario oficial recoge 13 días festivos, en los que estarán cerrados los bancos, las oficinas del Estado, etc. Nueve de ellos pertenecen al calendario gregoriano (las llamadas fiestas nacionales), mientras los demás corresponden al calendario musulmán y, por lo tanto, varían de un año a otro.

Hay que tener en cuenta que el calendario mahometano, de carácter lunar, se adelanta unos 10 días por año respecto al nuestro.

IONEDA

La moneda oficial de Marruecos es el **dirham** (DH). En el año 2010, 1 DH equivale a 0,09 € o, lo que es lo mismo, 1 € se cambia por algo menos de 11 DH..

Existen monedas de 0,10; 0,20; 0,50; 1, 2, 5 y 10 DH, así como billetes de 20, 50, 100 y 200 DH.

En el lenguaje popular, sin embargo, se siguen utilizando los términos de la época colonial. Un "franco" equivale a la centésima parte de un dirham; un "real" o "duro" son 0,50 DH en el antiguo protectorado español y 0,05 DH en lo que fue protectorado francés. En el norte, una "peseta" significa 0,20 DH. Un "millón" son 10.000 DH.

El euro se cambia sin dificultad en el interior de Marruecos, de modo que es absurdo llevar otra divisa.

FIESTAS

Religiosas

1 de Moharram, inicio del año mahometano.
12 de Rabi' Auel, *Aid el Mulud,* Nacimiento de Mahoma.
1 de Chual, *Aid el Fitr* o *Aid Seguir,* final del Ramadán.
10 de Du Alhaya, *Aid el Adha* o *Aid Kebir,* conmemoración del sacrificio de Abraham. Es la fiesta más importante del calendario. Se paraliza todo el país, incluidos los transportes públicos y los hospitales. Los bancos y la administración cierran dos días. Para los artesanos significa, como mínimo, una semana de vacaciones.

Nacionales

1 de enero, inicio del año gregoriano.
11 de enero, Manifiesto de la Independencia, en 1944.
1 de mayo, día del Trabajo.
30 de julio, Coronación de Mohamed VI, en 1999.
14 de agosto, Ocupación de Río de Oro, en 1979.
20 de agosto, conmemoración del complot francés contra Mohamed V, en 1953.
21 de agosto, fiesta de la Juventud.
6 de noviembre, Marcha Verde, en 1975.
18 de noviembre, Retorno de Mohamed V del exilio en 1955.

CONDUCIR POR MARRUECOS

Hoy en día Marruecos dispone de una red bastante aceptable de carreteras, lo que no se podía decir hace unos pocos años, e incluso las autopistas enlazan ya las principales ciudades. Los **indicadores** son bilingües, en árabe y en francés.

Normas de circulación

En Marruecos, llevar una bombilla fundida es motivo de sanción (200 DH); no basta como en España con disponer del recambio, ni siquiera el desconocimiento de la norma exime de responsabilidad. En las plazas redondas, unas veces tiene preferencia el que llega por la derecha y otras a la inversa, de modo que resultan bastante caóticas. Los pasos de peatones no suelen ser respetados por los conductores marroquíes.

En cuanto a los límites de velocidad son muy estrictos: sobrepasarlos, aunque sea en 5 Km/h, da lugar a una multa de 400 DH. Las furgonetas, minibuses, autobuses y camiones no pueden pasar de 80 km/h, ni siquiera en la autopista, donde abundan los radares. También suele haberlos

a la entrada o a la salida de las ciudades, entre la señal de "60" o de "40" y el casco urbano propiamente dicho.
Cuando os encontréis una placa que indica *HALTE, GENDARMERIE ROYALE* debéis deteneros junto a la placa, sin llegar a donde están los gendarmes, y esperar a que os den orden de seguir. Esto no es preciso si la placa indica simplemente *RALENTIR, GENDARMERIE ROYALE.* Aparte de estos detalles, el código de la circulación es muy parecido al español.

Alquiler de bicicletas

En Marrakech y en otras ciudades pueden alquilarse bicicletas urbanas y motocicletas a precios muy económicos.
En diferentes lugares, básicamente del sur, se alquilan bicicletas de montaña, con tarifas bastante variables, entre 100 y 150 DH al día. Su calidad no es la misma que podríais encontrar en Europa, siendo por lo general una bicicleta de 18 velocidades en lugar de 21.

Alquiler de automóviles

Las grandes agencias internacionales de alquiler de vehículos sin conductor están representadas en todas las ciudades donde hay aeropuerto. Además, en las poblaciones turísticas como Marrakech, Tánger, Ouarzazate o Agadir existen multitud de pequeños agentes que ofrecen tarifas mucho más económicas.
De todos modos, no debéis olvidar que en Marruecos las tasas de aduana duplican el precio de coste de los automóviles, de modo que también el alquiler es más caro que en Europa.
Sobre todo los *4x4,* que resultan desorbitados a causa del fuerte desgaste en las pistas, resultando a veces más barato un *Land Rover* con chofer que sin él. Asimismo, los minibuses a partir de ocho plazas no se alquilan sin conductor.
Depeniendo de las agencias y de la temporada, con kilometraje ilimitado, y por un mínimo de tres días, se puede alquilar un *Fiat Uno:* de 200 a 600 DH/día; *Land Rover* de 6 plazas, con conductor: de 1.000 a 1.500 DH/día.

Talleres y aparcamientos

Todas las poblaciones marroquíes de cierta importancia disponen de talleres, muchos de los cuales disponen de servicio de grúa. Los mecánicos marroquíes saben resolver casi todas las averías con

GASOLINERAS

Las hay en todas las ciudades y pueblos grandes, aunque no siempre están en la carretera. La gasolina es casi tan cara como en España, mientras el gasóleo resulta un poco más barato. Conviene no ir nunca en reserva, ya que se corre el riesgo de encontrar estaciones que no tengan combustible por problemas de abastecimiento, sobre todo cuando hay huelgas de transporte o la nieve corta determinados puertos.

un mínimo de recursos, pues muy a menudo resulta difícil encontrar la pieza de respuesto exacta del automóvil correspondiente. Las compañías que hacen seguros de asistencia en viaje tienen corresponsales en muchos puntos del país que os pueden atender en caso de dificultad, aunque no siempre al ritmo que se desearía. Los marroquíes no son amigos de las prisas.

En todas las poblaciones hay **aparcamientos vigilados,** lo que permite dejar un automóvil con los equipajes sin temor a que desaparezcan, siempre y cuando esté debidamente cerrado. Incluso en muchas calles hay siempre un guardián de coches que se identifica mediante una placa municipal.

Contrariamente a lo que piensan muchos viajeros, estos vigilantes no son remunerados por el Ayuntamiento, más bien al contrario, para obtener su placa deben pagar una cuota mensual que normalmente se lleva más de la mitad de sus ingresos. La tarifa por aparcar oscila según la zona entre 2 y 10 DH durante el día, y de 10 a 50 DH por noche.

En ciudades como Casablanca, Tánger y Rabat hay parquímetros mecánicos en todas las calles del centro e inmovilizan con un cepo los vehículos que no tienen puesto el ticket correspondiente o que han sobrepasado su validez horaria, debiendo abonar en este caso una multa de 30 DH. Como tales parquímetros no garantizan la seguridad de los vehículos, con frecuencia hay además un vigilante al que se debe remunerar con independencia del pago del ticket.

TRANSPORTES

Moverse por Marruecos en transporte público es una experiencia muy enriquecedora a nivel de comunicación, ya que permite acercarse a la vida popular. Sin embargo, sólo es recomendable para aquellos que dispongan de mucho tiempo, pues exige largas esperas y resulta bastante complicado, sobre todo si se quieren visitar lugares alejados de las poblaciones importantes.

En tren

El ferrocarril, a cargo de la *ONCF,* resulta bastante cómodo pero muy lento y limitado, comunicando sólo las principales ciudades al norte del Atlas. Se pueden consultar los horarios así como los precios en la página web: www.oncf.ma o bien en el teléfono 0890 203 040.

En autobús

Los autocares *Pullman* y *Supratours* ofrecen un servicio equiparable al de cualquier línea europea y circulan entre las ciudades importantes donde no hay tren. Los horarios y tarifas de *Supratours* se pueden consultar en la página web de la *ONCF.* Los autocares *CTM* unen asimismo las poblaciones destacadas y sólo admiten pasajeros en los puntos previamente establecidos. El precio es de 0,40 DH por kilómetro.

Los equipajes deben facturarse, pagando según el peso. Su página web es www.ctm.ma.

Los **autocares privados** constituyen un mundo aparte. Sus horarios sólo son aproximados; se paran cada vez que alguien les hace señal desde la carretera o desde su interior; los asientos no van numerados, dando lugar a frecuentes discusiones entre pasajeros; venden más plazas de las disponibles, con lo que siempre se queda alguien de pie, y para cargar los equipajes hay que pagar a un muchacho que se encarga de ellos, con precios a discutir. Por otro lado, van muy deprisa, aunque luego efectúan paradas interminables, de modo que acaban tardando un número de horas increíble en llegar a su destino, pero tienen la ventaja de llegar a todos los pueblos, por remotos que parezcan. Su coste suele rondar los 0,25 DH por kilómetro y por pasajero.

En taxi

Los **taxis pequeños** funcionan sólo en el interior de la ciudad y disponen de tres plazas. En la mayor parte de las poblaciones están obligados a llevar un taxímetro, con lo cual resultan bastante económicos. En el resto conviene acordar el precio antes de emprender el recorrido.

Los **taxis grandes,** de seis plazas, no llevan taxímetro y sus tarifas resultan mucho más elevadas que en los pequeños, sobre 4 DH el kilómetro, con un mínimo de 30 DH por bajada de bandera.

Los **taxis colectivos** son "taxis grandes" que efectúan recorridos determinados de ciudad a ciudad, sin paradas intermedias y sin horarios. Parten cada vez que se reúnen los seis pasajeros necesarios. Se gana mucho tiempo con ellos, pero se viaja un poco apretado. Si se desea una mayor comodidad, o si no se quiere esperar a que se llene, se pueden pagar dos plazas por pasajero. El precio es de unos 0,35 DH por persona y kilómetro.

Autobuses urbanos

Los autobuses urbanos unen el centro con los barrios e incluso con zonas bastante alejadas.

El ticket cuesta unos 3 DH y tienen paradas fijas, aunque para un extranjero es difícil identificarlos, pues raras veces llevan escrito su lugar de destino.

Vuelos interiores

La *Royal Air Maroc* tiene vuelos de Casablanca a las diferentes ciudades del país: Agadir, Dakhla, Errachidia, Essaouira, Fès, Laayoune, Marrakech, Ouarzazate, Oujda y Tánger. También hay algunos entre ellas.

Los horarios varían cada temporada y los retrasos están a la orden del día.

La sede social de *RAM* está en el aeropuerto de Casablanca Anfa, telf. 0522 912 000, web: www.royalairmaroc.com, e-mail: info@royalairmaroc.com.

Para obtener más información sobre los aeropuertos marroquíes se puede llamar al teléfono 0801 000 224 o bien visitar la web: www.onda.ma.

ALOJAMIENTO

Los precios de establecimientos que se dan a lo largo de esta guía se refieren al **coste de una habitación doble,** incluyendo en algunos casos el desayuno y en otros no. Fuera de las ciudades, la fórmula "media pensión" se va imponiendo cada vez más. Cuando la media pensión sea obligatoria así se especificará, entendiéndose entonces que el precio indicado corresponde a la habitación doble, dos cenas y dos desayunos.

Los hoteles y albergues que se mencionan disponen, como mínimo, de una ducha caliente comunitaria (lo que no es el caso de los cámpings), aunque en los de categoría económica no podemos asegurar que las sábanas se cambien todos los días.

Teóricamente, las tarifas deben anunciarse por escrito en la recepción y tras la puerta de las habitaciones, pero este principio no siempre se respeta y, además, en muchos lugares puede negociarse el precio, especialmente en temporada baja; si bien otros lo tienen inamovible por un principio de seriedad.

TIPOS DE ALOJAMIENTO

En Marruecos el término *hôtel* tiene un sentido mucho más amplio, desde la más miserable pensión hasta el establecimiento de lujo que cuenta con todo tipo de comodidades. No obstante, en junio de 2004 entró en vigor una nueva ley que trata de poner orden en el sector turístico, clasificando todos los establecimientos en unas categorías específicas: **hoteles** de una a cinco estrellas, **albergues, residencias, cámpings, complejos de vacaciones,** ***gîtes d'étape, maisons d'hôtes,*** etc.

No obstante, las condiciones fijadas por esta nueva ley están muy lejos de la realidad existente y, en la práctica, su clasificación depende más que nada de los criterios personales del Delegado de Turismo de cada provincia; así, lo que en Ouarzazate es una *maison d'hôtes,* en Errachidia sería una *gîte* y en Zagora tal vez un *auberge*...

No es de extrañar que en esta guía se omita frecuentemente la clase de establecimiento limitándonos a mencionar solamente su nombre.

Cabe añadir que a menudo los términos *riad, kasbah* y *ksar* forman parte de dicho nombre, sin que guarden relación alguna con el tipo de alojamiento que ofrece ni con los antiguos edificios homónimos que se describen en el apartado "monumentos". Se trata sencillamente de palabras que suenan bien y que son utilizadas para atraer a la clientela.

Con respecto a los cámpings, hay que decir que los de la costa están abarrotados durante el período estival, por lo que es recomendable evitarlos.

En las ciudades hay algunos bastantes buenos y otros no tan recomendables. En los oasis del sur presentan un aspecto más acogedor, bajo las palmeras, aunque lo sanitarios dejen a menudo mucho que desear.

RESTAURANTES

Al igual que los alojamientos, los restaurantes que figuran a lo largo de esta guía están agrupados por su nivel de precios, entendiéndose como tal el **coste de un menú** o, si es a la carta, la suma de un entrante, un plato fuerte y un postre. Como es lógico, si el cliente se conforma con un único plato costará más barato que lo que se indica. En Marruecos, el menú no incluye nunca las bebidas.

Cuando se mira una carta, conviene prestar atención a las siglas "HT" *(hors taxes)* que figuran algunas veces. En tales casos pueden añadir hasta un 20 por 100 de IVA sobre los precios indicados. En otros cobran un 10 por 100 en concepto de "servicio", un subterfugio para subir las tarifas sin asustar al cliente.

La mayoría de los restaurantes no tiene licencia para servir bebidas alcohólicas, permitiendo en tales casos al viajero que traiga su propia botella de vino. Los que disponen de licencia suelen ser un poco más caros y, en algunos, el ambiente se ve enrarecido por la afluencia de marroquíes que acuden sólo a beber.

En las ciudades, los establecimientos hoteleros de categoría media o alta cuentan con su propio restaurante, cuyo precio suele ser elevado y depende más de la categoría del conjunto que de su interés culinario. Asimismo, hay una gran variedad de restaurantes en la calle, especializados a menudo en cocina marroquí o, a veces, de otro país.

CORRIENTE ELÉCTRICA

En los últimos años, se ha hecho un esfuerzo colosal en Marruecos para electrificar las zonas rurales.
Los enchufes son del mismo tipo que en España. La tensión es de 220 voltios.

En zonas rurales, como ya hemos dicho, se va imponiendo la fórmula "media pensión" y son raros los restaurantes fuera de los hoteles. Por este motivo, en muchos capítulos agrupamos "dormir y comer" en un único apartado, indicando el precio de cada uno de ambos conceptos.

BEBIDAS

El **agua mineral** es común en Marruecos, existiendo diferentes marcas.

La *Sidi Harazem* tiene propiedades curativas, pero su sabor es fuerte, por lo que muchos viajeros prefieren la *Sidi Alí* o la *Ain Sais,* más ligeras. También la nueva Chaouen es excelente. En los restaurantes económicos, sin embargo, os ofrecerán a menudo la *Ciel,* que no es agua de manantial sino agua corriente enriquecida mediante un proceso químico. Asimismo, la única marca de agua con gas procedente de manantial es la *Oulmes,* mientras la *Bonaqua* es agua gasificada. También hay una gran variedad de **refrescos** embotellados y de zumos o batidos de leche con diferentes frutas.

El **zumo** de naranja es excelente y muy económico. También el **café** suele ser bueno, sobre todo en las cafeterías de la calle, donde tienen máquinas de presión. Sin embargo, la bebida nacional es el **té con menta.** Se trata de té verde procedente de China, hervido en una tetera y mezclado con menta o con otras hierbas y con mucho azúcar.

Bebidas alcohólicas

Las bebidas alcohólicas están teóricamente prohibidas para la población marroquí por motivos religiosos. En la práctica, dicha prohibición sólo sirve para encarecer el producto y concentrar su consumo en los **establecimientos con licencia,** que se suponen reservados a los extranjeros. Este tipo de locales, los bares, los restaurantes con licencia y las tiendas de vino, resultan muy numerosos en las ciudades grandes pero mucho más escasos en los pueblos y, sobre todo, en el sur. Por lo tanto, es preferible llevar vuestra propia reserva de bebidas para el viaje, sobre todo si se pasa por Ceuta o Melilla, donde son muy económicas. Los aduaneros no suelen molestar a los turistas por este tema, mientras se limiten a una cantidad razonable para consumo propio.

En Marruecos una botella de vino cuesta unos 35 DH en la tienda y unos 80-100 DH en el restaurante; una cerveza, sobre 8 DH en el supermercado y alrededor de 20 en el bar; una botella de whisky mediocre, más de 200 DH en la tienda.

En las zonas donde no hay comercios legales de alcohol, los adictos tienen que recurrir al mercado negro, en el que todo se vende a más del doble. Por esta razón, con frecuencia los comerciantes os pedirán que se les regale o se les venda una botella de licor, o bien cambiarla por artesanía. Lógicamente se trata de un negocio ilegal y penalizado, aunque tolerado hasta cierto punto por las autoridades.

VISITAS

Gracias a su diversidad orográfica y climática, Marruecos ofrece al visitante una gran variedad de paisajes y de sitios naturales de una belleza extraordinaria: cataratas como las de Ouzoud, gargantas como las del Todra o del Dadès, dunas como las de Merzouga, bosques de cedros como los de Azrou, lagos, oasis, playas, acan-

tilados, cumbres nevadas, llanuras desérticas...
Con todo ello, lo más atractivo para el viajero son los núcleos de población, tanto por su interés monumental como por su vitalidad y por el mantenimiento de las costumbres tradicionales.

Medinas

La mayor parte de las ciudades marroquíes incluyen una medina o casco viejo, generalmente rodeada por una muralla y de construcción anterior al establecimiento del protectorado. Sus viviendas presentan un interés arquitectónico por su aire tradicional, mientras que en sus callejuelas, estrechas y retorcidas, se suele concentrar el comercio de telas, artesanía y otros objetos. De todos modos, cada medina tiene su propio carácter. La de Asilah, por ejemplo, destaca por su tranquilidad, siendo básicamente residencial, mientras la de Fès o la de Marrakech son conocidas por su bullicio. En el interior de la medina son comunes los *fonduks,* las mezquitas, las medersas así como otros monumentos.
También puede haber una *casba,* tomando esta palabra en el sentido de un barrio donde antiguamente vivían los guerreros, y diferentes "zocos" en los que trabajan y venden sus obras los artesanos de cada especialidad. Sin embargo, no por ello hay que confundir la medina –ciudad, en árabe– con el zoco o mercado.

Museos y monumentos

En Marruecos, los **museos** no son muy numerosos. Los hay etnológicos y también arqueológicos. Muchos de ellos ocupan viejos palacios de alto valor arquitectónico, que a veces merecen la visita por sí mismos más que por su contenido. Pero también hay otros en edificios de nueva construcción. Si pertenecen al estado, su horario de apertura es el de la administración, de 8.30 h a 16 h. Generalmente cierran los martes. Para obtener más información se puede visitar la web: www.minculture.gov.ma.
Bajo el concepto de **monumentos**, tomado en un sentido amplio, podemos incluir los palacios, las mezquitas, las medersas, los *fonduks,* las murallas con sus puertas, los mausoleos, las zagüías, los morabitos, las *casbas,* los *ksur,* los graneros fortificados, las ruinas romanas, los grabados rupestres y los túmulos funerarios prehistóricos. Los monumentos que dependen del Ministerio de Cultura siguen por lo general el horario administrativo, de 8.30 h a 16 h.
Algunos **palacios** que habían pertenecido a la familia real o a los grandes visires actualmente se pueden visitar, convertidos o no en museos. Otros, por el contrario, continúan en uso y solamente pueden verse desde el exterior. Por último, los hay que desaparecen lentamente, víctimas del olvido.
Un ***riad*** es un patio con árboles, generalmente naranjos, rodeado de diferentes pabellones de una sola planta cuya función tradicional era recibir invitados. Muchos *riads* forman parte de un palacio, o de una casa señorial. En estos últimos años, sin embargo, la palabra "riad" se ha desfigurado por

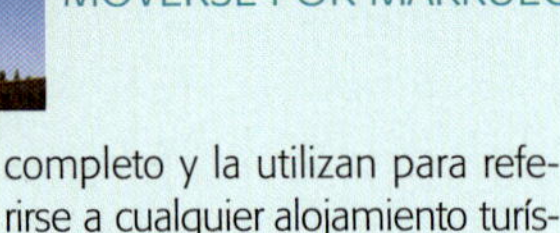

completo y la utilizan para referirse a cualquier alojamiento turístico dentro de la medina.

Las **mezquitas** constan por lo general de un alminar, una sala de abluciones, un patio y una sala de oración. En esta última destacan el *mihrab,* una cavidad en la pared que indica la dirección de La Meca y en el interior de la cual reza el imam, así como el mimbar o púlpito desde donde se efectúa el sermón de los viernes. En principio, no pueden visitarse por ser lugares de culto reservados a los musulmanes. No obstante, existen algunas excepciones: la de Ikelane en Tinerhir, la de Mulay Ismail en Meknès y la de Hassan II en Casablanca.

Una **medersa** es una antigua residencia de estudiantes del Corán. La mayor parte datan de la época meriní (siglo XIII-XIV). Incluyen un amplio patio con una fuente para lavarse, una pequeña mezquita en un extremo y, a su alrededor, numerosas habitaciones a varios niveles en las que se alojaban los jóvenes para cursar sus estudios teológicos en las mezquitas. Son recomendables de visitar las medersas de Salé, Fès y Marrakech.

Un ***fonduk*** es un recinto rodeado de establos en la planta baja y de cuartos donde pernoctaban los mercaderes en el primer piso. Además del alojamiento, el *fonduk* ofrecía la posibilidad de vender los productos traídos de otras regiones.

Había *fonduks* que estaban especializados en un tipo de mercancía específico y otros que estaban destinados a los comerciantes procedentes de una población determinada. El mejor lugar para ver *fonduks* es la medina de Fès.

Las **sinagogas** abundaban en las ciudades marroquíes hasta mediados del siglo XX, en que fueron abandonadas al emigrar un elevado número de hebreos hacia Israel. Sin embargo, algunas de ellas han sido restauradas últimamente y otras lo están siendo, de modo que podrán visitarse en el futuro.

En la costa, algunas de las **murallas** que rodean las medinas son de origen portugués y están hechas de piedra, como las de Asila y El Jadida.

En las demás ciudades fueron levantadas por las diferentes dinastías marroquíes y son generalmente de tierra prensada (tapial). En todas ellas se abren numerosas **entradas monumentales,** casi siempre de piedra tallada o de ladrillos y con abundante ornamentación. Entre las más pintorescas destacan las de Rabat y las de Marrakech.

Lujosos **mausoleos** cubren las tumbas de reyes y otros personajes de gran alcurnia, de todas las épocas y dinastías, desde Idris I hasta Mohamed V y Hassan II.

Los **morabitos** también son mausoleos, pero mucho más modestos, pertenecientes a sufíes o a predicadores reconocidos como santos por el fervor popular.

En torno a determinados morabitos de maestros que han creado escuela se levantan las **zagüías,** en las que, además de la tumba sagrada, hay una mezquita, una pequeña medersa, una biblioteca, las habitaciones donde viven los descendientes del santo en

cuestión y otros espacios destinados a recibir y albergar a los peregrinos.

La palabra ***casba*** o alcazaba tiene un sentido bastante amplio. En el interior de las ciudades se refiere a un barrio fortificado, en el que vivían los guerreros y donde se hallaba también el palacio del rey o del gobernador, como es el caso de Tánger.

En zonas rurales, al norte del Atlas, la mayor parte de las *casbas* fueron levantadas por los sultanes para establecer en ellas algún destacamento y controlar así una región. En este caso constan de una muralla, un palacete para el caíd, un patio de armas, alojamientos para la tropa, una mezquita, etc. Un buen ejemplo es la casba de Mehdia [ver pág. 186, "Kénitra"].

Del Atlas hacia el sur, por el contrario, se llama *casba* o *tighremt* a un edificio de planta cuadrada, con cuatro torres en los ángulos y varios niveles de altura, hecho de tapial, que servía de residencia a una familia más o menos poderosa y que, al mismo tiempo, tenía una función defensiva frente a las tribus rivales. Algunas de ellas pueden visitarse, como la de Taourirt y la de Tifoultout en Ouarzazate, pero muchas otras permanecen cerradas o se hallan en ruinas.

Igual que *riad,* la palabra *casba* se ha desfigurado últimamente y la utilizan para referirse a cualquier alojamiento turístico del sur, o también a cualquier construcción de tierra cruda.

El término ***ksar*** o alcázar tiene asimismo varias acepciones. En las ciudades normalmente se refiere a un palacio, pero en cambio en el sur se utiliza para designar un pueblo fortificado, hecho de tierra cruda, rodeado por una muralla con torres de vigilancia y dotado de una serie de servicios comunitarios, como la mezquita, la sala de reunión para la asamblea de cabezas de familia o la plaza donde se celebraban las fiestas.

Existe un millar de *ksur* (plural de *ksar*) repartidos por los valles presaháricos y pueden visitarse libremente. Conviene resaltar entre todos ellos Tamnougalt [pág. 61, "Agdz"], Maadid [pág. 129, "Erfoud"] y, sobre todo, El Khorbat [pág. 373,"Tinejdad"] y Ait Ben Haddou.

Los **graneros colectivos** abundan en el Gran Atlas, donde se llaman *ighrem,* y en el Anti Atlas, donde son conocidos como *agadir*. Su forma exterior puede recordar la de una *casba,* pero por dentro constan de numerosos departamentos en los que las

diferentes familias depositaban sus reservas alimenticias. Los hay todavía en uso, algunos de los cuales pueden visitarse mediante una propina para el vigilante, mientras que otros están desapareciendo por falta de conservación. Se aconseja visitar el de Ighrem n'Ougoudal en la región de Ouarzazate.

En la costa y en algunas zonas interiores del norte se conservan **ruinas púnicas y romanas.** Las más conocidas y mejor excavadas por el momento, son las de Volubilis. No hay que olvidar, sin embargo, lugares tan interesantes como Lixus en Larache, Zilil en Asilah o Chelah en Rabat.

Los **grabados rupestres,** cuyo número puede superar los 15.000, se hallan esparcidos por 350 puntos del Gran Atlas, el Anti Atlas y el desierto. Su estado de conservación es precario, puesto que no han gozado de ninguna protección hasta fechas muy recientes. Pueden visitarse libremente, aunque a menudo resulta difícil localizarlos [pág. 279, 353 y 257, capítulos "Oukaimeden", "Tata" y "Nkob"].

Asimismo, en diferentes zonas del Sahara son comunes los **túmulos funerarios,** datados por lo general en el I milenio a.C. Se recomienda visitar los túmulos funerarios de Taouz [pág. 237 capítulo "Merzouga"].

LOS GUÍAS

En Marruecos, el asunto de los guías es uno de los más conflictivos, hasta el punto de que muchos viajeros desisten de visitar el país por el simple temor a las molestias que aquéllos puedan causarles. Realmente, no es para tanto, pero sí conviene estar prevenidos.

En las ciudades existen **guías oficiales,** titulados por el Ministerio de Turismo, que se identifican mediante una placa. Esto no es una garantía de calidad, pero sí de honestidad, pues en caso de no quedar contentos con sus servicios se puede reclamar a la Delegación de Turismo. Ahora bien, estos guías tienen derecho a incluir en la visita de la ciudad una o varias "demostraciones del trabajo artesanal", lo que, en la práctica, significa bazares de alfombras o de otros productos para turistas. En ellos se vende a precios muy exagerados y es difícil salir sin comprar algo. Además, el pasar varias horas entre tienda y tienda resta bastante interés al paseo por la medina. Hay guías oficiales en los hoteles importantes, en el Sindicato de Iniciativa y en la propia Delegación de Turismo. Sus tarifas oficiales son de 300 DH por media jornada y 500 DH por completa: pero en realidad, si queremos que hagan un buen trabajo, hay que pagar más.

En zonas rurales hay **guías de montaña,** titulados en realidad como acompañantes de media montaña. Suelen ser los más efectivos, tanto para recorridos pedestres como en automóvil. Tienen prohibidas las visitas de ciudades y comercios. Su tarifa es de unos 200 DH diarios, gastos no incluidos, aunque muchos de ellos se resisten a aplicarla y prefieren vender "paquetes" que incluyan la

PROPINAS

En Marruecos la propina es una costumbre tan arraigada que casi se ha convertido en una obligación, justificada tal vez por el bajo nivel de los salarios. Algunos conserjes de hotel llegan a pedirla con absoluto descaro y no son pocos los camareros que, al presentar la nota, especifican discretamente que "no incluye el servicio". Por el contrario, no hay normas a la hora de establecer la cuantía de dicha propina. En principio basta con algunos dirhams, diez como máximo, pero esto puede variar tanto en función del nivel económico del cliente, como de la calidad del servicio recibido.

comida, el alojamiento, etc. Pero la verdadera plaga de Marruecos son los **guías clandestinos,** también conocidos como "falsos guías" *(faux guides),* puesto que su objetivo no es percibir un sueldo por acompañar al turista, sino sencillamente introducirle en los bazares para recibir su comisión. Con esta idea, no dudan en recurrir a los subterfugios más increíbles, pudiendo llegar a hacerse muy pesados y desagradables. Como lo de "yo os acompaño porque me gusta practicar idiomas" ya no tiene mucho éxito, ahora los hay que se fingen emigrantes en Francia, de vacaciones; otros invitan a los turistas a una supuesta celebración, o a cenar en su casa; los hay también que fingen que se les ha averiado el coche en la carretera para que les lleven, e incluso alguno acusará al turista de racista si no hace caso de sus proposiciones. Todos estos trucos conducen indefectiblemente a una tienda de artesanía. En los últimos años, el estado marroquí ha desencadenado cierta represión contra los guías clandestinos, que estaban acabando ya con el turismo. Ahora, gracias a esta campaña policial, en Fès y Marrakech son mucho más suaves. De todos modos, la plaga no desaparecerá mientras los turistas continúen cayendo en sus redes y comprando alfombras o "plata berébere" en los bazares a los que les conducen los *faux guides.*

Para terminar, hay que aclarar que, como en todo, hay excepciones y se puede dar con algún guía que sea honesto sin tener el título oficial y que acompañe amablemente al turista a cambio de un salario. Del mismo modo también habrá guías titulados que no piensan en otra cosa que en llevar al turista de tiendas.

OS NIÑOS MARROQUÍES

Si los falsos guías constituyen la molestia más grave para el viajero, la segunda en importancia son los niños. Cada vez que uno se detiene en la carretera, surgen siete u ocho niños pidiendo bolí-

grafos o dirhams, de modo que ni se puede disfrutar del paisaje ni hacer fotos a gusto. Si uno trata de pasear por un palmeral paradisíaco, se le pegan en manada, rompiendo el silencio y el encanto del lugar. Si uno trata de adentrarse en las callejuelas de un *ksar,* le siguen por decenas, gritando y desorientándolo. Es más, cuando uno se niega a hacerles caso, le insultan o incluso le apedrean. La culpa de este mal comportamiento infantil hacia los extranjeros la tienen, en parte, los padres y educadores. Ahora bien, la responsabilidad es también y principalmente de los turistas. Son ellos quienes han acostumbrado a los niños a pedir, a base de ofrecerles bolígrafos, goma de mascar o dirhams a cambio de posar para una foto.

Los problemas de subdesarrollo no se arreglan con este tipo de limosnas. Al contrario, más bien se agravan, de hecho muchos chavales dejan de acudir a la escuela para perseguir a los visitantes, sin darse cuenta de que embargan su futuro, ya que probablemente el día de mañana se conviertan en falsos guías.

DIVERSIONES

Marruecos no es un país de vida nocturna ni de copeo, exceptuando algunas ciudades grandes donde hay mucha influencia extranjera. Con todo, existen bares y discotecas a los que puede acudir el viajero, sin esperar mucho de ellos.

Los **cafés** constituyen una verdadera institución. Los hay de muchos tipos, desde los más elegantes a los más populares, pero todos tienen en común el hecho de no servir alcohol. Los marroquíes pasan en ellos largas horas delante de un vaso de té, que puede costar de de 5 a 15 DH o incluso 25 DH en algún lugar muy especial.

Los **bares** son locales dedicados específicamente a las bebidas alcohólicas. Su ambiente no suele ser muy agradable, pues los marroquíes que beben lo hacen sin medida y su reacción habitual ante el exceso etílico es la agresividad.

A lo largo del texto, sin embargo, se destacan los bares de mejor reputación, que también los hay. Sus precios resultan siempre elevados: entre 20 y 40 DH por un quinto de cerveza; de 50 a unos 80 DH por una copa de licor.

Las **discotecas** se hallan casi todas en los hoteles porque se supone que están destinadas a los extranjeros. No obstante, su público mayoritario es marroquí.

Los hombres buscan en ellas alcohol, diversión y ligue, aunque sea de pago. Las chicas buscan básicamente dinero, aunque en la

mayoría de los casos acaban aficionándose al alcohol.
Una mujer marroquí que se precie de su reputación no entrará jamás en uno de estos locales. La música es una mezcla de ritmos internacionales y del país. La consumición son 50-100 DH.
Solamente en las grandes ciudades hay algún **cine** que ofrezca un mínimo de calidad. En cambio, las entradas al teatro resultan muy económicas (de 20 a 40 DH).
En los lugares turísticos hay restaurantes que ofrecen **cenas con espectáculo folklórico.** Su calidad es variable y sus precios, por lo general, bastante altos, a partir de 300 DH por persona.

COMPRAS

Marruecos es un verdadero paraíso para ir de compras. Los zocos, las medinas, los bazares e incluso muchas calles de las ciudades modernas están rebosantes de mercancías vistosas y tentadoras. Alfombras de todos los tipos, telas, joyas, utensilios de cobre, cajas de madera de tuya, cerámica, objetos antiguos, muebles de cedro, minerales, fósiles, armas tradicionales de imitación, especias, perfumes, ungüentos curativos, babuchas, cazadoras de cuero, camisetas de marcas famosas falsificadas a un coste irrisorio...

Ahora bien, comprar algo en Marruecos no es tarea fácil y mucho menos cuando se trata de artesanía o de cualquier otro producto específico para turistas. El precio fijo sólo se aplica a los productos de primera necesidad, como los alimentos, y aun en ellos se corre el riesgo de ser engañado si el tendero no es muy honesto y, sobre todo, si aparece algún intermediario o traductor espontáneo, que pretenderá llevarse su comisión.
El **regateo** es una costumbre muy arraigada en el país, que tiende a beneficiar a los más pobres, pues, a base de horas e insistencia, consiguen pagar menos que los ricos, quienes no disponen de tiempo que perder. Sin embargo, es en el sector turístico donde alcanza sus proporciones más exageradas.
Todo cuanto se dice habitualmente sobre las reglas de este juego es falso. En el regateo no hay normas: ni ofrecer la mitad de lo pedido, ni un tercio, ni un octavo. En las ciudades más modernas y mejor controladas, como Rabat, el margen de maniobra es mínimo. Por el contrario, en Fès, en Marrakech y en los pueblos del sur no hay límites. El precio pedido no está en función del coste de la mercancía, sino del aspecto del cliente, de la

prisa que demuestre, de su nacionalidad y de la profesión que diga tener, pues el comerciante le suele someter a un largo cuestionario antes de comenzar la negociación. A un americano que visite Marruecos por primera vez y sólo por un fin de semana le pueden pedir veinte veces más que a un español que asegure residir en Casablanca desde la niñez.
Cuando se va acompañado de un guía, sea éste oficial o clandestino, es necesario prever que todos los precios suben alrededor de un 50 por 100. El interés del mercader es que el turista haga una oferta, pues con ella se entra en el juego y, mejor o peor, se acabará comprando. Su reacción habitual ante dicha oferta será mostrarse ofendido y asegurar que a él mismo le ha costado mucho más; lo cual no suele ser cierto, es puro teatro para obligar al turista a subir. Tampoco conviene sentirse obligado a adquirir algo por misericordia: los comerciantes se ganan bien la vida, mucho mejor que los trabajadores y artesanos.

BANCOS, CAMBIO DE MONEDA

Bancos

Los hay en todas las poblaciones de cierta importancia. Abren de lunes a viernes, excepto festivos [pág. 16. "Fiestas"]. El horario más habitual es de 8.30 h a 15.30 h.
La mayoría de los bancos –aunque no todos– cambian divisas y cheques de viaje, percibiendo algunos una comisión por estos últimos. A menudo no aceptan los billetes de 100 $ americanos, debido a la existencia de muchos dólares falsificados. En Marruecos es preferible llevar euros que cualquier otra divisa. Los billetes extranjeros pegados con celo no son válidos.
Unas tras otras, todas las entidades bancarias están poniendo cajeros automáticos exteriores que permiten retirar dinero a cualquier hora. Las que todavía no lo tie-

HORARIOS

Todas las oficinas de la administración marroquí están abiertas al público de lunes a viernes, de 8.30 h a 16.30 h. No obstante, a partir de las 12 h muchos funcionarios tienen por costumbre salir a comer, por lo que la atención al usuario se ralentiza.
Los viernes hacen una pausa de 11.30 h a 13.30 h para la oración. Los comercios, en cambio, no conocen días festivos ni fines de semana y la mayor parte de ellos no cierran hasta las 22 h o incluso más tarde en verano. Los artesanos de la medina suelen descansar el viernes.

nen facilitan efectivo en el mostrador, mediante presentación de la tarjeta de crédito.

Oficinas de cambio

Hay oficinas de cambio en los aeropuertos, puertos de mar y las fronteras terrestres, con un horario bastante más amplio que los bancos, con el mismo curso y con menos colas. También hay hoteles que cambian divisas y cheques de viaje, pero no conviene confiarse, ya que únicamente los de mayor tamaño y categoría consiguen obtener la pertinente autorización. Por eso, es mejor no quedarse sin recursos en fin de semana. Si sobra algo, siempre se puede volver a cambiarlo en euros en la frontera de salida, presentando el recibo bancario.

Los hoteles autorizados por la Oficina de Cambios están obligados a aplicar el mismo curso exacto que los bancos, cosa que es aconsejable comprobar con atención.

Por el contrario, los hoteles, restaurantes y comercios que carecen de autorización suelen ofrecer un cambio mucho peor, redondeando en su favor los decimales, pues para ellos el hecho de canjear divisas constituye más bien una molestia y un riesgo. También las oficinas de correos ofrecen el servicio de cambio, con el curso oficial.

Tarjetas

Las tarjetas **Visa** y **Master Card** son aceptadas en bastantes establecimientos turísticos de categoría media o alta, aunque en muy pocas estaciones de servicio. La tarjeta **American Express** resulta prácticamente desconocida en Marruecos, utilizable sólo en algunos hoteles de lujo y en las agencias de *Viajes Schwartz* en las grandes ciudades.

MEDIOS DE COMUNICACIÓN

En Marruecos existen **periódicos** en árabe y en francés. Casi todos pertenecen a los partidos políticos, de modo que la tendencia de cada uno está claramente definida. No siendo muy voluminosos, su precio oscila de 2 DH a 5 DH. La prensa extranjera llega sólo a las ciudades y siempre con varios días de retraso.

La **radio** cuenta con diferentes emisoras que combinan también los tres idiomas, abundando los programas en español en la zona norte. Hay además una que emite sólo en beréber.

La **televisión** marroquí consta de una sola cadena oficial y una privada, *2M.* Esta última ofrece bastantes programas en francés. La oficial es en árabe pero también hay informativos en beréber, en francés y en español. De todos modos, hoy en día los hoteles y la inmensa mayoría de los hogares del país disponen de una antena parabólica, con la que captan emisoras europeas y, sobre todo, egipcias u orientales.

Hay numerosos locutorios de **Internet** en todas las poblaciones importantes y sus tarifas son de 6-10 DH/hora de conexión.

CORREOS Y TELÉGRAFOS

Mandar una postal cuesta exactamente lo mismo que una carta en sobre cerrado. Las **tarifas** varían de año en año y son ligeramente más bajas para España o Francia que para el resto de Europa.

El servicio de correos es bastante lento y se se suelen perder bastantes cartas si no van certificadas. Una postal puede llegar a tardar una media de diez días en llegar a España, y un paquete hasta dos meses. Los **paquetes** enviados a Marruecos desde el extranjero son sometidos a un minucioso control aduanero, debiendo pagar el destinatario las tasas correspondientes.

Un **telegrama** tarda unos dos o tres días y sale muy caro, por lo que prácticamente ha caído en desuso.

Para enviar dinero, los **giros postales** funcionan correctamente y los giros a través de *Western Union* llegan el mismo día. Los giros telegráficos, por el contrario, son siempre problemáticos.

LLAMAR POR TELÉFONO

En los últimos años el teléfono automático ha llegado a todos los puntos de Marruecos y funciona con absoluta normalidad. Las tarifas son más económicas por la noche y en fin de semana.

Existen **cabinas** en la calle con tarjeta, desde donde se puede llamar a España por 1,50 DH el minuto. Funcionan muy bien.

Hoy en día el sistema que se ha popularizado son las **teleboutiques,** unos locales en los que hay varias cabinas de monedas y una persona facilita cambio, además de ocuparse del mantenimiento de las mismas. Llamar a España desde una *teleboutique* cuesta entre 10 y 20 DH el minuto, según cómo tengan regulados los aparatos. Llamar desde un hotel puede costar entre 20 y 50 DH el minuto, por lo que se recomienda preguntar el precio antes de empezar.

Para efectuar **llamadas locales,** hay que marcar siempre 9 cifras.

Para llamar **desde España a Marruecos** hay que marcar siempre el **00-212** y el número de abonado, pero eliminando el 0 inicial.

Para llamar **a España desde Marruecos** hay que marcar el **0034** y las nueve cifras del abonado.

FOTOGRAFÍA Y VÍDEO

En las ciudades van proliferando ya las tiendas de fotografía digital. Está prohibido fotografiar los puestos fronterizos, las instalaciones militares y algunos puntos considerados estratégicos para la defensa del país. También a muchas personas –mujeres, sobre todo– les molesta ser fotografiadas por los turistas, pues ignoran el destino de esas imágenes; más de uno se ha dejado retratar y se ha visto des-

pués en una postal, en un folleto de agencia de viajes o en una revista extranjera.
Se debe, por tanto, guardar un mínimo de respeto en este sentido. Lo mismo cabe señalar acerca del vídeo.

CIGARRILLOS Y DROGAS

En Marruecos, el tabaco es más caro que en España, sobre todo el rubio americano: 35 DH. El rubio del país es más accesible y lo hay de varias marcas. De tabaco negro, por el contrario, sólo existe una marca y es de baja calidad. Los paquetes de cigarrillos se venden únicamente en establecimientos autorizados que se distinguen mediante un cartel con tres aros entrelazados. Por la calle, sin embargo, muchos jóvenes ofrecen cigarrillos sueltos, hasta altas horas de la noche.
En el Rif abundan los cultivos de cáñamo de Indias, cuyas hojas, conocidas bajo el nombre de *kifi,* son fumadas habitualmente por la población local en unas pipas diminutas. Asimismo, del polen de sus flores se extrae el ***hachís,*** destinado tanto al consumo interior y fuera del país.
Aunque el estado tolera hasta cierto punto este cultivo, la ley marroquí es tajante en cuestión de drogas: no sólo **está penalizada** la venta, sino también el consumo y la posesión, por mínima que sea la cantidad (tres meses de prisión por un gramo). Si en algunos casos la policía hace la vista gorda, en otros es implacable. Pueden dar fe de ello los centenares de españoles que han pasado por las cárceles marroquíes por este motivo.
Los otros tipos de droga son escasos en Marruecos, dado el estrecho control de las autoridades, en torno a la cocaína sobre todo. Sólo en la región de Tánger hay un cierto número de adictos a las anfetaminas. Los jóvenes sin recursos económicos, por su parte, se conforman con inhalar cola o disolvente.

RELACIONES SEXUALES

La ley marroquí prohíbe y penaliza con cárcel todo acto sexual fuera del matrimonio. Por lo que se refiere a las mujeres, en la práctica, sin embargo, hay miles de ellas que tienen relaciones habituales o esporádicas. Al margen de las profesionales, que se ofrecen a los hombres en los bares, discotecas o prostíbulos, existen otras que no lo son, aunque también esperan obtener alguna recompensa por sus eventuales favores. En las grandes ciudades no les importa el contacto con un extranjero y algunas incluso los prefieren por su mayor generosidad. Por el contrario, en zonas de vida más tradicional rechazan tajantemente al no musulmán, ya sea por temor a las autoridades, a las habladurías o a contraer alguna enfermedad, puesto que las creencias populares atribuyen el contagio del SIDA y otros males a quienes no están circuncisos.

Los hoteles tienen por norma impedir el acceso a las habitaciones de una mujer marroquí con un hombre que no sea su marido. No obstante, hay algún que otro recepcionista dispuesto a hacer la vista gorda a cambio de una propina.

Por lo que se refiere a los hombres marroquíes, las relaciones de una mujer extranjera con éstos, aunque ilegales también, gozan de una mayor tolerancia. Incluso muchos hoteles lo aceptan sabiendo que la policía no les pedirá cuentas por ello.

No son pocos los jóvenes *faux guides* que se han especializado en ligar con las turistas.

En cuanto a las relaciones homosexuales, esta práctica sexual está proscrita por el Islam, aunque existe como en todas partes.

Por otro lado, en El Jadida y en algunos pueblos del Atlas Medio, abundan los muchachos dispuestos a relacionarse con extranjeros a cambio de un beneficio económico.

SEGURIDAD CIUDADANA

Marruecos es actualmente uno de los países más seguros del mundo. Esta afirmación puede sorprender a quienes hagan caso de la leyenda negra, pero es una realidad conocida por cuantos lo visitan con frecuencia.

El mayor peligro que corre el turista es el de comprar un tapiz o una supuesta alhaja a un precio elevado. La violencia, en cambio, es casi desconocida. No hay atracos a los bancos, ni navajeros, ni secuestros, ni violaciones, ni rotura de cristales de coches...

Ello es debido a un estrecho control del Estado, unas leyes muy estrictas y un Ministerio del Interior que llega a cada barrio y a cada calle, mediante unos responsables que conocen directamente las actividades de cada ciudadano.

Los aparcamientos están vigilados día y noche, así como las áreas mercantiles.

Con todo, no se debe tampoco caer en el exceso de confianza. Coger algo del interior de un vehículo es muy fácil si las ventanillas no cierran adecuadamente; dar un tirón de bolso y desaparecer es igualmente sencillo en una medina abarrotada de gente; y dejarse llevar por callejuelas oscuras a casa del primero que ofrece hachís a buen precio es de ingenuos. En cualquier caso, las ciudades menos seguras son Casablanca, Tánger y Tetouan.

La policía, con uniformes de color azul, se ocupa de la seguridad en los núcleos urbanos, mientras la gendarmería, identificable por su traje gris, tiene jurisdicción en pueblos, carreteras y zonas rurales. Existe además un cuerpo de *majaznies*, que viste ropas verdes al estilo militar y dependen directamente del caíd de cada población.

ASEOS PÚBLICOS

En Marruecos, el tema de los aseos resulta particularmente conflictivo para los turistas acostumbrados a viajar sólo por Europa. Los hay en muchos cafés y restaurantes –no en todos–, así como en las estaciones de trenes o autobuses, e incluso en las calles de las medinas y en algunas zonas comerciales. Pero su estado de conservación y de limpieza no suele ser óptimo. Generalmente se trata de "turcas" o de simples agujeros en el suelo. Resulta difícil encontrar en ellos papel y habrá que darse por satisfechos cuando hay un grifo del que sale agua y un cubo que no pierde. La mayoría de los baños son de pago (1 DH por utilización), incluso en el interior de las cafeterías. Únicamente los hoteles y restaurantes de cierto nivel están equipados con sanitarios a la europea, mínimamente presentables.

ASISTENCIA MÉDICA

Los **hospitales** marroquíes atienden por un precio módico a cualquiera que se presente en ellos, aunque sea extranjero. La mayoría no están demasiado bien equipados y en muchos no hay ni siquiera un cirujano.

Las ciudades cuentan con **clínicas privadas** abiertas las 24 horas del día y en las que se presta una atención al cliente bastante mejor que en un hospital, a un precio por supuesto mucho más elevado. La mayoría, sin embargo, tiene contratos con las compañías de seguros de asistencia en viaje.

También hay **médicos privados** en todas las poblaciones de cierta importancia, excepto en zonas de montaña, donde sólo hay enfer-

BREVE VOCABULARIO

Ofrecemos a continuación algunas palabras árabes y bereberes, transcribiéndolas según las normas españolas, con las diferencias que siguen:

H: pronunciarla como la H aspirada inglesa.

SH: pronunciarla como la SH inglesa.

Y: pronunciarla como la J catalana o francesa, o como la Ll andaluza.

Z: pronunciarla sonora, como la Z catalana o francesa.

Expresiones de cortesía

español	**árabe marroquí**	**beréber**
Adiós	*Bisalama*	*Akihená rebí*
Bienvenido	*Marhababic*	*Marhaba*
¿Cómo se llama?	*Ismu?*	*Ismen?*
Gracias	*Shukran*	*Saha*
Gracias a Dios	*Hamdu li lah*	*Hamdu li lah*
Perdón	*Esmahli*	*Semahii*
¿Qué tal?	*Labás? Bijer?*	*Labás? Bijer?*
Por favor	*Larham ualidic*	*Larham ualidic*
Salud	*Salam Aleicum*	*Salam Alaicum*
Todo bien	*Labás, Bijer*	*Labás, Bijer*

Gastronomía

español	**árabe marroquí**	**beréber**
Agua	*Al ma*	*Aman*
Caliente	*Sjun*	*Iahamá*
Carne	*Leham*	*Aksum*
¡Come!	*Cul!*	*Tch!*
Frío	*Berd*	*Icrafen*
Huevos	*El beid*	*Tiglit*
Pan	*El jobz*	*Agrom*
Restaurante	*Restorá, Mataam*	*id.*
Té	*Atai*	*id*

Para moverse

español	**árabe marroquí**	**beréber**
Abajo	*El taht*	*Izder*
Aeropuerto	*Al matar*	*id.*
A la derecha	*Al imin*	*Fuifás*
A la izquierda	*Al isar*	*Fuizelmat*

Aquí	*Hená*	*Ghi*
Arriba	*El fok*	*Afela*
Calle	*Zanca*	*Laâlú*
Carretera	*Tarik*	*Agharás, abrid*
Estación de buses	*Mahata d'el quirán*	*id.*
Estación de ferrocarril	*La gar*	*id.*
Grande	*Kebir*	*Ajatar*
Hotel	*Fonduk, Hotel*	*Hotel*
Mañana (día)	*Ghadda*	*Azka*
No comprendo	*Ma fahamshi*	*Ur sengh*
Pequeño	*Seguir*	*Imzán*
Río	*Ued*	*Asif*
¡Vale!	*¡Uaja!*	*id.*
¡Vamos!	*¡Nemshiú!*	*¡Ndu!*
¡Ven!	*¡Ayi!*	*¡Adud!*

Para ir de compras

español	**árabe marroquí**	**berébер**
Barato	*Regis*	*Irrajá*
¡Basta!	*Safi, Báraka*	*Báraka*
Bueno, bonito	*Mezian, Zuin*	*Iahalá*
Caro	*Gali*	*Igalá*
¿Cuanto?	*¿Ash hal?*	*¿Menshek?*
Malo	*Kebih*	*Ijá*
Mucho	*Bizzef*	*Bahra*
No	*La*	*Oho*
Sí	*Naam*	*Naam*
Un poco	*Shuía*	*Imij*

Números

español	**árabe marroquí**	**beréber**
Uno	*Uahed*	*Ian*
Dos	*Zuj*	*Sin*
Tres	*Telata*	*Crad*
Cuatro	*Arbaa*	*Koz*
Cinco	*Jamsa*	*Semús*
Seis	*Setta*	*Sedés*
Siete	*Sebaa*	*Sa*
Ocho	*Temenía*	*Tam*
Nueve	*Tesaa*	*Tsa*
Diez	*Ashara*	*Merau*
Cien	*Miia*	*Miia*
Mil	*Alef*	*Alef*

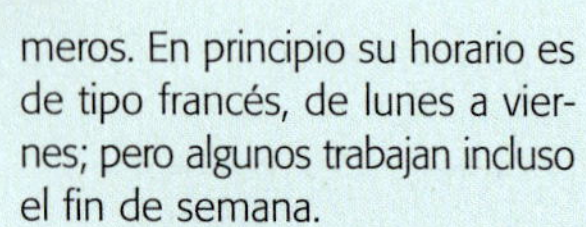

meros. En principio su horario es de tipo francés, de lunes a viernes; pero algunos trabajan incluso el fin de semana.

Las **farmacias** disponen de los mismos medicamentos que en España, sólo que con distinto nombre. Abren de lunes a viernes, con el horario oficial, existiendo algunas de turno que permanecen abiertas de lunes a domingo, de 8 h a 23 h.

Para la noche hay una farmacia específica, que por lo general se halla en el Ayuntamiento.

LOS BAÑOS

El ***hammam*** o "baño turco" es el lugar donde se lava todavía hoy la mayoría de la gente. Algunos baños tienen horarios específicos para cada sexo, mientras otros disponen de dos recintos con accesos diferentes.

El *hammam* cuenta con un vestuario y varias salas húmedas, cada una más caliente que la anterior.

En el fondo de la última hay dos depósitos, uno de agua caliente y otro de agua fría. Cada cual puede mezclar el agua a su gusto en un cubo, para luego echársela por encima mediante una taza de plástico.

Además de ducharse, en el *hammam* se frotan unos a otros mediante unas manoplas de tela y se dan masajes mutuamente. En ocasiones hay masajistas profesionales en su interior.

Los extranjeros pueden acceder al baño turco sin limitaciones de ningún tipo.

El coste del mismo es muy bajo, alrededor de 10 DH por persona y 30 DH el masaje, excepto cuando se halla en el interior de un hotel, donde hay que prever un mínimo de 100 DH.

COSTUMBRES LOCALES

Aunque la europeización de los hábitos es un proceso imparable que avanza en Marruecos a toda velocidad, todavía se conservan numerosas costumbres que están influidas por la cultura tradicional del país.

La vida diaria del hombre medio se desarrolla entre su trabajo, el mercado y el café.

La vida de la mujer se centra en las diferentes labores domésticas y en las reuniones con sus amigas en casa de una u otra. Solamente en las ciudades modernas, las necesidades creadas por la introducción de la sociedad de consumo están empujando a la mujer a buscar un trabajo remunerado.

Por otro lado, la televisión ocupa la mayor parte del ocio de ambos sexos, ya sea contemplada en el café o en el hogar. A ellas les encantan los seriales mexicanos, turcos y egipcios; a ellos, el fútbol, y se conocen prácticamente de memoria los equipos y jugadores españoles, sobre los que incluso se hacen quinielas.

CEUTA

ESPAÑA. CIUDAD AUTÓNOMA. 75.000 HABITANTES.

Siendo Ceuta uno de los puntos de acceso habitual para las rutas por el norte de Marruecos, consideramos útil ofrecer algunos datos acerca de este enclave español en el norte de África. Conocida por fenicios y romanos, Ceuta fue una de las primeras ciudades ocupadas por los árabes en el siglo VIII, sirviéndoles de trampolín para la conquista de la Península Ibérica. Siete siglos más tarde, en 1415, las posiciones se invirtieron y fue el rey de Portugal Joao I quien se apoderó de Ceuta para tratar de controlar Marruecos. Tras el fracaso de esta política lusa, que culminó con la muerte de Dom Sebastian en la batalla de Oued el Makhzen y la anexión de Portugal por la corona de Castilla, la plaza pasó a manos españolas, en las que ha permanecido hasta hoy. La población, volcada en el comercio de artilugios traídos del Extremo Oriente, está siendo acondicionada en estos últimos años con bastante acierto.

INFO

Código postal. 51001.
Viceconsejería de Turismo y Comunicación. Edrissis s/n, Baluarte de los Mallorquines, telf. 856 200 560, fax 856 200 565; e-mail: turismo@ceuta.es. Disponen de un plano detallado de la ciudad.
Oficina de turismo. Calle Edrissis, Edificio Baluarte de los Mallorquines, telf. 856 200 560, fax 856 200 565.
Línea de información gratuita. Telf. 900 807 050.
Web. www.ceuta.es.

TRANSPORTES

Autobuses urbanos del centro a los barrios.
Taxis por toda la ciudad, telf. 856 200 008.
Barcos a Algeciras y a Málaga. Una decena de salidas diarias. Para consultar los horarios visitar: www.tras-

mediterranea.es, www.balearia.com, www.buquebus.com y www.eurofe-rrys.com.

Helicópteros que vuelan hacia Málaga, y que tienen de dos a cinco salidas según el día de la semana. Telf. 956 504 974, web: www.grupoinaer.com.

Alquiler de vehículos sin conductor a través de la agencia *Viajes Flandria,* Independencia, 1. Telf. 956 512 074.

Aparcamiento. Bajo el paseo de la Marina Española, junto al mar, y también en la estación marítima. Bajo ningún concepto se debe dejar un automóvil aparcado en la calle con el equipaje en su interior: este tipo de hurtos está a la orden del día.

VISITA

Si bien, para la mayor parte de los viajeros que se dirigen a Marruecos, Ceuta es sólo un lugar de paso, la ciudad y sus alrededores cuentan con un buen número de lugares interesantes. El **casco antiguo** data de finales del siglo XIX y en él se conservan muchas fachadas neoclásicas e historicistas de gran belleza, sobre todo a lo largo de la Gran Vía, que en sus primeros tramos se llama oficialmente Paseo del Revellín y Calle Camoens.

La más hermosa de todas es probablemente la llamada **Casa de los Dragones.**

En esta misma avenida se sitúa el **Museo de la Ciudad** *(visita de lunes a viernes de 10 h a 14 h y de 17 h a 20 h; sábados de 10 h a 14 h. Entrada gratuita),* que ocupa un edificio neoclásico fechado en 1900. Alberga interesantes objetos de las épocas púnica, romana, árabe, portuguesa y española.

Los baños árabes datan del siglo XII y se hallan en la **plaza de la Paz.** Las murallas reales protegen el casco antiguo por la parte de tierra y están precedidas por un foso que, en la práctica, convertía la pequeña península en una isla.

Una carretera rodea el **Monte Hacho,** ofreciendo diferentes vistas panorámicas a lo largo del recorrido.

DORMIR EN CEUTA

En principio no hay motivo para pernoctar en Ceuta, puesto que sus precios son más altos que al otro lado de la frontera y, en temporada alta, resulta difícil encontrar habitación. De todos modos, detallamos los mejores establecimientos de cada categoría.

Pensión La Bohemia

Paseo del Revellín, 12, piso 1º, telf. 856 510 615. Es una agradable pensión familiar situada en un bello edificio de principios del siglo XX, en la calle principal del casco viejo, ahora peatonal. Sus habitaciones, con baño comunitario, están limpias y cuidadas. Precio: 25 €.

Hostal Real

Calle Real, 1, piso 2º, telf. 956 511 449, fax 956 512 166, e-mail: hostalreal@hostalreal.net, www.hostalreal.net. Posee una decena de habitaciones muy correctas, con un grupo de sanitarios comunes impecable. Precio: 35 €.

Hostal Plaza Ruiz

Pza. Teniente Ruiz, 3, piso 2º, telf. y fax 956 516 733, www.hostalesceuta.com, e-mail: hpruiz@ hostalesceuta.com. Está en el interior de un edificio tradicional, en pleno centro. Sus habitaciones, acogedoras, tienen baño, aire acondicionado, calefacción, televisión y minibar. Precio: de 50 a 70 € según temporada.

Hotel Ulises

Camoens, 5, telf. 956 514 540, fax 956 514 546, www.hotelceuta.com, e-mail: info@hotelceuta.com. Situado en pleno corazón de la ciudad, dispone de 124 habitaciones muy confortables, parte de las cuales tienen vistas al mar. También hay restaurante y piscina. Habitación doble: 75 €; suites: hasta 250 €.

Hotel La Atalaya

Av. Reyes Católicos 6, telf. 956 504 161, fax 956 504 316, web: www.la-atalaya.net, e-mail: admin@la-atalaya.net. Ofrece 16 habitaciones climatizadas, con baño y televisor. Precio: 90 €.

Hotel Tryp Ceuta

Alcalde Sánchez Prado, 3, telf. 956 511 200, reservas 902 144 444, fax 956 511 501, www.solmelia.com, e-mail: tryp-ceuta@solmelia.com. Es un establecimiento dirigido básicamente a los hombres de negocios. Consta de 120 habitaciones de estilo internacional, con aire acondicionado, baño, teléfono, televisión, minibar y caja de seguridad. También tiene gimnasio, piscina, sala de reuniones, restaurante y varios bares. Precio: 100 €.

Parador Hotel de la Muralla

Pza. Nuestra Señora de África, 15, telf. 956 514 940, fax 956 514 947, www.parador.es, e-mail: ceuta@ parador.es. Está al pie de la muralla, a la entrada de la ciudad vieja, aprovechando parte del antiguo parque de artillería. Incluye 106 habitaciones muy confortables, así como un restaurante donde se puede comer por unos 25 €, bar, sala de conferencias y una piscina rodeada por un jardín. Precios: de 120 a 200 €.

COMER EN CEUTA

Mar Chica

Pza. Rafael Gilbert, detrás de la pza. de la Constitución. Es un local muy popular donde sirven una cocina española y marroquí aceptable y sencilla, sobre todo pescados. Precio: 6-8 €.

Gran Muralla

Pza. de la Constitución, 4, telf. 956 517 602. El comedor, elegante y agradable, tiene aire acondicionado y disfruta de una amplia vista panorámica. Tienen una carta muy amplia de platos chinos. Precio: 8-12 €.

Portuario

Muelle Cañonero Dato, al final del puerto, frente a la Casa del Mar. Ofrece una gran variedad de pescados fritos y también algunas carnes. Precio: 8-12 €.

China Town

Muelle Cañonero Dato, en el puerto, telf. 956 509 053. La típica cocina china de aquí. Precio: 8-12 €.

Centro Gallego

Plaza Santiago s.n., telf. 956 516 863. Situado en la muralla, accesible por un puente sobre el foso. Se come un excelente pescado y marisco en un entorno muy agradable. Precio: 12-18 €.

COMPRAS

Ceuta es puerto franco, de modo que todo el centro y parte de sus barriadas constituyen una sucesión de bazares en los que se abarrotan una gran variedad de mercancías de importación: aparatos electrónicos, bebidas alcohólicas, telas, artesanía marroquí, paraguas, vajillas de porcelana, relojes... Hay sin duda excelentes ofertas, pero no es oro todo lo que reluce: también abundan los productos de baja calidad o defectuosos y los precios no siempre son tan ajustados como pueda pensar el viajero. Los alimentos, en especial, resultan más caros que en la península. El tabaco es algo más barato que en el resto de España y, sobre todo, mucho más que en Marruecos, mientras el whisky de importación ofrece una diferencia abismal, aunque los expertos aseguran que su sabor no es el mismo.

Ceuta cuenta, asimismo, con una buena librería, que incluye una amplia sección de libros sobre Marruecos: **África Totem,** Daoíz, 2 (descender desde la calle Camoens), telf. y fax 956 516 904.

MELILLA

ESPAÑA. CIUDAD AUTÓNOMA. 70.000 HABITANTES.

Heredera del asentamiento fenicio de Rusadir, Melilla fue una ciudad romana y árabe antes de la conquista española en 1497. Hoy vive básicamente del comercio gracias a su condición de puerto franco y también recibe bastante turismo por su interés histórico. Para quien se dirige a Marruecos, puede ser un lugar de paso.

INFO Y TRANSPORTES

Oficina de Turismo. Fortuny, 21. Telf. 952 675 444. Fax 952 679 616. turismo@melilla.es.

Jefatura Provincial de Turismo. General Aizpuru, 20. Telf. 952 674 013.

Área de Turismo del Ayuntamiento. Pza. de España. Telf. 952 699 260. Fax 952 674 394.

Página Web: www.melillaturismo.com.

Estación de autobuses. Plaza de España.

VISITA

Melilla es una moderna y dinámica ciudad cuyo encanto se percibe nada más visitarla.

Situada a 13 km de Nador, tras diversos avatares históricos, en 1497 pasó a ser posesión de la corona española tras la Reconquista.

Tiene el estatus administrativo de ciudad autónoma y destaca por su marcado aspecto colonial y andaluz.

Su población ha descendido drásticamente desde la independencia, a pesar del elevado número de inmigrantes marroquíes que acoge.

Al nordeste de la **plaza de España,** centro alrededor del cual gira la vida ciudadana entre el casco antiguo y el casco nuevo, se levanta en un alto, espectacularmente protegida por el mar, la **Medina Sidonia,** también llamada "Pueblo". Está rodeada por unas murallas del siglo XVI en las que se abre la **puerta de Santiago,** coronada con el escudo del emperador Carlos V.

Dentro de la ciudadela se encuentra la **iglesia de la Purísima Concepción** (siglo XVII), donde hay algunos retablos barrocos interesantes.

Rodeando los bastiones se llega al pequeño **Museo de la Ciudad** *(visita de 10 h a 13 h y de 15 h a 19 h de lunes a sábado),* en cuyas salas se exponen piezas neolíticas, fenicias y púnico-romanas.

Desde la terraza se domina una magnífica panorámica de toda la ciudad, el puerto y el **cabo de las Tres Forcas,** un acantilado de 400 m de altura que constituye la última ramificación de las montañas del Rif.

DORMIR Y COMER EN MELILLA

En esta localidad hay un gran número de pensiones. Entre ellas: **Pensión La Sevillana** *(Mar Chica, 16)*, **Pensión Qebdana** *(General García Cabrelles)*, **Pensión Antequera** *(Aragón 22, telf. 677 718)*, **Pensión El Tropezón** *(General Astilleros, 21)*, **Pensión La Rosa Blanca** *(Gran Capitán, 7)*, **Pensión Tamarc** *(Palencia, 41)*, **Pensión El Puerto** *(Santiago, 1, telf. 681 270)*.

HOSTAL RIOJA**

Ejército Español, 10, telf. 952 682 709. Este hostal dispone de 11 habitaciones con lavabo. Ducha comunitaria. Precio: 40-60 €.

HOSTAL TUHAMI**

General García Margallo, 13, telf. 952 686 045, fax 952 686 174, e-mail: hostaltuhami@hotmail.com. Ofrece habitaciones con aire acondicionado, teléfono y televisión. También ofrece un buen servicio de habitaciones. Precio: 40-60 €.

HOSTAL CAZAZA**

José Antonio Primo de Rivera, 6, telf. 952 684 648. Ofrece 8 habitaciones, algunas con baño y otras sólo con lavabo. Precio: 40-60 €.

HOSTAL MIRASOL*

General Astilleros, 31, telf. 952 674 686. Dispone de 13 habitaciones decoradas, algunas de ellas con baño. Precio: 40-60 €.

HOTEL ÁNFORA**

Pablo Vallesca 16, telf. 952 683 340, fax 952 683 344. Posee 145 habitaciones muy confortables. Precio: 60-90 €.

HOTEL NACIONAL*

José Antonio Primo de Rivera 10, telf. 952 684 540, fax 952 684 481, e-mail: nacional@terra.es. Tiene 23 Rif con aire acondicionado, con baño, bien equipadas con teléfono y televisión. Precio: 60-90 €.

COMPRAS

En la zona comercial de Melilla abundan tiendas donde se puede adquirir artesanía en cuero, tapices, cerámicas de la zona y complementos. Además existen modernos establecimientos donde se pueden adquirir joyas y relojes de las más prestigiosas firmas y marcas nacionales e internacionales, a muy buenos precios.

Parador de Melilla***

Avda. Cándido Lobera, telf. 952 684 940, fax 952 683 486, melilla@parador.es. Dispone de 40 habitaciones bien equipadas, algunas con buenas vistas de la ciudad. Además cuenta con piscina y un buen restaurante. Precio: de 80 a 120 € dependiendo del tipo de habitación.

Hotel Rusadir***

Pablo Vallesca 5, telf. 952 681 241, hotelrusadir@grupokm.com. Ofrece 35 habitaciones confortables y restaurante. De 110 a 130 €.

Hotel Melilla Puerto

Explanada de San Lorenzo s/n, telf. 952 695 525, fax 952 695 506, www.hotelmelillapuerto.com, info@hotelmelillapuerto.com. Precio: 90-130 €.

Restaurantes

La Muralla

Calle Fiorentina 1, en Melilla la Vieja, telf. 952 681 035. Cocina española y parrilladas de carne.

Los Salazones

Calle Conde de Alcaudete, telf. 952 673 652. Cocina española y platos de pescado.

MARRUECOS

DE LA A A LA Z

AGADIR

CAPITAL DE PROVINCIA. 230.000 HABITANTES.

En 1505, los portugueses ocuparon el pequeño puerto de Agadir n'Ighir, cuyo origen se pierde en la noche de los tiempos, pasando a llamarse Santa Cruz de Cabo Gue.

Durante más de tres décadas fue objeto de un gran movimiento comercial, pero también de los ataques de los saadíes, quienes todavía no estaban en el poder y basaban su campaña para llegar a él en la expulsión de los cristianos de sus costas. En 1541, tras levantar una enorme casba sobre la colina, los saadíes consiguieron por fin vencer a los invasores portugueses, lo que les sirvió de trampolín para hacerse con el imperio marroquí. Agadir n'Ighir mantuvo su importancia hasta finales del siglo XVIII, en que la apertura del nuevo puerto de Essaouira lo relegó a un plano secundario. Luego, bajo el Protectorado, volvió a mejorar y se convirtió en una ciudad importante, que crecía a un ritmo desenfrenado.

El proceso se interrumpió súbitamente en 1960, cuando un terremoto destruyó completamente la casba y gran parte de la ciudad nueva. Sin embargo, Agadir renació una vez más de sus cenizas y, además de recuperar sobradamente la categoría comercial de su puerto, se ha convertido en el centro de vacaciones más destacado de todo Marruecos, al que acuden básicamente alemanes y nórdicos en invierno, así como marroquíes del interior en verano.

INFO

Código postal. 80000

Delegación de Turismo. Pl. Prince Héritier, junto a la Av. Mohamed VI, BP 178, telf. 0528 846 377.

Sindicato de Inicitativa. Av. Mohamed V, telf. 0528 840 307.

Bancos. Av. Président Kénnedy (Talborjt) y en la Av. des FAR.

Iglesia católica. 115 Rue Marrakech, telf. 0528 822 251.

Web: www.agadir-info.com y http://goagadir.com.

ACCESOS

Una **autopista** une Agadir y Marrakech. La **carretera N-8,** amplia y muy bien asfaltada aunque transitada, comunica con Marrakech al nordeste.

La **carretera N-10** llega de Ouarzazate por el este. Es correcta pero algo estrecha y con curvas en los pasos del Anti Atlas.

La **carretera N-1,** correcta pero montañosa y algo estrecha, enlaza con Essaouira al norte. Hacia el sur se dirige a Tiznit y Laayoune, en buen estado. La **carretera R-105** viene de Tafraoute por el sureste. Es muy estrecha, con abundantes curvas, pero bien asfaltada y pintoresca en diferentes tramos.

TRANSPORTES

Autocares Supratours a Marrakech (cinco al día), Laayoune (tres al día) y Dakhla. También tienen una oficina en la Rue des Oranges.

Autocares Pullman a Casablanca por Essaouira, Safi y El Jadida. En la estación de autobuses, Av. Abderrahim Boabid.

Autocares CTM a Tiznit (6 al día), Laayoune (5 al día), Dakhla (2 al día), Smara (1 al día), Marrakech (4 al día), Casablanca (4 al día), Ouarzazate (1 al día), Tánger (1 al día), Meknès (1 al día), Fès (1 al día) y El Jadida por Essaouira (1 al día). Salen de la estación de autobuses, pero también se puede comprar el billete por anticipado en la oficina de la calle Yacoub el Mansour, en Talborjt. Telf. 0528 225 596.

Autocares privados a Marrakech, Beni Mellal, Fès, Casablanca, Kénitra, Rabat, El Jadida, Tata, Guelmim. La estación está en la Av. Abderrahim Boabid. Para otro destino, hay que dirigirse a la estación de autocares de la vecina Inezgane.

Autobuses urbanos detrás de la Pl. Salam. Comunican Agadir con los barrios exteriores, con Inezgane, con el aeropuerto y algunos van hasta los pueblos de los alrededores, como Tamraght y Taghazout.

Taxis colectivos a Marrakech, Taroudannt, Inezgane, Tata, Tiznit, detrás de Pl. Salam. Los de Essaouira, por el contrario, parten de la Av. Abderrahim Boabid, frente al zoco.

Taxis pequeños en la ciudad.

Un **trenecillo turístico** recorre periódicamente las principales avenidas de la ciudad. Sale de la Av. 20 Août, junto a la entrada, a la Vallée des Oiseaux.

Aeropuerto internacional Agadir-Massira. A 22 km en la carretera de Taroudannt, telf. 0528 839 112, fax 0528 839 149. En autobús urbano. Vuelos a Casablanca, Laayoune, Dakhla, Las Palmas de Gran Canaria, Fran-kfurt, Zurich y París. RAM en Av. Géneral Kettani, esquina Av. Hassan II, telf. 0528 829 120/131, fax 0528 840 654. Aeropuerto, telf. 0528 829 660, fax 0528 839 296.

Alquiler de vehículos sin conductor. Hay agencias entre la Av. Géneral Kettani y la Av. des FAR.

Aparcamientos. Hay uno en la Pl. Lahcen Tamri y otro muy amplio junto a la playa.

Talleres en la Av. Abderrahim Boabid y en la Rue 2 Mars.

VISITA

La ciudad, completamente renovada tras el terremoto, carece de interés monumental, si bien se pueden visitar el museo y las ruinas de la casba. En cambio, Agadir es un lugar ideal para instalarse y efectuar excursiones al Gran Atlas, al Anti Atlas, a las diferentes playas del norte y del sur e incluso a ciudades históricas como Taroudant o Tiznit [ver pág. 347 y 383].

El **Museo del Patrimonio Amazigh** *(visita: de 9.30 h a 17.15 h excepto domingos y festivos. Entrada: 20 DH)* se halla en un pasaje peatonal, entre la Av. Mohamed V y la Av. Hassan II.

Contiene una colección de objetos tradicionales de la región. De la **casba** sólo quedan restos de muralla sin mucho interés, pero la vista desde lo alto es magnífica, dominando la ciudad, el puerto y la bahía. Se accede a ella por una carreterita en zigzag que surge de la vía de circunvalación

AGADIR

Centro ciudad

Hay un gran movimiento comercial y de paseo a lo largo de todo el día.

Playa

Con sus numerosas terrazas, en verano, registra un extraordinario ambiente marroquí desde la puesta de sol hasta la media noche. En invierno, la animación decae. Durante el día está lleno de turistas.

Bd. 20 d'Aout

Es la zona de ambiente nocturno, con numerosos bares y discotecas. Registra mucho movimiento desde la caída de la tarde.

justo antes del puerto. Resulta algo complicado cuando se viene del centro, pero al final se encuentra.

La **Vallée des Oiseaux** *(visita de 9.30 h a 12.30 h y de 14.30 h a 18.30 h. Entrada: 5 DH)* es un pequeño jardín zoológico en el

FIESTAS

El Festival Timitar suele tener lugar en mayo, en tres escenarios al aire libre repartidos por la ciudad, y durante 8 días. Reúne a músicos y cantautores tanto marroquíes como extranjeros, de diferentes estilos populares.

que abundan los pájaros y otros animales, en un entorno agradable. Tiene dos accesos, uno por la parte alta desde la Av. Hassan II y el otro desde la playa, por el Bd. 20 d'Aout. La Av. Mohamed V atraviesa por encima.

La **Medina d'Agadir** *(telf. 0528 280 253, fax 0528 280 706, e-mail: cocopolizzi@menara.ma, web: www.medinapolizzi.com; visita de 8.30 h a 18.30 h. Entrada: 60 DH por adulto y 30 DH por niño incluyendo el transporte, o 40 DH por adulto sin transporte)* es un centro artesanal de construcción moderna pero de un estilo bien adaptado a la tradición. Está a 4 km de la ciudad, junto a la carretera de Inezgane. Un minibús directo sale periódicamente del quiosco que hay en el cruce de la Av. 20 Août y la Route de l'Oued Souss y para en los principales hoteles.

En el **complejo artesanal** podéis ver diferentes talleres, en los que numerosos alumnos aprenden sus respectivos oficios.

Los hay dedicados a la orfebrería, a la confección, al bordado, la pintura sobre madera, la forja de hierro, la fabricación de armas blancas, el trabajo del cuero, y un largo etcétera.

Si tenéis dificultades para calzaros, aquí siempre podéis encargar unos zapatos hechos a medida, aproximadamente en 48 horas.

El **zoco** tiene lugar los domingos en la Av. Abderrahim Boabid, aunque los demás días también suele estar muy animado. En él se vende comida, ropa y artesanía para turistas.

ALREDEDORES

RESERVA DE MASSA

Para llegar a la **desembocadura del río Massa** hay que tomar la carretera de Tiznit durante 48 km, hasta encontrar un cartel a la derecha que indica "Sidi Rbat".

Se toma este desvío durante unos 5 km, llegando a un pueblo llamado **Aghbalou,** perteneciente al municipio de Sidi Ouassai (indicado). Allí, a la derecha, el asfalto termina 7 km después, a la entrada del parque nacional, y en ese punto se puede contratar un acompañante en la Asociación de Guías, telf. 0671 053 129. Pero aún se puede continuar con el vehículo otros 3 km, hasta Sidi Benzarn. Los últimos 4 km, de Sidi Benzarn a la desembocadura, sólo se pueden recorrer a pie por un amplio sendero que sigue la orilla del río Massa. En la playa de Sidi Rbat se encuentra una pista todo terreno que habíamos dejado antes de llegar al parque.

La reserva del río Massa es una de las más importantes de Marruecos para las aves, tanto migratorias como sedentarias. Para observarlas, es imprescindible llevar unos buenos prismáticos. Los guías de la Asociación van equipados con ellos y saben reconocer las diferentes especies.
En la **playa de Sidi Rbat** no es aconsejable bañarse, a causa de las corrientes. De la antigua **ciudad de Massa,** que fue muy próspera en la Edad Media, no ha quedado resto visible, o por lo menos hasta el momento no se ha encontrado. Se situaba, probablemente, cerca de la actual Aghbalou.

VALLE DE TAMRAGHT

Un interesante circuito por asfalto, de una jornada entera, permite recorrer el **valle del río Tamraght,** caracterizado por sus extensas plantaciones de palmeras y bananeros, y llegar a las **cataratas de Immouzzer Ida Ou Tanane,** que solamente tienen agua en épocas de lluvia. Para ello se sale por la carretera de Essaouira y nos desviamos a la derecha a los 11 km.

ACTIVIDADES DEPORTIVAS

EQUITACIÓN

Royal Club Equestre, en la ctra. de Inezgane km 6, telf. 0528 844 102; **Ranch Pyramides,** Rte. de l'Oued Souss, telf. 0528 837 269; **Ranch Reha,** en la ctra. de Essaouira, km 17, telf. 0528 847 549; **Club de l'Etrier,** ctra. de Inezgane, km 5.

GOLF

Golf du Soleil, Chemin des Dunes, BP 901, telf. 0528 337 329/ 0528 337 330, fax: 0528 337 333, web: www.golfdusoleil.com. Tiene 27 hoyos en 87 ha; **Royal Club de Golf,** Rte d'Aït Melloul km 12, en el cruce de la circunvalación y la carretera que viene de Inezgane, telf. 0528 631 268. Dispone de 9 hoyos; **Club les Dunes,** en la ctra. de Inezgane, telf. 0528 834 690. Ofrece 3 recorridos de 9 hoyos.

OTROS

Motos de agua. Alquiler en la playa de Agadir.
Quads. *ATC Quad,* Plage d'Agadir, telf. 0528 825 021.

PLAYAS

La **playa de Tamraght**, conocida en la época hippie como "Paradise Beach", se halla a 12 km de Agadir por la carretera de Essaouira. Después de atravesar el pueblo y el río Tamraght, diferentes pistas permiten acceder a la orilla. Unos 6 km más adelante, en la misma dirección, se encuentra la **playa de Taghezoute.** En este caso, el acceso es por asfalto. Junto a esta última playa hay varios restaurantes que ofrecen pescados y platos marroquíes (alrededor de 70 DH por una comida). En estas playas está prevista sin embargo la construcción de grandes complejos turísticos que cambiarán por completo su fisionomía.

DORMIR EN AGADIR

En contra de la creencia generalizada en Marruecos, el alojamiento en Agadir no es más caro que en el resto del país, sino todo lo contrario: por los mismos precios ofrece una calidad incluso superior. Además, hay que tener en cuenta que allí la temporada turística abarca de noviembre a marzo, de manera que en verano descienden las tarifas.
Lógicamente, los hoteles de 4 y 5 estrellas que hay en la playa no son regalados, pero la ciudad dispone de un barrio mucho más económico llamado Talborjt, en el que se concentran los restaurantes más sencillos.

■ CÁMPING

CÁMPING MUNICIPAL (A-B2) **1**
Av. Mohamed V, telf. 0528 846 683, fax: 0528 864 684. A pesar de su tamaño, este establecimiento suele llenarse en verano de marroquíes con sus tiendas canadienses y en invierno de alemanes con sus autocaravanas.
Las instalaciones están rodeadas de árboles y disponen de ducha caliente, bar y tienda de comestibles.

■ HOTELES

HÔTEL TAMGOUTE (B2) **2**
Pl. Lahcen Tamri, Talborjt, telf. 0528 846 727. Abierto en 2008, consta de 16 habitaciones impecables, con o sin baño. Precio: de 150 a 200 DH.

HÔTEL TIZNINE (B2) **3**
3 Rue Drarga, Talborjt, telf. / fax 0528 743 925. Queda un poco escondido detrás del hotel Ayour (actualmente cerrado). Sólo ligeramente más caro que los anteriores, ofrece 12 habitaciones impecables, pulcras y climatizadas, aunque no todas disponen de un baño. Precio: 150-200 DH.

HÔTEL EL BAHIA** (B2) **4**
Rue El Mehdi ibn Toumert, Talborjt, telf. 0528 823 954, fax 0528 824 515. Propone 28 habitaciones limpias y bien mantenidas, con teléfono, televisor y calefacción, la mayor parte con baño completo y el resto con ducha y lavabo. Precio: 300-400 DH según temporada.

HÔTEL PETITE SUÈDE (B2) **5**
Av. Hassan II esquina Av. Géneral Kettani, telf. 0528 840 779, fax 0528 840 057; web: www.pe-

titesuede.com, e-mail: petitesuede@hotmail.com. Situado en pleno centro, a 300 metros de la playa, ofrece 20 habitaciones pulcras y acogedoras, con baño, televisor y balcón. Hay asimismo una cafetería en la azotea. Los portadores de la presente guía pueden contar con un 10 por ciento de descuento en el alojamiento y con interesantes precios para el alquiler de automóviles. Habitación doble: 350 DH.

HÔTEL JAMAL** (A-B2) **6**

Av. Hassan II, telf. 0528 842 346, fax 0528 844 367. La recepción es impresionante por sus techos de madera pintada y su decoración. Las 36 habitaciones son amplias y agradables, con un buen cuarto de baño, teléfono, televisor, balcón, minibar y caja de seguridad. Hay además una pequeña piscina, restaurante y dos bares. Precio: 300-400 DH según temporada.

HÔTEL MARJANE (C3) **7**

Av. Abderrahim Boabid, telf. 0528 226 217 / 219 / 220, fax 0528 226 240, web: www.hotelmarjane.com, e-mail: contact@hotel-marjane.com. Está un poco lejos del centro, junto al zoco. Construido en 2003, consta de 40 habitaciones agradables, con baño, aire acondicionado, televisor y teléfono. También hay restaurante. Habitación doble con desayuno: 300-380 DH según temporada.

HÔTEL SINDIBAD** (A2) **8**

Pl. Lahcen Tamri, Talborjt, telf. 0528 823 477, fax 0528 842 474, e-mail: sinhot@menara.ma. Cuenta con 55 habitaciones que son impecables, equipadas con un buen cuarto de baño, teléfono, televisor y balcón. Hay también una amplia terraza con tumbonas para tomar el sol, restaurante y una pequeña piscina. Precio: 300-400 DH según temporada.

HÔTEL TALBORJT** (B2) **9**

Rue de l'Entraide, esquina Rue Chinguit, telf. 0528 840 386, fax 0528 840 396, e-mail: talborjt_hotel@menara.ma. Dispone de 60 habitaciones funcionales, con baño, teléfono, televisor, balcón y caja de caudales. También tiene un bar y un restaurante. Precio: 300-400 DH según temporada.

HÔTEL AFERNI*** (A-B2) **10**

Av. Géneral Kettani, telf. 0528 840 730, fax 0528 840 330, e-mail: hotelaferni@wanadoopro.ma. Posee 45 habitaciones con baño, teléfono, balcón, caja de seguridad, televisor y radio, repartidas en torno a una pequeña

AVISO

El número y las letras que acompañan a los hoteles y restaurantes hacen referencia a su situación en los distintos planos de la ciudad. Por ejemplo, **HÔTEL TALBORJT**** (B2) **9** significa que dicho hotel se encuentra situado en el plano de Agadir [pág. 52-53], en la cuadrícula (B2) señalado con el número **9**.

piscina. El restaurante propone un menú a 130 DH y es uno de los pocos de esta categoría donde no sirven bebidas alcohólicas. Precio: 400-600 DH según temporada.

Hôtel Ibis Moussafir*** (C3) 11

Av. Abderrahim Boabid, esquina Rue Oued Ziz, telf. 0528 232 842, fax 0528 232 849, web: www.ibis-hotel.com. Está un poco alejado del centro. Incluye 104 habitaciones decoradas con austeridad pero con gusto, equipadas con baño, televisor y teléfono. Además incluye una piscina, un bar y un restaurante que ofrece un menú a 100 DH. Precio: a partir de 500 DH.

Hôtel Mabrouk*** (B2) 12

Bd. 20 Août, telf. 0528 840 606, fax 0528 845 286, www.hmabrouk.ma, hmabrouk@menara.ma. Se compone de 40 habitaciones con baño, teléfono, televisor, balcón, caja de caudales, etcétera, así como una gran piscina, un jardín, bar, una discoteca con espectáculo en directo y un restaurante que prepara un menú marroquí a 85 DH. Precio: 500-600 DH según la temporada.

Hôtel Oasis**** (B2) 13

Av. Mohamed V, telf. 0528 843 313, fax: 0528 844 260, e-mail: reservation@hoteloasis.ma. Es un gran complejo de 135 habitaciones algo frías, con un cuarto de baño bastante justo, aire acondicionado, teléfono, televisor y balcón. Además cuenta con una hermosa piscina, cancha de tenis, hammam, sauna, jacuzzi, sala de masajes, bar, discoteca y un restaurante de cocina internacional, a 200 DH el menú. Habitación doble: 800-1.000 DH según temporada.

■ En los alrededores de Agadir

Hôtel des Cascades

En Imouzzer Ida Ou Tanane, a unos 61 Km por una carretera que penetra en el Gran Atlas, telf. 0528 826 016 y 23, fax 0528 826 024. Situado en plena montaña, cerca de las cataratas de Imouzzer, consta de 27 habitaciones espaciosas, con baño y calefacción, así como una piscina y un restaurante donde se come por 130 DH. Precio medio: 500-600 DH.

Ksar Massa

A 60 km por la carretera del Parque Nacional de Massa y una

COMPRAS

Complejo artesanal: además de los diferentes talleres, incluye una tienda en la que hay todo tipo de artesanía marroquí, e incluso minerales del Atlas.

Artesanía de varios tipos y especias en el piso alto del **mercado central,** así como en el zoco y en los bazares que hay junto a la Delegación de Turismo.

Bebidas alcohólicas

Hay tres tiendas en la Rue Moulay Abdellah y un puesto en el piso alto del mercado central.

PARA DARSE UN LUJO

Hôtel Riu Tikida Beach**** (C2) 14. *Chemin des Dunes, BP 901, telf. 0528 845 400, fax: 0528 845 488, web: www.agadirtikida.com, e-mail: resabeach@tikidahotels.co.ma.* Es uno de los pocos hoteles construido con verdadero gusto: su arquitectura, integrada en el entorno, com-bina maravillosamente las paredes blancas, los tejaditos rojos, las balaustradas con imitación

de adobe, las techumbres de caña, las plantas colgadas de los balcones y una bella piscina de forma caprichosa. Dispone de 230 habitaciones impecables, aunque sin mucho carácter, con todos los lujos. Tiene playa privada, un centro de talasoterapia, *hammam*, sauna, sala de masajes, dos pistas de tenis, campo de golf, alquiler de bicicletas, discoteca, dos bares y varios restaurantes. *Le Chiringuito*, abierto sólo al mediodía y situado entre la piscina y la playa, ofrece carnes a la parrilla, pescados y pizzas a precios accesibles.

Hôtel Ryad Mogador Almadina (B2) 15. *Bd. 20 Août, con acceso por el callejón de atrás, telf. 0528 298 000, fax 0528 845 318; web: www.ryadmogador.com, e-mail: ryadmogadormadina@menara.ma.* Sus 206 habitaciones son lujosas, amplias y poseen todo el confort normal en esta categoría, manteniendo unos precios razonables. Un puente peatonal permite acceder a la playa. Cuenta asimismo con sala de conferencias, discoteca, dos bares, dos piscinas maravillosas y seis restaurantes de diferentes especialidades. El Grill Panoramique ofrece carnes a la parrilla, pescados y pizzas a precios asequibles.

pista practicable sólo en todo terreno, telf. 0528 280 319, fax 0528 255 772, www.ksarmassa.com, ksarmassa@ksarmassa.com. Ofrece una docena de habitaciones con baño y 15 taimas, junto a la playa. El restaurante, con vistas al mar, propone menús entre 140 y 340 DH. Elevados precios: 1.900 DH.

COMER EN AGADIR

Igual que en el caso del alojamiento, en Agadir la comida tiene una inmerecida fama de ser muy cara. Lo que pasa es que la oferta es tan amplia y tentadora, que uno acaba por consumir más de lo previsto y por eso le sale cara la estancia. Sin embargo, en Talborjt se ofrecen menús correctos a 50 DH, e incluso en la playa podéis comer bien por 70 u 80 DH.

PUESTOS DE PESCADOS DEL PUERTO (A1) ❶

Ocupan unos barracones sin el menor encanto, a la entrada del puerto de pesca a mano derecha. Se come bien por unos 60 DH, excepto si se pide langosta, que sube mucho más.

MILLE ET UNE NUITS

Pl. Lahcen Tamri. Comedor cubierto y mesas en la plaza. Pescados, carnes, platos marroquíes e incluso paella. La comida es abundante y tiene una calidad aceptable, aunque por este precio no se pueden esperar maravillas. Junto a él, *l'Étoile d'Agadir e Ibtissam,* tienen una oferta muy parecida. Precio: 50-70 DH.

LA JETÉE (B2) ❷

Es uno de los múltiples restaurantes de la playa donde se come por un precio similar. Tienen carnes, pescados y platos marroquíes a la carta. Precio: 60-100 DH.

VIA VENETO (B2) ❸

Av. Hassan II, telf. 0528 841 467. Es un local de calidad. Proponen carnes y pescados bien elaborados, pero también pizzas y espaguetis. Sirven alcohol. Precio: 100-150 DH.

LE NIL BLEU (B2) ❹

En la playa, telf. 0528 841 617. Consta de un comedor cerrado y una terraza junto a la orilla, donde saborear carnes, pescados y mariscos que pueden acompañarse con vino. Su cocina es exquisita y el servicio muy atento. Precio: 150-200 DH.

PIZZERIA LA SICILIANA (B2) ❺

Av. Hassan II, telf. 0528 820 973. Está situada en pleno centro, presenta una extensa carta de pizzas, pastas y carnes. Precio: 150-200 DH.

LA NOCHE

Hay numerosos bares con amplias terrazas en la playa. Mucho ambiente marroquí en verano y los fines de semana. Ambiente alemán en invierno. Bares en casi todos los hoteles a partir de tres estrellas.

LE DOME, Av. Hassan II. Terraza con música en vivo.

REDY'S LAND, Av. Mohamed VI, esquina Av. Mohamed V. Terraza agradable, con música enlatada y en vivo.

Casi todos los hoteles de 4 y 5 estrellas disponen de discoteca.

GOLDEN GATE, Av. 20 Août. Ofrece un bonito espectáculo de danza oriental.

AGDZ Y TAMNOUGALT

PROVINCIA DE ZAGORA. 10.000 HABITANTES.

Durante siglos, el *ksar* de Tamnougalt, capital de la tribu Mezguida, constituyó una de las etapas más importantes para el comercio de caravanas entre Marrakech y el África subsahariana. Una vez sometido por el ejército francés el valle del Draâ en 1932, comenzó una pugna entre el caíd de los Mezguida y El Glaoui, ambos deseosos de extender su influencia. El caíd Ali mantuvo su dominio en Tamnougalt, donde se hizo construir una nueva casba sobre la colina, pero los franceses y El Glaoui establecieron sus bases en la vecina Agdz, que se convirtió así en el nuevo centro administrativo y comercial de la región. Para el viajero constituye hoy una etapa muy interesante entre Ouarzazate y Zagora, que permite disfrutar sin prisas de este hermoso valle.

INFO Y TRANSPORTES

Código postal. 45050
Autocares Supratours a Zagora y Marrakech (1 al día).
Autocares CTM. Dos autocares de esta compañía tienen salidas diarias a Marrakech y Mhamid.
Autocares privados a Marrakech, Errachidia, Mhamid.
Taxis colectivos a Ouarzazate y Zagora.

ACCESOS

La **carretera N-9** comunica Agdz con Ouarzazate por el noroeste y con Zagora por el suroeste; es correcta, pero con curvas peligrosas. La **carretera R-108** enlaza Agdz con Taznakht por el oeste; su asfalto es excelente en el primer tramo, aunque se deteriora considerablemente a partir de Tasla. A Tamnougalt se accede en 2 km por una pequeña carretera, que parte de la **N-9,** unos 4 km al suroeste de Agdz. Más allá de Tamnougalt, la carretera se transforma en una pista en curso de asfaltado que discurre por la margen izquierda del Drâa hasta Zagora.

VISITA

Agdz carece de interés por sí misma, pero es una buena base para descubrir el palmeral y los *ksur* de los alrededores, entre los que destaca Tamnougalt. También es muy recomendable la excursión a Tasla.

La **casba del caíd Alí** en Aslim *(visita guiada: 25 DH)* se levanta en el recinto del cámping Palmeraie, a 2 km de Agdz por una carretera local que surge hacia el norte. En su interior se exponen croquis e informes preparados por una asociación alemana que colabora en la restauración del monumento. Desde la terraza, la vista sobre el palmeral y el monte Kissane es realmente espectacular.

El **zoco** de Agdz tiene lugar los jueves, junto a la carretera de Zagora.

El ***ksar Tamnougalt,*** uno de los más importantes de todo el valle

BAZARES

Existen numerosos bazares a lo largo de la calle principal. Abundan las alfombras, las joyas de plata o imitación y demás objetos tradicionales. Nada de particular. Precios a discutir con mucha paciencia.

del Draâ, está un poco deteriorado pero mantiene su alto interés. Es objeto de un programa de rehabilitación financiado por la Junta de Andalucía.

Por el momento, se ha restaurado el morabito de Sidi Abdelah U Ali, así como la mezquita, se ha reconstruido el *hammam* y se intentan mejorar las condiciones de vida en las casas para evitar el éxodo de la población.

Este *ksar,* de grandes dimensiones, consta de tres barrios: uno aristocrático, que incluye varias casbas, otro popular musulmán, y el tercero, habitado antiguamente por hebreos, en torno a una plaza de aspecto comercial que está completamente rodeada de arcos y porches. Dentro de esta zona, la vieja sinagoga empezó a ser restaurada en 2010.

En las afueras de la población, sobre una colina, destaca una **casba del caíd Ali** que nunca fue acabada. El recinto está abierto libremente aunque el interior se halla en ruinas. Desde allí se domina el *ksar* y un extenso tramo del palmeral. El acceso a ella es por una pista dificultosa.

La llamada **Cascade du Drâa** pertenece en realidad a un pequeño afluente de dicho río. El entorno paisajístico que la rodea es muy pintoresco. Para llegar a ella, hay que salir de Agdz por la carretera de Ouarzazate y desviarse a la derecha aproximadamente a los 11 km, siguiendo una pista aconsejable solamente para vehículos todo terreno.

Unos 9 km más allá se llega a un aparcamiento, desde el cual hay que bajar andando hasta el fondo del cañón en el que se forma la catarata.

Tasla es un pueblecito situado 35 km al oeste de Agdz por la carretera de Taznakht y 1 km de pista en curso de asfaltado, siguiendo la señalización que indica "Kasbah Ait Kbot-Musée".

El antiguo *ksar* se encuentra en ruinas, pero en su interior se ha restaurado una magnífica vivienda señorial del siglo XVIII con el propósito de convertirla en **museo etnológico** *(visita sin límite de horarios, pagando la voluntad).* Parece un proyecto digno de encomio, emprendido por una familia del pueblo y financiado con las aportaciones de los visitantes.

Además de los centenares de objetos antiguos que pueden verse en su interior, lo más interesante es quizás uno de los patios que se conservan en la casa, hecho con columnas de madera pintada y tallada.

Quienes deseen permanecer más tiempo en este mágico lugar pueden alojarse en casa del promotor del museo, *Abdellah Kbot, telf. 0678 310 007, e-mail: kabbout@hotmail.fr,* o bien en el *Camping Amghar, telf. 0671 076 505.*

DORMIR Y COMER EN AGDZ Y TAMNOUGALT

En estos últimos años la oferta está mejorando mucho, sobre todo en lo que a Tamnougalt se refiere, incluyendo varios establecimientos con encanto. Para el mediodía se recomienda especialmente el restaurante de la Kasbah Tamnougalte.

■ CÁMPINGS

CAMPING KASBAH DE LA PALMERAIE

En Aslim, a 2 km del centro de Agdz por asfalto, BP 23, telf. 0524843640, fax 0524843387, www.casbah-caidali.net, g-aitel-caid@menara.ma. En pleno palmeral, cuenta con bastante césped, una piscina, un restaurante donde se come por 85 DH y también media docena de habitaciones sencillitas, con un bloque de sanitarios comunes, en el interior de un antiguo riad adosado a la casba del Caíd Alí.

Otra opción, es acampar en el **Jardin Tamnougalt** (ver más abajo).

■ HOTELES

HÔTEL LES PALMIERS

Av. Mohamed V, telf. 0524 843 127. Es una pensión pequeña situada en la plaza principal. Dispone de 16 habitaciones sencillas, equipadas con ventilador. La ducha y el baño son comunes. El conjunto está bastante bien conservado. Precio: 100-150 DH.

FERME AUBERGE TAMSIFT

En la carretera de Taznakht, a unos 2 Km de Agdz por asfalto, más 300 m de pista. Lejos del ruido y rodeado de huertos donde crecen frutales además de alfalfa y alheña. Tiene 4 habitaciones simples y salón tradicional donde se pueden tomar comidas caseras. Una oportunidad única de compartir la vida diaria con una familia beréber. Precio: 300 DH en media pensión.

JARDIN TAMNOUGALT

En pleno palmeral, accesible por la carretera de Tamnougalt, BP 30 de Agdz, telf. y fax 0524 843 614, móvil 0666 281 127. Incluye 12 habitaciones funcionales, con baño y algumnas con aire acondicionado, rodeadas de vegetación. Precio razonable. En el restaurante se come un buen menú marroquí por 90 DH. Precio: 300 DH.

RIAD TABHIRTE

En la carretera de Aslim, BP 99, telf. 0668 680 047, tabhirte.maroc@yahoo.fr, www.riadtabhirte.com. Es un proyecto de ecoturismo que ocupa una casa bien restaurada junto al palmeral. Consta de 3 habitaciones con baño, muy agradables dentro de su sencillez, y un salón comunitario. Precio: 360-400 DH.

KASBAH TIMIDARTE

A 15 km de Agdz por la carretera de Zagora y 1 km de pista, telf.

ACTIVIDADES DEPORTIVAS Y FIESTAS

Alquiler de bicicletas todo terreno: *Horizon Sud,* en la plaza principal de Agdz. Para los que se acerquen en octubre a Agdz, tendrán ocasión de ver folklore *ahuach* propio de esta zona, en la conocida como **fiesta de los dátiles.**

0668 680 047, kasbah-timidarte@hotmail.com, www.kasbahtimidarte.com. Se trata de una mansión antigua dentro del ksar Timidarte, rehabilitada por una asociación local. Comprende 8 habitaciones sin lujos pero llenas de carácter, dos de ellas con baño, y un restaurante donde se come por 75 DH. Dobles: 200-300 DH.

KASBAH ITRANE

A la entrada de Tamnougalt, telf. 044 843 317, fax 044 843 761. Es un edificio moderno que trata de imitar una casba con buen resultado en lo que a la fachada se refiere. Buena situación. La piscina disfruta de una vista maravillosa sobre el *ksar* y el palmeral. Las habitaciones, son sencillas y las hay de dos tipos. Unas se hallan frente al edificio principal, con baño privado y aire acondicionado, las otras dan al interior. Precio: 450 DH.

AUBERGE CHEZ YACOB

En el ksar de Tamnougalt, telf. y fax 0524 843 394, 0666 104 305, www.lavalleedudraa.com. Ocupa una verdadera casba de tierra levantada por el caíd Alí en 1920. Ofrece media docena de habitaciones sencillas y simpáticas, con baño. El restaurante presenta tres alternativas: el patio interior de la casba, un salón con vistas al palmeral y una terraza. Menú: 90 DH, con cocina marroquí. Precio: 600 DH media pensión.

MAISON D'HÔTE ROSE DU SABLE

En Aslim, a 2 km de Agdz, telf. 0524 886 452, fax 0524 886 450, móvil 0661 338 601, www.rosedusable.com, contact@rosedusable.com. 8 habitaciones con carácter, climatizadas y 4 de ellas con baño, una piscina y un agradable jardín. Precio: 450-600 DH.

DAR QAMAR

Accesible por la carretera de Aslim, telf. 0666 671 542, fax 044 843 784, web: www.locsudmaroc.com, e-mail: contact@locsudmaroc.com. 6 habitaciones de tres categorías diferentess, cuarto de baño, ventilador y mosquitera. Piscina y restaurante. Precio: 700-1.050 DH.

AÏT BEN HADDOU

PROVINCIA DE OUARZAZATE. 1.000 HABITANTES.

La tradición oral atribuye la fundación de este pueblo al *amghar* Ben Haddou, en el siglo XI. Hallándose en plena ruta caravanera, mantuvo su valor estratégico hasta una época muy reciente. Ya en los últimos años del siglo XIX, algunas familias consiguieron sobresalir gracias a sus alianzas matrimoniales con los Glaoui de Telouet. A partir de 1950, los habitantes comenzaron a trasladarse a la margen derecha del río, atraídos por la facilidad de acceso en automóvil. En 1987, el viejo *ksar* de Aït Ben Haddou fue declarado Patrimonio Universal por la Unesco, pero el proceso de abandono continuó, y con él la degradación, hallándose hoy parcialmente en ruinas. No obstante, es uno de los lugares más visitados de todo Marruecos por el turismo de masas.

INFO Y TRANSPORTES

Código postal. 45100
Taxis colectivos procedentes de Tabouraht, por 5 DH/pasajero (no permitáis que os apliquen la tarifa turística).
Por Tabouraht pasan todos los **autocares** y **taxis** que hacen la línea Ouarzazate/Marrakech.
Aparcamiento vigilado frente al Complexe La Kasbah.

ACCESOS

La **carretera 6803** enlaza por el sur con la N-9 en Tabouraht, a unos 20 km de Ouarzazate.
Una **pista** en buen estado llega igualmente de la N-9, un poco más al oeste, pero su interés paisajístico es menor que el de la carretera. Una pista asfaltada en 2010 viene de Telouet por el norte, siguiendo el valle de Ounila y ofreciendo un paisaje sublime.

ACTIVIDADES DEPORTIVAS

Alquiler de bicicletas de montaña en el albergue Étoile Filante d'Or y en el Complexe Touristique La Kasbah.
Alquiler de asnos y dromedarios en casi todos los albergues.

VISITA

El interés de Aït Ben Haddou se centra en su antiguo *ksar.* Uno se puede acercar además a la casba de Tamdakht y al granero de Tazlaft, ambos a 6 km.
También es una buen punto de partida para ir a ver todo lo mencionado en el capítulo "Ouarzazate" [pág. 262].
Al **ksar Ait Ben Haddou** se accede por dos vados del río, excepto cuando hay crecidas. En estos casos se establece un servicio de dromedarios que cruzan a los viajeros a precios bastante abusivos. Una vez en la otra orilla, hay que rodear el *ksar* por el norte para acceder a su interior, evitando los abusos de dos vecinos que permiten el paso a través de sus viviendas a cambio de una remuneración supuestamente destinada a la conservación del conjunto. No obstante, un puente en construcción en 2010 y el Ministerio de Cultura, que está restaurando el ksar, tiene previsto establecer una entrada para la visita.
El *ksar* incluye un barrio aristocrático, compuesto de seis casbas, y otro popular, con numerosas viviendas que sólo en los últimos tiempos ha empezado a restaurarse. Algunas de ellas pueden visitarse pagando la voluntad. Las de la calle principal, por su parte, han sido sustituidas por tiendecillas de artesanía.
La **mezquita** ha sido restaurada con fondos de la Unesco, pero permanece lamentablemente cerrada. En lo alto de la colina se ha reconstruido una fortificación del siglo XI. Desde allí, la vista del conjunto es magnífica.

EL HOLLYWOOD MARROQUÍ

Ouarzazate cuenta con varios estudios cinematográficos, lo que le ha valido esta curiosa denominación popular de Hollywood marroquí. Sin duda, las productoras hallaron aquí las mismas ventajas que en el Hollywood americano: libertad de movimientos, un clima que permite rodar casi todos los días del año y unos paisajes que se adaptan a sus necesidades. Uno de los escenarios preferidos por dichos estudios es precisamente Aït Ben Haddou. Películas tan famosas como *Lawrence de Arabia, La joya del Nilo, Edipo Rey, Harem, La última tentación de Cristo, El cielo protector* y *Kundun* han utilizado sus casbas para un número mayor o menor de planos. Pero el cine no sólo capta la realidad, sino que también la transforma. La puerta monumental que hoy en día caracteriza la imagen de Aït Ben Haddou, por ejemplo, es de hormigón y fue levantada para rodar *La joya del Nilo.* Por cierto, que un avión en vuelo rasante de la misma películas la destruyó en parte. Pero las autoridades no han querido acabar de derribarla, dado el interés que suscita entre los curiosos.

La **casba de Tamdakht** perteneció a la familia El Glaoui, destacando en otra época por sus magníficos torreones. Hoy está destruida, pero todavía puede visitarse un anexo con salones decorados *(entrada: 20 DH, sin un horario exacto).* Se accede a ella por asfalto, continuando 6 km hacia el norte. En la orilla opuesta, a 500 m se levanta el **granero** colectivo **de Tazlaft,** que ha sido restaurado por la cooperación belga y puede visitarse mediante una propina. En su interior se ven los departamentos donde las diferentes familias guardaban sus cosechas.

DORMIR Y COMER EN AÏT BEN HADDOU

Pernoctar en Aït Ben Haddou en lugar de hacerlo en Ouarzazate es una alternativa digna de tener en cuenta. Sus ventajas son la tranquilidad, unos precios muy razonables y la posibilidad de contemplar el famoso *ksar* bajo la tenue luz del atardecer. Además, la oferta está mejorando mucho últimamente.

HÔTEL L'OASIS D'OR

A 500 m. del centro en la carretera de Tamdakht, telf. 0524 886 290, fax 0524 886 289, móvil 0678 561 729, commercial@loasisdor.com, www.loasisdor.com. Se trata de un restaurante con 5 habitaciones en el subsuelo, equipadas con baño. Tienen varios menús entre 80 y 120 DH. Habitación doble: 360 DH en media pensión.

La Rose du Sable

A 500 m del centro en la carretera de Tamdakht, telf. 0524 890 022, fax 0524 886 113, web: www.larosedusable. com, e-mail: contact@larosedusable.com, móvil 0667 760 327. Es un edificio nuevo de hormigón pero está recubierto con tierra, lo que le da un cierto aire tradicional. Posee 12 habitaciones muy agradables, con baño, aire acondicionado y balcón, así como otras 6 más sencillas en el sótano. También hay una estupenda piscina y un restaurante donde se come bien por 80 DH. Habitaciones dobles: de 100 a 240 DH según categoría.

Dar Aicha

A 600 m del centro en la carretera de Tamdakht, telf. 0672 317 332 y 0642 703 633, e-mail: fabrynnek@hotmail.fr. Incluye 10 habitaciones con baño de aire rústico y un restaurante de cocina con buena fama. Menú: 100 DH con opciones a elegir. Habitación doble: 250 DH con desayuno.

La Kasbah du Jardin

A 600 m del centro en la carretera de Tamdakht, telf. 0524 888 019, móvil 0667 413 289, web: www.kasbahdujardin.com. Tiene varios tipos de habitaciones, todas ellas de estilo beréber, así como una gran piscina y un agradable jardincito. Alquilan bicicletas todo terreno. En el restaurante se come por 90 DH. Habitaciones dobles de 400 a 500 DH en media pensión, según categoría.

Auberge La Baraka

Telf. 0524 890 305, fax 0524 886 273, móvil 0667 358 226, labaraka-hotel@hotmail.com, www.labaraka.c.la. Junto a la carretera, en el centro. Dispone de 30 habitaciones sencillas, sin mucho encanto pero limpias, climatizadas y correctas, con baño y algunas con balcón. También se puede dormir en el salón o en la terraza por 25 DH. El restaurante, con aire acondicionado es muy grande y tiene la forma de dos tiendas. La terraza disfruta de una excelente vista sobre el *ksar.* Se puede usar la piscina de Dar Mouna. Hay un *hammam*. Doble: 150 DH.

Auberge Etoile Filante d'Or

A 500 m del centro, carretera de Tamdakht, telf. 0524 890 322, fax 0524 886 113, móvil 0661 592 429, contact@etoilefilantedor.com, www.etoilefilantedor.com. Consta de 24 habitaciones acogedoras, con baño y un restaurante muy original donde se come por 90 DH. Doble: 570 DH desayuno incluido.

Complexe Touristique La Kasbah

Telf. 0524 890 302 y 08, fax 0524 883 787, móvil 0661 166 064, web: www.hotellakasbah.com, e-mail: contact@hotellakasbah.com. Está en el centro y, como su nombre indica, es un gran complejo de 110 habitaciones, aunque no por ello su encanto es menor. Hay varias categorías de habitaciones, todas

LA NOCHE

Veladas musicales en los **ALBERGUES:** uno aporta las bebidas alcohólicas y ellos ponen la música con sus bongos.

ellas amplias, acogedoras, amuebladas con gusto y limpias, con baño. Algunas con aire acondicionado y televisión. Cuenta con una piscina con vistas sobre el *ksar*, un pequeño jardín, dos terrazas panorámicas y tres salas de restaurante, atestadas de grupos al mediodía. Maison d'HôtesAceptan tarjetas.

MAISON D'HÔTES DAR MOUNA

En el centro, telf. 0528 826 230, fax 0528 843 054, móvil 0661 385 720, www.darmouna.com, e-mail: info@darmouna.com. Está situado en el centro y es una construcción de tierra hecha según el sistema tradicional de la región. La casa dispone de 12 habitaciones con baño, bien decoradas y confortables, aunque sin lujos.Tiene piscina, restaurante, *hammam* y una terraza desde la que se ve una vista espléndida sobre el *ksar.* Precio: 720-880 DH según habitación.

AL HOCEIMA

CAPITAL DE PROVINCIA. 110.000 HABITANTES.

Fundada en 1926, tras el desembarco de las tropas españolas en su bahía, Al Hoceima (en español: Alhucemas; antigua Villa Sanjurjo) carece de interés histórico y artístico. Sin embargo, la región tuvo una gran importancia a través de los siglos. Junto al río Nekor había existido una ciudad, hoy desaparecida, que fue capital del primer principado islámico de Marruecos en el siglo VIII, antes que Sijilmassa y que Fès. El puerto de Badis, por su parte, constituyó durante la Edad Media una salida básica para las mercancías procedentes de Fès. La toma por parte de los españoles de los peñones de Al Hoceima (1673) y de Vélez de la Gomera (1508) bloqueó el comercio y acabó con la piratería, principal actividad de la zona. Ya en el siglo XX, Ajdir se erigió en cuartel general de la resistencia rifeña contra las tropas españolas, dirigida por Mohamed ben Abdelkrim.

INFO Y TRANSPORTES

Códigos postales.
Al Hoceima: 32000
Cala Iris (Torres de Alcalá): 32008
Delegación de Turismo.
Rue Marrakech, Av. Hassan II, telf. 0539 982 830.
Bancos. Varias entidades en la Av. Mohamed V.
Iglesia católica. 49 Rue Mbarek El Bekkay, telf. 0539 980 512.
Barcos a Málaga, teóricamente diarios, pero en 2010 se hallaban temporalmente suspendidos. Reduan Ferry, Av. Mohamed V, telf. 0539 985 032, fax 0539 985 033.
Autocares Supratours a Tetouan y Tanger, a las 22 h. Pl. du Rif.
Autocares CTM a Nador (5.30 h y 11.30 h), Tetouan (13 h, 21 h y 22 h), Oujda (a las 5.30 h) y Casablanca por Fès (a las 6 h y 20 h). En la Pl. du Rif.
Autocares privados a Nador, Oujda, Tánger, Tetouan y Fès. En la Pl. du Rif.

Taxis colectivos a Nador, Taza y Targuist. En las calles adyacentes a la Pl. du Rif.
Taxis pequeños por el interior de la ciudad.
Aeropuerto Charif al Idrissi, a 17 km de Al Hoceima en dirección a Nador, telf. 0539 982 560, fax 0539 985 204. Hay vuelos a Bruselas y Amsterdam.

ACCESOS

Una nueva carretera llamada "rocade méditerranéenne" discurre por toda la costa, poniendo en comunicación Al Hoceima con Nador al este y con Tetouan al oeste. Mientras la parte oriental está ya terminada y es excelente, la parte occidental alcanza hasta El Jebha y de allí se continúa por la carreterita de siempre vía Oued Laou.
La **carretera N-2** muy correcta, enlaza con Chefchaouen al oeste y con Nador al este a través de las montañas, con hermosos paisajes pero con interminables curvas. Pasa por la antigua Kétama, hoy llamada oficialmente Issaguen, donde en otro tiempo algunos viajeros habían tenido problemas con los vendedores de droga; afortunadamente, todo esto pertenece al pasado.
Finalmente, algunos transportes públicos prefieren ir a Al Hoceima dando un rodeo por Fès, Taza y la **R-505** hasta Kassita, donde se sale a la N-2.

VISITA

Sin ser ninguna maravilla, la zona más animada de Al Hoceima se sitúa en torno a la Pl. Mohamed VI. Desde lo alto del acantilado se domina la playa, la bahía entera y el peñón al fondo.
El **Parque Nacional de Alhucemas** ocupa unos 50 km de franja costera al oeste de la ciudad, incluyendo las playas de Bou Skour y Cala Iris. Es un buen lugar para practicar el senderismo, así como para contemplar los acantilados desde el mar.
El **puerto** de Alhucemas está dedicado casi por entero a la pesca y tiene un gran colorido. Allí es posible contactar con el dueño de alguna embarcación y negociar un recorrido por los alrededores.
La **playa de Quemado** es la más próxima a la ciudad. Se accede por la carretera del puerto. Constituye casi un pequeño golfo dentro del golfo, de modo que el agua permanece calmada como en una balsa. Siempre está abarrotada de bañistas.
La **playa de Souani** es la más extensa, junto a la desembocadura del río Nekor. El acceso es desde la carretera de Nador, a unos 12 km de Al Hoceima.
La **playa de Cala Bonita** es pequeña y cuenta con un bar. Está a un par de kilómetros de la ciudad, saliendo por la carretera de Nador y desviándose inmediatamente a la izquierda.
La **playa de Asfihat** se encuentra a 4 km, saliendo por la carretera de Nador y tomando luego un camino asfaltado que baja en zigzag. Es bastante larga, con arena

AL HOCEIMA

Place du Rif y calles adyacentes

En esta plaza y las calles que en ella confluyen se registra el mayor ambiente comercial de la ciudad a lo largo del día.

Pl. Mohamed VI

Aquí reina un extraordinario bullicio en las noches de verano.

fina y negra. Probablemente es la menos frecuentada de la zona. Frente a ella se distingue el **peñón de Alhucemas,** que sigue perteneciendo a España.

La **playa de Sabadia** empieza a 2 km de Al Hoceima, saliendo por la continuación de la Rue Tarik ibn Ziad. Es larga y estrecha.

En ella da comienzo un magnífico paseo marítimo que se prolonga a lo largo de otros 2 km por encima del acantilado, con vistas a las sucesivas calas y al mar del que surgen abundantes escollos. La mejor de estas calas es la última.

La **playa de Tala Youssef** es también muy estrecha y en ella se alquilan motos de agua. Se puede llegar desde la anterior en 2,5 km o bien desde la carretera de Izzemouren.

La **playa de Boumahdi** sólo destaca por ser poco frecuentada. Se accede a ella por un camino asfaltado de 6 km con fuertes cuestas y bajadas, desde la carretera de Izzemouren.

La **playa de Bouskour** es de graba y resulta muy pintoresca por su situación entre acantilados de formas originales. Se llega por una pista desde la playa de Boumahdi. Cuando Mohamed VI está en Alhucemas acostumbra a reservarla para su uso personal.

La **playa de Cala Iris** es la más hermosa de la región, sobre todo vista desde lo alto, cuando se llega por la carretera. Está a 61 km al oeste de Al Hoceima. En realidad, se trata de dos calas separadas por peñascos que culminan en un islote central; pero en la segunda cala se ha construido un puerto pesquero, de modo que para bañarse sólo queda la primera. Poco frecuentada. En parte es de arena y en parte de grava. Cuenta con un cámping.

Cerca de Cala Iris hay un pueblecito de pescadores llamado **Torres de Alcalá.**

Desde allí, una pista de 5 km accede al borde superior del acantilado, desde donde se contempla el **peñón de Vélez de la Gomera** (perteneciente a España) y la **playa de Badis,** en la que existió una ciudad y un puerto de mucho tráfico en la Edad Media. No queda ningún resto de los mismos.

DORMIR EN AL HOCEIMA

La oferta hotelera de Al Hoceima ha mejorado mucho en los últimos años, si bien sus precios resultan más elevados que la media nacional. Con todo, en verano es muy difícil encontrar una habitación libre.

HÔTEL AL MAGHRIB (C2) **1**

23 Rue Imzouren, telf. 0618 594 234. Tiene 25 habitaciones sencillas y pulcras, con lavabo. Precio: 160 DH.

HÔTEL MARRAKECH (B1) **2**

106 Av. Mohamed V, telf. 0539 983 025. Dispone de 12 habitaciones alegres, con baño y teléfono interior incluido. Precio: 200 DH.

HÔTEL AL KHOUZAMA (B1) **3**

Rue Al Mouahedine, esquina Rue Al Andalouss, telf. 0539 985 669/81, fax 0539 985 696. Posee una treintena de habitaciones amplias y agradables, con baño, teléfono, televisor y calefacción. Precio: 350 DH.

HÔTEL NATIONAL (C2) 4

23 Rue de Tetouan, telf. 0539 982 141, fax 0539 982 681. Consta de 20 habitaciones limpias y agradables, con baño y teléfono interior. Precio: 350 DH.

HÔTEL LA MARINA (f. p.)

A 1 km del centro en la carretera de Nador, telf. 0611 703 894. Construido en 2008, este establecimiento incluye 45 habitaciones muy correctas, más bien sobrias, con un baño sencillito y televisor. Precio: 500 DH.

HÔTEL LA PERLA (A1) 5

Rue Tariq Ibn Ziad, telf. 0539 984 513, fax 0539 984 512, móvil 072 852 849. Abierto en 2008, ofrece 30 habitaciones pulcras, impecables, equipadas con un buen cuarto de baño. Doble a 850 DH y suites hasta 1.400 DH.

HOTEL MOHAMED V (B2) 6

Place Mohamed VI, telf. 0539 982 233, fax 0539 983 314, e-mail: quemado@sogatour.ma. Antiguo pero bien conservado. Propone 29 habitaciones con baño, teléfono, calefacción y balcón con vistas a la playa de Quemado. Hay bar y restaurante. Precio: 700 DH.

COMER EN AL HOCEIMA

Los escasos restaurantes de Al Hoceima se distribuyen entre el centro y los diferentes puertos. Su especialidad es el pescado y sus precios no son especialmente ajustados.

CHEZ MIMOUN (f. p.)

En el puerto occidental, telf. 0539 984 090. Se come la mar de bien a base de pescados frescos y marisco. Precios: de 60 a 90 DH.

ESPACE MIRAMAR (C2) 1

Bd. Moulay Ismail, telf. 0539 984 242, fax 0539 984 343, web: www.espacemiramar.com. Consta de agradables terrazas a diferentes niveles con vistas sobre la bahía de Quemado. Cocina con carnes y pescados. Precio: 80-150 DH.

RESTAURANTE BELLE VUE (B1) 2

Av. Mohamed V. Se accede por una cafetería y se desciende al sótano, que da sobre la bahía de Quemado. Su cocina es buena, a base de pescados y pasta. Precio: de 80-150 DH.

CLUB NAUTIQUE (f. p.)

En el puerto oriental, telf. 0539 981 461. Es un enorme bar que incluye un pequeño comedor, donde el pescado se puede acompañar con vino. Precio: de 80 a 150 DH.

LA NOCHE

BARES en los hoteles Mohamed V, Quemado, Karim y Maghreb Jdid.

DISCOTECA en el Hôtel Quemado.

BAR y **DISCOTECA** en Cala Bonita, con música en vivo y ambiente popular marroquí.

ASILAH

PROVINCIA DE TÁNGER. 35.000 HABITANTES.

Zilis –o *Zilil*– fue una ciudad púnica, mauritana y romana de considerable importancia, pero no se hallaba en lo que hoy es Asilah, sino unos 15 km hacia el interior. De Asilah se sabe que era un emirato independiente hacia el siglo IX y que posteriormente formó parte de los imperios omeya, almorávide, almohade y meriní. En 1471 fue ocupada por los portugueses, que la fortificaron y la utilizaron como base para sus intentos de penetración hacia el interior, incluida la desastrosa expedición de Dom Sebastián que terminó con sus ambiciones sobre Marruecos. En 1589 fue recuperada por el imperio saadí. A finales del siglo XVII cayó en manos de los españoles, pero por poco tiempo, pues en 1691 se apoderó de ella Mulay Ismail reconstruyéndola totalmente. Por fin, en los primeros años del siglo XX Asilah fue escenario de las intrigas de El Raisuli, curioso personaje que trataba de dominar el norte del país jugando con los intereses de las diferentes potencias y del propio sultán. Hoy es una pequeña ciudad muy limpia y bien cuidada, que vive adormecida gran parte del año pero que despierta en verano con una extraordinaria afluencia de turismo interior.

INFO Y TRANSPORTES

Código postal. 90050

Bancos. Hay varias entidades en la Pl. Mohamed V. y en la avenida Imam Assili.

Iglesia católica. 24 Av. Prince Héritier, telf. 0539 416 611.

Web: www.assilah.com.

Trenes a Tánger, Casablanca, Marrakech, Fez y Oujda. La estación se sitúa a 2 km en la carretera de Tánger.

Autocares privados a Tánger, Tetouan, Fès y Casablanca con bastante frecuencia, si los autocares van llenos,.

Taxis colectivos que llegan a Tánger, Larache, Had el Gharbia, Sidi-Yamani. De la calle 2 Mars que sube al hospital, junto a la carretera.

Taxis pequeños en la Pl. Mohamed V.

Alquiler de automóviles sin conductor. *Hicham Car,* telf. 0539 418 949, móvil 0667 302 809. Junto a la carretera, en la primera travesía a mano derecha según se llega de Tánger. *Chamal Janoub Car,* Lotissement Karim, telf. y fax 0539 418 000, móvil 0661 608 399, chamal_janoub_car@hotmail.com. *Cherradi Car,* Av. Mohamed V, telf. 0661 437 533. Euro Anouar Car, 284 Bd. Hassan II, telf. y fax 0539 416 440, móvil 0661 134 492, euro_anouar_car@gmail.com.

Aparcamiento en el puerto, junto a la medina.

ACCESOS

La **carretera N-1** es excelente, y llega a comunicar con Tánger al nordeste y con Rabat al sudoeste.- El mismo acceso para la **autopista A-1.**

ASILAH

VISITA

La ciudad

El interés de la ciudad está en su medina, la más limpia y cuidada de Marruecos. Asimismo, en los alrededores hay numerosos puntos de interés, como el crómlech de Mzoura, Had el Gharbia y las diferentes playas.

La **medina** tiene un aire andalusí, con casas encaladas y puertas pintadas de verde. Pasear por sus callejuelas tranquilas y silenciosas es un placer. El conjunto data de finales del siglo XVII, en que la ciudad fue completamente reconstruida tras la expulsión de los españoles. De aquella época es la **Gran Mezquita,** situada en la calle principal y dotada de un alminar octogonal similar a los que el gobernador Alí Errifi mandó construir en Tánger y Chefchaouen en ese mismo período. A diferencia de otras medinas, en la de Asilah el comercio no es muy abundante, pero hay un par de calles bastante animadas así como algunos artesanos.

La **muralla** de piedra que rodea la medina fue levantada por los portugueses, aunque parece que aprovecharon el trazado anterior, obra de los almorávides. En ella

Av. Moulay El Hassan Ben Mehdi

Esta avenida, más conocida como "El Paseo" es, en efecto, la zona elegida por la población local para pasear a la caída de la tarde. En verano suele estar abarrotada.

Av. Hassan II

Tiene un gran ambiente comercial, con puestos callejeros, terrazas de cafeterías bajo los árboles y mucho movimiento durante todo el día.

Pl. Zallaka

En esta plaza, varios restaurantes instalan agradables terrazas donde se puede tomar una cerveza. Una nueva zona peatonal muy concurrida se prolonga desde aquí hasta la Pl. Mohamed V.

Medina

Gran ambiente mercantil, con tiendas de artesanía, ropa y objetos varios.

Mirador de Caraquia

Es costumbre sentarse allí a contemplar la puesta de sol.

FIESTAS

En agosto tiene lugar el musem cultural, que reúne a numerosas personalidades marroquíes y extranjeras. Hay conferencias, recitales de música, exposiciones de arte y murales callejeros en la medina.

se abren tres entradas monumentales: **Bab el Bhar** que antiguamente daba al océano, **Bab el Kasbah** y **Bab Homar.** En esta última todavía se pueden leer algunas inscripciones en portugués.

El **torreón de Caraquia,** en el extremo sur de la muralla, constituye hoy un **mirador** muy apreciado tanto por los visitantes como por la población local, que suele acudir a ver la puesta de sol sobre el océano. Junto a él está el morabito blanco de Sidi Ahmed Mansur y algunas tumbas cubiertas de azulejos, que ofrecen la imagen típica de Asilah.

El bastión portugués se levanta imponente por encima de Bab el Bhar, aunque ha sido restaurado con un criterio un tanto sorprendente, poniéndole almenas de hormigón y un tejado tirolés. Ocasionalmente se puede ascender hasta lo alto de la torre.

El **palacio de El Raisuli** fue construido a principios del siglo XX por este curioso personaje que llegó a dominar todo el Norte. Actualmente, se utiliza para actividades culturales, como exposiciones, conciertos y conferencias, básicamente durante el festival de agosto.

Junto a Bab Homar se ubica el **mercado de Ahfir.** Tiene un aire muy tradicional y ocupa el interior de lo que parece haber sido un foso. El **zoco** semanal, por su parte, tiene lugar los jueves junto a la carretera de Rabat, a 2 km del centro, y es uno de los más concurridos de la región.

A diferencia de otras ciudades del Norte de Marruecos, en Asilah quedan pocas muestras de arquitectura colonial. No obstante caben mencionar dos de ellas: la **iglesia católica** y el edificio llamado **Casa Sakrinia,** en la intersección de la Av. Mohamed V con la carretera de Tánger.

EXCURSIONES

La **playa de Asilah,** tras la construcción del puerto, quedó relegada a las afueras de la ciudad, al final del paseo marítimo. En verano suele estar abarrotada y resulta algo peligrosa. Hacia el norte se prolonga durante unos 5 ó 6 km tomando en cada tramo el nombre del morabito más próximo.

Cogiendo un desvío asfaltado a la izquierda, a 9 km por la carretera de Tánger, está la **playa de Akouas** (Briech), que ofrece una buena vista sobre la desembocadura del río Ghrifa con sus múltiples meandros mientras va descendiendo hacia el mar. En esta playa hay menos gente que en la de Asilah aunque entrama el mismo peligro.

La **playa de Achakar,** también conocida como Mhibat o "la Cueva de las Palomas", está al sur de Asilah y es muy pintoresca. En verano suele haber bastante gente, así como algunos chiringuitos que preparan comidas, ocupándose también de mantenerla limpia. Para llegar hasta ella hay que tomar la carretera de Rabat, desviarse a la derecha a los 3,5 km por una carretera antigua y de nuevo a la derecha 500 m más allá por una pista regular. El medio de transporte más utilizado para llegar hasta allí son los carros.

La **playa de Sidi Mghai** es la menos concurrida de todas, la más segura y quizás también la más bonita, con el morabito blanco que le da nombre. Para llegar hasta ella hay que tomar la carretera de Rabat y a 3,5 km el desvío asfaltado a la derecha, pero continuando otros 5 km hasta encontrar la pista indicada. Se puede alcanzar en coche si es un 4x4 y siempre que no sea época de lluvias.

Had el Gharbia está situada a 12 km de Asilah. Aquí se celebra un gran **mercado** todos los domingos.

A unos 2 km, junto a Dchar Jdid, se hallan las **ruinas de Zilil,** que apenas han sido excavadas pero que muestran haber pertenecido a una ciudad romana de grandes proporciones.

Al **crómlech de Mzoura** se accede por una complicada sucesión de pistas arenosas a partir de Sidi el Yamani, donde hay mercado los lunes, o a partir de la carretera de Tetouan.

En **Sidi el Yamani** es posible encontrar guías dispuestos a enseñar el camino. Este crómlech es el único de Marruecos y encierra tres dólmenes diminutos en el interior del círculo de piedras.

DORMIR EN ASILAH

Los precios de los hoteles, bastante razonables en invierno, se disparan en temporada alta. Con todo, en el mes de agosto resulta difícil encontrar habitación dada la afluencia de veraneantes, básicamente marroquíes del interior. Por ello la mayoría prefiere alquilar casas o apartamentos.

■ CÁMPINGS

CÁMPING L'OCÉAN (f. p.)

A 3 km en la carretera de Tánger, con entrada desde la estación de servicio, telf. 0661 0678 439. El cámping tiene bastantes árboles. Entre sus instalaciones, los sanitarios son muy aceptables. Hay un restaurante y tienen un acceso directo a la playa.

CÁMPING ES SAADA (f. p.)

En la salida de Asilah hacia Tánger, telf. 0539 417 317, móvil 0667 539 988. Tiene muchos árboles, ducha caliente y unos sanitarios aceptables. Disponen también de bungalows económicos.

CÁMPING ECH CHRIGUI (f. p.)

En la carretera de Tánger, BP 23, telf. 0539 417 182. Está al lado del anterior y ofrece condiciones muy similares, si bien los bungalows resultan un poco más caros. También tiene restaurante.

■ HOTELES

HÔTEL ASILAH (C1) 1

Av. Hassan II, telf. 0539 417 286. Situado en pleno centro, dispone de 11 habitaciones muy sencillas,

dos de ellas tienen una ducha. Cierran las puertas a las 22 h. Precio: 100 DH.

HÔTEL SAHARA (B2) **2**

9 Rue Tarfaya, telf. 0539 417 185. Dispone de 27 habitaciones limpias y correctas, con lavabo. Precio: 100-200 DH.

HÔTEL AZAYLA (B2) **3**

20 Av. Ibn Rochd, telf. / fax 0539 416 717, web: www.hotelazayla.com. Posee 15 habitaciones alegres, limpias y bien mantenidas, con baño, aire acondicionado, teléfono y televisor, así como una suite con salón y terraza. Precio: 300-500 DH, según habitación.

HÔTEL OUAD EL MAKHAZINE (B2) **4**

Av. Melilla, telf. 0539 417 090, fax. 0539 417 500. Incluye 40 habitaciones correctas, con baño, calefacción, teléfono y televisor, la mitad de ellas con vistas al mar. Tiene asimismo un bar y un restaurante donde se come por 120 DH. Habitación doble: 400 DH.

HÔTEL DAR AL ANDALOUS (C2) **5**

30 Rue Banafsaj, telf. 0539 417 840. El conjunto tiene un aire tradicional muy atractivo. Las habitaciones, agradables y equipadas con baño, se reparten en torno a un patio central. Precio: 400 DH.

HÔTEL ZELIS (B2) **6**

10 Av. Mansour Eddahabi, telf. 0539 417 069 / 029, fax 0539 417 098. Cuenta con 55 habitaciones confortables, con baño, teléfono, balcón, minibar y aire acondicionado, así como 9 suites más lujosas y un restaurante. Precio: 500 DH.

DAR MANARA (C1) **7**

23 Rue M'jimma, telf. 0539 416 964, móvil 077 398 267; web: www.asilah-darmanara.com, e-mail: info@darmanara.com. Es una casa preciosa en plena medina, con sólo 5 habitaciones llenas de encanto y cuidadas hasta el último detalle, equipadas con ventilador, calefacción y un magnífico baño hecho de materiales artesanales. También hay una terraza donde se puede tomar el sol. Precio: 660-880 DH según temporada.

HÔTEL PATIO DE LA LUNA (B2) **8**

Pl. Zallaka, telf. 0539 416 074. Ofrece 7 habitaciones pequeñas y muy coquetas, con baño, repartidas en tres plantas en torno a un patio con mucho encanto. Su éxito de los últimos años le ha llevado a doblar los precios. Habitación doble: 700 DH.

HÔTEL AL KHAIMA (A3) **9**

En la carretera de Tánger, BP 101, telf. 0539 417 428, fax 0539 417 566, hotel.alkhaima@gmail.com. Totalmente renovado en 2006, dispone de 91 habitaciones de estilo internacional, con baño, teléfono y balcón, distribuidas en torno a una gran piscina rodeada de césped. Parte de ellas gozan de vistas al mar. También tiene sala de conferencias, pista de tenis, restaurante, bar y discoteca. Precio: 800 DH.

■ ALQUILER DE APARTAMENTOS

En Asilah hay muchos bloques de apartamentos de un nivel medio, aunque no siempre están en una situación privilegiada. Los

IR DE COMPRAS Y A TOMAR ALGO

En la medina, numerosos bazares ofrecen una gran variedad de artesanía, sin embargo casi ningún objeto de los que se venden alllí son producidos en el propio Asilah.

Cafés Yali, Marhaba, Miramar, etc. A lo largo de la Av. Hassan II, al pie de la muralla, estos cafetines disponen sus mesas bajo los árboles y constituyen un lugar ideal para disfrutar del ambiente local. Muchos de ellos también preparan comidas.

precios varían mucho en función de la temporada y del tamaño.

MOUNIA APPARTEMENTS (B2) 10
14 Av. Moulay Hassan ben Mehdi, telf. 0539 417 815. Incluye media docena de apartamentos de diferentes tamaños, con una, dos o tres habitaciones además del baño, el salón y la cocina. Todo el recinto cuenta con hermosas vistas al mar.

COMER EN ASILAH

La gastronomía de Asilah es famosa por los platos de pescado, hasta el punto de que hay quien se desplaza hasta aquí desde la Península el fin de semana para probarlos. La oferta de retaurantes es amplia y variada.

CASA DE LA SEKRINIA (B2) 1
22 Av. Mohamed V. Este restaurante consta de un comedor pequeño pero curioso y unas cuantas mesas en la calle. Preparan bocadillos, pizzas, pescados fritos y carnes a la plancha, todo muy correcto. Precio: 30-60 DH.

RESTAURANT SEVILLA (C2) 2
Av. Imam Assili, telf. 0539 418 501. Es un local pequeño y más bien sencillo, donde se come un excelente pescado, algo de marisco y también carnes. En pocos años ha conseguido ganarse una inmejorable reputación y también un público fiel. Precio: 50-100 DH.

RESTAURANT LA PALMERA
Av. Imam Assili, Está junto al anterior y con unas condiciones muy similares. Precio: 50-100 DH.

RESTAURANT MARBELLA
Av. Imam Assili, un poco más allá de los dos anteriores y del mismo estilo. Precio: 50-100 DH.

RESTAURANT ARABI ELEGANT (C2) 3
16 Rue Akhouan, telf. 0662 456 022. Está en una calle peatonal llena de vegetación. La casa está decorada con una gran profusión de objetos, dentro de un estilo bastante tradicional. Proponen una cocina marroquí muy sencilla. Precio: 60-120 DH.

RESTAURANT ANNAKHIL (A3) ❹
En la carretera de Rabat, telf. 0539 416 443, móvil 0655 821 260. Preparan como especialidad pescado, marisco así como otros platos marroquíes, todo ello muy bien elaborado. Precio: 50-100 DH.

EL OCÉANO, CASA PEPE (B2) ❺
Pl. Zallaka, telf. 0539 417 395. Es un establecimiento con solera, fundado en 1913. Consta de dos comedores, uno en la planta baja y el otro en el primer piso, así como algunas mesas en la calle. Propone un amplio surtido de pescados, mariscos, angulas del Loukkos, carnes, paella y vino para acompañarlos, todo muy sabroso y bien preparado. Cierra los martes. Precio: 100-200 DH.

CASA GARCÍA (B2) ❻
Av. Moulay Hassan Ben Mehdi, telf. 0539 417 465. Este restaurante de reputación internacional mantiene su calidad de siempre, pero la carta se ha ido reduciendo a los cuatro tipos de pescado o de marisco que tiene todo el mundo en Asilah. Sirven alcohol. Precio: 100-200 DH según elección.

LA NOCHE

DISCOTECA EN EL HÔTEL AL KHAIMA, abierta todo el año, con ambiente relajado. También hay una en el Solitaire, a 3 km en la carretera de Tánger, para los que necesiten ligar a toda costa.
Hay bares en el Hôtel Al Khaima y el Solitaire.
Se puede tomar una copa en los restaurantes que sirven alcohol ya mencionados, en el **LIXUS** de la Pl. Mohamed V o en **EL ESPIGÓN,** situado en el final de la Av. Moulay Hassan Ben Mehdi.

AZILAL

CAPITAL DE PROVINCIA. 23.000 HABITANTES.

La ciudad de Azilal fue fundada en 1916 por los franceses, sobre una antigua casba, como base para la campaña militar contra las tribus de la montaña. Su desarrollo posterior ha sido muy lento. Hasta hoy sólo es un centro administrativo de escaso interés para el viajero, excepto como lugar de paso hacia el Gran Atlas central.

INFO Y TRANSPORTES

Código postal. 22000
Autocares privados a Marrakech, Casablanca y Beni Mellal.
Taxis colectivos Bin el Ouidane, Aït Mohamed, Tabant, Ouzoud y otros pueblos.
Delegación de Turismo. Av. Hassan II, telf. 0523 458 722, fax 0523 458 334.
Bancos. Banque Populaire, situados en la carretera.

ACCESOS

La **carretera R-304** comunica con Marrakech al oeste y Beni Mellal al nordeste, pasando junto al pantano de Bin el Ouidane. Está bien conservada, pero con muchas curvas en el sentido de Beni Mellal.

La **carretera R-306** constituye una alternativa a la anterior para ir a Beni Mellal, más pintoresca por sus vistas del pantano pero también más estrecha. Una **nueva carretera** asfaltada conduce a Tabant por Ait Mohamed y Agouti.

VISITA

Azilal como ciudad carece de interés, pero su región es una de las más pintorescas de Marruecos por sus paisajes y fenómenos de la naturaleza.

El **zoco** de Azilal tiene lugar los jueves junto a la carretera de Marrakech. Asimismo, el sábado hay zoco en Aït Mohamed, a 20 km de Azilal, y el domingo en Tabant.

El **pantano de Bin el Ouidane** es el mayor de todo el país y sirve para regar la fértil llanura de Tadla. Su imagen es pintoresca desde diferentes ángulos.

La carretera R-306 lo rodea por el norte, mientras una pista permite acceder por el sureste.

El **valle de Bougamés,** cuya capital es Tabant, sorprende por su fertilidad y por sus pueblos de piedra y tierra que se confunden con el entorno. Constituye una base para las travesías y ascensiones al Gran Atlas central, de modo que todas las aldeas cuentan con una o varias *gîtes d'étape* donde alojarse. En Tabant hay una oficina de guías de montaña.

El **lago Izoughar** es accesible por una pista en muy mal estado desde el extremo superior del valle de Bougamés. Hay que llegar en BTT o a pie y no siempre tiene agua.

Las **cataratas de Ouzoud** [pág. 108] constituyen el principal atractivo de la zona y una de las maravillas del país, con más de 100 m de caída y su potente chorro.

ACTIVIDADES DEPORTIVAS

Senderismo: numerosos recorridos posibles a partir del valle de Bougamés: hacia el valle de Mgoun, hacia el valle de Tessaout, hacia Tirsal o hacia el circo de Taghia (ver bibliografía). Todos los acompañantes de montaña organizan este tipo de circuitos. **Ascensiones** a diferentes cumbres, como el Jebel Azourki (3.677 m) y el Ighil Mgoun (4.068 m).
Esquí de montaña en estas mismas cumbres. Hay que llevar todo el material.
Descenso de cañones en el desfiladero de Joro, cerca de Agouti. Es aconsejable llevar una cuerda de 40 m.

En las cercanías de **Demnate**, a 78 km al sureste de Azilal, se encuentra el **puente natural de Imi n'Ifri,** bajo el cual se ha abierto paso el río Tisilt. Es una inmensa caverna de piedra calcárea roja, llena de murciélagos. Hay **grabados rupestres** en el puerto de Tirguist. Para subir hay que tomar la carretera de Tabant y desviarse por una pista antes de entrar en el valle de Bougamés. El libro de Susan Searight [pág. 443] resulta muy útil para localizarlos.

DORMIR Y COMER EN AZILAL

La oferta es tan escasa que los turistas prefieren alojarse en Beni Mellal o en Marrakech y visitar esta región sólo de paso.

HÔTEL DADÈS

Av. Hassan II, telf. 0523 458 245, hoteldades1@yahoo.fr. A pesar de su deteriorado aspecto exterior, el patio central es muy agradable y las habitaciones, aunque básicas, están limpias. Hay un bloque de servicios sanitarios comunes aceptables y se come por 40 DH a base de carnes a la parrilla. Habitación doble: 100 DH.

HÔTEL ASSOUNFOU**

Bd. Hassan II, telf/fax 0523 458 582. Posee 24 habitaciones con aire acondicionado con baño, teléfono, televisión y balcón, aceptables por este precio. También hay restaurante con diferentes menús a 84 DH (20 por ciento de descuento a los residentes en el hotel).
Precio: 300 DH.

■ RESTAURANTES

Aparte de los restaurantes de los hoteles, cabe mencionar alguno situado en la carretera.

RESTAURANT IBNOU ZIAD

Av. Hassan II, telf. 0523 459 951, fax 0523 458 937. Consta de un local muy popular en la planta baja, un comedor muy limpio en el segundo piso y otro con más carácter en el primer piso, adecuado para el invierno. Proponen sabrosos tayines y pollo asado. Precio: de 30 a 50 DH.

AZROU

PROVINCIA DE IFRANE. 47.000 HABITANTES.

Este pueblo beréber de origen antiguo, situado en el fondo de una cubeta rodeada de montañas y bosques, fue elegido por Mulay Ismail en el siglo XVII para construir una de sus numerosas casbas, utilizadas como bases militares contra las tribus rebeldes del Atlas Medio. Sin embargo, fue con la implantación del protectorado francés cuando Azrou (pronúnciese "Azrú"; significa "la roca") cobró verdadera importancia y un aspecto nuevo, pues trataron de convertirla en capital de los beréberes, con la idea de sembrar la división entre ellos y los árabes de las ciudades. En las últimas décadas ha crecido rápidamente, perdiendo por completo su aire tradicional. Sus casas de tejados puntiagudos recuerdan los Alpes.

INFO

Código postal. 53100
Guías. Saoud Jari, 60 Rue 4 Pam, telf. 0535 564 763. Ofrecen los servicios de acompañantes de montaña titulados.
Bancos. BMCE y Banque Populaire en la plaza Mohamed V.

ACCESOS

La **carretera N-13,** comunica con Meknès por el norte y Errachidia por sur. La **carretera N-8** llega de Fès por el nordeste y de Marrakech por el sudoeste. Ambas se hallan en buen estado, aunque se pueden cortar por la nieve algunos días de invierno.

TRANSPORTES

Autocares Supratours a Marrakech (dos al día), Fès (uno al día) y Meknès (1 al día).
Autocares CTM a Meknès, Casablanca, Marrakech, Fès, Talsint, Errachidia y Rissani. En la estación de autobuses, junto a la carretera de Beni Smim.
Autocares privados a Meknès, Fès, Casablanca, Marrakech, Tánger, Tetouan, Oujda, Nador, Errachidia, Tinerhir, Alnif, Agadir.
Taxis colectivos a Meknès, Fès, Ifrane, Khenifra, Imouzzer y Midelt. Hay una parada en la carretera de Beni Smim.
Taxis pequeños en la ciudad.
Aparcamiento. Situado en la Av. Moulay Abdelkader.

ACTIVIDADES DEPORTIVAS

Esquí: Existen dos pistas con un remonte en el Jebel Habri. Sólo están abiertas en años donde la nieve es muy abundante.
Asimismo, existe la posibilidad de alojamiento a pie de pista en el *Auberge Jebel Habri.* Reservas en el telf. móvil 0666 083 818.

AZROU

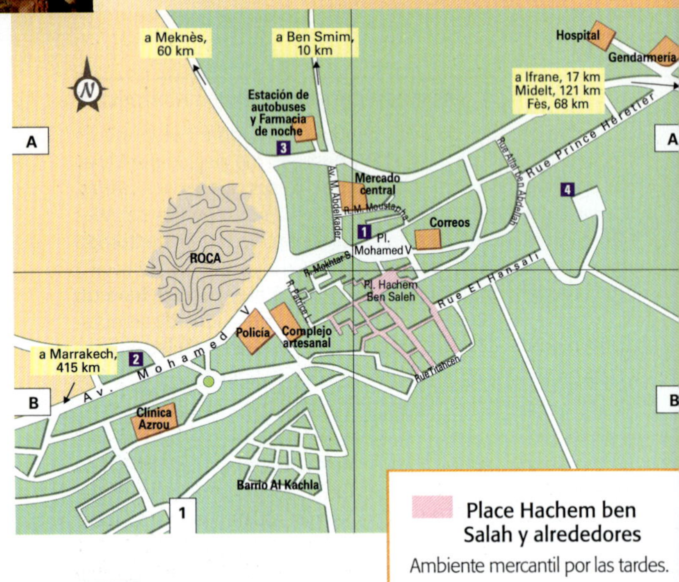

Place Hachem ben Salah y alrededores

Ambiente mercantil por las tardes.

VISITA

La ciudad

La ciudad en sí tiene poco que ver. Por el contrario, el Atlas Medio en el que se halla situada ofrece magníficas excursiones, realizables con un vehículo de turismo: bosques de cedros, lagos, cataratas, volcanes…

La **medina** consta de diferentes calles comerciales y tortuosas, pero sin muralla ni puertas.

En la **cooperativa de artesanos** podéis contemplar cómo las niñas tejen alfombras de lana bajo la batuta de varias maestras.

El **zoco de los martes** tiene lugar en la carretera de Beni Smim, está muy concurrido y en él destaca el ganado de todo tipo.

También se venden alfombras, pero no son específicas de esta población y sólo van dirigidas al turismo.

Alrededores

Los **bosques** de cedros y encinas cubren toda la montaña al sur y al este de Azrou, constituida por una cincuentena de cráteres volcánicos. Para recorrer estos bosques cabe elegir entre varios circuitos. El más corto consiste en tomar la N-8 en dirección a Ifrane, desviándose a los 4 km hacia la derecha para llegar al famoso cedro Gouraud, que se consideraba el mayor de la región (hoy desaparecido).

En las cercanías habitan una manada de macacos, que se han acostumbrado a la presencia humana y se acercan a uno si se les ofrece pan, aunque las autoridades aconsejan no darles de comer para no alterar su régimen alimenticio. Desde allí, una pista sin dificultad sale a la N-13, por la que se puede regresar a Azrou. Pero si se desea un circuito más completo, al llegar a la N-13 hay que continuar recto, siempre rodeados de frondosos bosques. A unos 20 km hay una pista a la derecha (muy buena), que accede al **lago Afenouir,** lleno de aves acuáticas. Se regresa a la ruta y, a otros 26 km, se alcanza la carretera procedente de Azrou por Ain Leuh, a la izquierda. Poco después se deja a la izquierda la pista que conduce a Ain Kahla, donde se supone viven las últimas panteras de Marruecos.

Unos 16 km más allá se divisa el hermoso **lago Ouiouane,** bien visible desde la ruta. Tras otros 11 km se sale a la carretera de Mrirt, que se toma también a la izquierda.

A los 2 km se cruza el **río Oum er Rabia** por un puente. Desde aquí se puede subir andando a ver el nacimiento del río, en forma de catarata. Es un lugar pintoresco, pero por desgracia hay unos cuantos pesados que pretenden acompañar al viajero, llevarle en mula, etc.

Unos 18 km después del puente hay otra carretera que se debe tomar a la derecha. Sin embargo, se puede desviar a la izquierda un par de kilómetros para ver el **Aguelmam Azigza** o lago azul, rodeado de cedros. Volviendo al cruce, 28 km más permiten llegar a **Khenifra** [pág. 188], desde donde regresar a Azrou por la N-8. Al pasar por **Mrirt,** si es un jueves, merece la pena detenerse para ver el mercado, muy popular, y en el que abundan las alfombras de la región.

Para realizar otras excursiones, conviene remitirse al capítulo de Ifrane [pág. 173].

COMPRAS

Complejo artesanal junto a la carretera de Khenifra.
La producción local se centra en las **alfombras de nudo,** los *hanbels* o **alfombras tejidas** y las tallas de animales o máscaras en **madera de cedro.** Precios marcados. También se vende artesanía en una **plazuela de la medina.**

DORMIR Y COMER EN AZROU

La escasa oferta hace preferible pernoctar en Ifrane, Meknès o Fès y visitar Azrou de paso. Sin embargo, cabe señalar algunos establecimientos de diferentes niveles.

CÁMPINGS

CÁMPING AMAZIGH

A 5 Km en la carretera de Ifrane, telf. 0665 361 640. Es un lugar agradable y tranquilo, con ducha caliente, unos sanitarios correctos y algunos cerezos que dan sombra. También hay 5 habitaciones mucho más austeras pero limpias con estufas de leña, a 150 DH la doble. Organizan excursiones en burro.

HOTELES

HÔTEL DES CÈDRES* (A2) 1

Place Mohamed V, telf. 0535 562 326. Habitaciones sencillas pero correctas, la mayor parte con baño y el resto con lavabo. Es de un estilo muy clásico. El restaurante ofrece una buena cocina internacional, incluidas las truchas del Atlas, por unos 80 DH el menú completo. Habitación doble: 120-160 DH.

HÔTEL AZROU (B1) 2

Route de Khenifra, BP 58, telf. 0535 562 116, fax 0535 564 273. Sus habitaciones son aceptables, la mayor parte con ducha. Tiene además un bar y un restaurante donde se come por 84 DH. Habitación doble: 150 DH.

HÔTEL AL FATH (A1) 3

Place de la Gare Routière, telf. 0535 563 114, móvil 078 380 986; www.cafehotelelfath.org, e-mail: cafehotelelfath@yahoo.fr. Ha sido remodelado recientemente, y dispone de habitaciones funcionales de dos categorías, unas con lavabo solamente por un precio de 100 DH la habitación doble y otras con baño, calefacción y televisor incluido a 230 DH.

AUBERGE DU DERNIER LION DE L'ATLAS

Villa16, Route de Meknès, telf. y fax 0535 561 868, e-mail: a.elkhaldi@menara.ma. Es una pensión familiar de creación reciente, situada en un chalé a 2 km del centro en la carretera de Meknès. Dispone de 10 habitaciones limpias, luminosas y bien ventiladas, algunas de ellas con numerosas camas para grupos o familias. También hay salones amueblados al estilo beréber, aunque la arquitectura es más bien moderna. Sólo una de las habitaciones tiene baño Precio: 170 DH.

LA NOCHE

Si la oferta hotelera en Azrou es más bien escasa, no sucede lo mismo con los bares. Hay un bar en el **HÔTEL PANORAMA,** otro en el **HÔTEL AZROU** y un tercero en el **HÔTEL AMROS.** En este último hay también una discoteca.

Hôtel Panorama (A2) 4

Telf. 0535 562 010, fax 0535 561 804, e-mail: panorama@extra.net .ma. Son 40 habitaciones con baño y calefacción y también un restaurante y un bar. Precio: 500 DH.

Hôtel Amros****

A 5 km, carretera de Meknès, telf. 0535 563 663, fax 0535 563 680; contacts@groupebermak.com, web: www.groupebermak.com. Incluye 66 habitaciones de estilo híbrido, con baño, calefacción, televisor, teléfono y parte de ellas con balcón, así como seis suites. Hay además un restaurante, bar, discoteca y una piscina que sólo se llena en temporada de verano. Precio: 730 DH con desayuno. Suites hasta 2.000 DH.

BENI MELLAL

CAPITAL DE PROVINCIA. 160.000 HABITANTES.

La casba de Beni Mellal (se pronuncia "Beni Melal") fue construida bajo las órdenes de Mulay Ismail en el siglo XVII. En 1883, Charles de Foucauld describía la población como "una pequeña villa de alrededor de 3.000 habitantes, 300 de ellos israelitas". En los últimos años del protectorado francés, gracias a la construcción de la presa de Bin el Ouidane, Beni Mellal se convirtió en la capital de una importante región agrícola.

INFO

Código postal. 23000
Delegación de Turismo. Av. Hassan II, Immeuble Chichaoui, telf. 0523 487 829, fax 0523 488 727.
Bancos. Numerosos bancos en la Av. Mohamed V.
Iglesia católica. Av. Beyrouth, telf. 0523 482 672.

ACCESOS

La **carretera N-8,** en buen estado, comunica con Marrakech por el suroeste y con Fès por el nordeste, en este último caso con bastantes curvas y pasando por el interior de numerosos pueblos.

Una ruta alternativa a Marrakech es la **carretera R-304,** más estrecha pero bien asfaltada, que permite visitar de paso la región de Azilal y las cataratas de Ouzoud.

La **carretera N-11** llega de Casablanca por el noroeste, a través de Fqih Ben Salah.

TRANSPORTES

Autocares Supratours a Marrakech (tres al día), Fès (uno al día) y Meknès (uno al día).
Autocares CTM a Fès, Marrakech y Casablanca, en Av. Mohamed V, telf. 0523 483 035.
Autocares privados a Fès, Meknès, Marrakech, Agadir, Safi, Essaouira, El Jadida, Casablanca, Rabat, Errachidia, Nador, Fnideq, Aghbala, Demnate, Ouaouizaght. La estación está junto a la carretera de circunvalación.
Taxis colectivos Khenifra, Kasba Tadla, Ouaouizaght, Oulad Ayad, Khouribga. Salen de la Av. Mohamed V, excepto los últimos (en

BENI MELLAL

la carretera de Fqih Ben Salah). **Taxis pequeños** repartidos por la ciudad.

Alquiler de automóviles sin conductor. Nadia Car, 188 Av. Hassan II, 1. Telf. 0523 482 924.

VISITA

El interés de Beni Mellal es más bien escaso, aunque tratándose de una etapa casi obligada entre las ciudades de Fès y Marrakech, merece la pena darse una vuelta por su olivar, ver la fuente de Asserdoun y subir a las ruinas de Ras el Ain.

Ain Asserdoun es un manantial de potentes chorros que abastece de agua a todo el olivar que rodea la ciudad. En torno a la fuente hay un jardín público fresco y agradable.

Se accede a ella por una carretera indicada como "circuito turístico".

Desde Ain Asserdoun, un camino apto para vehículos de turismo sube al **mirador de Ras el Ain,** desde donde se domina toda la llanura del Tadla, con la ciudad

a nuestros pies. Allí, sobre las ruinas de una antigua torre de vigilancia, se ha construido un curioso edificio en forma de casba cuya única función es decorativa.

La **medina antigua,** también denominada "la casba", es un conjunto de calles comerciales que se extienden en torno a la plaza de la Liberation.

Hay algunas casas viejas, pero la mayor parte han sido renovadas e incluso la muralla es de construcción reciente. La llamada "medina nueva" es un barrio como cualquier otro.

Place de la Liberation y calles adyacentes

Es la zona de carácter comercial de la ciudad, animada sobre todo por las tardes. También llamada "la casba", está formada por un entramado de calles que parten de la plaza, llenas de comercios, donde se alternan casas viejas con construcciones más modernas.

Alrededores

Un circuito de media jornada permite apreciar esta región agrícola al pie del Gran Atlas, con un paisaje dominado por las rocas calcáreas y los cactus. Para ello, se parte por la carretera de El Ksiba. Llegados a **Foum el Anser,** el primer pueblo, hay que tomar un desvío a la derecha que sube hasta el nacimiento del río Anser, un lugar fresco y bucólico, con un aparcamiento vigilado. Justo encima, en la pared del barranco, unas cavidades parecen haber sido utilizadas en una época remota como graneros. Para verlas, hay que atravesar el arroyo por un puente peatonal y subir un poco.

COMPRAS

Mercado los martes. Se pueden encontrar *handiras,* esas capas de lana con las que se cubren las mujeres de la montaña.

Complejo artesanal en la Av. Mohamed V. Dispone de varios tipos de artesanía marroquí. Nada de particular.

DEPORTES

La región de Beni Mellal es muy adecuada para la caza, destacando la tórtola africana, pero también otras aves, como el jabalí. En el Hôtel Chems se organizan cacerías. Hay que enviar previamente la documentación personal y del arma para que ellos tramiten la autorización de caza. También ofrecen otras actividades, como pesca, equitación y kayak.

Después se regresa a la carretera y se continúa. Tras el cruce de Tarhzirt, se extiende una vista magnífica sobre las **gargantas del río Derna.**

En el siguiente cruce hay que ir a la derecha para seguir hacia **El Ksiba** (falta el indicador).

El entorno paisajístico es pintoresco, pero El Ksiba como población resulta verdaderamente antiestética.

Es necesario atravesarla, con varias curvas y cuestas, para salir a la carretera de Aghbala, que se toma a la izquierda. Luego siempre se puede regresar a Beni Mellal por la N-8.

DORMIR Y COMER EN BENI MELLAL

Buena oferta hotelera en diferentes categorías. Cabe destacar el Hôtel de Paris si se va en plan económico y el Chems, para darse un lujo.

HÔTEL TASMMET* (A2) **1**

186 Bd. Ahmed el Hansali, telf. 0523 421 313. Posee 18 habitaciones bastante sencillas pero muy limpias y bien cuidadas, parte de ellas con baño, balcón y ventilador. Precio: 100-120 DH.

HÔTEL ZIDANIA* (A2) **2**

Av. des FAR, frente a la estación de autobuses, telf. y fax 0523 481 898. Dispone de 44 habitaciones limpias y correctas, muchas de ellas con baño. Precio: 100-150 DH.

HÔTEL CHARAF (A2) **3**

Av. des FAR, junto al anterior, telf./fax 0523 481 221. Tiene 24 habitaciones muy simples, parte de ellas con baño. Resulta algo ruidoso por su situación. Precio: 100-150 DH.

HÔTEL DE PARIS* (A2-3) **4**

Hay Ibn Sina, Nouvelle Medina, telf. 0523 482 245, fax 0523 484 227. Consta de 9 habitaciones agradables y muy bien mantenidas, con baño, teléfono y televisión. También hay bar y restaurante. Precio: 250 DH.

HÔTEL AIN ASSERDOUN (A2) **5**

274 Bd. Mohamed V, telf. 0523 483 361, fax 0523 486 692. Cuenta con una veintena de habitaciones muy aseadas y correctas, sin llegar a ser muy atractivas. Parte de ellas tienen aire acondicionado, baño, teléfono y televisión. Precio: 220 DH.

HÔTEL AL BASSATINE****

(A1) **6** *En la carretera de Fquih ben Salah, telf. 0523 482 247, fax*

0523 486 806, e-mail: al_bassatine@yahoo.fr. Cuenta con 90 habitaciones correctas en torno al jardín, todas con baño, aire acondicionado, teléfono y televisión. El restaurante es un bufé libre a 130 DH, sin bebidas alcohólicas. Piscina. Precio: 500 DH.

HÔTEL CHEMS**** (B1) 7

Está a 2 km en la carretera de Marrakech, BP 68, telf. 0523 483 460, fax 0523 483 987, e-mail: chems@menara.ma. Es el más lujoso de Beni Mellal, con una excelente piscina, bar, discoteca y un jardín. Sus 80 habitaciones son muy agradables, equipadas con baño, calefacción, aire acondicionado, teléfono, televisión, balcón y minibar. En el restaurante ofrecen un menú internacional a 150 DH o bufé libre, con espectáculo en las noches de verano. Precio: 900 DH.

LA NOCHE

Para disfrutar de la música se puede acudir a bailar a la discoteca del **HÔTEL CHEMS.** Y para tomar una copa a los bares de los hoteles **CHEMS, OUZOUD Y PARIS.**

BOUMALNE Y LAS GARGANTAS DEL DADÈS

PROVINCIA DE TINERHIR. 12.000 HABITANTES EN BOUMALNE, UNOS 90.000 EN TODO EL VALLE.

Tierra de pastoreo favorecida por su clima húmedo y frío, cosa excepcional en la vertiente sur del Atlas, el valle del Dadès ha constituido desde muy antiguo una zona de pastoreo para las tribus nómadas. Por el contrario, la sedentarización y construcción de *ksur* parecen haber sido tardías, posteriores al siglo XVI. Actualmente, dichos ksur han desaparecido, víctimas del abandono, pero en cambio sobreviven abundantes casbas que, junto a la belleza del paisaje, convierten este valle en uno de los más atractivos del sur de Marruecos.

INFO

Código postal. 45150

Guías. Hay una oficina en Boumalne, en la propia carretera, telf. 0667 593 292, fax 0524 830 131, e-mail: hamou57@voila.fr,con un sólo guía titulado. Los demás se contactan a través de los albergues.

ACCESOS

La **carretera N-10,** en buen estado, comunica con Ouarzazate por el suroeste y con Errachidia por el noroeste.

Al norte, la **pista R-704,** asfaltada hasta Msemrir, permite llegar desde Imilchil en un vehículo todo terreno,

pero sólo entre los meses de mayo y octubre. Otra **pista** en 4x4 conduce a Nkob y Tazzarine al sur.
Bancos. Banque Populaire, en el centro de Boumalne, frente al zoco.

TRANSPORTES

Autocares Supratours a Tinerhir (2 al día), Marrakech (2 al día) y Merzouga (1 al día).
Autocares CTM. Hay un autobús diario que va hacia Errachidia y otro a Marrakech. Tienen parada en el centro.
Autocares privados a Errachidia, Marrakech, Rabat y Agadir. Tienen parada junto al zoco de Boumalne.
Taxis colectivos a Tinerhir, El Quelat Mgouna y Ouarzazate. Salen del zoco de Boumalne.
También los hay que circulan entre los diferentes pueblos del valle, pasando por las gargantas y llegando hasta Msemrir.
Actividades deportivas. Alquiler de bicicletas de montaña en el Hôtel Ait Larbi. También todos los albergues organizan circuitos pedestres por la región.

■ VISITA

Todo el valle del Dadès es de una gran belleza natural, una franja de verdor encerrada entre montañas rojas y áridas. Entre los cultivos destacan el trigo, los almendros, las higueras y los chopos, pero no hay palmeras debido al rigor del clima. Cabe destacar los puntos que siguen.
La carretera de Tinerhir, a la salida de Boumalne, ofrece una vista panorámica del valle. Dentro de Boumalne, lo único digno de visita es el **zoco de los miércoles,** bastante animado, en pleno centro. Frente al zoco nace una pista que pasa por la parte vieja y se dirige a Slilou en 2 km.
A lo largo de dicha pista se van viendo diferentes casbas, aunque por el momento se hallan cerradas y no pueden visitarse. Destacan especialmente la **casba de Aït Ouzah,** de altura extraordinaria, situada junto a las ruinas del antiguo *ksar* de Boumalne, y la **casba del Caíd Mimoun** de Slilou.
Tomando la carretera de Msemrir, en el km 6 aparece la **casba de Aït Moutad,** sobre una peña rocosa que domina todo el valle. Data de 1938. Perteneció al jalifa de El Glaoui en el Dadès y puede visitarse por dentro. En el km 14 se pasa el **puerto de Mikern** para superar un tramo encañonado del río. En el puerto hay un cafetín, con una vista excelente.
Un poco más allá, en Tamellalt, comienzan las extrañas formaciones rocosas de conglomerado rojo, que algunos llaman "los dedos de mono".
Aït Larbi, en el km 18, es un pueblo con tres casbas de magnífica decoración. Como fondo se distinguen las últimas formaciones rocosas. Más allá, en el km 27, comienza la subida en zigzag para superar el cañón más profundo y estrecho de todo el recorrido. Desde lo alto, la vista resulta espectacular. Luego se desciende y, en el km 33, la carretera pasa por el interior de

ACTIVIDADES DEPORTIVAS

El **cañón de Ougouni,** que surge perpendicular al Dadès en el km 26,5 de la carretera de Msemrir, es ideal para una excursión pedestre de un par de horas. Desde allí se puede pasar al **cañón de Taghort,** cuyo descenso deportivo requiere una cuerda de 60 m.
Otro interesante recorrido de una jornada es el que propone el hotel Kasbah Ait Larbi por los desfiladeros que se abren entre las curiosas formaciones de roca llamadas "dedos de mono".

otra garganta, llamada Taghia n'Imdiazen. Junto con el anterior desfiladero, forman las llamadas **gargantas del Dadès.**
Desde aquí la carretera prosigue hasta Msemrir a través de otros paisajes interesantes, distinguiéndose numerosas casbas y otro tramo encañonado del río a base de múltiples meandros.
En **Msemrir** hay un populoso **mercado** el sábado, en el que abunda el ganado caprino y ovino.

DORMIR Y COMER EN BOUMALNE

Tanto para pernoctar como para comer, la ciudad de Boumalne ofrece varios establecimientos interesantes, pero no lo son menos los que aparecen a lo largo de la carretera de Msemrir. Todos ellos tienen restaurante, aunque también conviene mencionar dos locales independientes donde se puede comer.

■ CÁMPINGS

CÁMPING AIT OUDINAR

Es un anexo del Auberge des Gorges du Dadès, situado en la carretera de Msemrir, km 25. Quienes viajen con un presupuesto ajustado pueden pernoctar en los salones y terrazas de casi todos los albergues.

■ HOTELES

HOTEL KASBAH AIT LARBI

Telf. 0524 831 713, fax 0524 830 131, web: www.kasbahaitarbi.com. A 18 km de Boumalne en la carretera de Msemrir. Situado en un entorno natural de gran belleza que, junto con la calurosa acogida, compensan la sencillez de las instalaciones. Tiene 14 habitaciones, muchas de ellas con baño; algunas ofrecen vistas sobre las casbas de Ait Larbi, otras sobre el río y las formaciones de conglomerado rojo. La cocina es correcta, con varios menús entre 65 y 90 DH, y el desayuno en la terraza panorámica resulta fantástico. Precio: 200 DH.

HÔTEL LA KASBAH DE DADÈS

En la carretera de Tinerhir, a la salida de Boumalne, telf. 0524 830 041, fax 0524 831 308. Dispone de 30 habitaciones agradables, pulcras y bien conservadas, unas con más carácter que otras. Todas tienen baño, estufas y parte de ellas balcón, que ofrece una buena vista panorámica sobre el valle. El restaurante ocupa un salón

COMPRAS

Numerosos puestos a lo largo de la carretera de las gargantas venden fulares propios de la región y artesanía de varios tipos.

provisto de chimenea. Se puede comer por 80 DH. Habitación doble: 180 DH.

HÔTEL SOLEIL BLEU

En Boumalne, BP 23, telf. 0524 830 163, fax 0524 830 394, e-mail: le_soleilbleu@yahoo.fr. Completamente renovado en 2008, tiene 18 habitaciones muy originales, climatizadas, con balcón y un lindo cuarto de baño, así como un salón-comedor con vistas al valle. Está decorado con gusto dentro del estilo de la región. Precios: 200-250 DH según habitación.

HÔTEL LE VIEUX CHATEAU DU DADÈS

En la carretera de Msemrir, km 27, telf. 0524 831 261, fax 0524 830 153, móvil 070 230 517, web: www.levieuxchateau.13.fr, e-mail: levieuxchateau@gmail.com. Incluye 30 habitaciones con baño, bastante austeras pero bien decoradas, parte de ellas con aire acondicionado y algunas con un balcón sobre el río.

AUBERGE AIT OUDINAR

En la carretera de Msemrir, km 25, telf. 0524 830 221, fax 0524 830 153, www.aubergeaitoudinar.com, e-mail: info@aubergeaitoudinar.com. Es uno de los establecimientos más antiguos del valle y sigue siendo uno de los mejores. Propone 29 habitaciones pulcras, decoradas con gracia y equipadas con baño, balcón, estufa y parte de ellas con aire acondicionado. En el restaurante ofrecen varios menús marroquíes a 80 DH, con el "plato berébere" como especialidad. Habitación doble: 320 DH con desayuno.

AUBERGE TISSADRINE

En la carretera de Msemrir, km 27, telf. y fax 0524 831 745, móvil 070 233 418, e-mail: aguondize@yahoo.fr. Tiene 14 habitaciones con baño incluido, llenas de encanto en la planta baja pero más simples en el primer piso, así como un salón agradable y una terraza muy relajante sobre el río. Precio: 400 DH en media pensión.

HÔTEL LES 5 LUNES

Está en la carretera de Msemrir, km 24, telf. 0524 830 723, móvil 070 105 689, www.les5lunes.com, e-mail: les5lunes@hotmail.com. Cuenta con 6 habitaciones sencillas pero decoradas con gusto dentro del estilo autóctono, realzando la cultura beréber. No todas ellas tienen baño incluido. Precio: 300 DH en media pensión.

HÔTEL TIMZZILLITE

En la carretera de Msemrir, km 29, telf. 077 264 347, fax 0524 830 533. Abierto en 2008, es un poco más caro que los precedentes porque se valora su situación en el borde del desfiladero, con vistas espectaculares. Consta de 9 habitaciones típicamente beréberes y más bien austeras, con baño, repartidas a diferentes niveles en la cresta de la montaña y accesibles mediante escaleras exteriores. Precio: 500 DH en media pensión.

Hôtel La Kasbah de la Vallèe

En la carretera de Msemrir, km 26,5, telf. y fax 0524 831 717, móvil 062 608 885, web: www.kasbah-vallee-dades.com, kasbah_de_lavallee@yahoo.fr. Se compone de 40 habitaciones funcionales, climatizadas, con baño, muy pulcras y bien mantenidas. En el restaurante hay una deliciosa cocina popular beréber que se puede acompañar con vino Tienen varios menús a partir de 95 DH. Habitación doble: 560 DH con desayuno..

Hôtel Kasbah Tizzarouine

En Boumalne, BP 53, telf. 0524 830 690 / 91, fax 0524 830 256, e-mail: kasbah.tizzarouine@menara.ma. Este hotel de dimensiones descomunales y ambiente gélido está colgado en el borde superior del barranco, accesible por una pista desde la carretera de Tinerhir. Posee 54 habitaciones con baño, de aire tradicional, 13 de las cuales están excavadas en la ladera de la montaña. También hay una linda piscina. Precio: 700 DH.

Hôtel Xaluca Dadès

En Boumalne, telf. 0524 830 060 (reservas 0535 577 896), fax 0535 578 449, móvil 0661 269 525, www.xaluca.com. xaluca@xaluca.com. Totalmente renovado en 2008 en un estilo propio del África subsahariana, este hotel de curiosa arquitectura incluye 106 habitaciones muy confortables y acogedoras, con un buen cuarto de baño, aire acondicionado, teléfono, televisor, minibar y balcón sobre el valle. Disponen además de una piscina panorámica con jacuzzi, un magnífico restaurante, bar y salones de diferentes tipos. Precio: 900 DH.

LA NOCHE

En la mayor parte de los albergues mencionados, al caer la noche se organizan sesiones más o menos espontáneas de música local, en las que predominan los bongos y en las que puede participar todo el mundo. La duración de la fiesta depende del entusiasmo demostrado por los clientes. Las bebidas alcohólicas tiene que traerlas el consumidor, excepto en La Kasbah de la Vallée donde tienen licencia de alcohol. En ocasiones hay cenas con espectáculo folklórico en el **Hôtel Tizzarouine.**

■ Restaurantes

Amazir

En el Km 25 de la carretera de Msemrir, después del Auberge des Gorges du Dadès. Está abierto en 2005, es un edificio pequeño y muy simpático, de atractiva arquitectura tradicional. Se puede comer a la carta por unos 80 DH.

Atlas Dadès

Está stiuado en el centro de Boumalne. Es un establecimiento sencillo donde se come correctamente.

CASABLANCA

CAPITAL DE WILAYA. 3.000.000 DE HABITANTES.

Fundada por el sultán Sidi Mohamed ben Abdellah a finales del siglo XVIII sobre las ruinas de la antigua Anfa, Casablanca (en árabe, *Dar el Beida)* se pobló muy escasamente y no tuvo ninguna relevancia hasta que, a principios del siglo XX, Mulay Abdelaziz firmó un acuerdo con Francia para la construcción del puerto.

El inicio de las obras provocó un movimiento de rechazo por parte de las tribus de la Chaouia, que dio lugar a los famosos disturbios de Casablanca, en los que perdieron la vida unos cuantos trabajadores galos.

Aquel suceso fue aprovechado por el gobierno francés para iniciar la ocupación militar del país. Bajo el protectorado, Casablanca fue elegida como capital económica, de modo que se desarrolló a marchas forzadas.

El mismo proceso continuó después de la independencia, convirtiendo a Casablanca en una de las grandes metrópolis africanas.

INFO

Códigos postales
Casablanca centro: 20000
Casablanca Gare: 20300
Cornisa costera: 20050

Consejo Regional de Turismo. 55 Rue Omar Slaoui, telf. 0522 271 177, e-mail: crt.casablanca@menara.ma. Tienen además una oficina de información en la Pl. Mohamed V.

Sindicato de Iniciativa. 98 Bd. Mohamed V, telf. 0522 221 524. Abierto incluso el domingo por la mañana. Además de obtener información o contratar un guía, se pueden contemplar fotografías de la Casablanca de los años 1930 y, ocasionalmente, también exposiciones de arte.

Bancos. Hay centenares agencias bancarias en toda la ciudad.

Iglesias católicas.
Rond Point d'Europe, telf. 0522 265 798.
13 Av. Ain Harrouda, telf. 0522 361 913. 2 Rue Hsaine Ramdan, telf. 0522 300 930.

Web: www.visitcasablanca.ma.

ACCESOS

La **autopista A-3** comunica con Rabat Marrakech y El Jadida.

La **carretera N-1** enlaza igualmente con Rabat y El Jadida. Es amplia y bien asfaltada, pero muy lenta debido al tráfico y a su paso por múltiples localidades.

La **carretera R-322** llega de Rabat por la costa, pero es algo estrecha.

La **carretera R-320** parte hacia El Jadida por la costa, con menos tráfico que la N-1 y ofreciendo un paisaje más interesante.

La **carretera N-9,** buena pero sobrecargada de camiones, se dirige a Marrakech.

TRANSPORTES

ONCF. Trenes a Tánger, Fès, Oujda, Rabat y Marrakech. Existen dos estaciones, la de Casa-Port junto al puerto, muy céntrica, y la de Casa-Voyageurs en el Bd. Ba Ahmed. Hay trenes que paran en la primera y otros en la segunda, lo cual resulta un embrollo considerable, pues el viajero no sabe de dónde tiene que salir ni a dónde llega, hasta que consulta el tablón de anuncios.

Autocares CTM a Agadir, Azilal, Beni Mellal, El Jadida, Essaouira, Fès, Laayoune, Marrakech, Meknès, Ouarzazate, Rabat, Tánger, Taroudannt, Taza, Tetouan, Tissent, etc. La estación CTM (telf. 0522 541 010) está en la Rue Léon l'Africain, muy céntrica.

Autocares privados a todas las ciudades del país. La estación está en la Route des Oulad Ziane, accesible con los autobuses urbanos 10 y 11.

Autobuses urbanos por toda la ciudad. Dos terminales, una en la Pl. Concorde (detrás del Hôtel Hyatt Regency) y la otra en la Pl. Maréchal, que es una prolongación de la Pl. des Nations Unies por el sur.

Taxis colectivos a Marrakech y El Jadida. En la Route d'El Jadida.

Taxis pequeños por el interior del casco urbano. Hay una parada junto a la estación de tren Casaport.

Aeropuerto Internacional Mohamed V, a 30 km en dirección a Marrakech, accesible con un tren directo (12 salidas diarias) y autobuses CTM. Telf. 0522 539 040, fax 0522 539 901. Vuelos a Madrid, Barcelona, Málaga, Bilbao, Alicante, Las Palmas, a todos los aeropuertos de Marruecos y a la mayor parte de las capitales del mundo.

ACTIVIDADES DEPORTIVAS

Equitación: *Royal Club Equestre d'Anfa, Ain Diab, telf. 0664 721 835,* en la calle que surge de la costa, frente al morabito de Sidi Abderrahmane. *Club Hippique Le Barry,* Rte. de Moulay Thami, Dar Bouazza, en la carretera de El Jadida por la costa, telf. 0522 400 058.

Golf: Royal Golf d'Anfa, telf. 0522 365 355, fax: 0522 393 374. Campo de nueve hoyos.

Royal Air Maroc, 44 Av. des FAR, telf. 0522 464 100, fax 0522 464 102. También en el aeropuerto, telf. 0522 339 100.

Iberia, 17 Av. des FAR, telf. 0522 439 542, fax 0522 539 260, reservas 0522 439 542 y 44. Tiene una oficina en el aeropuerto, telf. 0522 339 632, fax 0522 339 260.

Alquiler de automóviles sin conductor: numerosas agencias repartidas por el centro. Las tarifas son bastante dispares.

Aparcamiento en la Pl. des Nations Unies, junto al Hôtel Hyatt Regency.

Atención: circular en automóvil por el interior de Casablanca requiere nervios de acero. La duración de los semáforos es apurada hasta límites increíbles, hacer sonar el claxon es una práctica habitual sin necesidad de un motivo específico y el lema de los conductores parece ser "avanzar a cualquier precio".

CASABLANCA DE DÍA

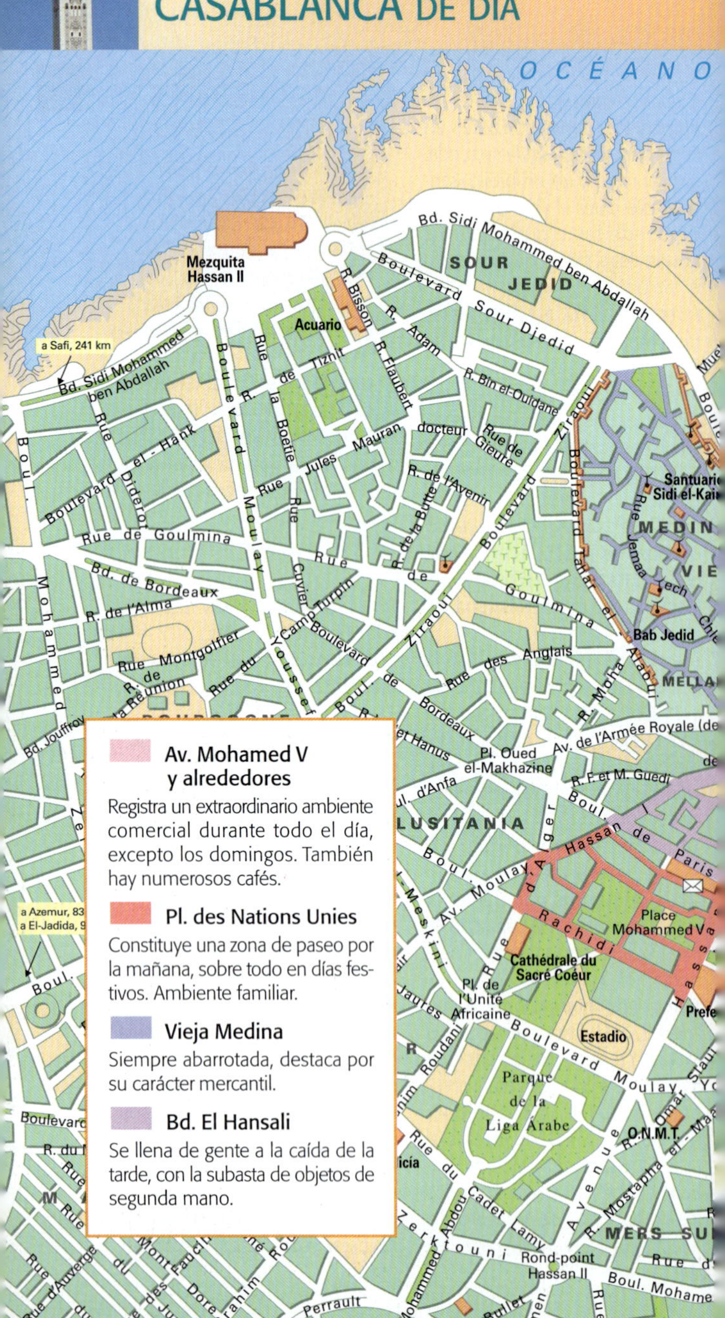

Av. Mohamed V y alrededores

Registra un extraordinario ambiente comercial durante todo el día, excepto los domingos. También hay numerosos cafés.

Pl. des Nations Unies

Constituye una zona de paseo por la mañana, sobre todo en días festivos. Ambiente familiar.

Vieja Medina

Siempre abarrotada, destaca por su carácter mercantil.

Bd. El Hansali

Se llena de gente a la caída de la tarde, con la subasta de objetos de segunda mano.

ATLÁNTICO
Dársena Comercial
Dársena Turismo
Terminal de carga
Muelle del Comercio
Muelle de los Fosfatos
CTM Estación de autobuses
Centro 2000
Universidad
Boulevard Moulay Abderrahman
a Mohammedia, 28 km, a Rabat, 92 km
Rue de Toulon
Av. de l'Armée Royale (des FAR)
Avenue Pasteur
Place Mirabeau
Rue de Tours
Place N. Paquet
Boulevard Mohammed V
Place el-Yassir
Bd. Émile Zola
Bd. Mohammed V
GARE
R. de Provins
Rond-point Dakar
Bd. Abdellah ben Yacine
Place de la Victoire
Rue Khouribga
Rue F. Barathon
R. d'Evian
R. C. Puissesseau
Boul. Ibn Tachfine
Bd. d'Oujda
Rue Strasbourg
R. Canizarés
R. de Nancy
Rue de Libourne
Rue des Quinconces
Route des Ouled Ziane
Rue d'Ifni
Bd. Bazas
GIRONDE
Place Lemaigre Dubreuil
Zerktouni
Av. Mohamed
Pl. Hamidou
a Mohammedia, 33 km, A Rabat, 97 km
Avenue Lalla Yacouf
Bd. 11 Janvier
Place d'Aknoul
R. des Ouled Ziane
R. Bascunan
R. Mohammed Diouri
Rue Mohammed Smiha
Bd. de la Résistance
Rue Karatchi
Rue du Chevalier Bayard

VISITA

Aunque es básicamente una ciudad comercial e industrial, Casablanca cuenta con algunos puntos de interés que justifican una visita de una jornada, teniendo en cuenta que las distancias de un punto a otro resultan enormes.

El **museo del judaísmo marroquí** *(Rue Jules Gros 81, esquina Rue Abou Dhabi, telf. 0522 994 940, fax 0522 994 941; web: www.casajewishmuseum.com; visita: de lunes a viernes de 10 h a 18 h. Entrada: 20 DH. Visita guiada: 30 DH)* tiene como objetivo mostrar cómo los judíos convivieron en Marruecos con los árabes y beréberes durante siglos, rompiendo así los mitos que se han creado en torno a esta cultura milenaria. La *estrella de David,* os explicarán, fue el símbolo del estado marroquí hasta 1912 y sólo a partir de entonces pasó a dominio exclusivo de los israelitas. El museo contiene objetos litúrgicos de gran interés, trajes, la reproducción de un taller de orfebrería, fotos de sinagogas de todo el país y libros escritos en árabe utilizando el alfabeto hebraico.

La **mezquita de Hassan II** *(visitas guiadas en grupos, con explicaciones en español, a las 9 h, 10 h, 11 h y 14 h, excepto los viernes. Entrada: 120 DH, descuento 50 por 100 para estudiantes y residentes en Marruecos)* fue construida en los años noventa. Si no es la más valiosa del país desde un punto de vista histórico o artístico, sí es la mayor en tamaño, y prácticamente la única a la que pueden acceder los no musulmanes.

Sus techos de madera de cedro y sus paredes de yeso cincelado siguen aproximadamente la tradición local, mientras los mosaicos típicos han sido substituidos por mármoles, y las fuentes para las abluciones en forma de setas son una pura creación del arquitecto francés que diseñó el conjunto. Además de la sala de oración y la sala de abluciones, también se visita el *hammam* adjunto, que por ahora no ha entrado en funcionamiento, y una gran sala subterránea con una piscina termal que se ha dado en llamar "el baño turco".

La **vieja medina** es todo lo que existió hasta la llegada de los franceses. Aunque la mayor parte de las viviendas fueron construidas bajo el protectorado, aún mantiene su estructura tradicional de callejuelas retorcidas y goza de un agitado movimiento comercial. Aunque las puertas monumentales han desaparecido, conserva una parte de la muralla del siglo XVIII, así como una interesante fortificación por la parte del mar, llamada la *Sqala (visita libre),* fechada en 1769 y equipada con una batería de cañones.

Se puede acceder a ella desde el Bd. des Almohades o bien a pie desde el interior de la medina, pero en este último caso no hay ningún indicador.

Quienes busquen en Casablanca las huellas de la película del mismo nombre deben recorrer la **ciudad colonial,** edificada entre 1912 y 1930, que conserva muchos edificios de aquella época.

Quitando algunas fachadas orientalistas y neoclásicas, la mayor parte son art déco. Destacan la Pl. Mohamed V (antes Pl. des Nations Unies) con sus palomas y su gran surtidor; el Palacio de Justicia, el Ayuntamiento, el consulado de Francia, el teatro municipal y el edificio de correos en torno a la misma plaza; numerosos edificios a la largo de la Av. Mohamed v y calles adyacentes, la Rue Allal ben Abdellah, la avenida Lala Yakout y la calle Driss Lahrizi, así como diferentes viviendas de la Av. Moulay Youssef y alrededor del **Parc de la Ligue Arabe.**

La **nueva medina** fue construida asimismo bajo el protectorado, destinada a albergar a la población marroquí en crecimiento. Su arquitectura de tipo neomagrebí resulta curiosa y en sus calles reina una constante animación mercantil, aunque su interés no va más allá. En un extremo se sitúa el palacio real, con una entrada digna de admiración. La **Villa des Arts** (abierta de 11 h a 19 h. Entrada libre por el momento) es un chalé de la época colonial restaurado por la fundación ONA y utilizado para exposiciones temporales de arte. Se halla en el Bd. Brahim Roudani, 30, telf. 0522 295 087 / 094. Es mucho más pequeña y sencilla que su homónima de Rabat.

La **playa de Ain Diab** está abarrotada en verano. Camino de allí se pasa por la **cornisa costera,** la zona de ambiente de Casablanca, con un paseo marítimo rodeado de restaurantes, bares y discotecas.

En la otra punta de la playa se levanta sobre una roca el pintoresco morabito de Sidi Abderrahmane, al que acuden las mujeres estériles para pedir a Dios les dé hijos.

UNA PAUSA DESPUÉS DE COMPRAR

En la vieja medina se pueden adquirir chaquetas de cuero y ropa en general, a muy buenos precios, aunque siempre es recomendable regatear sin piedad.

Y quienes prefieran estar entre libros pueden acercarse a *Librairie de France,* Rue Chénier, muy próximo a la Pl. des Nations Unies.

Después, una pausa en el **Café Maure Sqala** (Av. des Almohades, dentro de la Sqala, con acceso igualmente por la Rue Sidi El Karouani desde la medina). Este monumento histórico restaurado cuenta con un agradable jardín en su interior y ofrece diferentes tipos de cafés, a partir de 15 DH. También incluye un restaurante con carnes, pescados y platos marroquíes, de 150 a 200 DH.

CASABLANCA DE NOCHE

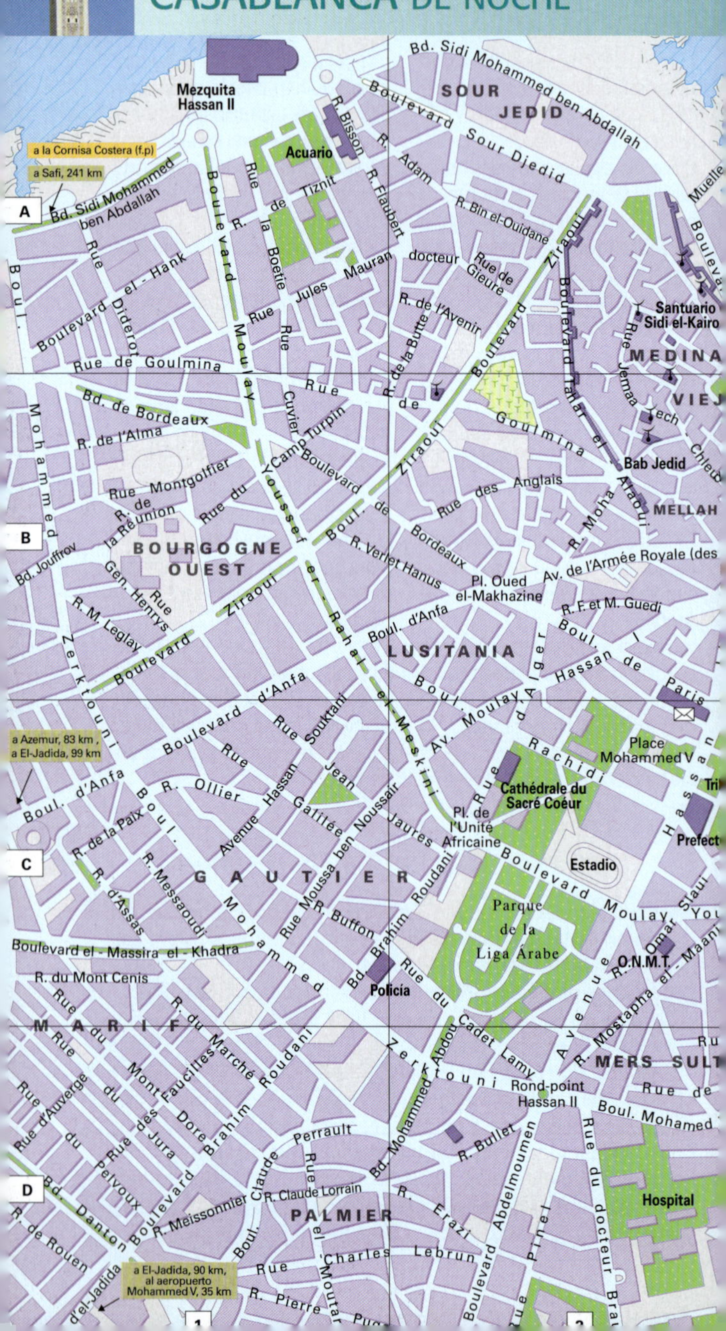

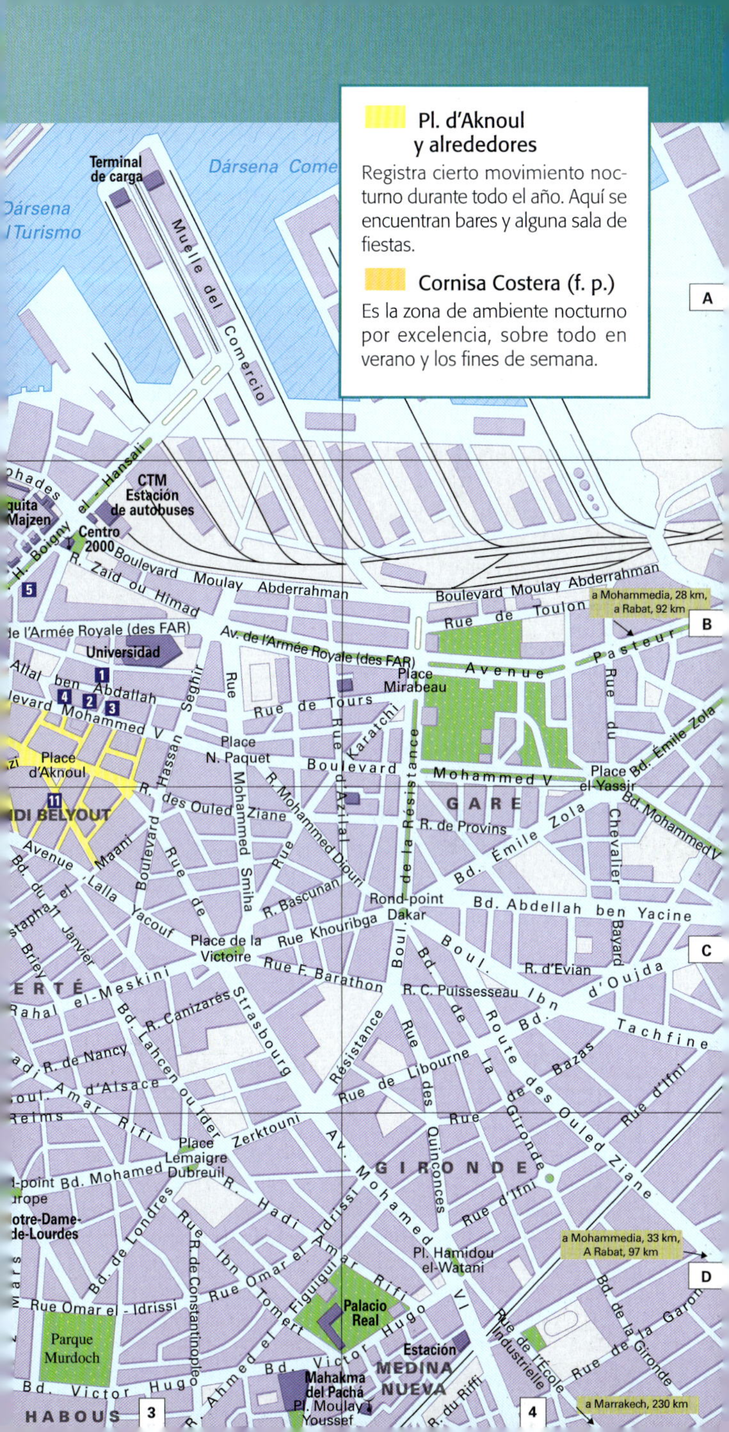
Pl. d'Aknoul
y alrededores
Registra cierto movimiento nocturno durante todo el año. Aquí se encuentran bares y alguna sala de fiestas.
Cornisa Costera (f. p.)
Es la zona de ambiente nocturno por excelencia, sobre todo en verano y los fines de semana.
Terminal de carga
Dársena Come
Dársena
l Turismo
Muelle del Comercio
CTM
Estación de autobuses
Centro 2000
Boulevard Moulay Abderrahman
R. Zaïd ou Himad
Universidad
Av. de l'Armée Royale (des FAR)
Allal ben Abdallah
Rue de Toulon
Avenue Pasteur
Place Mirabeau
Rue de Tours
Place N. Paquet
Place d'Aknoul
Boulevard Mohammed V
Place el-Yassir
Bd. Émile Zola
Bd. Mohammed V
GARE
R. de Provins
R. des Ouled Ziane
R. Mohammed Diouri
Rue d'Azilal
Boul. de la Résistance
Rue Karatchi
Rond-point Dakar
Bd. Abdellah ben Yacine
Rue Khouribga
R. Bascunan
Place de la Victoire
Rue F. Barathon
R. C. Puissesseau
R. d'Evian
Boul. Ibn Tachfine
Bd. d'Oujda
Rue du Chevalier Bayard
Avenue Lalla Yacouf
Bd. du 11 Janvier
el-Meskini
R. Canizarès
Strasbourg
Bd. Lahcen ou Ider
R. de Nancy
d'Alsace
Rue de Libourne
Rue des Quinconces
Route de la Gironde
Rue des Ouled Ziane
Bazas
Rue d'Ifni
Place Lemaigre Dubreuil
Zerktouni
Av. Mohamed VI
GIRONDE
Rue d'Ifni
Pl. Hamidou el-Watani
a Mohammedia, 28 km, a Rabat, 92 km
a Mohammedia, 33 km, A Rabat, 97 km
a Marrakech, 230 km
Bd. Mohamed
Notre-Dame-de-Lourdes
Bd. de Londres
Rue Ibn Tomert
Rue Omar el - Idrissi
R. de Constantinople
Parque Murdoch
Palacio Real
Bd. Victor Hugo
Estación
MEDINA NUEVA
Mahakma del Pachá
Pl. Moulay Youssef
HABOUS
Rue de l'École Industrielle
Rue de la Garonne
Bd. de la Gironde
R. du Riffi
A
B
C
D
3
4

DORMIR EN CASABLANCA

Dado el interés limitado de Casablanca, consideramos poco útil relacionar las decenas de hoteles que se reparten por la ciudad, básicamente dirigidos a los hombres de negocios. Citaremos una breve selección. Como siempre, se han ordenado de menor a mayor categoría.

CÁMPING INTERNACIONAL OASIS (f. p)

Este cámping ha sido trasladado a Dar Bouaza, unos 25 km en dirección a El Jadida.

HÔTEL TOURING (B3) **1**

Rue Allal ben Abdellah, telf. 0522 310 216. Dispone de 40 habitaciones correctas, con lavabo, calefacción y balcón y algunas de ellas con baño completo. Precio: de 100 a 150 DH.

HÔTEL MON REVE (B3) **2**

7 Rue Chaouia, telf. 0522 311 439. Ocupa un edificio art déco perfectamente restaurado por dentro y por fuera, con mucho encanto. Ofrece 46 habitaciones limpias y alegres, algunas de ellas con balcón. Los precios varían según tengan ducha o lavabo solamente. Precio: 130 DH.

HÔTEL COLBERT (B3) **3**

38 Rue Chaouia, esquina Av. Mohamed V, junto al mercado central, telf. 0522 314 241, fax 0522 318 275. Tiene un centenar de habitaciones, algunas de ellas con un viejo cuarto de baño, las demás con lavabo solamente. Las hay que disponen asimismo de un amplio balcón. El patio interior está lleno de vegetación. Precio: de 100 a 150 DH.

HÔTEL DU PALAIS

68 Rue Farhat Hached, telf. 0522 276 191, fax 0522 282 859, detrás del Palacio de Justicia. Cuenta con 33 habitaciones sencillas, con baño, en un edificio colonial renovado. Precio: 200 DH.

HÔTEL KON TIKI (B3) **4**

88 Rue Allal ben Abdellah, telf. 0522 314 927. Constituye uno de los múltiples edificios más coloniales de esta calle. Posee 14 habitaciones muy aceptables con lavabo inlcuido. Algunas de ellas tienen un balcón que ofrece unas vistas estupendas. Precio habitación doble: 120 DH.

HÔTEL PLAZA (B3) **5**

18 Av. Félix Houphouët Boigny, telf. 0522 269 019, fax 0522 276 439; hotel_plaza2000@yahoo.fr. Incluye medio centenar de habitaciones amplias y bien mantenidas, que no han perdido el estilo colonial de su época a pesar de las renovaciones. Parte de las habitaciones están equipadas con un baño muy correcto, teléfono y balcón. Las de los pisos más altos disfrutan de vistas sobre la medina. Precio: de 250 a 350 DH según habitación.

HÔTEL NOAILLES (C3) **6**

22 Av. du 11 Janvier, telf. 0522 202 554, fax 0522 220 589. Posee una treintena de habitaciones muy agradables, algunas de ellas con balcón (quizá son algo más ruidosas) y las otras tienen una ventana interior. Todas están equipadas con un baño envejecido y teléfono. También tiene un bar y un restaurante. Precio: 300 DH.

Hôtel Astrid (C3) 7

12 Rue 6 Novembre, telf. 0522 277 803, fax 0522 293 372, hotelastrid@hotmail.com. Sus habitaciones resultan bastante acogedoras y todas ellas dentro del estilo internacional. Están equipadas con un cuarto de baño muy correcto, calefacción, teléfono, televisión y balcón. Precio: 370 DH.

Hôtel Guynemer (B3) 8

2 Rue Mohamed Belloul, telf. 0522 275 764, fax 0522 473 999, hotelguynemer@yahoo.com. Está en una calle tranquila pero muy céntrica. Ofrece 30 habitaciones agradables, con baño, teléfono, calefacción y televisión, así como un bar y un restaurante de cocina marroquí exquisita, con menú a 150 DH, vino y música en vivo por las noches. Su situación es muy céntrica. Precio: 500 DH.

Hôtel de Paris (C3) 9

2 Rue Ech Cherif Amziane, esquina Rue Prince Moulay Abdellah, telf. 0522 273 871, fax 0522 298 069. Está en una calle peatonal del centro, cerca del Guynemer. Se compone de 36 habitaciones correctas, con baño, teléfono, televisión y calefacción. Precio: 450 DH.

Hôtel Ibis Moussafir Gare (f. p.)

Av. Ba Ahmad, telf. 0522 401 984, fax 0522 400 799, web: www.ibishotel.com. Reservas desde España: telf. 900-203020. Este hotel se encuentra situado un poco lejos del centro y de la costa. Dispone de 97 habitaciones muy correctas, con baño, teléfono y televisión, así como un restaurante con menú a 100 DH, un bar y un hermoso jardín, en el que faltaría una piscina. Precio: 500 DH.

Hôtel Bellerive (f. p.)

Bd. de la Corniche, Ain Diab, telf. 0522 797 504 /516, fax 0522

UN LUJO

Hôtel Hyatt Regency***** (B2) 10 Pl. Nations Unies, telf. 0522 261 234, fax 0522 431 334; http://casablancaregency.hyatte-concierge.com, reservas desde España: telf. 900 964 416. Es un verdadero cinco estrellas plantado en el corazón de la ciudad y dirigido básicamente a hombres de negocios. Consta de 251 habitaciones de estilo internacional, climatizadas, con baño, escritorio, dos teléfonos, fax, televisión, minibar, etc. Las del lado oeste ofrecen una vista magnífica sobre la medina, la mezquita Hassan II y el mar. Todo es lujoso, desde los ascensores hasta los cuartos de baño, pasando por los diferentes salones, restaurantes, bares, discoteca, piscina, sauna, *hammam,* gimnasio, sala de masajes, etc. Precio: 2.700 DH.

797 639; web: www.belleriv.com, e-mail: reservations@belleriv.com. Está cerca de la playa. Sus 45 habitaciones están bien decoradas y bien mantenidas, todas con baño, teléfono, televisor, calefacción y balcón, muchas de ellas con vistas al mar. También tiene piscina, bar y un restaurante con una terraza sobre la costa. Precio: 800 DH con desayuno.

HÔTEL AZUR (f. p.)

41 Bd. de la Corniche, Ain Diab, telf. 0522 797 493, fax 0522 797 593, e-mail: azur@menara.ma. Posee 60 habitaciones con aire acondicionado, de un estilo internacional, con baño, teléfono, minibar y televisión. También hay piscina, restaurante, bar, discoteca y varios salones marroquíes. Precio: 900 DH.

HÔTEL LES SAISONS

19 Rue El Oraïbi Jilali, esquina Av. de l'Armée Royale, cerca del Hôtel Plaza, telf. 0522 490 901 y 27, fax 0522 481 697, www.hotellessaisonsmaroc.ma, reservations@hotellessaisonsmaroc.ma. Abierto en 2003, contiene medio centenar de habitaciones algo ajustadas de espacio pero confortables. Precio: 1.100 DH.

HÔTEL TRANSATLANTIQUE (C3) 11

79 Rue Chaouia, telf. 0522 294 551, fax 0522 294 792. Fundado en 1922, ha sabido mantener hasta hoy su carácter y sus prestaciones, conjugando la comodidad con el ambiente clásico. Tiene bar y restaurante. Precio: 950 DH.

HÔTEL CLUB VAL D'ANFA

Boulevard de l'Océan Atlantique, esquina Bd. de la Corniche, Ain Diab, telf. 0522 797 070, fax 0522 797 272, e-mail: clubval-danfa@casanet.net.ma. Dispone de 61 habitaciones muy agradables, decoradas artesanalmente, climatizadas, con baño, teléfono, televisón, y la mitad de ellas con un saloncito. Hay además una hermosa piscina separada del mar por una franja de césped solamente, peluquería, sauna, discoteca, dos bares y tres restaurantes, con menú a unos 200 DH. Doble: 1.200 DH.

COMER EN CASABLANCA

Al igual que los hoteles, Casablanca dispone de un interminable número de restaurantes de todas las categorías, dirigidos a la población local y a los hombres de negocios. A continuación se mencionan algunos ejemplos, sin ánimo de menospreciar a todos los demás.

RESTAURANT MARINA (C2) 1

77 Rue El Arrar. Cierran los domingos. Es un local diminuto, muy popular, en el que se saborean deliciosos tayines a precios ajustados. Al mediodía resulta algo difícil encontrar mesa. Precio: de 40 a 60 DH.

SNACK CHAHIYA

Rue Nationale, detrás de la Rue Prince Moulay Abdellah. El comedor de este establecimiento está instalado en un altillo. Variedad de bocadillos, tayines y pescado frito, aceptable para esta categoría. Hay muchos otros locales de este tipo en diferentes calles del centro e incluso en la cornisa costera, frente al Hôtel Belle Rive. Precio: de 40 a 60 DH.

SNACK AMINE (B3) 2

32 Rue Chaouia, junto al mercado central. Solamente sirven frituras de pescado, pero ¡qué frituras! Este local está siempre tan lleno que para obtener mesa al mediodía hay que hacer cola. Como consecuencia de su éxito, ha nacido otro al lado, el *Snack Yamine.* Precio: de 60 a 100 DH.

LISTADO (B3) 3

133 Av. Félix Houphouët Boigny. El comedor de este restaurante es de tipo clásico, pulcro, con mantelería, y la comida suele ser correcta: carnes, pescados y tayines, que pueden acompañarse con vino. Precio: de 60 a 100 DH.

LA NOCHE

Los locales de ambiente nocturno son muy abundantes en Casablanca. Entre todos ellos, ofrecemos una selección para los diferentes gustos.

BARES

BAR CASABLANCA, en el interior del Hôtel Hyatt Regency, *Pl. Mohamed V.* Es una reproducción del Rick's Bar de la película *Casablanca.* Decorado con fotos de Humphrey Bogart y de Ingrid Bergman. Caro. **AU PETIT POUCET,** *86 Bd. Mohamed V,* frente al mercado central. Un local con mucha solera. Ambiente serio. **AMERICAN BAR,** *49 Bd. Houphouet Boigny,* frente al Hôtel de Paris. Danza oriental. **LA CAGE,** en el *Centre 2000,* junto al puerto. Ambiente juvenil marroquí. **VILLA FANDANGO,** *Rue de la Mer Egee,* en la Corniche, detrás del Hôtel Azur y junto al bar Chez Mimmi. Es una verdadera villa, decorada al estilo latinoamericano. Ambiente marroquí joven, muy selecto.

DISCOTECAS

BALCON 33, *Bd. de la Corniche.* Ambiente popular. **LA NOTTE,** *Bd. de la Corniche.* Ambiente juvenil. **LE TUBE,** Ambiente popular marroquí.

L'ARIZONA CABARET ORIENTAL, *4 Rue El Amraoui Brahim.* Bien decorado. Con espectáculo folklórico. **LE CONSUL,** en el Hôtel Toubkal, 9 Rue Sidi Belyout, en el centro. **BLACK HOUSE,** en el Hôtel Hyatt Regency, *Pl. Mohamed V.* Sobre 100 DH por copa. **JIMMY'S BAR,** en el Hôtel Riad Salam, *Bd. de la Corniche.* **LE VILLAGE,** Bd. de la Corniche. Cierto ambiente gay.

Le Tangage

Bd. de la Corniche. El comedor, correcto y convencional, tiene vistas al mar. Su cocina internacional está cuidada y sirven alcohol. En el piso de arriba hay otro establecimiento llamado *La Criée,* de un nivel ligeramente superior. Precio: de 80 a 200 DH

La Taverne du Dauphin (B3) ❹

115 Av. Félix Houphouët Boigny. Se trata de un prestigioso establecimiento especializado en pescados y mariscos, y siempre está abarrotado de clientes. Sirven alcohol. Precio: de 80 a 200 DH

Le Port de Pêche (A3) ❺

Este restaurante está situado dentro del puerto pesquero. Está especializado en pescados y mariscos, que uno puede elegir antes de serle preparados. Sirven alcohol. Precio: de 80 a 200 DH

Restaurant Mounia (C3) ❻

95 Rue Prince Moulay Abdellah, telf. 0522 222 669. Cierran los domingos. Este restaurante consta de un bello salón de estilo árabe y un jardincito muy simpático. Tienen exclusivamente cocina marroquí, con una carta muy amplia y variada. Precio: de 200 a 250 DH

CATARATAS DE OUZOUD

PROVINCIA DE AZILAL. 1.000 HABITANTES.

La belleza de este lugar lo está convirtiendo en uno de los principales atractivos turísticos que se desarrolla a diario, constituyendo una de las grandes maravillas de Marruecos y las más espectaculares del Atlas Medio. Las cataratas no solamente reciben visitantes extranjeros sino que también reciben a muchos marroquíes que acuden durante los fines de semana o en el mes de agosto. A mediodía el lugar se llena de autocares durante todo el año.

INFO Y TRANSPORTES

Código postal. 22550

Delegación de Turismo en Azilal. Av. Hassan II, telf. 0523 458 722, fax 0523 458 334. Hay **taxis colectivos** que van hacia Azilal.

ACCESOS

Una carretera bien asfaltada pero con muchas curvas enlaza al sur con la **carretera R-304** de Azilal a Marrakech, y al norte con la **carretera N-8** de Marrakech a Beni Mellal.

VISITA

Las **cataratas de Ouzoud** constituyen una de las grandes maravillas naturales de Marruecos, con sus más de 100 m de caída y su potente chorro. La carretera pasa por la parte superior del barranco, donde hay varios aparcamientos. A partir de allí, para ver la cascada hay que descender a pie por un camino rodeado en todo momento de cafetines y tiendas. Otro camino permite trepar por la vertiente opuesta. En las cercanías viven algunos monos, pero es difícil observarlos, dado su carácter huidizo.

Las autoridades recomiendan que no se les dé comida y se evite acercarse a ellos.

Las **gargantas del Oued el Abid** se pueden ver desde la carretera que desciende a la N-8. No son muy profundas, pero ofrecen un buen contraste entre la roca de tonos rojizos y la vegetación que las rodea.

DORMIR Y COMER EN OUZOUD

La oferta ha mejorado mucho en estos últimos años gracias al desarrollo turístico del lugar. Sin embargo, la calidad es variable y los precios no siempre están justificados.

Cámpings

Existe una docena de cámpings repartidos entre las cercanías de la carretera y el camino que desciende hacia las cataratas, el primer tramo del cual puede hacerse en coche. Todos ellos ofrecen un entorno agradable, con árboles, y unos sanitarios de tipo básico.

Hoteles

Auberge Dar es Salam

Telf. 0523 429 171. Es el establecimiento más antiguo de la zona. Dispone de una docena de habitaciones rudimentarias con colchones de espuma en torno a un gran patio y un bloque de sanitarios comunes del mismo estilo. Precio: 100 DH.

Hôtel Chellal Ouzoud

Está en el camino que desciende a las cataratas, a 100 m de la carretera, con acceso posible en coche, telf. 0523 429 180, fax 0523 459 660. Es un bloque de 3 plantas no muy atractivo, pero con 15 habitaciones, que están extremadamente limpias. En el restaurante se come bien, con un menú a 60 DH y una carta muy variada. Habitación doble: 180 DH.

AVISO

La selección de los establecimientos incluidos en esta guía se ha hecho siguiendo, exclusivamente, el criterio independiente de los autores. Ninguno de los hoteles, restaurantes, comercios, etc. aquí contenidos ha desembolsado la más mínima cantidad para aparecer en la guía.

Hôtel France

Ouzoud, a 800 m de las cataratas por la carretera de Ait Attab, telf. y fax 0523 429 176. Consta de 40 habitaciones lúgubres, de estilo árabe moderno. Los precios varían dependiendo de si tienen ducha o lavabo. Hay restaurante. Precio: 150-200 DH.

Riad Cascades d'Ouzoud

Telf. 0523 429 173, fax 0523 429 175, web: www.ouzoud.com, reservations@ouzoud.com. Es un edificio de nueva construcción que ha sabido mantener el estilo tradicional propio de la zona, destacando los hermosos techos y puertas de madera pintada. Sus 9 habitaciones, distribuidas en torno a un patio central lleno de vegetación, ofrecen comodidad. La mayor parte de las habitaciones tienen baño, chimenea y ventilador. Hay además una terraza fantástica donde comer o tomar el té escuchando el sonido de las cataratas. Proponen numerosas excursiones por la región. Precio: de 700 a 1.000 DH según habitación, con desayuno incluido.

CHEFCHAOUEN

CAPITAL DE PROVINCIA. 50.000 HABITANTES.

La casba de Chefchaouen (pronúnciese "Chauen") fue levantada en 1471 bajo la dirección de Mulay Ali Ben Rachid, como base para expulsar a los portugueses de las costas del Norte de Marruecos. Tras la caída de Granada, numerosos andalusíes procedentes de España se establecieron bajo la protección de dicha casba, dando lugar a la medina actual. Durante siglos fue una de las poblaciones más cerradas y fanáticas del país. En 1920, las tropas españolas la ocuparon, aunque más tarde tuvo que ser evacuada y no se sometió hasta el final de la guerra del Rif, en 1926.

INFO

Código postal. 91000
Bancos. BMCE y BP en la Av. Hassan II.
Planos de la ciudad: se venden en la oficina de Chaouen Rural, frente al hotel Parador.
Web: www.visitetanger.com.

ACCESOS

La **carretera N-2,** en buen estado pero con bastantes curvas, comunica con Tetouan por el norte y Al Hoceima por al este. En este último sentido discurre por magníficos bosques de cedros, atravesando todo el Rif en sentido longitudinal.

La **carretera N-13,** correcta, enlaza con Meknès y Fès al sur.

La **carretera 4105** sale a la costa mediterránea en Oued Laou, pasando por magníficos tramos encañonados del río del mismo nombre. El asfalto está un poco deteriorado y estrecho.

La **carretera R-410,** lenta y tortuosa, viene de Ksar el Kebir por el oeste, con el asfalto en pésimas condiciones. Atraviesa encinares y otros paisajes de media montaña.

TRANSPORTES

Autocares CTM a Casablanca, Fès, Tánger, Tetouan, Al Hoceima y Nador, en la estación de autocares.

Autocares privados a Casablanca, Fès, Tetouan, Tánger, Jebha, Bou Ahmed y a la frontera de Ceuta. La estación de autocares está en el extremo inferior de la ciudad, Av. Mohamed V.

Taxis colectivos a Tetouan, Tánger y Ouezzane. Salen de las calles que hay debajo de la Pl. Indépendance.

Autobuses urbanos a los pueblos de los alrededores.

Taxis pequeños por el interior de la ciudad.

Aparcamientos. Hay uno frente al Hôtel Parador, pero suele estar completo. De día hay un vigilante de coches en la Av. Moulay Ali ben Rachid, frente a Bab el Ain, y de noche en Bab Souk.

Otra opción es el gran aparcamiento de la Av. Moulay Rachid, pero queda un poco apartado de la medina.

Alquiler de coches sin conductor. Chaouen Car, Av. Hassan II, telf. 0539 986 204, móvil 0661 175 978, chaouencar@gmail.com.

VISITA

Todo el interés de Chefchaouen está en su medina, dentro de la cual se incluye la casba del siglo XV y el palacio del siglo XVII. Asimismo, esta población es una buena base para las excursiones pedestres por el Rif occidental.

LA MEDINA

Con sus muros encalados y sus tejados rojos, la medina de Chefchaouen podría pasar perfectamente por un pueblo de la serranía de Ronda cuando uno la descubre desde lejos llegando por la carretera del sur. Sin embargo, en cuanto el viajero se acerca, descubre un mundo lleno de vida con un carácter tan absolutamente árabe que no deja lugar a error. Envueltos los hombres en sus chilabas y las mujeres en manteles rifeños a rayas, deam-

CHEFCHAOUEN

Place Outa el Hammam

Esta plaza y las callejuelas que descienden hacia Bab el Ain presentan una gran animación comercial durante todo el día.

Av. Hassan II

Es costumbre pasear por esta avenida, entre Bab el Ain y la Place Mohamed V, a la caída de la tarde.

bulan por callejuelas empinadas, estrechas, enlosadas, pintadas a veces de un tono azul que caracteriza la población. En cada esquina surge una fuente ornamentada con primor, en cada barrio una mezquita, un horno público y un *hammam.* El viajero puede pasarse horas, días o semanas paseando por la medina sin un destino fijo y continuará descubriendo siempre nuevos detalles, nuevos rincones, nuevos encantos. En Chefchaouen, más que en ningún otro sitio de Marruecos, "la prisa mata, amigo". En el centro de la medina, la **plaza Outa el Hammam** –o simplemente "la plaza"– es un lugar idóneo para sentarse en cualquiera de los cafetines tradicionales –convertidos últimamente en restaurantes turísticos–, contemplar el movimiento y dejar pasar las horas frente a un vaso de té. En la plaza se abre la entrada de la casba, recinto fortificado que data de 1471 y fue levantado para centralizar la guerra santa contra los portugueses.

La muralla se ve jalonada por once torres de vigilancia y una escalera permite acceder al camino de ronda que discurre por encima. En el interior hay un amplio jardín, unas mazmorras escalofriantes y un palacio, antigua residencia del caíd. Dentro de este palacio, que fue construido en la época de Mulay Ismail, se halla hoy un **museo** de tradiciones de la región Jebala *(entrada: 10 DH)*. Alberga básicamente colecciones de cerámica popular, joyas, instrumentos musicales, telas bordadas, armas blancas o de fuego y fotografías de los trajes típicos de cada una de las tribus Jebala. Otra parte de la casba se destina a exposiciones temporales de pintura.

Al otro lado de la plaza, entrando en la calle Targui, se levanta un *fonduk* destinado recientemente a centro comercial de antigüedades y artesanía.

También la **Gran Mezquita** se sitúa en la plaza Outa el Hammam y se caracteriza por su alminar octogonal finamente decorado, que data probablemente del siglo XVII. Muchos otros alminares de diferentes tipos asoman en diferentes puntos de la ciudad antigua, que se compone de dos barrios principales: al sur de la plaza, el **barrio de Souika** es el más antiguo y el que presenta mayor animación comercial; el **barrio Andalusí,** por su parte, se extiende hacia el norte por la ladera de la montaña (con más escaleras que calles) y fue añadido posteriormente para recibir las últimas oleadas de árabes expulsados de España.

La **muralla** que rodea la medina no es homogénea, sino que está hecha con técnicas y materiales distintos en cada tramo, dependiendo de las diferentes épocas

ACTIVIDADES DEPORTIVAS

Senderismo. Radikal Rif, telf. 0664 903 555, fax. 0539 707 099, e-mail: radikalrif@caramail.com, ofrece las garantías de su seriedad y su experiencia.

Chaouen Rural, Av. Machichi, Imm. 7, piso 1°, telf. y fax 0539 987 267, Web: www.chaouenrural.org, e-mail: info@chaouenrural.org es una organización recientemente creada, que incluye en sus locales un Centro de Interpretación del Parque Nacional de Talassemtane.

Preference Voyages, Av. Hassan II, telf. 0539 987 913, fax 0539 987 912, web: www.preferencevoyages.com, e-mail: info@preferencevoyages.com es una agencia de viajes que también ofrece actividades de montaña, lo mismo que el hotel Rif y el Auberge Dardara.

de construcción. Contaba con siete puertas monumentales, aunque algunas han desaparecido y otras han perdido su aire tradicional. Quizás la más pintoresca de todas es **Bab Souk,** de tonos rojizos y arco lobulado ciego, también conocida como Bab Et Tnin.

Por su parte, **Bab el Ansar** tiene forma de torreón cubierto, igual que Bab el Ain, con las tejas típicas de Chefchaouen.

Saliendo de la medina por Bab el Ansar se llega a **Ras el Ma,** también llamada "la cascada". En realidad, dicha catarata desapareció hace unos años al construirse las instalaciones de la compañía de aguas, pero el lugar sigue siendo muy visitado, tanto por los forasteros como por los propios chauníes, que acuden a tomar el fresco bajo los árboles en las tardes de verano.

Descendiendo de Ras el Ma por la margen izquierda del río, junto a los lavaderos, se pasa por diferentes molinos de harina que siguen funcionando aún y se llega a un cafetín. Allí, un puente decimonónico de piedra permite regresar a la medina por la antigua Bab Sebanin, hoy desaparecida.

El **zoco** de Chefchaouen tiene lugar dos veces por semana, los lunes y los jueves. Desde que lo trasladaron a su actual emplazamiento, cerca de la estación de autobuses, ha perdido bastante color, pues los lugareños de los alrededores prefieren hacer las compras a diario en las calles de la medina.

Se puede obtener una imagen conjunta de la ciudad desde la carretera de Fès o también desde el desvío asfaltado que conduce a Ras el Ma.

El Parque Nacional de Talassemtane

Establecido como tal en 1972, el Parque Nacional de Talassemtane, a 2.170 m de altura en las montañas del Rif, ofrece posibilidades para numerosos circuitos pedestres de alto interés, desde un simple paseo de media jornada hasta una travesía de 4 ó 5 días. También hay algunas pistas por las que se puede circular en bicicleta, todo terreno o en 4x4.

En una superficie de 26 km la reserva cuenta con seis hábitats principales: bosque de abeto, mixto de abeto y cedro, de pino, de encinas, pseudo-estepa de montaña y zona de acantilados, depresiones y cuevas. En esta zona húmeda abunda una fauna compuesta en su mayoría por el zorro rojo, chacal común, erizo argelino, tejón y diferentes especies de ratas y musarañas.

DORMIR EN CHEFCHAOUEN

La oferta no puede ser más amplia y, además, una buena parte de los establecimientos tienen tanto carisma como la propia ciudad. Lo que sigue sólo es una estricta selección.

■ CÁMPINGS

CÁMPING AZILANE

Rue Sidi Abdelhamid, junto al Hôtel Asmaa, telf. 0539 986 979. El equipamiento es muy elemental, pero su situación es óptima, con muy buenas vistas del valle y rodeado de vegetación. Hay pinos y eucaliptos para dar sombra, así como ducha caliente.

■ ALQUILER DE APARTAMENTOS

LA CASA CHAOUNI

lacasachauni@hotmail.com. Alquilan casas de la medina. Los precios suelen variar mucho dependiendo de la vivienda y la temporada.

■ ALOJAMIENTOS

PENSIÓN MAURITANIA (B2) 1

15 Rue Kadi Alami, telf. 0539 986 184. Durante años fue la dirección predilecta de los hippies que pasaban temporadas en Chefchaouen. Consta de 9 habitaciones muy sencillas, con posibilidad de utilizar una cocina comunitaria. El acceso es a pie desde el aparcamiento del Parador. Precio: 100 DH.

PENSIÓN AL KASBAH (B3)

Rue Targui, esquina plaza Outa el Hammam, en el corazón de la medina, telf. 0539 883 397. Cuenta con 11 habitaciones básicas en torno a un espacio central que sirve de restaurante. Precio: 100 DH.

HÔTEL ZOUAR (A1) 2

Rue Al Wahda, Ain Haouzi, telf./fax 0539 986 670. Ofrece 24 habitaciones alegres, limpias y bien

COMPRAS

Numerosos **bazares** repartidos por la medina ofrecen los productos propios de Chefchaouen, como las mantas de algodón y los objetos de madera pintada o de la región, como la célebre alfarería femenina, e incluso otros procedentes de todo Marruecos. Aquí se puede comprar con tranquilidad sin el atosigamiento al turista propio de otras ciudades, lo cual es una ventaja considerable. Además, dado que la clientela es mayoritariamente hispánica y joven, sin muchos medios económicos, los precios acostumbran a ser excepcionalmente bajos. De todos modos, no hay que confiarse demasiado: siempre hay excepciones.

Galería de arte Tissemlal, Rue Targui, frente a Casa Hassan. Materiales de interiorismo, especialmente cerámica y madera tallada, con taller propio.

mantenidas, todas con baño y parte de ellas con aire acondicionado y televisor, a precios muy ajustados. En el restaurante se puede comer muy bien por 50 DH: carnes, pescados así como cocina española. El único inconveniente es que está un poco alejado de la medina. Precio: de 120 a 250 DH.

HÔTEL GERNIKA (A3) **3**

49 Rue Onssar, en la medina, telf. 0539 987 434. Acabado de renovar en 2008, consta de 10 habitaciones sencillas, bien cuidadas, con un lindo cuarto de baño. También la terraza, donde se sirven los desayunos, es muy agradable. Precio: 200 DH.

PENSIÓN BARCELONA

Rue Targui, frente a Casa Hassan, telf. 0539 988 506. Propone 14 habitaciones acogedoras y perfectamente mantenidas. Tres de ellas con baño y televisor, así como una terraza con vistas a la plaza más bulliciosa de Chefchaouen. Habitación doble: de 150 a 300 DH.

HÔTEL SALAM (B3) **4**

39 Av. Hassan II, telf. y fax 0539 986 239. Se trata de un establecimiento clásico, por el que pasaron varias generaciones de viajeros y comerciantes de artesanía españoles. Dispone de 10 habitaciones muy amplias y con una decoración sencilla. Tienen lavabo, así como dos baños comunitarios, varios salones bien decorados y una terraza con vistas al valle. En el restaurante se come por 90 DH, carnes a la parrilla o, a veces, pescado. Precio: 120 DH.

HÔTEL TORAGHIN (f. p.)

En la carretera de Tetouan, a 4 km del centro, telf. 0539 707 110. Tiene 12 habitaciones sencillas, limpias y hechas con gusto, alguna de ellas con ducha. Los baños son muy comunes, de buena calidad. Habitación doble: 140-200 DH.

HÔTEL ABI KHANCHA (B2) **5**

57 Rue Lalla El Horra, en la medina, telf. 0539 986 879. Tiene 15 habitaciones sencillas, algunas de ellas con baño. Precio: de 120 a 150 DH.

HÔTEL CHEFCHAOUEN (B2) **6**

Rue Znika, en la medina, telf. 0539 986 824. Se compone de 6 habitaciones sencillitas, simpáticas, tres de ellas con un pequeño cuarto de baño. Precio: 200 DH con desayuno.

HÔTEL AL MANAR (A1) **7**

Av. Moulay Abdessalam, cerca del Instituto Cervantes, telf. 0539 988 085. Incluye 17 habitaciones impecables de estilo internacional, 3 de ellas con baño y aire acondicionado. Para las demás hay un baño muy correcto en cada planta. Precio: de 120 a 240 DH según habitación.

HÔTEL SEVILLA (B2) **8**

Rue Tarik Ibn Ziad, en la esquina con la carretera de Fès, telf. 0539 987 244. Dispone de 27 habitaciones de estilo internacional, correctas y limpias, parte de ellas con baño, teléfono y televisor. Interesará a quienes valoren más la comodidad que el encanto. Precio: 170 DH.

HÔTEL YASMINA (B2) **9**

12 Rue Lalla Horra, en la medina, telf. 0539 883 118. Consta de 6 habitaciones muy simples pero muy limpias, con un baño común por planta. Algunas de ellas dan al interior por lo que todo el espacio suele estar aprovechado al máximo. Precio: 140 DH.

HÔTEL LOUBAR (B3) **10**

Route de Ras el Ma, telf. 0539 987 564, fax 0539 986 896, e-mail: hotel_loubar@hotmail.com. Se llega en coche por la carretera de Fès y el desvío de Ras el Ma. Dispone de 44 habitaciones amplias y acogedoras, de tonos azules, distribuidas en torno a un patio interior y equipadas con un buen cuarto de baño, así como un balcón con vistas al pueblo y al monte. Preparan comidas. Precio: 360 DH

PENSIÓN DAR TERRAE (A3) **11**

Rue Mdaka, en la medina, telf. 0539 987 598, móvil 070 465 370. Ofrece una decena de habitaciones pequeñas, con baño, decoradas con gusto y sencillez dentro del estilo de Chefchaouen. Los detalles están muy cuidados. Habitación doble: 350-450 DH.

HOSTAL RAS EL MA (A3) **12**

7 Rue Tounsi, en la medina, telf. 072 395 000. Posee sólo 4 habitaciones decoradas con gracia y simplicidad, 2 de ellas con baño. Precio: de 250 a 350 DH.

HÔTEL MARRAKECH (B3) **13**

41 Av. Hassan II, telf. 0539 987 774, móvil 0667 543 915. Se compone de 10 habitaciones limpias, arregladas con gusto y sencillez dentro del estilo chauní, 6 de ellas con ducha. Está cerca de la medina y se puede aparcar a la puerta. Precio: de 220 a 300 DH.

HÔTEL MADRID (B3) **14**

Av. Hassan II, telf. 0539 987 496/97, fax 0539 987 498, web: www.moroccanhousehotels.com, e-mail: hotelmadrid@menara.ma. Dispone de 23 habitaciones muy aseadas, acogedoras, con baño y teléfono incluido, así como un magnífico salón con techo de policromía. Precio: 360 DH.

MAISON D'HÔTES DAR DALIA

Placette Sid Banin, en la medina, cerca del río, telf. 0666 075 799. Es una casa pequeña y simpática, con habitaciones confortables. Precio: 400 DH.

HÔTEL RIF (B3) **15**

Av. Hassan II, telf. y fax 0539 986 982, móvil 0661 204 952, e-mail: hotelrif@caramail.com. Tiene 42 habitaciones muy correctas y funcionales. Alguna de ellas disponen de un cuarto de baño muy básico. Precio: de 200 a 240 DH.

KSAR ALADIN (A3) **16**

Rue Ibn Askar, en la medina, telf. y fax 0539 989 071, móvil 0665 406 464. Ofrece 8 habitaciones lujosas, con un hermoso baño. Algunas de ellas tienen aire acondicionado y provistas de una terraza con amplia vista sobre la ciudad antigua. Precio: 500 DH.

HÔTEL PARADOR (B3) **17**

Pl. El Makhzen, telf. 0539 986 136/ 324, fax 0539 987 033, e-mail: parador@menara.ma. Construido por los españoles durante el protectorado, está bien conservado a pesar del paso de los años.

TOMAR ALGO

Café de la Cascada. Junto a la torre de Bab el Ansar. Es un local muy popular con público chauní masculino. Tiene unas cuantas mesas a la sombra de las higueras y disfruta de una vista amplia sobre el valle.

Cafés de la Plaza Outa el Hamman. Son también muy populares. En ellos pasaban horas y horas los chauníes embutidos en sus chilabas, frente a un vaso de té. Sin embargo, la afluencia turística de los últimos años los está convirtiendo en pequeños restaurantes. Aunque no carecen de gracia, han perdido su ingenuidad.

Cafés de la medina. Existe una media docena de cafés repartidos por las diferentes plazuelas, y de momento conservan su sencillez original mejor que los de la plaza.

Posee 68 habitaciones confortables, con baño, así como un restaurante de cocina marroquí e internacional, bar y una terraza panorámica con buenas vistas y una pequeña piscina. Habitación doble: de 430 a 500 DH.

DAR HANNAN (B2) 18

Rue Kiklana 11, en la medina, telf. 0539 987 712, web: www.dar-hannan.com. Dispone de cinco habitaciones de aire austero pero bien cuidadas, con un cuarto de baño muy bien decorado y hermoso y muy original, de un estilo diferente en cada una. Precio: de 500 a 700 DH.

CASA HASSAN (B3) 19

22 Rue Targui, en la medina, telf. 0539 986 153, fax 0539 988 196, web: www.casahassan.com, info@casahassan.com. Constituye una verdadera institución en Chefchaouen. Cuenta con 21 habitaciones repartidas entre 2 casas antiguas, restauradas con gusto exquisito utilizando materiales autóctonos y equipadas con un magnífico cuarto de baño, calefacción o chimenea y muchas con aire acondicionado. También hay un *hammam* y un restaurante donde se come de maravilla por 80 DH, básicamente cocina marroquí. Todo está pensado para sentirse a gusto. Habitación doble: de 850 a 1.200 DH en media pensión.

DAR MEZIANA (A2) 20

7 Rue Zaghdoud, telf. 0539 987 806, info@darmezianahotel.com, web: www.darmezianahotel.com. Está situado en la medina, muy cerca de Bab Souk. Ofrece 7 habitaciones algo reducidas pero llenas de encanto, con los detalles muy cuidados, camas de talla real, aire acondicionado, frigorífico y un precioso cuarto de baño hecho con materiales autóctonos. Tienen un *hammam.* Precio: de 650 a 950 DH en media pensión.

AUBERGE DARDARA

A 11 km en la carretera de Al Hoceima, telf. 0539 707 007, fax 0539 883 325, e-mail: auberge, dardara@gmail.com. Situado en plena naturaleza, consta de 10 habitaciones con mucho carácter, climatizadas y equipadas con baño y calefacción o chimenea. En el restaurante se come muy bien a partir de 100 DH, carnes, pescados y platos marroquíes. Precio: de 700 a 1.000 DH.

DARECHCHAOUEN (B3) 21

Route de Ras el Ma, telf. y fax 0539 987 824, móvil 0661 102 748, www.darechchaouen.ma, darechchaouen@gmail.com. Posee 18 habitaciones muy coquetas y confortables, climatizadas, con un lindo cuarto de baño. El desayuno se sirve en un saloncito. Vista panorámica. Precio: de 700 a 1.000 DH.

HÔTEL ATLAS CHAOUEN (A2) 22

Está situado por encima de la población, en la falda de la montaña, BP 13, telf. 0539 986 002 /265, fax 0539 987 158, web: www.hotelsatlas.com, e-mail: mkadari@hotelsatlas.com. Renovado en 2006, incluye 63 habitaciones funcionales, con baño, aire acondicionado, televisor y teléfono, así como una amplia terraza panorámica con piscina, un restaurante internacional y un bar. Precio: 750 DH.

COMER EN CHEFCHAOUEN

Comer en Chefchaouen resulta más económico que en el resto del país en relación a su buena calidad. Muchos de los hoteles ya mencionados cuentan con su propio restaurante, en algunos casos excelente, como el de Casa Hassan. Aparte de ellos, cabe citar los establecimientos que siguen.

RESTAURANT MOULAY ALI BEN RACHID (B2) 1

Av. Moulay Ali ben Rachid, telf. 0539 986 947. Es un local muy sencillo y pequeño ubicado en un sótano. Se come correctamente, sobre todo pescado. Precio: de 40 a 60 DH.

CASA ALADIN

17 Rue Targui, telf. 0539 989 071. Es una vivienda decorada en una mezcla de estilos chauní y oriental, con una vista fantástica sobre la plaza Outa el Hammam. Buena cocina marroquí. Precio: de 70 a 80 DH.

RESTAURANTE LA CONCHA

Rue Abdelkrim El Khatabi, telf. 0539 989 065. Es un local nuevo, muy bien puesto, de aspecto moderno y especializado en pescados. Precios: de 70 a 100 DH.

LA NOCHE

Para tomar una copa se puede acudir al Hotel Parador o al Hotel Asmaa en plan selecto y, en plan popular, al bar **OUM ER RABIA.** En el Hotel Salam suele haber un poco de ambiente hasta media noche, aunque la hora de cierre del local depende de los clientes.

EL JADIDA

CAPITAL DE PROVINCIA. 140.000 HABITANTES.

Fundada por los portugueses en 1502, la ciudad de Mazagán se mantuvo en su poder hasta 1769, cuando fue reconquistada por las tropas de Sidi Mohamed ben Abdellah y por las zagüías que le dieron su apoyo. Los lusos consiguieron evacuarla por mar y le prendieron fuego, resultando prácticamente destruida. Sobre sus ruinas, El Jadida (cuyo nombre significa "la Nueva") fue levantada en 1820. Bajo el protectorado volvió a llamarse Mazagán y recuperó en gran parte su antiguo aspecto, que aún conserva hoy en día. Si bien, a su alrededor, ha nacido una ciudad absolutamente nueva.

INFO Y TRANSPORTES

Código postal. 24000
Delegación de Turismo. Rue Nador, Immeuble Abdi, Av. des FAR, telf. 0523 344 788, fax 0523 344 789.
Sindicato de Iniciativa. Pl. Mohamed V. Son muy amables.
Bancos. Hay diferentes agencias en la Av. Mohamed VI.
Iglesia católica. Rue Assoudane, telf. 0523 352 616.
Web: www.aljadida.ma.
Autocares CTM hacia Casablanca (8.15 h, 11 h y 14 h), Safi (9.45 h, 12.15 h, 14.30 h y 16.15 h), Tiznit por Essaouira y Agadir (7.15 h). Salen desde la estación de autocares.
Autocares Pullman a Casablanca y Agadir, por la noche.
Autocares privados a Casablanca, Safi, Essaouira, Agadir, Marrakech, Oualidia, Kénitra, Tafraoute y Taroudannt. La estación de autobuses está en la Av. Mohamed V.
Taxis colectivos a Marrakech, Azemmour, Casablanca y Ouled Freh. Están junto a la estación de autocares, mientras que los que van a Oualidia paran en la carretera de la costa, cerca del faro.
Autobuses urbanos por la ciudad y alrededores. Llegan a Sidi Bouzid.
Taxis pequeños por el interior de la ciudad.
Alquiler de vehículos sin conductor: a través de la empresa *Fedala Voyages,* 5 Av. Ibn Khaldoune, telfs. 0523 343 426 y 0523 342 099, fax 0523 327 393.
Aparcamiento en la Pl. Sidi Mohamed ben Abdellah, frente a la entrada de la ciudadela portuguesa.
Royal Air Maroc: Av. Mohamed VI, esquina Av. des FAR, telf. 0523 379 300, fax 0523 379 304.

ACCESOS

La **autopista** enlaza con Casablanca. La **carretera N-1** comunica con Casablanca y Safi. Está bien conservada, tiene mucho tráfico y no encierra mucho interés paisajístico. La **carretera R-301** llega de Safi por el sureste, siguiendo la costa. Es estrecha, pero bien asfaltada, con escaso tránsito y muy pintoresca. La **carretera R-320** que viene de Casablanca por la costa.
La **carretera N-7** se dirige a Marrakech al sur.

VISITA

Todo el interés de El Jadida se centra en la antigua fortaleza portuguesa. Como excursiones, destacan Azemmour, Moulay Abdellah, la casba de Boulaouane y las diferentes playas.

La ciudad

La **ciudadela portuguesa** está rodeada por una robusta muralla de piedra. Su interior acoge tres antiguas iglesias, así como una cisterna y numerosas viviendas, algunas de ellas con aire portugués. La mayor parte, sin embargo, se hallan en un estado ruinoso, por lo que la visita suele restringirse a una calle llamada Rua da Carreira, perfectamente restaurada y que termina en la **Puerta del Mar.**

La **muralla** está reforzada por cinco bastiones y un camino que permite pasear por encima rodeando toda la ciudad. Aunque el recorrido más interesante es el de la zona oriental, que sube por la escalera que hay junto a la Puerta del Mar y desciende por la que se ve cerca de la entrada principal, tras contemplar el conjunto desde el **bastión del Ángel** y el **bastión del Espíritu Santo,** que ofrecen las mejores vistas sobre el puerto y la fortificación.

La **cisterna portuguesa** *(entrada: 10 DH)* está en la propia Rua da Carreira. Fue construida originalmente como un castillo, en 1514, y destinado a guardar el agua para resistir cada vez que la ciudad era sitiada. Sus arcos y columnas, iluminados por una pequeña claraboya central y reflejados en el agua del fondo producen un efecto relajante.

Por fuera conserva su forma original con cuatro torres redondas en los ángulos.

El **zoco** de El Jadida tiene lugar los miércoles y los domingos, por la mañana en Hamra (cerca de la Universidad) y por la tarde en Lalla Zahra, saliendo hacia Safi por la costa.

Alrededores

Azemmour es una población muy antigua, donde ya en el siglo XII se estableció la importante Zagüía de Mulay Bou Chaib, todavía hoy objeto de peregrinaje para muchos marroquíes. Está situada a 16 km al este de El Jadida, junto a la desembocadura del río Oum Er Rabia, llegando a ofrecer una imagen magnífica del conjunto desde el puente de la carretera que se dirige a Casablanca por la costa. La ciudad antigua consta de dos barrios, la **medina** y la **casba.**

Un camino de ronda permite efectuar un recorrido por encima de la muralla.

ACTIVIDADES DEPORTIVAS

Golf: *Royal Golf Club,* a 7 km en la dirección de Casablanca. telf. 0523 352 251. Campo con 18 hoyos.

Regatas: *Association Nautique d'El Jadida,* en el puerto, telf. 0523 342 718.

EL JADIDA

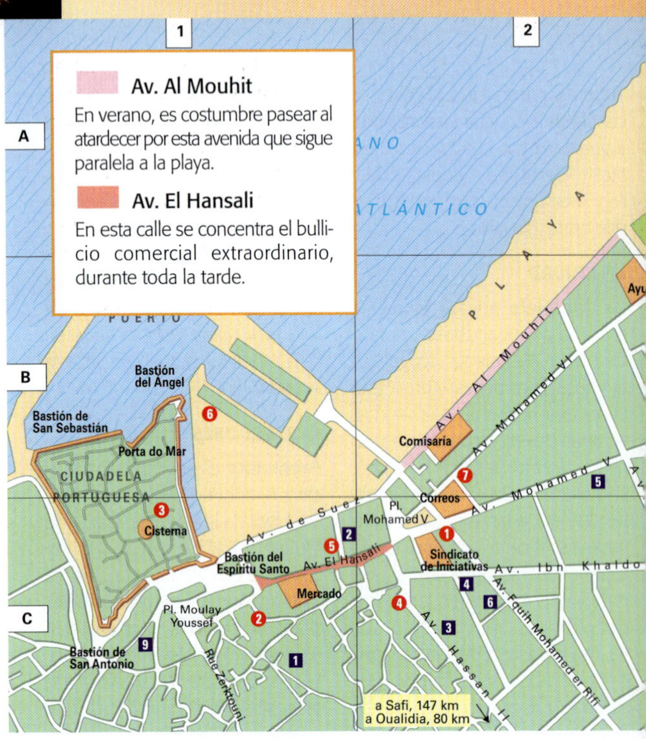

En cuanto a la medina, conserva un aire muy tradicional en sus callejuelas y portales ornamentados con delicadeza. Todo el conjunto, algo abandonado hasta hace poco, está siendo restaurado por el Ayuntamiento. Se puede pasear por la orilla del río al pie de la medina, dar una vuelta por él en barca o efectuar un circuito en coche por los alrededores para ver unos curiosos graneros de piedra llamados "tazota". El zoco tiene lugar los martes, junto a la carretera de circunvalación, y un poco antes de llegar a él desde el centro se pasa por el complejo artesanal, donde efectúan, entre otras labores, un bordado típico de Azemmour.

Moulay Abdellah ocupa el emplazamiento de la antigua Tit, una de las primeras ciudades del Marruecos islámico, y se sitúa unos 10 km al suroeste de El Jadida. Está rodeada por una muralla de apenas 2 m de altura, recubierta de piedras y reforzada por varios torreones en la parte del mar.

En el centro se yergue la **zagüía de Moulay Abdellah** (siglo XII) con un elegante alminar de tipo almohade que recuerda la Kutubia de Marrakech.

Detrás de la zagüía hay un extenso cementerio de pintoresca imagen, con las tumbas cubiertas de hierba.

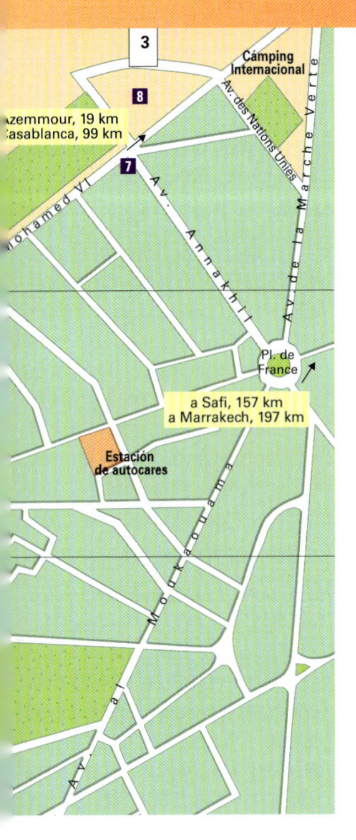

La **casba de Boulaouane** se levanta en la orilla del Oum er Rabia, 130 km al sudeste de El Jadida. Data del reinado de Mulay Ismail, a principios del siglo XVIII, y servía para someter a las tribus de la Doukala. Está en ruinas, pudiéndose observar la muralla, la entrada monumental, el alminar de una mezquita y restos del palacio.

La **playa de El Jadida** está bastante sucia, muy llena en verano, y tiene una franja de piedras que dificultan el acceso al mar.

La **playa de Sidi Bouzid** empieza unos 7 km al suroeste de la ciudad, pero también está superpoblada y polucionada.

La **playa de Haouzia** se sitúa entre El Jadida y Azemmour, accesible por una pequeña carretera que sigue la costa.

DORMIR EN EL JADIDA

La oferta no es muy amplia, pero si la intención es permanecer unos días en esta población, se puede alquilar un apartamento a través del Sindicato de Iniciativa.

■ CÁMPINGS

CARAVANING INTERNATIONAL

1 Av. des Nations Unies, telf. 0523 342 755. A 2 km del centro. Tiene bastantes árboles, ducha fría y unos sanitarios aceptables. Tiene un restaurante a precios populares, un bar muy animado en las noches de verano, pista de tenis y algunos bungalows con dos habitaciones, cocina y baño. Cuando éstos no están ocupados, se puede utilizar su ducha caliente pagando un suplemento.

■ HOTELES

HÔTEL BORDEAUX (C1) **1**

47 Rue Moulay Ahmed Tahiri, telf. 0523 373 921, e-mail: hotel-bordeaux@hotmail.com. Está en una callejuela cerca del mercado, con acceso a pie desde el aparcamiento de la Pl. Sidi Mohamed ben Abdellah. Dispone de 28 habitaciones correctas, bien mantenidas, algunas con baño y otras con un sim-

COMPRAS

Hay numerosas tiendas de artesanía a lo largo de la Rua da Carreira, dentro de la ciudadela portuguesa. Venta de bebidas alcohólicas en el supermercado Chez Amine, Pl. Mohamed V, y en la Av. Ibn Khaldoun, debajo del hotel Bruxelles.

ple lavabo, así como ducha caliente comunitaria. Un patio interior de estilo andalusí hace las funciones de salón, acogedor. 100 DH.

Hôtel de France (C1) 2

16 Rue de Lescoul, telf. 0523 342 181. Posee 33 habitaciones correctas, con lavabo, a unos precios realmente ajustados. Algunas ofrecen vistas al mar. Hay ducha caliente comunitaria, sanitarios limpios y dos grandes salones. 100 DH.

Hôtel Moderne (C2) 3

21 Av. Hassan II, telf. 0523 343 133. Cuenta con 12 habitaciones aceptables, de aspecto pulcro, con lavabo. Precio: sobre 100 DH.

Hôtel Bruxelles (C2) 4

40 Av. Ibn Khaldoun, telf. 0523 342 072. Dispone de 12 habitaciones con baño, austeras pero limpias. Precio: 150 DH.

Hôtel Royal (B2) 5

108 Av. Mohamed V, telf. 0523 342 839, fax 0523 340 060, e-mail: hotelroyal@hotmail. com. La entrada y el patio interior son de un estilo árabe tradicional muy cuidado. También las 18 habitaciones, amplias y pulcras, presentan un aire andalusí, con profusión de azulejos. Están equipadas con baño, teléfono y balcón. Hay además un bar con un agradable jardín. Precio: 300 DH.

Hôtel de Provence (C2) 6

42 Av. Fquih Mohamed Er Rifi, telf. 0523 342 347, fax 0523 352 115, e-mail: hotel-provence@yahoo.fr. Incluye 16 habitaciones correctas, funcionales, con baño, teléfono y algunas con balcón. El restaurante tiene un menú a 100 DH y una larga carta de carnes y pescados, que se pueden acompañar con vino. Precio: 280 DH.

Le Palais Andalou

Bd. Docteur Delanoë, telf. 0523 343 745, fax 0523 351 690. Se trata de un verdadero palacio, levantado por un pachá en 1947 y más tarde transformado en hotel. Si no pensáis alojaros en él, vale la pena como mínimo visitar sus salones cubiertos de artesonado, en los que se ubica el bar y el restaurante. Las 28 habitaciones son sencillas; tienen un baño aceptable, teléfono y algunas de ellas una televisión. Para llegar hasta allí hay que tomar la carretera de Sidi Bouzid al final de la Av. Hassan II, ir a la derecha en el primer semáforo por la Rue Abou Chouaib Doukali y de nuevo a la derecha en el segundo cruce. Precio: 380 DH.

Hôtel El Morabitine (A3) 7

Av. Mohamed VI, esquina Av. Ennakhil, telf. 0523 379 430, fax 0523 353 521, web: www.elmorabitine-hotel.com, elmorabitine-hotel@tiscali.co.uk. Consta de 4 suites y 110 habitaciones muy correctas, con baño, teléfono, televisión y algunas con balcón. Hay además, piscina, sauna, *fitness*, jardín, restaurante, discoteca y varios bares. 400 DH.

Hôtel Ibis Moussafir (A3) 8

Pl. Nour El Kamar, telf. 0523 379 500, fax 0523 379 501, e-mail: h5708@accor.com. Se compone de 103 habitaciones con aire acondicionado, impecables, con un buen baño, teléfono y televisión, así como un restaurante, un bar y una espléndida piscina. El hotel está a un paso de la playa, de modo que muchas habitaciones disfrutan de vistas al mar. 500 DH.

Le Mazagao (C1) 9

6 Rue Hajjar, telf. y fax 0523 350 137, móvil 0661 549 407. web: www.lemazagao.com, e-mail: contact@lemazagao.com, reserva previa imprescindible. Se trata de una casa tradicional con 3 habitaciones acogedoras y decoradas artesanalmente. Los precios varían según la temporada, de 550 a 825 DH en media pensión.

En Azemmour

Riad Azama

17 Impasse Ben Tahar, telf. Y fax 0523 347 516, móvil 0648 241 485, www.riadazama.com. Es una antigua mansión que se asoma por encima de la muralla, distribuida en torno a un fantástico patio con bananeros. Posee 6 magnificas habitaciones de estilo típicamente árabe, absolutamente confortables y muy bien cuidadas. Los precios son razonables, de 600 a 800 DH con desayuno incluido.

Riad 7

2 Derb Chtouka, telf. 0523 347 363, fax 0661 383 447, ww.riad7.com. Aunque es también una casa antigua de la medina, ha sido amueblada y decorada en un original estilo "de creación" que incorpora elementos marroquíes y externos. Consta de 5 habitaciones de diferentes categorías y tamaños, con precios que van desde 400 a 800 DH.

Maison d'Hôtes Oum Errebia

17 Derb Chtouka telf: 0523 347 071, fax 0523 347 705, www.azemmourhotel.com. Este establecimiento presenta la ventaja de las vistas sobre el estuario del Oum Er Rabia. Sus salones y sus 9 habitaciones presentan un estilo moderno, inesperado en este lugar. Hay un hammam. Precio: de 800 a 1.200 DH con desayuno.

COMER EN EL JADIDA

Eurosnack (C2) 1

13 Pl. Mohamed V. Disponen de una cocina bastante correcta, donde ofrecen especialidades como pollo, hamburguesas, pinchos y bocadillos. Los precios van de 30 a 60 DH.

Tchikito (C1) 2

Rue Mohamed Smiha. Es el chiringuito de pescado frito más famoso de la ciudad. Su calidad disminuyó hace algunos años, aunque hoy en día va recuperándose poco a poco. De 40 a 60 DH.

Restaurant La Portugaise (C1) 3

Rua da Carreira, dentro de la ciudadela portuguesa, telf. 0523 371 241. El comedor es sencillo y pulcro, con aire familiar. Cocina internacional y también algún que otro plato marroquí. Precio: 60-100 DH.

Le Tamaris (C2) 4

1 Rue 422, Av. Hassan II, telf. 0523 343 282. Es un local pequeño con mesas altas. Cocina francesa y marroquí. Precio: de 60 a 100 DH.

Restaurant La Broche (C1) 5

Pl. El Hansali. Tienen tayines, pasta y pescado. Cierran el domingo. Precio: de 60 a 100 DH.

Restaurant du Port (B1) 6

En el interior del puerto, telf. 0523 342 579. Con vistas al puerto. Pescados, a la carta. Sirven alcohol. Precios: de 100 a 150 DH.

Restaurant Le Tit (B2) 7

Av. Mohamed VI. Le Tit ofrece una amplia carta de pescados, mariscos y carnes, así como toda clase de bebidas alcohólicas. Precios: de 100 a 150 DH.

LA NOCHE

Los bares son abundantes en El Jadida. El bar del **Hôtel Palais Andalou** tiene una excelente decoración, ya que se trata de un antiguo palacio. El del **Hôtel Moussafir** es muy relajante, ya que se ubica junto a la piscina. Hay una discoteca en el **Hôtel Morabitine.**

EL KELAA MGOUNA

PROVINCIA DE TINERHIR. 23.000 HABITANTES.

El valle estuvo habitado desde una época remota por la tribu beréber Mgouna, que le dio nombre. El Kelaa no pasó de ser uno más entre los numerosos pueblos fortificados de la región, hasta que los franceses lo convirtieron en un centro administrativo, en los años 1930. Desde entonces se ha ido desarrollando lentamente gracias al comercio, al turismo y a la producción de agua de rosas.

INFO

Código postal. 45200

Guías. Bureau des Guides de El Kelaa: a 1 km del centro en la carretera de Ouarzazate, BP 393, telf. 0524 837 371, móvil 0662 132 192 o 0661 796 101, guide-montagne@voila.fr; guidemontagne@voila.fr. Abierto a diario de 7 h a 12 h y de 14 h a 19 h. Agrupa a cuatro acompañantes de montaña titulados.

Bureau des Guides de Souk el Khemis: aproximadamente a unos 10 km de El Kelaa, en la carretera de Errachidia, telf. 044 850 411, móvil 0662 132 176.

Reúne otros cuatro acompañantes de montaña titulados, pero solamente abren cuando no tienen trabajo.

Bancos. Wafa Bank y Crédit Agricole, en la carretera.

ACCESOS

La **carretera N-10,** bastante correcta, comunica con Ouarzazate al oeste y Errachidia al este. Una nueva carretera sale del centro y remonta el valle de Mgoun hasta Bou Taghrar.

TRANSPORTES

Autocares Supratours a Tinerhir (2 al día), a Merzouga (1 al día) y a Marrakech (2 al día).
Autocares CTM. Hay uno diario a Errachidia y otro a Marrakech. Paran en el centro.
Autocares privados a Errachidia, Ouarzazate, Agadir, Zagora, Marrakech, Rabat y Casablanca paran en la carretera.
Taxis colectivos a Ouarzazate, Boumalne Dadès y Tinerhir se toman en la carretera.
Furgonetas a los diferentes pueblos de la montaña salen junto al zoco por la tarde, y regresan de madrugada.

VISITA

El interés de El Kelaa Mgouna como población es muy bajo, pero en cambio el valle del río Mgoun es uno de los más pintorescos del sur marroquí. El **zoco de El Kelaa** tiene lugar los miércoles y resulta muy bullicioso.

El **valle de Mgoun,** más conocido entre los turistas como "valle de las rosas", ofrece una sucesión de paisajes a cual más vistoso, en los que se combinan las gargantas de roca con los cultivos de gramíneas y las magníficas construcciones de tierra cruda. La nueva carretera que comienza en El Kelaa va siguiendo el valle durante 27 km, hasta Bou Taghrar. En esta última población se puede visitar la **casba de Ait Oumergden** (prever una propina), de hermosa decoración exterior. De allí en adelante, el valle se hace tan estrecho que

COMPRAS Y ACTIVIDADES DEPORTIVAS

El **agua de rosas** se produce en la fábrica que hay en la carretera de Boumalne y se vende en todas las tiendas.
La **Cooperative Artisanale des Poignards,** Azlag, a 1 km del centro en la carretera de Boumalne, incluye 55 tiendecitas alrededor de un jardín central. En ellas veréis cómo fabrican las dagas tradicionales de la región. Además de estas armas decorativas, venden joyas beréberes, cerámica, fulares y agua de rosas.
Senderismo: Rutas por el valle y el macizo de Mgoun, que culmina a 4.068 m. Las hay desde una hasta ocho jornadas. La época ideal para practicarlas va de junio a octubre. Para el invierno, tenéis otra zona montañosa al sur, el Jebel Saghro.

FIESTAS

Musem de las rosas, durante el primer fin de semana de mayo. Se trata de una fiesta oficial, organizada para celebrar el final de la cosecha de las rosas que tanto abundan en la región. El único día que merece la pena es el sábado, con la elección de la reina. Danzas folkclóricas y mucho ambiente mercantil.

sólo existe la posibilidad de remontarlo a pie. Si no se quiere regresar por el mismo camino, se puede tomar otra pista no muy buena que sale de Bou Taghrar hacia la carretera de las gargantas del Dadès.

El **Musée d'Art Berbère** *(la entrada es la voluntad)* ocupa una parte de la casba de Ait Kassi Ouali, a unos 10 km de El Kelaa en la carretera de Boumalne. Reúne una colección de objetos tradicionales, aunque su mayor interés se centra en la visita de la propia casba.

DORMIR Y COMER EN EL KELAA MGOUNA

La oferta es reducida, pues hasta ahora El Kelaa sólo constituye para los viajeros un lugar de paso entre Ouarzazate y Tinerhir o Boumalne Dadès.

AUBERGE ROSA DAMASKINA

A 6 km del centro, en la carretera de Ouarzazate., telf. 0524 836 913, fax 0524 836 969. Ofrece 10 habitaciones pequeñas pero agradables, con calefacción y un hornillo por si os queréis preparar vosotros mismos el café. La mitad de ellas tienen cuarto de baño,. También se puede dormir en la *jaima.* El restaurante tiene dos comedores, uno en forma de tienda caidal y el otro en forma de salón tradicional con el techo pintado al estilo de la región. Varios menús entre 100 y 140 DH. Habitación doble: de 100 a 200 DH.

HÔTEL ROSA MGOUNA

Telf. 0524 836 336, fax 0524 836 007, contact@roses_mgouna.com. Este hotel se halla situado en el centro, sobre una colina, accesible desde la carretera que remonta el valle. Goza de una bella arquitectura integrada en su entorno. Incluye 2 suites y 100 habitaciones funcionales con baño, teléfono, televisión, balcón, calefacción y aire acondicionado. Las habitaciones están distribuidas a tres niveles en torno a varios patios llenos de vegetación y muchas ofrecen vistas del valle. Hay también un bar y un restaurante con menú a 100 DH donde sirven vino. Tienen una piscina panorámica muy agradable. Sin embargo, el conjunto está bastante decaído. Precio: 300 DH.

KASBAH AIT KASSI

En Souk el Khemis, a 13 km en la carretera de Boumalne, telf. y fax 0524 850 561, móvil 0670 404 240, kasbahaitkassi.ifrance.com, e-mail: maghiouzim@ yahoo.fr. Se trata de una verdadera casba de tierra cruda, rehabilitada por sus dueños. Tiene 12 habitaciones de aire muy tradicional, casi todas con baño. El trato es extremadamente amable y sencillo. El comedor ocupa un anexo con un hermoso techo de cañas entrelazadas. Precio: 600 DH en media pensión.

KASBAH ITRAN

A 3 km del centro por la carretera que remonta el valle, BP 124, telf./ fax 0524 837 103, móvil 0662 622 203, web: www.kasbahitran.com. Se halla colgado al borde del barranco, sobre el valle exuberante. Posee una docena de habitaciones muy agradables, construidas con materiales autóctonos. Parte de ellas con baño y balcón. Los precios varían según el tipo de habitación, de 400 a 600 DH..

KSAR KAISSAR

A 3 km en la carretera de Boumalne, telf. 0524 886 776, fax 0524 836 830. Se trata de un gran complejo dirigido a los grupos y decorado al estilo "Disneylandia", con dólmenes y columnas faraónicas de cartón piedra. Sin embargo, sus 64 habitaciones resultan muy acogedoras. Están equipadas con baño, televisión, aire acondicionado, teléfono y algunas con un saloncito. También hay piscina, *hammam* y un restaurante con menú a unos 200 DH. Precio: 800 DH.

LA NOCHE

Aunque la oferta resulta algo escasa, aquellos que quieran salir a tomar una copa por la noche siempre pueden acercarse hasta el bar del **HÔTEL ROSA MGOUNA.**

RFOUD

PROVINCIA DE ERRACHIDIA. 25.000 HABITANTES.

Lo que hoy es la ciudad de Erfoud (pronúnciese "Erfud") nació en 1917 como una base del ejército francés para controlar los *ksur* del palmeral de Tizimi. Tomó su nombre de la colina que hay al otro lado del río Ziz. Posteriormente, ha ido creciendo sin mucha gracia y se ha ido poblando con gente de aquellos mismos ksur. Para el turismo, más que un objetivo en sí, es un punto donde alojarse camino de las dunas de Merzouga.

INFO Y TRANSPORTES

Código postal. 52200
Bancos. Varias entidades en la Av. Moulay Ismail.
Autocares Supratours a Merzouga (3 al día), Fès (1 al día), Meknès (1 al día) y Marrakech (1 al día).
Autocares CTM a Meknès salen por la noche desde la Av. Mohamed V.
Autocares privados a Tinerhir, Meknès, Fès y Rissani todos los días; a Zagora, tres veces por semana. Salen de la Place des FAR.
Taxis colectivos a Errachidia y Rissani parten de la Av. Mohamed V, esquina Av. Moulay Ismail.
Furgonetas a Merzouga en la carretera que sale hacia allí, antes de pasar el río, cerca del mediodía.

Alquiler de Land Rovers con chófer en los hoteles que ofrecen excursiones organizadas a las dunas para ver el amanecer o la puesta de sol.

ACCESOS

La **carretera N-13,** amplia y en buen estado, comunica con Errachidia por el norte y Rissani por el sur. Discurre por los bellos palmerales del Ziz.

La **carretera R-702,** correctísima, se dirige a Tinejdad por el oeste. Una pista asfaltada hasta el km 17 conduce a las dunas de Merzouga, a las que se llega más fácilmente por carretera desde Rissani.

VISITA

Esta ciudad moderna y de aire castrense carece prácticamente de atractivos. Lo más interesante que se puede hacer en Erfoud es la excursión a las dunas (para más información, ver capítulos "Merzouga" y "Rissani").

El **Jebel Erfoud** es una colina que dio nombre a la población, situada a la izquierda de la carretera de Merzouga, justo después de atravesar el Ziz. Una pista trepa por su falda permitiéndoos llegar a un mirador que domina todo el palmeral de Tizimi rodeado por el desierto. No se puede continuar hasta la cumbre por ser zona militar.

Los ***ksur*** o pueblos fortificados, hechos de tierra cruda, son muy numerosos en las cercanías de Erfoud y la mayor parte se hallan en buen estado, plenamente habitados. Entre todos ellos destaca por su tamaño y por su belleza **Maadid,** situado a 4 km en la carretera de Errachidia. Como es bastante conocido, numerosos guías esperan a la puerta la llegada de los viajeros.

Al **ksar El Maarka** se llega tomando la carretera de Errachidía durante unos 22 km y luego otros 4 km por un desvío asfaltado que atraviesa el Ziz. Construida por orden de Mulay Ismail, esta fortaleza conserva un magnífico portal de estilo urbano y, en su interior, la estructura propia de los palacios reales, si bien su estado de mantenimiento es algo lamentable.

El **mercado** de Erfoud se anima sobre todo el sábado. En él destacan los puestos de dátiles tras la cosecha de octubre.

DORMIR Y COMER EN ERFOUD

El interés de la localidad de Erfoud son sus hoteles, pues quien prefiera un alojamiento sencillo podrá encontrarlo con más facilidad en Merzouga.

De cualquier manera, también existen ambas ofertas.

CÁMPING

CARAVANSERAIL TIFINA

A 8 km en la carretera de Rissani, BP 204, telf. 0610 231 415, web: www.tifina-maroc.com. De reciente creación, cuenta con

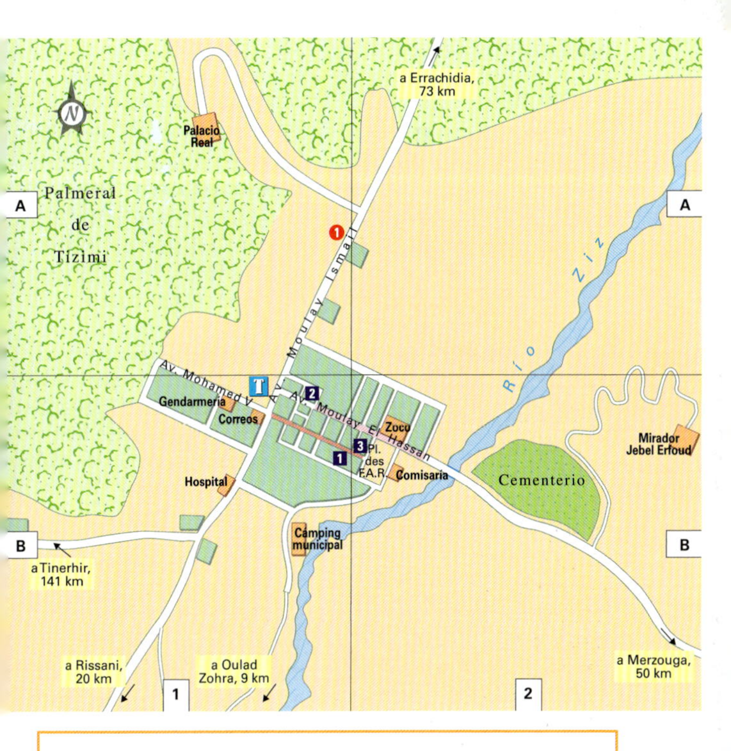

Av. Moulay el Hassan

En esta calle se concentra el escaso movimiento comercial de Erfoud, por la mañana, sobre todo los sábados.

Av. Mohamed V

Es donde se hallan la mayor parte de las cafeterías, entre la Av. Moulay Ismail y la plaza de las FAR.

sanitarios impecables, mientras los árboles todavía tienen que crecer. La piscina así como el *hammam* se encuentran ahora mismo en plena rehabilitación. Existen asimismo algunas habitaciones que están decoradas en un estilo más rústico pero igualmente confortables, aunque el baño no está incluido.

■ Hoteles

Hôtel Les Pamiers (B1) 1

36 Av. Mohamed V, telf. 0535 578 894. Este hotel ofrece 15 habitaciones pequeñitas pero limpias, repartidas en tres plantas, y equipadas con una ducha y un lavabo. Hay un baño comunitario en cada planta y un salón de té. Se puede dormir en la terraza, que ofrece

una vista magnífica sobre la ciudad, el palmeral y el desierto. Precio: 100 DH.

HÔTEL CANNE (B1) **2**

85 Av. Hassan II, telf. y fax 0535 578 695. Dispone de 16 habitaciones muy correctas, con aire acondicionado, baño y teléfono, todo nuevo y reluciente. En su restaurante sirven platos bastante variados, y proponen menús de aproximadamente 70 DH. Precio: 200 DH.

HÔTEL ZIZ (B2) **3**

3 Av. Mohamed V, telf. 0535 576 154, fax 0535 576 811. Dispone de 39 habitaciones con aire acondicionado, baño completo, teléfono y algunas con balcón. El restaurante ofrece un menú marroquí por 80 DH. Precio: 250 DH.

RIAD NOUR

En Maadid, 4 km al norte de Erfoud, telf. y fax 0535 577 748, e-mail: nriad01@menara.ma, web: riad-nour.ifrance.com. Cuenta con 12 habitaciones sencillas, muy limpias y bien cuidadas, en torno a un típico jardín andalusí. También hay bar y restaurante. El único inconveniente son los mosquitos. Precio: de 250 a 600 DH según habitación.

AUSBERGE KASBAH TIZIMI

A 1 km en la carretera de Tinerhir, BP 94, telf. 0535 576 179 /35 577 374, fax 0535 577 375, web: www.kasbahtizimi.com, e-mail: katizimi@menara.ma. Está construido con tierra y decorado con buen gusto, al estilo tradicional. Una parte de sus 69 habitaciones son rústicas y tienen mucho encanto, mientras que las otras son más modernas y funcionales. Todas disponen de aire acondicionado, baño y teléfono. Para cenar se puede elegir bien entre el bufé libre o bien el restaurante a la carta que puede costar unos 150 DH, y que ofrece cocina marroquí e internacional y alcohol. También hay un bar. Junto a la hermosa piscina, el jardín es muy relajante por el trinar de los pájaros. Habitación doble: de 550 a 650 DH.

HÔTEL XALUCA MAADID

A 5 Km en la carretera de Errachidia, BP 205, telf. 0535 578 450 /51, fax 0535 578 449, web: www. xaluca.com, e-mail: xaluca@xaluca.com. Es un gran complejo de creación reciente pero bien integrado en su entorno, aprovechando los recursos estéticos de la arquitectura tradicional. Posee 134 habitaciones muy amplias y confortables, con un cuarto de baño lujoso, aire acondicionado y teléfono. Hay un restaurante donde se come muy bien

FIESTAS

El **musem de los dátiles** tiene lugar en octubre. Para saber la fecha exacta, consultar a la Delegación de Turismo de Errachidia, telf. 0535 570 944. Se trata de una fiesta con carácter oficial, en la que se ofrecen espectáculos de danza folclórica, sin ser específica de la región. Cae siempre en fin de semana.

por 150 DH. También tiene bar, piscina y un *hammam*. Precio: 700 DH.

Hotel Kasbah Said

A 19 km en dirección a Merzouga, los 2 últimos sin asfaltar, telf. 064 494 050, fax 0535 577 154, web: www.kasbah-hotel-said.biz, e-mail: kasbah-said@hotmail.com. Ofrece 20 habitaciones climatizadas, del aire austero y rústico propio de la zona, con baño, repartidas en torno a un jardín con piscina. Precio: 800 DH en media pensión.

Ferme Auberge Merzane

A 14 km por la carretera de Merzouga y un desvío de 1 km sin asfaltar, telf. 0662 640 787 / 0661 914 061, www.aubergemerzane.com, merzane_auberge@yahoo.fr. Tiene sólo 5 habitaciones con baño repartidas alrededor de un estanque con peces, cada una de un estilo africano distinto. Precio: 600 DH con desayuno.

Auberge Kasbah Derkaoua

A 23 km en dirección a Merzouga, los últimos seis sin asfaltar, telf. 0535 577 140, fax 0535 578 679, aubergederkaoua@hotmail.com. Constituye todo un verdadero oasis de frescor en medio de la nada. Tiene 20 habitaciones sencillas, con cuarto de baño y algunas con aire acondicionado, rodeadas por un exuberante jardín. El bar y el restaurante son muy agradables, con su chimenea y varios rincones privados. La cena es un menú fijo en el que se combinan el tayín y el *plateau de fromages*. También tiene una piscina y como servicios ofrece el alquiler de caballos. Este albergue de tierra cruda, situado en pleno desierto, posee un encanto muy especial que lo ha hecho internacionalmente famoso. Las instalaciones se mantienen cerradas en enero, junio y julio. No aceptan tarjetas. Precio: 900 DH en media pensión.

Ksar Jallal

Fezna, BP 322, telf. 0535 789 507, fax 0535 789 518, móvil 0661 081 649, www.ksarjallal.com, e-mail: fezna@menara.ma. Está a 27 Km de Erfoud por la carretera de Tinejdad más 1,5 km de pista, en los límites del palmeral con el desierto. Dispone de 7 habitaciones magníficas, cada una de un estilo diferente y a un precio diferente, combinando elementos marroquíes y europeos en su decoración. Tienen todas baño y la mayor parte de ellas chimenea y terraza con vistas al palmeral o al viejo *ksar* Oulad Jallal del que ha tomado el nombre. Hay un *hammam* y una habitación especial para inválidos. Una comida al mediodía cuesta 180 DH y una cena 220 DH. Es el lugar ideal para pasar unos días de relajación. Habitación doble: de 1.200 a 1.700 DH.

■ Restaurantes

Restaurant des Dunes (A1) ❶

Av. Moulay Ismail, frente a la gasolinera Ziz, telf. 0535 576 793. En un local simpático de bella arquitectura interior, proponen varios menús entre, así como pizzas y una especialidad que le ha dado fama internacional: la *kalia*. El servicio es atento y eficaz. Precio: 80-200 DH.

ERRACHIDIA

CAPITAL DE PROVINCIA. 75.000 HABITANTES.

Ksar Souk era el nombre de un distrito del valle del Ziz habitado desde tiempos muy antiguos por diferentes tribus árabes y beréberes. Al implantarse el protectorado, su capital se trasladó unos 10 km más al sur, conservando el mismo nombre. No obstante, años más tarde pasó a llamarse Errachidia, tal como se la conoce actualmente. Hoy es un centro administrativo y militar sin muchos atractivos, pero la reciente apertura de su aeropuerto hace prever un desarrollo turístico inminente.

INFO

Código postal. 52000
Delegación de Turismo. 44 Av. Prince Moulay Abdellah, BP 250, telf. 0535 570 944, fax 0535 570 943. Es una calle perpendicular a la Av. Moulay Ali Cherif, que surge frente a la gendarmería, a 1 km del centro en dirección de Ouarzazate.
Bancos. Hay varias entidades en el centro, entre la Av. Mohamed V y la Av. Moulay Ali Cherif.
Iglesia católica. 44 Av. Ad-Dakhla, telf. 0535 573 477.
Web. www.zizvalley.com.

ACCESOS

La **carretera N-13,** en perfecto estado, comunica con Midelt por el norte y Erfoud por el sur, permitiendo disfrutar en ambos casos de bellos paisajes.
La **carretera N-10,** en buen estado, enlaza con Ouarzazate por el sureste y Bouarfa por el este.

TRANSPORTES

Autocares Supratours a Merzouga (2 al día), Fès (1 al día), Meknès (1 al día) y Marrakech (1 al dia).
Autocares CTM (telf. 0535 572 024) a Rissani (5 h), Meknès (22 h) y Casablanca (21.15 h). Estación en Av. Moulay Ali Cherif.
Autocares privados a Agadir, Casablanca, Nador, Fès, Zagora por Ouarzazate, Alnif, Rissani, Oujda por Bouarfa, Beni Mellal y Marrakech. Estación en Av. Moulay Ali Cherif.
Taxis colectivos a Erfoud, Tinerhir, Tinejdad, Goulmima, Mideld y Azrou. En una explanada, al sur de la Av. Moulay Ali Cherif
Aeropuerto internacional Moulay Ali Cherif a la salida de la ciudad hacia Erfoud, telf. 0535 572 350. Salen dos vuelos semanales a Casablanca.
Alquiler de automóviles. Majid Car, 10 Av. Ibn Batouta, telf. y fax 0535 573 895.
Aparcamiento junto al mercado central, Av. Moulay Ali Cherif.

VISITA

La ciudad carece de interés, pero hay algunos puntos dignos de mención en los alrededores.

El **Ksar Targa** ofrece una bella imagen desde el puente que atraviesa el Ziz. Para visitarlo, hay que tomar

una pista al final de la Av. Mohamed V. Ha sido restaurado recientemente gracias a un programa de cooperación internacional, siguen viviendo en él numerosas familias y consta de dos barrios, uno dentro del otro. En esta zona interior doblemente protegida habitaban los privilegiados jerifes.

Las **gargantas del Ziz** están a 45 km por la carretera de Midelt. No son tan espectaculares como las del Todra ni como las del Dadès, pero el recorrido hasta allí resulta pintoresco, a través del oasis de El Khengh, en el que destacan interesantes *ksur* como Aït Atman, Tamarkecht e Ifri.

En Aït Atman se puede tomar asimismo la antigua carretera de Errachidia, que conduce en 5 km a un ksar en ruinas, discurriendo por encima de un tramo encañonado del río.

Meski es un antiguo *ksar* en ruinas, situado sobre una peña y accesible a pie desde la fuente del mismo nombre, que forma una balsa en un entorno muy bucólico *(entrada 5 DH con derecho a bañarse)*. Se halla a 18 km de Errachidia por la carretera de Erfoud. En realidad, toda esta ruta hasta Rissani ofrece numerosos paisajes dignos de ver, básicamente palmerales y pueblos de tierra cruda.

El **zoco** de Errachidia tiene lugar los martes, jueves y domingos, en un recinto junto a la Av. Moulay Ali Cherif, saliendo del centro hacia Ouarzazate a mano izquierda.

DORMIR EN ERRACHIDIA

Aparte de los establecimientos que se mencionan, pronto abrirán sus puertas varios hoteles de grandes proporciones, en la carretera de Goulmima.

CÁMPING TISSIRT

En Ouled Chaker, a 30 Km de Errachidia por la carretera de Erfoud, telf. 0662 141 378. Es nuevo y se halla en el interior del

palmeral, en un entorno tranquilo y agradable.

CÁMPING DE LA SOURCE BLEUE

Telf. 0535 574 395. En Meski, a 18 km en la carretera de Erfoud. Es un lugar paradisíaco, bajo las palmeras y con una fuente natural que hace función de piscina, pero se halla invadido por los vendedores de alfombras que agobian un poco al campista.

■ HOTELES

HÔTEL M'DAGHRA (B1) **1**

Rue Mdaghra, telf. 0535 574 047, fax 0535 574 049. Dispone de 26 habitaciones correctas, limpias, todas ellas con cuarto de baño y teléfono, algunas con balcón. Hay asimismo un restaurante marroquí e internacional y un salón de té. Precio: 250 DH.

HÔTEL OASIS (A-B2) **2**

Rue Sidi Abou Abdallah, telf. 0535 572 519, fax 0535 570 126. Ofrece 46 habitaciones bien cuidadas y acogedoras dentro de su sencillez, equipadas con un baño, calefacción y teléfono. También tienen un restaurante y salón de té. Al conjunto empiezan a pesarle los años. Precio: 200 DH.

HÔTEL DE FRANCE (B1) **3**

2 Av. Ibn Batouta, telf. 0535 570 997. Tiene una veintena de habitaciones bien conservadas pero sin mucha gracia, algunas de ellas con ducha, a un precio bastante elevado: 250 DH.

HÔTEL ERRACHIDIA (B1) **4**

31 Av. Ibn Batouta, telf./fax 0535 570 453, e-mail: hotelerrachidia@yahoo.fr. Dispone de 21 habitaciones muy correctas, limpias, con baño, teléfono, televisión y parte de ellas con aire acondicionado. También tiene restaurante. En temporada baja hacen descuentos interesantes. Precio: 350 DH.

HÔTEL PALMA ZIZ

A 30 km por la carretera de Midelt, telf. 0535 576 160, fax 0535 576 163, móvil 0661 703 079. web: www.palmaziz.com, e-mail: info@palmaziz.com. Situado en un lugar de gran belleza, sobre el palmeral del Ziz. Posee 10 habitaciones de aire austero, con baño, así como bar y restaurante. Su arquitectura está bien integrada en su entorno. Precio: 300 DH.

MAISON ZOUALA

En Zouala, telf. / fax 0535 578 182, móvil 0661 602 890, pages.couleursmaroc.com/zouala, zouala@couleursmaroc.com. Está a 30 km por la carretera de Erfoud más 2 km por una carretera local, asfaltada. La sencillez de las instalaciones se ve compensada por

■ AVISO

El número y las letras que acompañan a los hoteles y restaurantes hacen referencia a su situación en los distintos planos de la ciudad. Por ejemplo, HÔTEL DE FRANCE (B1) 3 significa que dicho hotel se encuentra situado en el plano de Errachidia [pág. 135], en la cuadrícula (B1) señalado con el número 3.

el encanto del sitio y el ambiente familiar. Ofrece 4 habitaciones dentro del estilo tradicional, así como un apartamento para familias, un gran dormitorio para grupos, un salón-comedor y un grupo de sanitarios correctos. Precio: de 400 a 500 DH.

AUBERGE TINIT

En la carretera de Ouarzazate, pasado el desvío de Midelt, telf. 0535 791 759, fax 0535 791 811, tinit_auberge2000@yahoo.fr. Consta de 15 habitaciones de estilo beréber, climatizadas, con baño y camas enormes, distribuidas en torno a la piscina y el jardín. Hay también restaurante. Precio: 600 DH.

HÔTEL LE RIAD

En la carretera de Ouarzazate, a casi 2 km del cruce de Midelt, telf. 0535 791 006 / 07, www.hotelleriad.com. Se trata de un establecimiento nuevo, hecho con gusto exquisito. Incluye 27 habitaciones de estilo internacional, impecables, con un buen cuarto de baño, teléfono, televisor, saloncito y aire acondicionado. En medio hay una piscina rodeada de césped. Precio: 800 DH.

COMPRAS

Complejo artesanal en la Av. Moulay Ali Cherif, cerca del puente.

HÔTEL KENZI RISSANI (B2) 5

Av. Moulay Ali Cherif, BP 3, telf. telf. 0535 572 584 / 186, fax 0535 572 585, e-mail: rissani@-kenzi-hotels.com. En la salida hacia Erfoud, después de pasar el puente. Posee 62 habitaciones confortables, con dos camas de matrimonio en cada una, equipadas con baño, aire acondicionado, televisión y teléfono. La mitad de ellas tienen vistas a un jardín. Tiene piscina, bar y un restaurante con varios menús a partir de 120 DH especializado en cocina francesa. En el bar del hotel se puede tomar una copa por la noche. Precio: 800 DH.

COMER EN ERRACHIDIA

RESTAURANT IMILCHIL (B1) 1

Av. Moulay Ali Cherif, telf. 0535 572 123. Se compone de una sala interior y una amplia terraza. En la carta figuran sobre todo platos marroquíes, pero también hay filete con patatas. La cocina es correcta. Precio: de 50 a 80 DH.

RESTAURANT SIJILMASSA (B1) 2

Av. Moulay Ali Cherif, en un piso con acceso desde la calle Moulay Youssef. Tienen pollo asado, pinchos y algunos otros platos. Todo es nuevo y reluciente, con una cocina muy pulcra a la vista del público. Precio: de 50 a 70 DH.

RESTAURANT DE LA SOURCE BLEUE

En Meski, dentro del recinto de la fuente, a 18 Km. siguiendo la carretera de Erfoud. Cuenta con un salón pequeño y una terraza bajo las palmeras, con vistas al estanque. Precios: de 60 a 80 DH.

ESSAOUIRA

CAPITAL DE PROVINCIA. 70.000 HABITANTES.

Essaouira (pronúnciese "Esauira") significa "la dibujada". Fue fundada en 1764 por el sultán Sidi Mohamed ben Abdellah, convirtiéndose pronto en el principal puerto de salida para los productos que las caravanas traían del África subsahariana. Este comercio marítimo le dio un aire internacional, estableciéndose en ella los cónsules de diferentes países, así como una importante comunidad hebrea. Su protagonismo se mantuvo hasta la implantación del protectorado francés, que pasó a llamarla Mogador –a causa de una antigua fortaleza portuguesa construida en la isla cercana– y relegó su puerto a un papel muy secundario frente al de Casablanca. Hoy Essaouira es una de las ciudades con más encanto de Marruecos, por lo que atrae cada vez más turismo, tanto extranjero como nacional.

INFO

Código postal. 44000

Asociación cultural Essaouira Mogador. Rue du Caire, frente al Sindicato de Iniciativa.

Web: www.essaouiranet.com y www.essaouira.com.

Delegación de Turismo y Sindicato de Iniciativa. 10 Rue du Caire, BP 109, telf. 0524 783 532, fax 0524 783 530.

Iglesia católica. Telf. 0524 475 895.

Bancos. Hay varias entidades alrededor de la Pl. Moulay el Hassan y en la Rue Souk Jdid.

ACCESOS

La **carretera N-1** comunica con Casablanca por el norte y Agadir por el sur. Se halla en buen estado, pero sobrecargada de tráfico.

La **carretera R-301** viene de Safi por la costa. Es más estrecha que la N-1 pero está bien asfaltada, tiene menos tránsito y resulta mucho más interesante en lo que se refiere a paisajes.

La **carretera R-207,** correcta, enlaza con Marrakech al este.

TRANSPORTES

Autocares Supratours a Marrakech, 4 al día. En la Av. Lalla Aicha.

Autocares Pullman a Casablanca y Agadir. Por la noche. Paran en la estación de autobuses.

Autocares CTM (telf. 0524 784 764) a Marrakech, Casablanca y Agadir. Paran en la estación de autobuses.

Autocares privados a Casablanca, Safi, Marrakech y Agadir. La estación de autobuses está a 500 m al noreste de Bab Doukkala.

Taxis colectivos a Marrakech, Agadir y Safi. Salen de las cercanías de la estación de autobuses.

Autobuses urbanos a los barrios y pueblos de los alrededores.

Taxis pequeños y calesas en Bab Doukkala.

Alquiler de automóviles sin conductor: Rabia Car, telf. 0524 783 436. Frente al Hôtel Cap Sim.

Aparcamiento. Hay uno en el puerto y otro más pequeño en Bab Marrakech. Dentro de la medina está prohibida la circulación rodada.

Aeropuerto a 16 km, telf. 0524 476 704, fax 0524 476 705.
Royal Air Maroc, Rue du Caire, telf. 0524 785 384 / 385, fax 0524 785 617.

VISITA

El interés de Essaouira está en su medina, que sigue muy activa y llena de vida. Como excursiones por los alrededores, cabe señalar Diabat y las islas Purpúreas.

La ciudad

La **medina** de Essaouira fue diseñada originalmente por el ingeniero francés Théodore Cornut y, a pesar de las posteriores ampliaciones, mantiene una curiosa estructura rectilínea.

La vida de la ciudad sigue girando en torno a esta medina, en la que se concentran el comercio y gran parte de los servicios turísticos. Un cierto número de viviendas antiguas han sido rehabilitadas como apartamentos, hoteles, restaurantes o salas de exposiciones. Uno puede pasearse sin rumbo fijo durante horas por sus callejuelas, admirando los portales, avistando los patios interiores a través de alguna puerta

COMPRAS

La **madera de tuya** es el principal producto de Essaouira. Se hacen muebles, figuras, juegos de ajedrez y, sobre todo, cajitas de todos los tamaños. Numerosas tiendas la ofrecen, repartidas por la parte antigua. Los artesanos se concentran en la Skala de la Medina. También hay una cooperativa en la calle Khalid Ibn El Oualid.
Libros en *Jack's Kiosk,* 1 Pl. Moulay el Hassan, telf. 0524 475 538, fax 0524 476 901. También en los bajos del restaurante Taros.
Galerías de arte: son muy numerosas. La más conocida, que dio ejemplo a todas las otras, es la *Galerie d'Art Frédéric Damgaard,* Av. Oqba Ibn Nafiaa, telf. 0524 784 446, fax 0524 475 857. Abierta todos los días, de 10 h a 13 h y de 15 h a 19 h.
Complejo artesanal en Bab Marrakech. No hay realmente mucho que comprar, pero es interesante la visita. En su interior se conserva un ficus gigante que debe de tener bastantes siglos. Asimismo, se accede desde allí a un torreón de la muralla en el que se hacen diferentes exposiciones de arte.
Venta de bebidas alcohólicas en el Bd. Moulay Youssef, saliendo por Bab Doukkala a la derecha.

ESSAOUIRA

Av. de L'Istiqlal

De ambiente mercantil y de paseo, está abarrotada desde media mañana hasta la puesta de sol.

Av. Oqba ibn Nafiaa

Con varios restaurantes y terrazas, esta ancha avenida se anima sobre todo al anochecer.

Pl. Moulay El Hassan

Es el corazón de la ciudad y palpita de modo continuo. Numerosas cafeterías cuentan con agradables terrazas para sentarse a tomar algo.

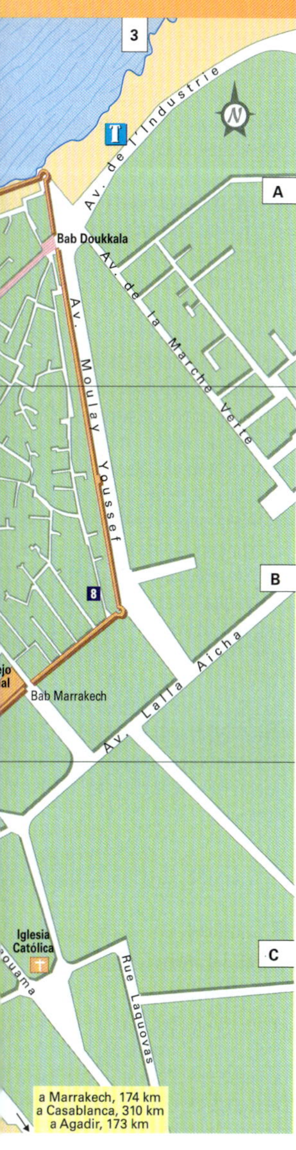

entreabierta o contemplando los alminares de las múltiples mezquitas. También puede entretenerse en el **zoco,** que se halla rodeado de arcadas y dividido en cuatro sectores: el del pescado, el de las especias, y el de la subasta de objetos antiguos.

FIESTAS

El **festival de música gnaua,** en junio o julio, se ha convertido en un evento multitudinario, de fama internacional, que colapsa por completo la ciudad durante varios días. Participan en él diferentes grupos de gnaua marroquíes y otros venidos del África subsahariana.
El **musem de la zagüía Regraga** se celebra en abril.

El **Museo Sidi Mohamed ben Abdellah** *(entrada: 10 DH)* ocupa un antiguo palacete en el interior de la medina y guarda numerosos objetos de uso tradicional, referidos todos ellos a Essaouira y su región.
En la planta baja veréis los instrumentos musicales y de otro tipo utilizados por las diferentes cofradías religiosas.
En el piso alto pueden verse alfombras, trajes, joyas y armas de las tribus vecinas, así como un espacio dedicado a la marquetería de tuya. Hay detalladas explicaciones en francés.
La **muralla** del siglo XVIII que rodea la medina está restaurada y en ella se abren varias entradas monumentales, como Bab Sebaa, Bab Marrakech y Bab Doukkala, destacando esta última por su belleza.

La actual Bab Sebaa data de mediados del siglo XIX cuando se amplió la ciudad por este lado para recibir a numerosos mercaderes extranjeros que llegaban hasta ella. La antigua calle Bab Sebaa ha quedado ahora en la Oqba Ibn Nafiaa, justo bajo la torre del reloj (por eso la llaman Bab el Magana).

La **Skala de la Kasba** *(visita libre)* se halla en el interior de la medina, accesible por la calle del mismo nombre, en la que se concentran los ebanistas que trabajan la madera de tuya. La vista desde lo alto de la torre sobre la costa es magnífica y el lugar tiene mucho encanto, por lo que siempre está lleno de gente.

La **Skala del Puerto** *(entrada: 10 DH)* tiene un interés bastante limitado, pero desde lo alto de su torreón se obtiene una vista magnífica de la medina, del puerto lleno de actividad, del mar y de las islas que hay enfrente. Junto a este monumento está la Puerta de la Marina, obra de un renegado inglés, que presenta un aire neoclásico inconfundible.

Alrededores

A **Diabat** se puede llegar andando por la playa, o en automóvil tomando la carretera de Agadir y desviándose a los 7 km a la derecha (el cartel indica Tangaro).

Además de la hermosa playa, junto a la cual se ha construido recientemente una enorme urbanización, Diabat cuenta con las ruinas de un palacio levantado en el siglo XVIII por Sidi Mohamed ben Abdellah, hoy absolutamente abandonado.

Las **islas Purpúreas,** en las que se han encontrado restos fenicios y romanos, están muy cerca de la costa pero el acceso a las mismas ha quedado estrictamente prohibido para preservar su fauna avícola, especialmente los halcones. Sin embargo, se puede dar una vuelta en barca por los alrededores utilizando los servicios de la *Navette des Iles (telf. 0524 474 618, fax 0524 476 801. Precio: 80 DH por persona).* En estas islas se distinguen restos de una fortificación portuguesa, de una mezquita y de una prisión decimonónica.

DORMIR EN ESSAOUIRA

Como se ha puesto de moda, Essaouira se ha convertido –en lo referente a hostelería– en una de las ciudades más caras de Marruecos. Cuenta con un considerable número de hoteles "con encanto", muchos de ellos dentro de la medina, que siguen el ejemplo del genuino Villa Maroc; pero tampoco hay que olvidar los de extramuros, cada día más frecuentes.

■ Cámping

Cámping Sidi Magdoul

Route d'Agadir, telf. 0524 472 196, e-mail: campingsidimagdoul@hotmail.com. Está a 3 km del centro por la carretera de Agadir, detrás del faro. Tiene bastantes árboles, unos servicios aceptables y ducha caliente. También hay bungalows por 100 DH. La playa no se ve, pero está cerca, accesible por un sendero que atraviesa las dunas.

Hoteles

Smara Hôtel (B1) 1

26 Rue Skala, telf. 0524 475 655. Éste es el mejor hotel de su categoría, con diferencia. Posee 20 habitaciones limpias y bien conservadas. El precio de la habitación depende de la vista que tenga. Hay ducha caliente y baños comunitarios, correctos. Sirven el desayuno en una terraza sobre el mar. Precios: de 100 a 150 DH.

Hôtel Civilisation des Remparts (B1) 2

18 Rue Ibn Rochd, telf. 0524 475 110, hoteldesrtemparts@yahoo.fr. El nombre es algo pomposo, el edificio magnífico y la vista desde la terraza en la que se sirven los desayunos no tiene igual en Essaouira: la skala a vuestros pies, a continuación toda la medina y al fondo el mar con sus islas. Por desgracia, las 29 habitaciones están absolutamente descuidadas. Algunas de ellas tienen baño incluido. Precio: 120 DH.

Hôtel Agadir (B2) 3

4 Rue Agadir, Av. de l'Istiqlal, telf. 0524 475 126. Es el más económico de la ciudad. Sus 16 habitaciones con lavabo son básicas, aunque se mantienen aceptables para este nivel. Precio: 100 DH.

Hôel Souiri (B2) 4

37 Rue Lattarine, telf. 0524 783 094, fax 0524 475 339; e-mail: souiri@menara.ma. Dispone de 22 habitaciones agradables y bien cuidadas, decoradas artesanalmente, diez de ellas con baño. Si está lleno, os enviarán al vecino *Cap Sim,* del mismo propietario y en condiciones parecidas, aunque las habitaciones son algo más reducidas y oscuras. Precio: 300 DH.

Hôtel Riad Nakhla

12 Rue d'Agadir, junto al hotel Agadir, telf. 0524 475 230, fax 0524 474 940, e-mail: riad-na-

ACTIVIDADES DEPORTIVAS

Surfing: *Océan Vagabond,* en la playa de Essaouira, telf. 0524 474 880, móvil 0661 728 340 y 0661 883 013. E-mail: bruno erbani@yahoo.fr. También hay varias organizaciones en la playa de Sidi Kaouki, 27 km al sur, accesible por carretera.
Equitación: *L'Auberge de la Plage,* Club Equestre, en la playa de Sidi Kaouki, a 27 km en la carretera de Agadir, BP 218, telf. 0524 473 383. También *Abouda Safar,* telf. 0662 743 497, web: www.abouda-safar.com.
Dromedarios: *La Maison du Chameau,* Douar Laarab, BP 161, telf. 0524 785 077, fax 044 785 962. A 8 km de Essaouira por la carretera de Marrakech, tomando una pista a la derecha. *Rachid Elfilali,* Bloc 29, 326 Cité Lalla Amina, telf. 0661 943 568.
Quads: *Cap Quad,* telf. 0666 252 145 o 0666 204 237. *Essaouira Quad,* telf. 072 153 295.

khla@essaouiranet.com. Incluye 20 habitaciones muy acogedoras con un buen baño y televisión, arregladas dentro del estilo de Essaouira, aunque algo justas de espacio, distribuidas en torno a un espacio central recogido y discreto. La terraza donde se toma el desayuno goza de vistas sobre la playa y el tejado de la gran mezquita. Precio: 350 DH.

HÔTEL MAJESTIC (B1) **5**

40 Rue Laalouj, telf. 0524 474 909. Cuenta con 17 habitaciones limpias y muy correctas dentro de su sencillez, parte de ellas con baño. Es más económico que los anteriores. Precio: 250 DH.

HÔTEL SIDI MAGDOUL (B2) **6**

21 Rue Abdesmih, telf. /fax 0524 474 847, e-mail: hotelsidimagdoul@menara.ma. Posee una decena de habitaciones limpias y acogedoras, con baño, repartidas en torno a un patio sencillo pero bien cuidado. Precio: 300 DH.

HÔTEL BEAU RIVAGE (B1) **7**

14 Pl. Moulay Hassan, telf. y fax 0524 475 925, e-mail: beaurivage@menara.ma. Disfruta de una situación excepcional. Sus habitaciones, con baño, resultan muy acogedoras y tienen vistas sobre la bulliciosa plaza. Precio: 500 DH.

HÔTEL EMERAUDE (B3) **8**

228 Rue Chbanate, web: www.essaouirahotel.com, telf. y fax 0524 473 494, e-mail: contact@essaouirahotel.com. Es un establecimiento de ambiente familiar, compuesto de 10 habitaciones coquetonas, muy limpias, con baño. Hay asimismo dos terrazas para el desayuno. Precio: 450 DH.

HÔTEL GNAOUA (A2) **9**

89 Av. Zerktouni, telf. 0524 475 234, fax 0524 475 236, Dispone de una veintena de habitaciones sencillas, limpias, decoradas con gusto y equipadas con un baño diminuto. Precio: 400 DH.

DAR EL QDIMA (B2) **10**

4 Rue Malek ben Rahal, telf. 0524 473 858, fax 0524 474 154, web: www.darqdima.com, e-mail: contact@darqdima.com. Esta vieja casa ha sido restaurada con mucho acierto, sin romper su aire de antigüedad. Ofrece una docena de habitaciones con el encanto de su austeridad, equipadas con un hermoso cuarto de baño. Es uno de los establecimientos preferidos y más solicitados en Essaouira. Precio: 450 DH con desayuno.

HÔTEL LALLA MIRA (B2) **11**

14 Rue d'Algérie, telf. 0524 475 046, fax 0524 475 850, web: www.lallamira.ma, info@lallamira.net. Este hotel dispone de 12 habitaciones de diferentes tipos y a diferentes precios, arregladas con gusto en un estilo lujoso y equipadas con un baño magnífico, teléfono, televisión y calefacción. Tienen además un *hammam* y un restaurante en la planta baja, donde se come aproximadamente por un precio que oscila entre 90 y 120 DH. Precios: de 500 a 800 DH.

RIAD ZAHIA (B2) **12**

4 Rue Mohamed Diouri, telf. 0524 473 581, fax 0524 476 107, e-mail: riadzahia@gmail.com, web:

www.riadzahia.es. Esta hermosa mansión de la medina ofrece 6 habitaciones y 3 suites muy acogedoras. En ella se habla español. Precios: de 650 a 1.500 DH.

MAISON DU SUD (B2) 13

29 Av. Sidi Mohamed ben Abdellah, telf. 0524 474 141, fax 0524 476 883, e-mail: maisondusud@menara.ma. Es una vivienda del siglo XVIII totalmente restaurada. Incluye 18 habitaciones con bastante encanto, compuestas de un saloncito, un cuarto de baño y el dormitorio en un altillo. Se distribuyen en torno a un patio tradicional muy agradable. También hay varios salones, donde se puede cenar aproximadamente por 90 DH. Precio: 700 DH.

RIAD LE GRAND LARGE (A2) 14

2 Rue Oum Rabii, telf. 0524 476 886, fax 0524 472 866, riad legrandlarge@yahoo.fr. Dispone de 10 habitaciones de distintas categorías, a distintos precios, todas equipadas con baño, bien cuidadas y acogedoras, aunque algo frías y decoradas en un estilo ecléctico. Precios: de 500 a 800 DH.

HÔTEL AL JAZIRA

18 Rue Moulay Ali Cherif, Quartier des Dunes, BP 1026, telf. 0524 475 956, fax 0524 476 074, e-mail: aljasira@menara.ma. Está muy cerca de la playa, a 1,5 km de la medina. Se compone de 40 habitaciones limpias y agradables, con baño, teléfono y televisión, algunas con balcón. Hay un salón con chimenea, una piscina y un restaurante con mesas altas que propone un menú a 100 DH, cocina marroquí e internacional. Habitación doble: 700 DH.

HÔTEL RIAD AL MADINA (B2) 15

9 Rue Attarine, telf. 0524 475 907, fax 0524 475 727, e-mail: riadalma@menara.ma. Ofrece 30 habitaciones decoradas con gusto exquisito aunque muy justas de espacio, todas ellas con baño, en torno a un enorme patio central lleno de vegetación que hace las veces de restaurante. También hay unas cuantas suites a diferentes precios, hasta 1.800 DH. El menú cuesta alrededor de 150 DH. Habitación doble: 800 DH.

HÔTEL DES ILES (C2) 16

Av. Mohamed V, telf. 0524 783 636, fax 0524 785 590, e-mail: hoteldesiles@menara.ma. Es el cuatro estrellas de toda la vida, sin el encanto de los pequeños establecimientos de la medina pero con todo la comodidad que merece su categoría. Dispone de 63 habitaciones de estilo internacional, una piscina rodeada de césped, 3 bares y 3 restaurantes, con menú a 150 DH. Precio: 700 DH.

HÔTEL PALAZZO DESDEMONA (B2) 17

12-14 Rue Youssef El Fassi, telf. 0524 472 227, fax 0524 785 735. Sus habitaciones son amplias, llenas de encanto, bien cuidadas, con baño, muchas de ellas con chimenea y balcón. También hay restaurante. Precio: 600-900 DH.

HÔTEL VILLA MAROC (B1) 18

10 Rue Abdellah ben Yassine, telf. 0524 476 147 /0524 473 147, fax 0524 475 806; web: www.villa-

maroc.com, e-mail: hotel@villa-maroc.com. Es uno de los primeros hoteles con encanto que se hizo en Marruecos y conserva plenamente su originalidad. Ocupa dos viviendas del siglo XVIII, restauradas y decoradas con gusto exquisito. Consta de 11 habitaciones y 11 suites o en torno a un patio interior en el que crece una araucaria enorme. La terraza disfruta de vistas a la playa, al puerto y a las islas. El restaurante está reservado a los residentes, con un menú fijo que se puede acompañar con vino. Precio: 1.000-1.800 DH según la habitación.

Hôtel Ryad Mogador

BP 368, telf. 0524 783 555, fax 0524 783 556, web: www.ryadmogador.com, e-mail: ryadmogador@menara.ma. Está en el cruce de la carretera de Agadir y la de Marrakech, a 2 km del centro. Es un complejo de 156 habitaciones alrededor de un inmenso espacio central que incluye la piscina y la terraza de la cafetería. Las habitaciones, de un estilo internacional, están equipadas con todas las comodidades. Cuenta con restaurante marroquí y europeo, precio medio sobre 170 DH. Habitación doble: 1.000 DH.

Hôtel Villa Quieta

86 Bd. Mohamed V, telf. 0524 785 004 y 05, fax 0524 785 006, web: www.villaquieta.com, e-mail: villa.quieta@menara.ma. Está situado a 1,5 km de la medina siguiendo la playa. Se trata de una casa extremadamente lujosa, transformada en alojamiento por los herederos de su constructor. Posee 14 habitaciones espaciosas, con baño, amuebladas a base de madera de tuya, un extenso jardín, un suntuoso salón central de aire palaciego y una terraza con vistas al mar. Precio: de 1.500 a 3.500 DH.

■ Alquiler de apartamentos y casas

Essaouira Apartamentos

Jack's Kiosk, 1 Pl. Moulay Hassan, telf. 0524 475 538, fax 0524 476 901, www.jackapartments.com, apartment@essaouira.com. Ofrece diversos apartamentos en casas algo antiguas del interior de la medina, con aire tradicional, decorados con gusto exquisito. Cada uno de ellos incluye una habitación, baño, salón y cocina. Todos tienen vistas al mar. Los precios varían según el apartamento y

TOMAR ALGO

Chez Driss, en 10 Rue Haj Ali, telf. 044 475 793, está en una esquina de la Pl. Moulay el Hassan. Funciona desde 1928 y constituye un clásico de Essaouira. El local, recogido, tiene un jardín interior muy agradable. Sus pastelitos resultan deliciosos y no son caros.

Café de France en Pl. Moulay Hassan, es el café más antiguo de Essaouira y, al igual que sus vecinos, llena de mesas la bulliciosa plaza. Cualquiera de ellos constituye un lugar ideal para descansar y contemplar el ambiente.

según la temporada, a partir de 350 DH por noche.
Las **maisons d'hôtes** dentro de la medina ofrecen unos precios muy interesantes pero que varían mucho dependiendo del tipo de habitación. Conviene por tanto reservar previamente. También se puede hacer a través de Internet: www.daradul.com; www.daralbahar.com; www.darhalima-essaouira.com.

COMER EN ESSAOUIRA

Essaouira es famosa por su pescado, que podéis degustar en mesas de todas las categorías. Tampoco faltan los buenos ejemplos de cocina marroquí. Estos son sólo algunos ejemplos.

■ HASTA 60 DH

PUESTOS DE PESCADO A LA PARRILLA (B-C1) ❶
A la entrada del puerto. Sólo abren al mediodía. Se come de maravilla. Uno elige los pescados que más le gustan y se espera a que los preparen, pero antes hay que negociar con tenacidad el coste de la comida completa. Las tarifas que tienen marcadas, aunque puedan parecer económicas a primera vista, no lo son, ya que se trata de precios por unidad. Una comida suele costar entre 50 y 100 DH por según la elección.

SNACK MIMOUNA Y SNACK ATLAS (B2) ❷
Av. Istiqlal. Están uno al lado del otro y son muy parecidos. Tienen comedores en el primer piso y terrazas con sombrillas. Proponen tayines, carnes y pescados. Precio: de 50 a 70 DH.

RESTAURANT LAAYOUNE (B2) ❸
4 bis Rue El Haj Ali, telf. 0524 474 643. Consiste en un pequeño salón con mesas bajas, donde se saborea una excelente cocina marroquí. Precios: de 60 a 100 DH.

RESTAURANT FERDAOUSS (B2) ❹
27 Rue Abdessalam Lebadi, telf. 0661 085 111. Ocupa un amplio salón con azulejos y una decoración un poco fuera de lugar. Propone una cocina marroquí impecable. Precio: de 60 a 100 DH.

RESTAURANT CHEMS MOGADOR
Rue Malek ben Rahal, muy cerca del hotel Dar Qdima. Consta de dos salones en el interior de una casa de la medina, amueblada como cualquier vivienda familiar, sin lujos ni filigranas. Preparan una buena cocina marroquí ca-

LA NOCHE

Para tomar una copa, recomendamos **TAROS** en un ambiente selecto, así como el bar **ORSON WELLES** en el Hôtel des Iles. En la categoría media están el restaurante **CHEZ SAM,** el **CHALET DE LA PLAGE** y el **HÔTEL TAFOUKT** de la Av. Mohamed V, mientras que el **CAFÉ MOGADOR,** situado frente a la playa, está frecuentado por los bebedores locales.

sera, con platos que no suelen encontrarse en ninguno de los demás restaurantes. Precio: de 60 a 120 DH.

Restaurant Alizes

Rue de la Sqala, telf. 0524 476 819. Está en los bajos del Hôtel Smara. Ofrece una cocina marroquí muy correcta. En principio no sirven alcohol. Precio: de 60 a 120 DH.

Restaurant La Licorne (B1) 5

26 Rue de la Sqala, telf. 0524 473 626. Es un local acogedor y bien decorado, en el que se come básicamente cocina marroquí y pescados preparados a la francesa, pudiendo acompañarse con vino. Precio: de 100 a 150 DH.

Restaurant Du Port, Chez Sam (C1) 6

Telf. y fax 0524 476 513. En el interior del puerto; no confundir con el *Restaurant du Port-Coquillage* forrado a base de conchas. Es un local de aire marino, decorado con fotos de estrellas de cine, especializado en pescados y mariscos, aunque también se puede probar la carne. La cocina es muy buena, aunque el trato del servicio resulta un poco frío. Tienen toda clase de bebidas alcohólicas. Precio: de 100 a 150 DH.

Dar Baba (B2) 7

2 Rue Marrakech, telf. 0524 476 809. El comedor trata de combinar elementos marroquíes y renacentistas en su decoración. Tienen una gran variedad de pasta. Abren sólo por la noche y cierran los lunes. Se puede tomar vino y cerveza. Precio: de 100 a 150 DH.

Le 5 (B2) 8

7 Rue Youssef el Fassy, telf. 0524 784 726 Abierto desde las 17 h. Cierran los martes. No es un restaurante más bien un bar de tapas, decorado al estilo tradicional de Essaouira. Se realizan exposiciones de pintura y se puede tomar un gazpacho, unos pinchitos morunos o unas raciones de jamón. Unos 150 DH por comida completa.

Dar Loubane (B2) 9

24 Rue du Rif, telf. 0524 476 296, fax 0524 476 445. Ocupa el patio de una vivienda señorial de la medina, muy bien decorado. Ponen música suave y relajante. Entre sus especialidades están los pescados y de tayines, y un menú económico al mediodía. Su cocina goza de una buena reputación. Sirven alcohol. Precio: de 150 a 200 DH.

Le Chalet de la Plage, Chez Jeannot (C2) 10

Bd. Mohamed V, telf. 0524 475 972, fax 0524 476 419. Es un establecimiento clásico en Essaouira, con más de un siglo de antigüedad. Consta de un comedor muy bien decorado al estilo naval y una amplia terraza sobre la playa. Especializado en pescados y mariscos, acompañados con vino. Precio: de 150 a 200 DH.

Taros (B1) 11

Pl. Moulay Hassan, telf. 0524 476 407. Se compone de un salón en el primer piso donde se realizan temporalmente exposiciones de pintura contemporánea y varias terrazas con vistas al mar. Preparan tayines, carnes y pescados. Sirven todo tipo de bebidas alcohólicas. Precio: de 200 a 300 DH.

FÈS

CAPITAL DE WILAYA. 920.000 HABITANTES.

La medina de Fès consta de tres núcleos bien diferenciados. El primero, en la margen derecha del río, parece que fue fundado por Idris I en 789. Tres décadas más tarde se pobló de árabes huidos de Córdoba tras una revuelta fracasada, de modo que a partir de entonces se le conoce por el barrio de Los Andalusíes. El segundo núcleo, inaugurado por Idris II en 809, se llama barrio de Al Karaouiine. Ambas poblaciones fueron unidas por los almorávides dentro de una muralla común.

El tercer núcleo, Fès Jdid, fue levantado por los meriníes en el siglo XIII como centro administrativo y militar, al tiempo que la parte más antigua, Fès el Bali, era embellecida y equipada con múltiples mezquitas, baños, medersas y *fonduks.* A lo largo de toda la historia, Fès ha alternado con Marrakech, Rabat y Meknès la capitalidad política del imperio, que perdió definitivamente tras la implantación del protectorado francés en 1912, conservando sin embargo el protagonismo cultural y religioso. A pesar de su elevado interés, los viajeros acostumbran a dedicarle un tiempo bastante limitado.

INFO

Código postal. 30000

Delegación de Turismo. Pl. de la Résistance, telf. 0535 623 460 / 0535 941 270, fax 0535 654 370.

Bancos. Hay numerosas entidades, tanto en la medina como en la ciudad nueva.

Iglesia católica. Av. Mohamed Slaoui, telf. 0535 622 347.

Guías. Pueden contratarse en la Delegación de Turismo o en cualquiera de los grandes hoteles. Hay unos cuantos que hablan español. La estructura laberíntica de Fès hace su labor muy útil. Sin embargo, hay que tener en cuenta

que incluirán en la visita un mínimo de tres bazares, ya que su fuente principal de ingresos está en las comisiones que reciben de los mismos.

ACCESOS

La **carretera N-6,** ancha y bien asfaltada, comunica con Rabat por el oeste y Oujda por el este.

La **autopista A-2** viene de Rabat por el oeste, en construcción hacia Oujda por el este.

Las **carreteras R-413 y N-13** llegan de Tánger y Chefchaouen respectivamente, confluyendo en la N-4 para entrar en Fès. Son correctas, pero algo justas y con curvas.

La **carretera N-8** enlaza con Marrakech al suroeste. Tiene muchas curvas y alguna vez se corta por la nieve. Por este motivo, lo más rápido para ir de Fès a Marrakech es dar la vuelta por la autopista de Rabat. Al nordeste, la misma N-8 continúa hacia Al Hoceima, atravesando todo el Rif con interminables curvas peligrosas.

La **carretera R-503** se dirige a Midelt por Boulemane, al sur, pero está falta de mantenimiento, de modo que es preferible ir hasta Azrou por la N-8 y allí tomar la N-13. Sólo interesará utilizarla cuando esta última se corta por la nieve.

TRANSPORTES

Ferrocarril a Marrakech, Casablanca, Tánger y Oujda. Estación única en la Rue des Almohades.

Autocares CTM a Casablanca (8 al día), Meknès (7 al día), Tánger (3 al día), Tetouan (3 al día), Taza (4 al día), Oujda (3 al día), Nador (3 al día), Al Hoceima (1 al día), Marrakech (2 al día) y Agadir (1 al día). Estación en la Av. Dhar Mehrez, cerca de la Pl. Allal al Fassi.

Autocares privados a casi todas las ciudades del país. Estación de autobuses en la carretera que rodea la medina por el norte, cerca de Bab Mahrouk.

Taxis colectivos a Meknès, Azrou, Sefrou, Imouzzer, Taza, etc. Junto a la estación de autocares, excepto algunos que salen de la ciudad nueva.

Autobuses urbanos por toda la ciudad y alrededores. Son muy útiles para desplazarse de la medina a la parte nueva y viceversa. El número 19 va de la estación de ferrocarril a la explanada Ressif, en el corazón de Fès el Bali. El 29 conduce de la carretera de Sefrou a esta misma explanada. El 10 va de la estación de tren a Bab Bou Jeloud y Bab Guissa. El 17 va de la ciudad nueva a Ain Chkef.

Taxis pequeños con un área muy limitada por dentro del casco urbano. Conviene asegurarse de que ponen el taxímetro en funcionamiento.

Taxis grandes entre los diferentes barrios alejados, con precios muy abusivos.

Aeropuerto de Fès Saiss, a 15 km en la carretera de Azrou, telf. 0535 624 800, fax 0535 652 664. Hay vuelos a Casablanca y a París *Royal Air Maroc:* 54 Av. Hassan II, telf. 0535 948 551 a 553, fax 0535 948 560, y también en el aeropuerto, telf. 0535 624 712 / 0535 652 161.

Alquiler de automóviles sin conductor. En la ciudad nueva tienen oficinas algunas de las principales agencias dew la ciudad.
Aparcamiento. En Fès el Bali: frente a Bab Bou Jeloud o en Bab Guissa; en Fès Jdid: junto a Bab Jiaf; en la ciudad nueva: entre las avenidas Chefchaouni y Slaoui, o frente al Hôtel Sofia.

VISITA

Visitar Fès significa zambullirse en su medina, incluyendo bajo tal concepto los tres núcleos tradicionales. Una jornada es, en principio, suficiente para hacerse una idea general de la misma, debiendo recorrerla irremediablemente a pie; una opción sería iniciar el itinerario desde la puerta del Palacio Real hasta la explanada Ressif.
Para quienes deseen profundizar un poco más, el Ministerio de Turismo ha señalizado sobre el terreno seis recorridos temáticos, cada uno de los cuales ocupa media jornada aproximadamente.

FÈS JDID

Claramente separada de Fès el Bali, la ciudadela de Fès Jdid se divide en tres barrios distribuidos en torno al Palacio Real: Moulay Abdellah, en el que sólo hay viviendas; el Mellah, de carácter comercial y residencial a un tiempo; y Fès Jdid propiamente dicha.
El **Palacio Real** data del siglo XIV, aunque ha sido remodelado en múltiples ocasiones a lo largo de la historia. No puede visitarse porque continúa en uso, de modo que os limitaréis a admirar su entrada principal a base de puertas múltiples forradas de cobre, levantada en los años 1980 siguiendo un estilo bastante tradicional.

El **Mellah** empieza frente a la puerta del Palacio y se caracteriza por las galerías de madera de cedro que surgen por encima de los comercios, propias de la cultura hebrea y claramente distintas de las casas musulmanas antiguas, que apenas tienen aperturas

al exterior. Aunque los judíos abandonaron este barrio en los años 1960, su aspecto arquitectónico se mantiene como antes.
La **sinagoga** *(entrada/donativo de 20 DH)* se sitúa en un callejón que sale de la vía principal del Mellah y fue restaurada en 1999 gracias al patrocinio de la Unesco y de numerosos particulares. En su interior, además del edificio en sí que data del siglo XVII, se puede admirar una vieja **Tora** escrita sobre piel de gacela y una exposición de fotos de otros monumentos hebreos de Marruecos, así como la imponente tri-

FÈS DE DÍA

DOUAR
BEN SLIMAN
HABITAT
DOUAR
BEN ZAKOUR
Route des Oudaias
Avenue 201
Avenue 201
Avenue des Merinides
Casba de los Cherarda
Bab Mahrouk
Bab Chorfa
Cementerio de Bab Segma
Bab Segma
Muralla Norte
Avenue des Francais
Jardín Bou
Bab es-Seba
Palacio Real (Dar el-Makhzen)
FES EL-JÉDID
Jardines de Lalla Mina
Oued Zitoun
R. Bou Khssisat
Bab Jiaf
Mellah
Place des Alaouites
Cementerio Judío
Avenue de la
Boulevard
Aguedal
Boulevard des Sadiens
Oued Fès
a Rabat, 196 km
a Meknes, 60km
Bd. des Alaouites
Ayuntamiento
Boulevard Moulay Youssef
Estación
Pl. Imarate Arabia
Av. des Sports
Rue Mohammed el-Qori
Delegación de turismo
R. des États Unis
Avenue des Almohades
Bd. Chenguit
R. des Damas
Houceine
Av. el-Houriya
Boulevard Hassan II
Route de l'Hôpital Ghassani
Haykel
Bd. Tarik ibn Ziad
R. d'Espagne
Rue M. Diouri
A. Chefchaouni
Av. Letard de la
CIUDAD
Avenue des F.A.R.
Av. l'Hippodrome
Rue M. Kamel
Place Mohamed V
Avenue Mohammed Slaoui
Rue Mohammed Zerqtouni
Rue le Ravin
Oued el-Adham
Route des Camps
NUEVA
Rue Jaber ibn Hayane
Av. Youssef ben Tachfine
Avenue Moulay Kamel
Allal ben Abdallah
Rue Moulay Slimane
Avenue Mohamed V
Av. de l'Aviation
a Ifrane, 63 km
a Sefrou, 44 km
Pl. Allal
A
B
C
D
1
2
3
4
5
6
7
8
9

Cementerio de Bab el-Guissa
Necrópolis de los sultanes mariníes
Bab Jamai
Bab Guissa
Route du tour de Fes
Norte
JNANE MEKOUAR
Bab Sidi Boujida
JNANE LAMRANI
A
Medersa el-Attarine
Mezquita el-Qarawiyn
Zaouïa de Moulay Idriss
Medersa Cherratin
Bab el-Khoukha
a Oujda, 347 km
a Taza, 120 km
Pl. Ressif
FES EL-BALI
(MEDINA)
RAS JNANE
EL-MOKHFIA
Cementerio de Bab el-Hamra
Bab Ftouh
Cementerio de Bab Ftuh
Bab el Hadid
B
Bab Idid
Allal el Fassi
Borj Sud
Mausoleos de los Sebalou Rijal
Zitoun
Oued bou Fekrane
C
Av Mohamed V
Es el corazón de la ciudad nueva, una zona de paseo muy animada, donde abundan los cafés con terrazas.
Medina
Tiene un extraordinario ambiente comercial, durante todo el día.
D
3
4

buna del rabino y otra destinada a las mujeres. También se puede visitar el curioso *hammam* situado en el sótano. Al final de la misma avenida del Mellah se halla la **alcaicería** de los joyeros, en pleno funcionamiento.

La entrada monumental a Fès Jdid desde el Mellah se llama **Bab Semarine** y consiste en un arco lobulado, hecho de piedras planas. La gran arteria que atraviesa este barrio es uno de los núcleos mercantiles preferidos de la población local y escasamente frecuentados por el turismo. En ella se levantan las **mezquitas Al Beida y Al Hamra.**

Saliendo por el otro extremo de Fès Jdid hacia el nordeste, encontraréis los **jardines de Bou Jeloud,** que la separan de Fès el Bali. Antiguamente formaban parte del Palacio Real, pero hoy constituyen un parque público lleno de vegetación. Atravesándolo y pasando luego por Bab Chems llegaréis a la explanada que precede Bab Bou Jeloud.

El barrio Al Karaouiine

Se puede acceder a él por diferentes puertas, aunque la más tradicional es **Bab Bou Jeloud,** conocida por sus azulejos de dos colores, azul en el exterior y verde en el interior; fue completamente renovada en la segunda década del siglo XX.

Junto a Bab Bou Jeloud, por fuera, hay una explanada donde se puede aparcar el coche y, al norte de la misma, un pequeño barrio amurallado que llaman la **Casba,** ya que en algún momento de su historia debió de tener una fun-

ción defensiva. El **palacio de Batha** *(vistia: de 9 h a 17 h excepto martes. Entrada: 10 DH)* se halla también cerca de Bab Bou Jeloud, yendo a la derecha. Fue construido a finales del siglo XIX para las audiencias de verano de Mulay Hassan. Consta de diferentes salones en torno a un extenso jardín andalusí. Convertido en museo de artesanía y costumbres de la ciudad, alberga colecciones de tapices, telas bordadas, cerámica, manuscritos, instrumentos musicales, lápidas, azulejos *beldíes,* tallas de cedro, baúles y el *mimbar* de la medersa Bou Inania. También hay una sala dedicada a objetos de la vida rural de la región.

La **medersa Bou Inania** *(entrada: 10 DH)* se halla al principio de la Talaa Kebira, cerca de Bab Bou Jeloud. Del siglo XIV, es la más notable de la ciudad. Consta de un amplio patio enlosado con mármol, dos aulas a los lados del patio, una sala de oración al fondo, un alminar de grandes proporciones y numerosos cuartos donde vivían los estudiantes.

Todo ello está decorado a base de estucos, madera de cedro y azulejos.
La **Talaa Kebira** o "Gran Cuesta" es una arteria con mucho movimiento comercial que conduce al corazón del barrio Al Karaouiine, jalonada de mezquitas y de *fonduks* todavía en uso, en uno de los cuales curten las pieles de oveja.
La **medersa Cherratine** *(abierta de 9 h a 17 h. Entrada: 10 DH)*, data de 1670 y ha sido muy bien restaurada, pudiéndose ver los cuartos a diferentes niveles además del gran patio magníficamente decorado con yeso esculpido y madera tallada.
La **medersa El Attarine** *(entrada: 10 DH)*, más antigua que la Bou Inania pero mucho más reducida, se considera una de las mejores obras del arte meriní. Para encontrarla, hay que descender toda la Talaa Kebira, siguiendo siempre recto por la Rue Souk Attarine, que termina precisamente frente a la medersa. El edificio ha sido restaurado sólo en parte, de modo que no se puede acceder al piso superior, donde se hallan las habitaciones. La visita se limita, pues, al pequeño patio y su interés para el profano es bastante escaso.
El acceso a la **mezquita Al Karaouiine,** que continúa en pleno uso, está reservado a los musulmanes, aunque sus numerosas puertas permiten verla desde el exterior.
Fundada en el siglo X, sólo conserva de aquella época el alminar. El resto del edificio es del siglo XII, aunque restaurado y reformado en diferentes ocasiones a lo largo de la historia.
El **Fonduk Tetouaniin** *(entrada libre)* consta de tres plantas con galerías de aspecto pintoresco y sigue utilizándose para el comercio de alfombras. Destaca por la decoración del techo de su vestíbulo, del siglo XIV. Se halla junto a la mezquita Al Karaouiine.
El **Fonduk Nejariin** *(entrada: 20 DH)* ha sido transformado en Museo de Artes y Oficios de la Madera. Alberga una interesante

ACTIVIDADES DEPORTIVAS

Equitación: *Centre Equestre et de Randonnée,*
Ain Amyer, km 2
Route d'Imouzzer,
telf. 0535 641 923 / 630.
Golf: *Royal Golf Club,*
Route d'Ifrane,
telf. 0535 763 849.
Un campo de 9 hoyos.

colección de objetos domésticos, litúrgicos y elementos arquitectónicos de dicho material. Está prohibido sacar fotografías en su interior, aunque sí podéis obtenerlas de su magnífica fachada, en la que se combinan el yeso esculpido, los mosaicos y la madera de cedro. Junto a él se halla la fuente del mismo nombre, también espléndida. Ambos fueron construidos bajo el reinado de Moulay Abdellah, en el siglo XVIII.

El **Museo Riad Belghazi** *(visita de 8.30 h a 18 h; entrada: 20 DH)* ocupa un magnífico palacete construido en el siglo XVII por el visir Benhamou, de origen hebreo. Su condición religiosa se pone de manifiesto en los mosaicos del suelo, que forman estrellas de David. Renovado en el siglo XIX por El Atmani Ben Elghazi, ha sido transformado en museo por un descendiente suyo. Contiene colecciones de bordados, trajes, tapices, joyas, armas, herramientas de los artesanos y estandartes de Mulay Idris. Básicamente, se trata de objetos urbanos, de Fès, Meknès y Tetouan. El jardín está lleno de naranjos y desde la terraza se obtiene una vista espectacular sobre la medina.

COMPRAS

Cerámica de Fès en el nuevo barrio de los alfareros, a 1 km de Bab Ftouh en la carretera de Taza. Son fábricas que incluyen una sala de exposición y venta, generalmente a precio fijo.

Objetos de **cobre y latón** en Fès el Bali. Se producen allí mismo, pero eso no es una garantía de que los precios vayan a ser los mejores. Regatear sin vergüenza.

Bandejas, teteras y otros objetos de **alpaca** en la calle principal de Fès el-Jedid.

Joyas de oro en la alcaicería, del Mellah.

Libros en **Livrairie du Centre,** *Av. Mohamed V,* y **mapas topográficos** de todo Marruecos en el catastro, Av. Chefchaouni, telf. 0535 940 317, en horas de oficina.

Bebidas alcohólicas, en una travesía de la Av. Mohamed V, frente al Hôtel Olympic.

También podéis tomar un té con pastas, e incluso preparan comidas *(menús de 100 a 250 DH).* Está bien indicado desde la Talaa Seghira y desde la Pl. Nejariin.

La **zagüía de Mulay Idris** está igualmente reservada a los musulmanes, pero un vistazo desde el exterior da una idea de su riqueza ornamental. Fue construida a principios del siglo XVIII en honor a Idris II, patrón de la ciudad y fundador del barrio Karaouiine. Sus portales destacan por los estucos multicolores.

Los **zocos** constituyen el centro neurálgico de la medina. Siempre a rebosar, están especializados cada uno en un producto distinto. Así, encontraréis el zoco de los carpinteros, el de los forjadores, el de babuchas, el de chilabas, el de telas, etc. El más conocido del turismo es el zoco de la alheña **(Souk el Henna),** donde antiguamente se vendían productos naturales para la belleza femenina, sustituidos hoy por la cerámica y los bongos. Detrás de Souk el Henna se levanta el antiguo **maristán,** un sanatorio del siglo XIV transformado ahora en centro comercial.

Un poco más allá hay una gran **alcaicería** cubierta donde se ofrecen objetos de lujo: telas de alta calidad, perfumes, adornos...

El **zoco del cobre** se sitúa en torno a la Pl. Sefarine. Allí podéis ver cómo fabrican enormes calderos. Entre dicha plaza y la explanada Ressif (el punto más céntrico de la medina al que se puede acceder en automóvil), trabajan los tintoreros de telas, aunque su zoco ha perdido el

colorido de antaño. Una mención aparte merece el **zoco de los curtidores,** en el que se sigue trabajando como hace siglos, en condiciones de salubridad increíbles. Las cubetas de tintes de diferentes colores pueden ofreceros un espectáculo muy pintoresco, pero ver a los hombres metidos en ellas resulta deprimente y el olor que desprenden es nauseabundo. Por eso os recomendamos no acceder al interior del recinto y limitaros a verlo desde cualquiera de las terrazas vecinas, anunciadas como "visita de los curtidores" y que en realidad son comercios de cuero.

El Barrio Andalusí

Al barrio de los andalusíes podéis llegar por las diferentes puertas desde el exterior de la medina o, preferentemente, por el puente de Bin el Medoun tras visitar el barrio Al Karaouiine. O también desde la explanada Ressif. Aunque similar a su vecino desde el

FIESTAS

Festival Mundial de la Música Sacra, en junio. Se desarrolla en varios escenarios, generalmente en el *museo Batha* por la tarde y en *La Makina* (junto a Bab Segma) por la noche. Dura 5 jornadas. Los conciertos son de alta calidad y las entradas cuestan de 100 a 200 DH. También hay espectáculos gratuitos en la explanada de Bou Jeloud.

punto de vista urbanístico, es mucho más tranquilo y con menos actividad comercial.

En su interior encontraréis asimismo un par de monumentos interesantes.

La **mezquita de los Andalusíes,** aunque accesible sólo a los musulmanes, merece verse por su entrada monumental, en lo alto de una escalinata. Su decoración es magnífica, sobre todo el artesonado de madera. Fue fundada en el siglo IX por los refugiados procedentes de Córdoba y remodelada en el siglo XIII por los meriníes.

La **medersa Sahrej** *(entrada: 10 DH)* recibe su nombre del estanque verdoso que caracteriza el centro de su patio y que servía para las abluciones, en lugar de la clásica fuente. El suelo es de mosaicos y las paredes combinan el yeso esculpido con la madera de cedro, como en las demás escuelas coránicas de la ciudad, aunque su decoración es menos recargada. Fue construida en el siglo XIV por los meriníes. Las habitaciones se distribuyen a dos niveles en torno al patio, separadas de él las de abajo por una celosía.

ALREDEDOR DE LA MEDINA

La **casba de los Cherarda** es un recinto amurallado, al norte de Fès Jdid, donde fue acuartelada por Mulay Rachid, en el siglo XVII, la tribu árabe del mismo nombre.

El **Borj Nord** era una de las fortificaciones destinadas a vigilar la medina y prever tanto los ataques exteriores como las revueltas populares. Restaurado en 2005, alberga el **Museo de Armas** *(está*

abierto de 8,30 h. a 18 h, excepto lunes. Entrada: 10 DH). Este museo sigue las últimas tendencias del sector. Contiene armas de diversos tipos, desde la Edad de Piedra hasta el siglo XIX, tanto marroquíes como de otros países árabes e incluso europeas, acompañadas de fotografías y de amplias explicaciones en francés. También se puede bajar a la antigua cisterna subterránea y subir a la azotea, que disfruta de una amplia vista panorámica sobre la medina.

Las **tumbas de reyes meriníes** tienen un interés bastante limitado por sí mismas pero constituyen otro punto de vista excepcional sobre la ciudad vieja, sobre todo por la tarde.

El **Borj Sud** era la otra fortificación que controlaba la medina. Ofrece una vista panorámica desde el lado opuesto a a las tumbas, aunque resulta más interesante por la mañana.

EXCURSIONES

Moulay Yacoub es una fuente de aguas termales, que os queda a la derecha de la carretera N-6 cuando salís de Fès hacia Meknès.

Sidi Harazem es otra fuente, de la que viene el agua embotellada más popular en Marruecos. Se accede a ella por la carretera de Taza o la de Sefrou. Alrededor suyo hay numerosos apartamentos de alquiler y la población fasí acude en masa los fines de semana. Numerosos niños asaltan al recién llegado con objeto de ofrecerse para llenarle y transportarle sus bidones. El agua mana tibia, en potentes chorros bien canalizados.

DORMIR EN FÈS

La oferta es bastante amplia en la ciudad nueva, aunque sus hoteles resultan funcionales, fríos. En la medina es mucho más escasa, aunque se dé más preferencia a esta última zona por considerarla de mayor interés para el viajero.

INTRAMUROS

HÔTEL CASCADE (B3) 1

26 Serragine Bab Bou Jeloud, telf. 0535 638 442. Cuenta con 18 habitaciones muy sencillas aunque bien mantenidas, con sanitarios comunes. Desde las ventanas se contempla el bullicio y de la terraza donde sirven el desayuno se obtiene una vista interesante sobre la medina. En verano se puede dormir sobre dicha terraza por 20 DH, mientras que una habitación doble cuesta 100 DH.

PENSION TALÂA (A-B3) 2

14 Rue Talâa Seghira, telf. 0535 633 359. Está un poco más abajo que el anterior, entrando en Fès el Bali. Dispone de sólo 4 habitaciones con una decoración sencilla, correctas y limpias. Los baños son comunes.

PENSION CAMPINI (B3) 3

15 Rue Campini, telf. 0535 637 342, fax 0535 741 704, e-mail: pension.compini@caramail.com. Ofrece 6 habitaciones limpias, frescas y bien cuidadas, parte de ellas con baño, televisión y ventilador, en el interior de un apartamento familiar. Precio: 170 DH.

FÈS DE NOCHE

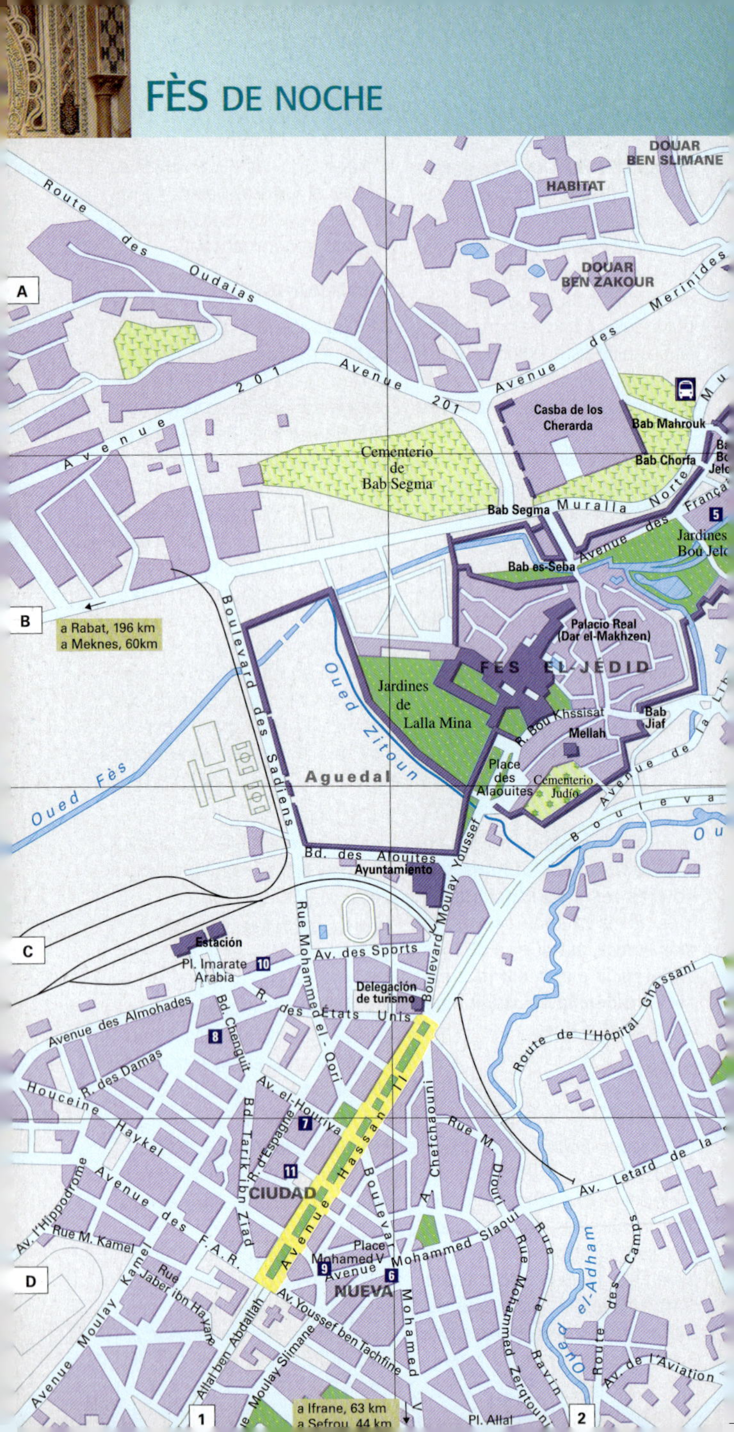

DOUAR BEN SLIMANE
HABITAT
DOUAR BEN ZAKOUR
Route des Oudaias
Avenue des Merinides
Avenue 201
Casba de los Cherarda
Bab Mahrouk
Bab Chorfa
Cementerio de Bab Segma
Bab Segma
Muralla Norte
Avenue des Français
Jardines Bou Jeloud
Bab es-Seba
a Rabat, 196 km
a Meknes, 60km
Palacio Real (Dar el-Makhzen)
FÈS EL-JÉDID
Oued Zitoun
Jardines de Lalla Mina
Boulevard des Sadiens
R. Bou Khssissat
Bab Jiaf
Mellah
Place des Alaouites
Cementerio Judío
Avenue de la Liberté
Aguedal
Oued Fès
Boulevard
Bd. des Alouites
Ayuntamiento
Boulevard Moulay Youssef
Estación
Pl. Imarate Arabia
Av. des Sports
Rue Mohammed el-Oori
Delegación de turismo
R. des États Unis
Avenue des Almohades
Bd. Chenguit
Route de l'Hôpital Ghassani
R. des Damas
Houceine Haykel
Av. el-Houriya
Bd Tarik ibn Ziad
R. d'Espagne
Avenue Hassan II
A. Chefchaouni
Rue M. Diouri
Av. Letard de la
CIUDAD
Avenue des F.A.R.
Av. l'Hippodrome
Rue M. Kamel
Place Mohamed V
Avenue Mohammed Slaoui
Rue la Ravin
Route des Camps
Oued el-Adham
Rue Jaber ibn Hayane
Avenue Moulay Kamel
NUEVA
Av. Youssef ben Tachfine
Rue Mohammed Zerqtouni
Avenue Mohamed V
Allal ben Abdallah
Moulay Slimane
Route
Av. de l'Aviation
a Ifrane, 63 km
a Sefrou, 44 km
Pl. Allal
A
B
C
D
1
2
5
7
8
9
10
11
6

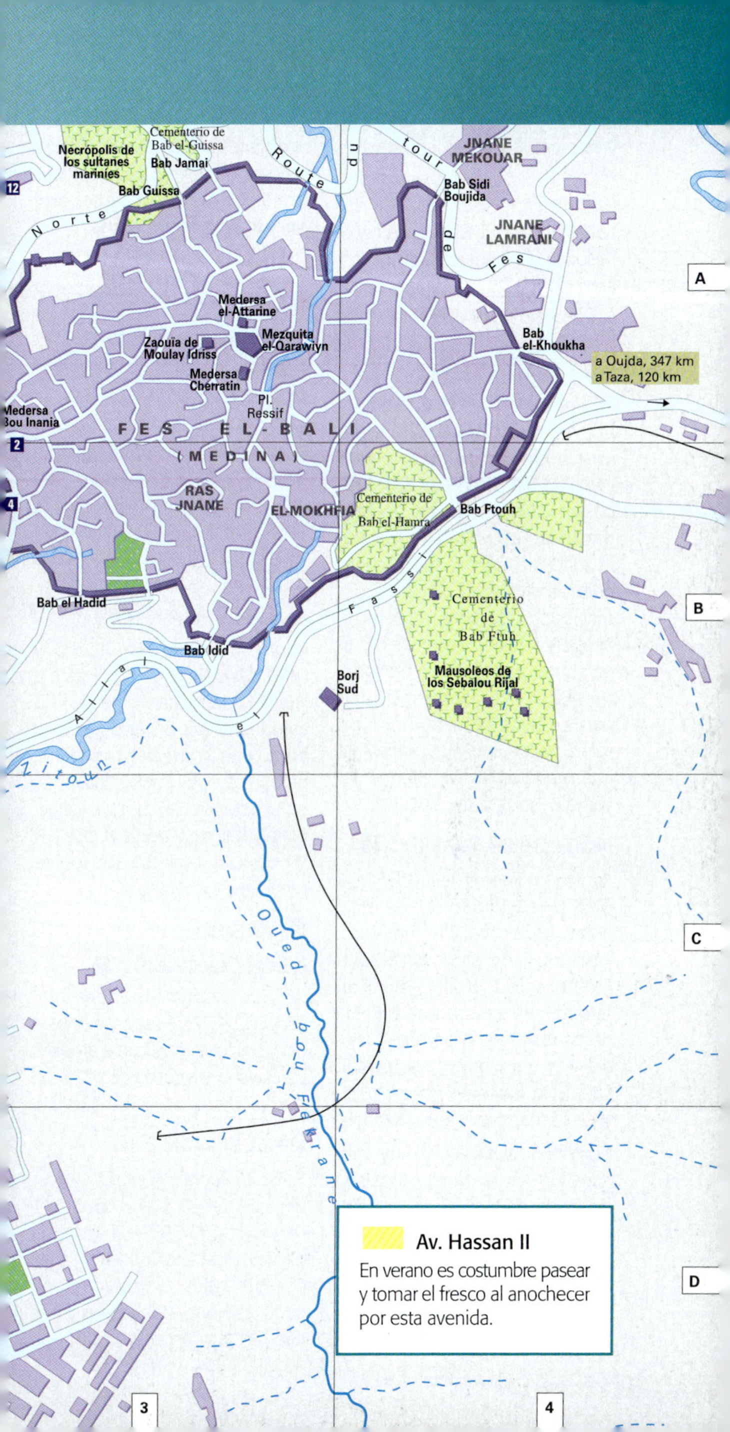

Av. Hassan II

En verano es costumbre pasear y tomar el fresco al anochecer por esta avenida.

Pension Batha

8 Rue Sid Lkhayat, frente al Hôtel Batha, telf. 0535 741 150, fax 0535 748 827. Dispone de habitaciones espaciosas, sin muchos lujos, equipadas con baño y decoradas dentro del estilo de Fès. Precio: 210 DH.

Hôtel Batha (B3) 4

Pl. Batha, telf. 0535 634 824 y 60, fax 0535 741 078, e-mail: hotelbatha@menara.ma. Está cerca de Bab Bou Jeloud, accesible en automóvil y con posibilidades de aparcar a la puerta. Incluye 64 habitaciones acogedoras, confortables, con aire acondicinado, repartidas en torno a pequeños patios como los de un palacio, equipadas con teléfono, televisión y un cuarto de baño con azulejos beldíes. Tiene un salón, piscina, bar y un restaurante con menú a 115 DH, donde sirven alcohol. Precio: 500 DH.

Hôtel Jnane Sbile (B2) 5

22 Kasbat Shems, telf. 0535 638 635, fax 0535 638 609, e-mail: hotel.jnane.sbile@hotmail.com, web: www.hoteljnanesbile.com. Frente a los jardines de Bou Jeloud, cuenta con una docena de habitaciones impecables, relucientes, con baño y televisor. Desde la azote se obtiene una vista panorámica. Precio: 320 DH.

Como en Marrakech y otros muchos lugares, la última moda son las casas de la medina restauradas, llamadas **maisons d'Hôtes,** que ofrecen un alojamiento confortable a unos precios bastante más elevados que los hoteles de categoría equivalente. Es imprescindible reservarlas a través de una agencia o bien en páginas web como: www. maisonbleue.com; www.maisondhotes.co.ma.

Extramuros

■ Cámpings

Cámping Diamant Vert

Route d'Ain Chkef, telf. 0535 608 367 y 69, fax 0535 608 368, e-mail: diamant1@menara.ma. Está a unos 6 km del centro, junto al río de Ain Chkef. Es accesible con el bus urbano 17, hasta las 20 h. Tiene ducha caliente y piscina en verano. 90 DH para dos personas con tienda, coche y electricidad.

Cámping International

Route de Sefrou, telf. 0535 618 0661, fax 0535 618 174. Está a 6 km del centro, accesible con los autocares y taxis de Sefrou. Es muy bonito y está muy bien mantenido, pero los precios son el doble que en el anterior. Hay piscina, restaurante y bar, muy frecuentados por la población local, con actuaciones musicales en verano.

■ Hoteles

Hôtel Central (D1) 6

50 Rue Brahim Roudani, telf. 0535 622 333. Posee 34 habitaciones limpias y bastante amplias, con lavabo y algunas de ellas con ducha. Precio: de 140 a 180 DH.

Hôtel Errabie (f. p.)

1 Rue de Tánger, Route de Sefrou, telf. 0535 640 100 / 0535 641 075, fax 0535 659 163. Dispone de 31 habitaciones decoradas con sencillez, equipadas con baño, teléfono, calefacción y balcón. En las cercanías se puede

PARA DARSE UN LUJO

Hôtel Palais Jamaï***.** *Bab Guissa, telf. 0535 634 331/32/33/35, fax: 0535 635 096, e-mail: h2141@accor.com, web: www.sofitel.com.* Es un edificio moderno de cinco plantas, construido en 1970 sobre un verdadero palacio, que había sido levantado en 1879 por el visir Jamaï. Se compone de 124 habitaciones muy lujosas, de estilo tradicional *fassí,* equipadas como un cinco estrellas, y 18 suites mucho más caras. Las que dan al sur ofrecen una vista magnífica de la medina. Hay además una amplia piscina, pista de tenis, *hammam,* sauna, gimnasio, sala de masajes, un agradable jardín, bar y varios restaurantes, destacando el prestigioso *Al Fassia,* que ocupa un salón del antiguo palacio (menú a 430 DH). Sirven bebidas alcohólicas. Precios: de 1.800 DH hasta 3.500 DH según habitación.

disfrrutar de una piscina pública. Precio: 200 DH.

HÔTEL AMOR (D1) 7

31 Rue Arabie Saoudite, telf. 0535 622 724. Consta de 35 habitaciones correctas, con calefacción, teléfono interior y un balconcito. El restaurante está bien decorado a base de yeso esculpido. Precio: 200 DH.

HÔTEL PERLA (C1) 8

15 Rue de la Jordanie, telf. 0535 943 641 y 42, fax 0535 943 644, web: www.hotelperlamaroc.com, contact@hotelperlamaroc.com. Incluye 25 habitaciones con aire acondicionado, con baño, teléfono y televisor, así como un restaurante donde se come por 95 DH. Habitación doble: 420 DH.

HÔTEL SPLENDID (D1) 9

9 Rue Abdelkrim el Khattabi, BP 2077, telf. 0535 622 148, fax 0535 654 892, e-mail: gmsplendidfa@menara.ma. Este hotel dispone de 70 habitaciones confortables, de estilo internacional, con aire acondicionado, baño, teléfono y televisión. Hay además una pequeña piscina, bar y un restaurante con menú a 112 DH. Habitación doble: 350 DH.

HÔTEL IBIS MOUSSAFIR (C1) 10

Av. des Almohades, Pl. de la Gare, telf. 0535 651 902 a 06, fax 0535 651 909, h2033@accor.com. Cuenta con 4 suites y 122 habitaciones acogedoras, aunque sin mucho carácter (pensadas para

hombres de negocios), equipadas con un buen cuarto de baño, teléfono, aire acondicionado y televisión. Hay una hermosa piscina rodeada de césped y palmeras, bar, sala de conferencias y un restaurante con menú a 115 DH, aunque resulta mucho más atractiva disfrutar de la barbacoa junto a la piscina. Precio habitación doble: 500 DH.

HÔTEL SOFIA (D1) **11**

3 Rue Royaume d'Arabie Saoudite, BP 2098, telf. 0535 624 265 a 268, fax 0535 626 478, hotelsofia@yahoo.fr. Se compone de 4 suites y 98 habitaciones muy acogedoras, con aire acondicionado, cuarto de baño, teléfono, minibar, balcón y televisión. La piscina es pequeña. Hay bar, discoteca, sala de conferencias y restaurante con menú a 170 DH. Precio habitación doble: 700 DH.

HÔTEL MERINIDES (A3) **12**

Borj Nord, telf. 0535 645 226, fax 0535 645 225, e-mail: mr.direction@palace-tradiction.ma. Ofrece 107 habitaciones lujosas, con aire acondicionado, decoradas con pinturas orientalistas y todas ellas equipadas con baño, teléfono, televisión, minibar, algunas con balcón. Las que dan al sur ofrecen una vista inmejorable sobre la medina. Dispone de varios restaurantes, bar, discoteca y una gran piscina panorámica. El precio es algo exagerado, pero en temporada baja se pueden obtener descuentos considerables. Precio: 2.000-2.500 DH.

COMER EN FÈS

Como en el caso del alojamiento, la oferta es mucho más amplia en la ciudad nueva. Sin embargo, la medina cuenta con algunos buenos restaurantes y otros muchos de precio más elevado, basado a menudo en el cuadro palaciego que ofrecen más que en su nivel culinario.

INTRAMUROS

RESTAURANT BOUAYAD (B3) **1**

Bou Jeloud, en los bajos del Hôtel Cascade, telf. 0535 637 464. Fundado en 1939, este restaurante es un clásico de Fès, donde se come realmente bien por un precio muy ajustado: carnes a la parrilla, pizzas y excelentes tayines. Para el mediodía cuenta con un amplio comedor fresco y pulcro, mientras que por la noche es mejor ocupar las mesas de la calle, que permiten de paso contemplar el bullicio. Precio: de 50 a 80 DH

RESTAURANT LA KASBAH

Bou Jeloud, frente al anterior, telf. 0535 741 533. Este restaurante consta de un pequeño comedor con 6 mesas, instaladas en el primer piso, y de una terraza muy alta con buena vista. Propone una cocina marroquí perfectamente aceptable. Precios: de 60 a 90 DH.

PALAIS TIJANI (A3) **2**

51/53 Derb Ben Chekroune, Lablida, BP 745, telf. y fax 0535

741 071. Después de bajar la Talâa Kebira, llegando a la medersa Attarine, hay que ir a la izquierda y seguir por la calle principal, hasta dar con el cartel del establecimiento. Está abierto al mediodía y por la noche. Ocupa una casa tradicional fassí muy bien arreglada, con aire acondicionado. Propone diferentes menús marroquíes; el más caro incluye el *mechuí*. Precio: de 100 a 250 DH según elección.

Restaurant Dar Saada (C2) ❸

21 Rue Attarine, telf. 0535 637 370. Situado en el corazón de Fès El Bali, en la calle principal del zoco, es un antiguo palacete transformado, con decoración naïf en la planta baja y un estilo más serio en el piso. Se come correctamente, aunque quizás el entorno haría esperar algo más especial. Sirven bebidas alcohólicas. Precio: de 100 a 200 DH según elección.

Restaurant Nejjarine

9 Rue Dermami, junto al zoco Nejjarine, telf. 0535 635 389. Ocupa el patio y los salones de una hermosa mansión y propone diferentes menús marroquíes, de 130 a 220 DH.

Extramuros

Snack Marina (D2) ❹

Kissaria 7, Rue Mohamed el Hayani, telf. 0535 651 988. Es un local popular escondido en una callejuela peatonal. La comida es buena y abundante: carnes, pizzas, tayines y bocadillos. Precio: de 50 a 80 DH.

Restaurant Marrakech (D2) ❺

11 Rue Omar Mokhtar, telf. 0535 930 876. Local de decoración muy sencilla, limpio y generalmente frecuentado por marroquíes y viajeros que visitan la ciudad. Ofrece una buena cocina marroquí. Precio: de 80 a 120 DH.

Restaurant Mauritania (C1) ❻

54 Av. Hassan II, telf. 0661 406 041. Consta de un salón en un altillo de un café popular y algunas mesas en la calle. Tienen platos marroquíes y carnes a la parrilla, todo correcto. En vista de su éxito, han subido mucho los precios últimamente: de 100 a 150 DH.

Restaurant Moussafir (D1-2) ❼

47 Av. Mohamed V, telf. 0535 620 019. El comedor es de muy buena calidad. Tiene aire acondicionado y suelen proponer un menú marroquí relativamente económico. También se puede comer a la carta,

TOMAR ALGO

En los jardines de Bou Jeloud, **Café de la Noria** goza de un entorno fresco y relajante, aunque el río baja con poca agua y la famosa noria está en malas condiciones.
Los **Cafés de Bab Bou Jeloud** tienen mesas en la calle donde sentarse a contemplar el bullicio a la caída de la tarde.

diferentes carnes y pescados. Sirven alcohol. Precio: 120-150 DH.

RESTAURANT ZAGORA (D2) 8
5 Bd. Mohamed V, telf. 0535 624 618, fax 0535 940 686, e-mail: zagora@menara.ma. Se encuentra al fondo de una galería comercial, poco visible desde la avenida. Es un local que tiene aire acondicionado, es muy discreto y siempre con un ambiente selecto. Su cocina goza de una excelente reputación. Ofrece un menú marroquí, así como una amplia carta de pescados y carnes, que se pueden acompañar con vino. Precio: de 150 a 250 DH.

LA CHEMINÉE (C1) 9
6 Av. Lalla Asmaa, telf. 0535 624 902. Este restaurante permite disfrutar de una buena cocina marroquí e internacional a la carta. Sirven bebidas alcohólicas. Precio: de 150 a 200 DH.

LA NOCHE

ESPECTÁCULO DE LUZ Y SONIDO: "12 siècles en 45 minutes", junto al Borj Sud, telf. 0535 629 371, fax 0535 931 893. Todos los días excepto domingos, a las 21.30 h. Entrada: 100 DH. También se puede cenar en unas tiendas caidales (menú a 250 DH). Los bares son muy numerosos. El del **HÔTEL DES MÉRINIDES** ofrece una vista excepcional de la ciudad. El del **HÔTEL MOUSSAFIR** destaca por la paz que reina en su jardín. El **CALA IRIS,** en la Av. Hassan II, es nuevo y reluciente.
Las discotecas se hallan en los principales hoteles. La más famosa es la del **MÉRINIDES.**

GOULMIMA

PROVINCIA DE ERRACHIDIA.
16.000 HABITANTES.

El Ksar Igoulmimen fue uno de los más destacados de la región a lo largo de los últimos siglos, habitado por diferentes tribus beréberes, árabes e israelitas, cada grupo en su barrio particular. Tras la implantación del protectorado, se creó el actual centro administrativo 1 km al norte del *ksar*. El término Goulmima es una arabización de Igoulmimen.

INFO

Código postal. 52250
Bancos. Banque Populaire, en la carretera.
Web: www.goulmima.com. Ofrece toda la información cultural, en francés.

ACCESOS

La **carretera N-10,** muy correcta, asfaltada comunica con Errachidia por el este y Ouarzazate por el oeste.
Una **carretera local** enlaza al sureste con Touroug; está asfal-

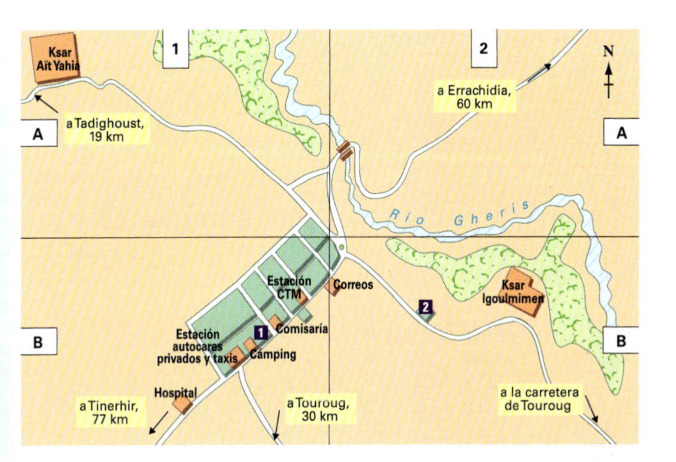

tada, excepto un tramo de 500 m en el paso del río Gheris.

Una **nueva carretera** conduce a Amellago por las gargantas de Amsad.

TRANSPORTES

Autocares Supratours a Errachidia (1 diario) y Marrakech (1 diario).

Autocares CTM. Hay uno diario a Errachidia y otro a Marrakech.

Autocares privados a Agadir, Casablanca, Erfoud, Fès, Meknès, Tánger, Nador, Marrakech y Zagora. Estación a 500 m del centro, hacia Ouarzazate, a la derecha.

Taxis colectivos a Errachidia, Tinejdad, Tadighoust y Tinerhir. Bd. Hassan II, al lado de la estación.

VISITA

Aunque muy poco explotada desde el punto de vista turístico, la región de Goulmima cuenta con recursos de gran interés, centrados en su inmenso palmeral y en sus numerosos *ksur* de tierra. La mejor vista panorámica del conjunto se obtiene al atardecer, tomando la carretera de Errachidia y desviándose a la izquierda a unos 3 km de la ciudad.

El **Ksar Igoulmimen** se halla a 1,2 km del centro, accesible por asfalto. Sigue parcialmente habitado. Lamentablemente la entrada monumental con sus dos grandes torres fue derribada hace pocos años y reconstruida en un estilo diferente del original.

Existen muchos otros *ksur* a lo largo de una pista que enlaza con la carretera de Touroug al sur, destacando entre ellos Gaouz, y diferentes molinos tradicionales de aceite.

La carretera de Tadighoust, al norte, ofrece asimismo una interesante excursión. Se pasa en primer lugar por el **Ksar Aït Yahia,** uno de los más grandes del sur marroquí, que sigue habitado en su mayor parte y presenta una entrada monumental muy bien decorada. En Tadig-

houst, un desvío de tierra permite cruzar el río para llegar a **Mo,** un hermoso pueblo cuyos habitantes se dedican a la alfarería. Otra posibilidad es continuar desde Tadighoust por la pista principal hasta el **Ksar Timezguit,** que bien merece una visita. A partir de este punto la carretera continúa por las **gargantas de Amsad** hacia **Amellago.**

Una gran cantidad de **túmulos prehistóricos** se hallan al NE de Goulmima, tomando la carretera de Errachidia durante 5,5 km y luego 3 km de pista a mano izquierda.

El **zoco de Goulmima** tiene lugar los martes y sábados, a 2 km del centro en la carretera de Ouarzazate, frente a la gasolinera Ziz.

DORMIR Y COMER EN GOULMIMA

■ CÁMPING

CHEZ MICHELLE

Bd. Hassan II, telf. y fax: 0535 885 413. Tiene piscina y está rodeado de árboles. También se acampa en la **Maison d'Hôtes Les Palmiers.**

■ HOTELES

HÔTEL GHERIS (B1) 1

101 Bd. Hassan II, esquina Rue Saadyine, telf. 0535 783 167. Posee 10 habitaciones con baño, correctas pero algo anticuadas. También hay una cafetería y una terraza con vistas a lo lejos del Gran Atlas. Precio: 100 DH.

MAISON D'HÔTES LES PALMIERS (B2) 2

6 bis Hay Ouatmane, telf. y fax 0535 784 004, web: www.palmiersgoulmima.com, e-mail: lespalmiers.odile@menara.ma. Cierran del 15 de junio al 15 de julio. Dispone de 5 habitaciones agradables y limpias, de aire tradicional, con baño, ventilador, calefacción y 2 de ellas con aire acondicionado, rodeadas por un frondoso jardín. También se puede pernoctar en una *jaima.* En el restaurante se come bien por 95 DH. Habitación doble: 260 DH.

GÎTE CHEZ PAULINE

A 20 km por la carretera de Tadighoust y 1 km de pista practicable con un turismo, telf. 0535 885 425, fax 0535 884 630, móvil 071 101 271, e-mail: gitechezpauline@yahoo.fr. Tiene sólo 5 habitaciones muy acogedoras, climatizadas, con camas enormes y un amplio cuarto de baño, decoradas y amuebladas con objetos africanos. Los salones, del mismo estilo, parecen casi un museo. Asimismo se puede acampar y pernoctar en unos dormitorios con un bloque de sanitarios común. El restaurante ofrece cocina francesa y marroquí, con platos muy especiales, a 125 DH el menú. Precios: de 200 a 350 DH.

■ AVISO

La selección de los establecimientos incluidos en esta guía se ha hecho siguiendo, exclusivamente, el criterio independiente de los autores. Ninguno de los hoteles, restaurantes, comercios, etc. aquí contenidos ha desembolsado ninguna cantidad para aparecer en la guía.

GUELMIM

CAPITAL DE PROVINCIA. 83.000 HABITANTES.

Guelmim es la sucesora de otras ciudades mucho más antiguas de la zona, que prosperaron a partir del siglo XI con el comercio de caravanas. Sin embargo, la población actual no guarda ni el más mínimo recuerdo de aquella época gloriosa. Es un centro administrativo y militar de construcción moderna.

INFO

Código postal. 81000
Delegación de Turismo. Av. Mohamed VI, telf. 0528 872 911, fax 0528 873 185.
Bancos. Cinco entidades bancarias en la Av. Mohamed V.
Actividades deportivas. Circuitos en dromedario de tres días entre Taghjijt y Guelmim, organizados por el Auberge Taghjijt.

ACCESOS

La **carretera N-1** comunica con Tiznit al nordeste y Laayoune al suroeste. El asfaltado es bastante correcto.
La **carretera N-12,** algo estrecha y con muchas curvas, llega de Sidi Ifni por el norte.

TRANSPORTES

Autocares Supratours a Marrakech y Dakhla, ambos hacia media noche. Paran en la carretera de Tiznit, a la salida de Guelmim.
Autocares CTM a Casablanca (a las 20 h) y Dakhla (a las 24 h). Salen de la estación de autocares.
Autocares privados a Agadir, Marrakech, Casablanca, Rabat, Kénitra, Beni Mellal, Essaouira, Safi, Ouarzazate, Assa y Tan-Tan. Estación de autocares en el Bd. Abaynou.
Taxis colectivos a Sidi Ifni, Bou Izakarne, Tata, Assa, Tantan. Junto a la estación de autocares.
Taxis colectivos Land Rover a Sidi Ifni por las gargantas del río Assaka y Sidi Ouarsik.
Taxis pequeños por la ciudad.

COMPRAS

Plata. Tiendas del centro, destinadas a la población local y no a los visitantes. De buena calidad. Un juego de pulseras no pasa de 150 DH. No toda la plata es exactamente de la misma ley.
Cuadros en relieve que combinan la pintura con otros materiales. Representan escenas tradicionales nómadas y son obra de un artista de Tighmert llamado Faouzi Abdelkade.
Joyas antiguas y otros objetos en el zoco del sábado. Los precios están adaptados a una clientela nórdica que viene de Agadir en circuitos organizados.

VISITA

La ciudad en sí tiene poco interés. En los alrededores destaca la Playa Blanca, el oasis de Tighmert y sobre todo, en su interior, la Kasba Caravane Ceraille, un museo etnológico algo desconocido hasta hoy.

El **zoco** del sábado llegó a ser muy famoso por los dromedarios que se vendían en él y por la presencia de "hombres azules" del desierto. Actualmente, hay más ovejas que dromedarios, los "hombres azules" que han quedado son vendedores de quincalla para turistas a precios desorbitados y los grupos de alemanes procedentes de Agadir apenas dejan espacio libre para sacar alguna fotografía.

El **oasis de Tighmert** es uno de los más pintorescos de la región, habitado por la tribu árabe Asuafit. Para acceder a él, hay que salir de Guelmim por la carretera de Assa (surge en pleno centro, pero no está indicada) y tomar el primer desvío a la derecha, que conduce a Asrir. Allí veréis el **morabito blanco de Sidi Mohamed ben Amar,** junto al cual se celebra el *musem* en junio.

Un poco más allá de Asrir, el asfalto continúa hasta rodear por completo Tighmert, que figura en muchos mapas como "Aït Bekkou".

En pleno palmeral de Tighmert, una casa tradicional de tierra llamada **Kasbah Caravan Serail** *(telf. 0666 942 980; entrada: la voluntad)* ha sido restaurada por su propietario, deseoso de conservar la cultura secular de sus antepasados. La casa contiene miles de objetos de todo tipo, utilizados algunos por los nómadas saharauis y otros por los habitantes de los oasis. Lástima que se hayan mezclado con ellos varias alfombras del Atlas Medio. De todos modos, el conjunto es realmente digno de visita. Para llegar hasta allí, 6 km después de Asrir hay que desviarse de nuevo a la derecha, por asfalto, y dejar el coche al cabo de 1,3 km, justo antes de atravesar un torrente. Quedan apenas 200 m andando hasta la casa, aunque no hay indicador alguno.

Otros puntos que pueden visitarse en Tighmert son sus fuentes y una *khettara* o canal subterráneo, esta última situada junto a la carretera de Assa, a la que se vuelve a salir tras recorrer todo el oasis.

La **Playa Blanca** (Chati Labiad) ocupa una gran extensión, situada entre la desembocadura del río Assaka y la del Drâa. Los amantes del 4x4 la recorren de punta a punta. Para llegar hasta ella, hay que salir de Guelmim por la carretera de Sidi Ifni, desviándose inmediatamente a la izquierda.

El asfalto termina a los 65 km, justo llegar a la costa, caracterizada por sus dunas.

La región al este de Guelmim es riquísima en **grabados rupestres,** accesibles por diferentes pistas a partir de la carretera de Tata. En **Taghjijt**, a 80 km en esa misma dirección, se pueden ver los restos de una **fortaleza** levantada por los almohades encima de una loma.

LOS HOMBRES AZULES

La población más antigua de la que tenemos noticias en la región sahariana occidental eran beréberes de un grupo llamado zanaga, del que surgió en el siglo XI la dinastía de los almorávides. Aquellos hombres vestían amplias túnicas azules y se velaban el rostro, según testimonio de los cronistas antiguos como El Bekri. Hacia el siglo XIV la zona fue invadida por tribus árabes hasaníes y, con el tiempo, la presencia beréber desapareció. Esto no significa forzosamente que la población beréber fuera exterminada o emigrase, sino que una buena parte adoptó la lengua de los recién llegados, ya fuera por la fuerza o por el prestigio religioso que da la descendencia del entorno del Profeta. Los nómadas que hoy encontramos en el Sahara occidental y en Mauritania son árabes hasaníes desde un punto de vista cultural, aunque siguen vistiendo esas amplias túnicas azules o blancas por las que les han adjudicado el apelativo de "hombres azules" y es muy probable que por sus venas corra sangre beréber. Más al este, en el desierto de Niger y de Mali, los **tuareg** siguen hablando un dialecto beréber, visten de un modo bastante parecido a los hasaníes, ocultan su rostro detrás de un largo turbante y parece demostrado que son los descendientes directos de la tribu que dio lugar a la dinastía almorávide. La diferencia más clara entre ambos grupos es el idioma, pero también la distribución territorial. En el sur de Marruecos hay hasaníes y no tuareg. Aunque los guías clandestinos y los comerciantes de artesanía os asegurarán lo contrario, pues el término "tuareg" vende mucho más.

Un poco más allá, en Amtoudi, cerca de Adaï, se conservan dos **graneros colectivos** magníficos, ambos situados en lo alto de sendas peñas rocosas.

En **Ifrane de l'Anti-Atlas** es interesante visitar una antigua sinagoga, restaurada gracias a una asociación hebrea. Se halla entre las ruinas del poblado judío, a 2,5 km del centro de dicha población por un camino en curso de asfaltado, y la llave se encuentra en manos de la familia que vive justo al lado, quienes están construyendo asimismo un albergue llamado Riad Melah. A 15 minutos andando desde la sinagoga se conserva asimismo el viejo cementerio israelita.

En los alrededores de Guelmim hay dos fuentes de aguas termales, la de **Abainou** a 12 km en la carretera de Sidi Ifni y la de **Lalla Mallouka** a 75 km en dirección a Agadir.

DORMIR Y COMER EN GUELMIM

La escasez de la oferta hotelera que caracteriza a esta localidad se corresponde con su interés limitado. Los mejores establecimientos están en las afueras. A continuación, se relacionan algunos que ofrecen posibilidades a quien quiera pernoctar aquí.

■ CÁMPING

Se puede acampar en los albergues Tighfert y Fort Bou Jerif.

■ HOTELES

HÔTEL L'ERE NOUVELLE

115 Av. Mohamed V, telf. 0528 872 118. 22 habitaciones limpias y correctas, con baños comunes, a un precio sin competencia: 60 DH.

MAISON JARDIN D'EDEN

En el oasis de Tighmert, telf. 067 909 642, e-mail: brahim_oasis@yahoo.fr. No habiendo indicadores para encontrarla, hay que llamar por teléfono y os vendrán a buscar. Es una vivienda tradicional auténtica situada en pleno palmeral, con 5 habitaciones sencillas en torno a un pequeño jardín. También preparan comidas por encargo, a 60 DH. Habitación doble: 100 DH.

HÔTEL BAHICH

31 Av. Abaynou, telf. telf. 0528 772 178, fax 0528 770 449. Cuenta con 30 habitaciones, unas con baño completo y otras con lavabo. Todo está limpio y bien mantenido. Precio: de 150 a 180 DH.

HÔTEL SALAM

Route de Tan-Tan, telf. 0528 872 057, fax 0528 871 990. Es un establecimiento venido a menos, muy céntrico y ruidoso. Este establecimiento dispone de 20 habitaciones algo decadentes, con baño, así como restaurante y un bar animado por las noches. Precio: 180 DH.

AUBERGE TIGHMERT

En el oasis de Tighmert, indicado como "Facomtour", telf. 0528 770 806, fax 0528 772 011. Es un edificio moderno con espacios enormes que le dan una cierta frialdad. En él se distribuyen 20 habitaciones correctas, con baño, teléfono y televisor, así como un restaurante. Precio: 200 DH.

HÔTEL AU RENDEZ-VOUS DES HOMES BLEUS

447 Av. Hassan II, telf. 0528 772 821, fax 0528 770 556. Está a 1 km del centro en la carretera de Sidi Ifni. Son 15 habitaciones acogedoras, equipadas con baño, televisor, teléfono y aire acondicionado. Precio: 350 DH.

FORT BOU JERIF

A 40 km de Guelmim, por la carretera de Playa Blanca, cuyo asfalto termina 12 km antes del albergue, telf. 072 130 017. Éste es un establecimiento muy conocido y frecuentado por los aficionados a los todoterrenos. Son 18 habitaciones rodeadas de jardines, y un restaurante bien reputado. Precio: 400 DH.

FIESTAS

Diferentes *musems* tienen lugar en la región a principios del verano. En las Delegaciones de Turismo disponen de una lista completa.

IFRANE

CAPITAL DE PROVINCIA. 13.000 HABITANTES.

Creada en 1929 por las autoridades del protectorado francés deseosas de reproducir en tierra marroquí un pedacito de su propio país, Ifrane (pronúnciese "Ifrán") significa "las cuevas" y ofrece el curioso aspecto de un pueblecito alpino. Tras la partida de los franceses, la burguesía de Casablanca y los altos funcionarios de Rabat tomaron el relevo, llegando el propio rey a construirse en ella un palacio para veranear o esquiar, pues ambas posibilidades ofrece la región.

INFO

Código postal. 53000
Delegación de Turismo. Pl. du Syndicat, BP 15, telf. 0535 566 821, fax 0535 566 822, e-mail: dptifrane@yahoo.fr. Ofrecen la posibilidad de consultar información sobre mapas topográficos de la región. Sirve para contactar con acompañantes de montaña.
Bancos. Situados en el centro.

ACCESOS

La **carretera N-8** comunica con Fès por el nordeste y con Marrakech por el suroeste. Es amplia y buena, pero tiene muchas curvas y se corta en algunas ocasiones por las nevadas. La **R-707,** en buen estado, llega de Meknès por El Hajeb, al noroeste. Hacia el sudeste se dirige a Boulemane, cubierta de nieve con frecuencia.

TRANSPORTES

Autocares Supratours a Fès (2 al día), Marrakech (1 al día) y Merzouga (1 al día).
Autocares CTM van a Fès, Casablanca y Marrakech, en la estación de autobuses.
Autocares privados a Fès, Oujda, Demnate, Rissani, Bou Arfa, Marrakech, Rabat, Casablanca, Missour y Agadir.
Taxis colectivos a Fès, Azrou, Imouzzer, Meknès, El Hajeb. Junto a la estación de autobuses.
Taxis pequeños por la ciudad.
Aeropuerto no tiene vuelos regulares. Telf. y fax 0535 566 200.
Aparcamiento en el centro.

DEPORTES

Esquí: La estación de invierno de Michlifen, a 17 km de Ifrane y 2.100 m de altitud, cuenta con una pista negra, una roja y una para principiantes. En el Jebel Hebri hay dos pistas a 3 km. La nieve no suele durar más de un mes. El *Hôtel Aghlias,* en la propia estación, alquila material de esquí y organiza circuitos ecuestres, bicicleta de montaña, caza y pesca.

VISITA

La ciudad de Ifrane, con un aspecto casi más propio de los Alpes, carece de monumentos o museos significativos, pero por su aspecto limpio, bien cuidado y fresco bien merece un agradable paseo. Sin embargo, su verdadero interés se centra en las excursiones por los alrededores: cataratas –como la de las Vírgenes–, lagos –como el de Aoua–, bosques de cedros centenarios...

LA CIUDAD

El viajero procedente de las populosas ciudades imperiales o del desierto se sorprenderá en Ifrane al encontrarse con una sucesión de chalés de aire alpino separados entre sí por extensas zonas ajardinadas, amplias avenidas, cedros y césped. No verá ni un papel en el suelo, ni una pared despintada.

A la salida de la ciudad, en dirección a Fès, hay un **lago artificial** muy pintoresco, rodeado también de césped, con bancos donde sentarse y un sendero que lo rodea. Partiendo del lago, un interesante recorrido de 1.30 h –ida y vuelta– consiste en descender

Rue des Erables y Rue de la Marche Verte

Entre estas dos calles se concentran las cafeterías elegantes y todo el ambiente, tanto de veraneantes como de esquiadores, dependiendo de la época del año en que visitemos la ciudad.

hasta la **fuente Vittel** por un camino peatonal que se inicia en una escalera, junto al desvío del Hôtel Michlifen y discurre siempre por la margen derecha del río. La vegetación es abundante, con bosques y prados. Todo tiene un aire bucólico. El río sólo lleva agua en años de lluvia.

EXCURSIONES

La **catarata de las Vírgenes** *(entrada: 10 DH)* resulta pintoresca por su entorno lleno de vegetación. Para llegar hasta ella hay que recorrer 6 km por la carretera de Meknès y luego 500 m a pie o bien a caballo.
El **Dayet (lago) Aoua** [pág. 184], se encuentra a 18 km por la carretera N-8.
Para ver el bosque de cedros en toda su magnificencia, hay que partir por la R-707 hasta la estación invernal de Michlifen. Desde allí, salir a la N-13, que tomaréis a la derecha. A los 14 km podéis desviaros de nuevo a la derecha, pasar un collado y descender hasta

el **cedro Gouraud,** hoy desaparecido, pero considerado el mayor de la región.
Allí veréis probablemente algunos monos de la especie conocida como macaco del Atlas. Una buena carretera sale de aquí a la N-8 entre Azrou e Ifrane. Se han descrito otros circuitos posibles en el capítulo "Azrou" [pág. 83].

DORMIR EN IFRANE

Siendo ésta una ciudad residencial para la burguesía de Rabat y Casablanca, el alojamiento es de un cierto nivel. No hay pensiones. Los dos hoteles de tres estrellas ofrecen una calidad muy alta, sin apenas diferencia con los de categoría superior. Si no encontrárais habitación en Ifrane, recordad que Imouzzer du Kandar y el lago Aoua están cerca y cuentan asimismo con una buena oferta hotelera.

■ CÁMPING

CÁMPING MUNICIPAL

En la carretera de Meknès, telf. 0535 566 156. Este cámping es algo ruidoso debido a su situación. Durante el período de verano suele estar abarrotado. Tiene árboles, pero no hay ducha. Para lavarse, existe un *hammam* público que está aproximadamente a unos 5 minutos andando por un sendecillo del bosque.

LA NOCHE

Los que quieran prolongar algunas horas la noche pueden acercarse hasta la discoteca del hotel **CHAMONIX**. También hay bares en los hoteles **PERCENEIGE**, **TILLEULS** y **CHAMONIX**.

■ HOTELES

LE RÉFUGE

A 6 km en la carretera de Meknès, junto a la catarata, telf. 0535 566 418. Es un establecimiento con encanto situado en un entorno muy bucólico. Dispone de 7 habitaciones con mucho carácter aunque adaptadas a la austeridad que es propia de la región, todas ellas con baño y saloncito. El restaurante no funciona, de modo que debéis llevar vuestra propia comida. Precio: 200 DH.

HÔTEL LE CHAMONIX (A2) 1

Av. de la Marche Verte, telf. 0535 566 028 y 825, fax 0535 566 826. Ofrece 64 habitaciones impecables, con baño, calefacción, teléfono y televisión. También hay un restaurante con menú a 120 DH, bar y discoteca. Habitación doble: 400 DH.

HÔTEL LES TILLEULS (A2) 2

Rue Tilleuls, telf. 0535 566 658 y 639, fax 0535 566 079. Posee 40 habitaciones acogedoras, con baño, calefacción, teléfono, televisión. Hay además un bar y un restaurante. No aceptan tarjetas de crédito. Precio: 400 DH.

HÔTEL AGHLIAS

En la estación invernal de Michlifen, telf. 0535 560 492, fax 0535 522 321. Es un establecimiento de mucha categoría, destinado especialmente a todos los esquiadores. Precio: 400 DH.

HÔTEL PERCE-NEIGE (B2) 3

Hay Riad, BP 47, telf. 0535 566 350 / 351, fax 0535 567 746. Incluye 22 habitaciones confortables, con baño, calefacción, teléfono y televisión, algunas con balcón, así como 5 suites más lujosas, restaurante y bar. No se diferencia mucho de los establecimientos anteriores, excepto en el precio: 500 DH.

COMER EN IFRANE

Puestos de pinchos y pollo asado en el mercado central. Los precios suelen rondar de 30 a 60 DH.

RESTAURANT DE LA ROSE (A2) 1

7 Rue des Erables, telf. 0535 566 215. Buena cocina marroquí e internacional, con las truchas del Atlas como especialidad de la casa. Precios: 70-100 DH.

AU RENDEZ-VOUS DES SKIEURS (A2) 2

Rue Lilas, telf. 0535 566 941. En este restaurante la especialidad es el pollo asado y la carne. Precio: de 70 a 100 DH.

COOKIE CRAQUE (A2) 3

Av. des Tilleuls, telf. 0535 567 171, fax 0535 566 833. En este establecimiento proponen pizzas, hamburguesas y una gran variedad de platos internacionales para salir de cualquier apuro. Precio: de 100 a 130 DH.

RESTAURANTE DE LA PAIX (A2) ❹
Av. de la Marche Verte, telf. 0535 566 675. Ofrece entre sus especialidades algunos platos marroquíes junto a carnes y pizzas. Precio aproximados: de 100 a 150 DH.

Para comer con acompañamiento de vino, los restaurantes de los hoteles **Chamonix, Tilleuls o Perce-Neige.** Los precios suelen rondar de 120 a 160 DH.

MILCHIL

PROVINCIA DE MIDELT. 6.000 HABITANTES.

La presencia de la tribu Ait Hadidú en el Gran Atlas Central data de varios siglos atrás. Eran y son pastores nómadas, pero una parte se fue sedentarizando y construyendo diferentes aldeas en el valle del Assif Melloul. En los últimos tiempos, Imilchil se ha convertido en la capital administrativa de los Ait Hadidú, evolucionando a marchas forzadas.

INFO Y TRANSPORTES

Código postal. 52403
Actividades deportivas. La región de Imilchil es un paraíso para el senderismo y las excursiones en mula. Los guías de montaña os informarán de las diferentes posibilidades, entre una jornada y tres semanas de recorrido.
Guías. Guías de montaña en los hoteles y en las *gîtes.*
Taxis colectivos a Rich y Aghbala.
Camiones y furgonetas a Tinerhir (el sábado) y a Tounfite (el sábado).
Una **gasolinera** se halla en construcción.

ACCESOS

La **carretera R-706** comunica con Rich al este (entre Midelt y Errachidia). Se halla bien asfaltada, pero resulta bastante pesada por las curvas. La **carretera R-317** llega de Tinerhir por el sur, con riesgo de nieve en invierno. Hacia el norte permite llegar a El Ksiba y Aghbala. Una **pista** todo terreno enlaza con Tounfite al nordeste. Otra pista difícil va a Boumalne Dadès, al suroeste. Se corta por la nieve todos los inviernos.

COMPRAS

Alfombras y *handiras* con las que se cubren las mujeres Ait Hadidú. Aunque no todo lo que se vende es producto de la región.

VISITA

A 4 km de Imilchil por la pista de Aghbala se encuentra el **lago Tislit.** Desde allí, otra pista de 8 km conduce al segundo lago, **Isli.** Su imagen es muy pintoresca, rodeado de montes extremadamente áridos. Isli significa "el novio" y Tislit "la novia", denominación justificada por una leyenda popular sobre amores contrariados.

El **alto valle del Assif Melloul,** entre Imilchil y Agoudal, es una sucesión de pueblos de tierra, de arquitectura soberbia, rodeados por los campos de cultivo. A una parte se puede acceder por la carretera de Rich y a los demás por la pista de Tinerhir. El mejor de todos es el último, **Agoudal,** que cuenta en su interior con varias casbas.

El **zoco de Imilchil** tiene lugar el sábado, y es muy concurrido. Prácticamente sólo hay hombres, envueltos todos ellos en sus chilabas de color blanco.

FIESTAS

El **musem de los Ait Hadidú** tiene lugar todos los años a finales de agosto. Para conocer la fecha exacta, dirigíos a la Delegación de Turismo de Errachidia, pero sabed que con frecuencia la cambian a última hora. La fiesta se celebra en una explanada junto al morabito de Sidi Ahmed U Lamrani, a 22 km de Imilchil en dirección a Tinerhir, y dura tres jornadas.

El viernes a primera hora se abre un mercado inmenso y bullicioso, en el que abundan los dromedarios y otro ganado. Las jóvenes acuden con sus mejores ropas de gala y pintado el rostro de vivos colores, ya que es la ocasión propicia para encontrar un buen marido. El sábado es el día de la pompa oficial, con discursos de las autoridades y espectáculo folclórico. Algunas parejas formalizan el matrimonio en un acto propiciado por el Ministerio de Turismo. El domingo, el ambiente decae mucho, pues todos empiezan a marcharse. Las verdaderas bodas tendrán lugar una vez que hayan regresado a sus pueblos. No obstante, el evento es conocido también como "fiesta de las novias", y cada vez se va volviendo más turístico, organizándose en paralelo el llamado "Festival de Musique des Cimes" en Imilchil centro. Las agencias de viajes y las cadenas hoteleras montan para la ocasión grandes carpas en las que se puede alojar el viajero, con un confort mínimo, a precios de escándalo.

DORMIR Y COMER EN IMILCHIL Y REGIÓN

En los últimos años el sector hostelero de Imilchil se ha desarrollado mucho en número de establecimientos, pero lamentablemente no ha mejorado en absoluto su calidad. Por esto muchos viajeros prefieren alojarse en la vecina Agoudal.

GÎTE DE ZAID OUCHAOUA

En Imilchil centro, BP 44, telf. 0523 442 724, móvil 0666 646 504, e-mail: zouchaoua@yahoo.fr. Es el único establecimiento de Imilchil que tiene un cierto carácter: una preciosa casa en la que se pueden alojar 16 personas en colchonetas sobre las alfombras. Precio: 260 DH en media pensión.

GÎTE DE SAID HACHEM

En Imilchil centro, pero muy escondida, telf. 0668 518 479. Más sencilla que la anterior. Precio: 260 DH en media pensión.

HÔTEL ISLANE

En Imilchil centro, telf. 0523 442 806, móvil 0661 224 882. Posee 14 habitaciones muy simples con ducha caliente comunitaria. En el restaurante se comen tayines preparados al modo tradicional. Precio: 300 DH media pensión.

AUBERGE L'AVENIR

En Imilchil centro, telf. 0668 638 451. Son 7 habitaciones sencillas, con sanitarios comunes. Precio: 280 DH en media pensión.

HÔTEL TOUDRA

En Imilchil centro, telf. 0523 442 930, móvil 0666 806 147. Cuenta con 12 habitaciones simples, limpias, con un baño comunitario por planta. Su restaurante propone platos caseros beréberes. Precio: 300 DH en media pensión.

HÔTEL CHEZ BASSOU

En Imilchil centro, telf. 0523 442 402, móvil 0668 564 475; web: www.chezbassou.com. 13 habitaciones correctas, sin lujos, 10 de ellas equipadas con un cuarto de baño. Precio: 400 DH en media pensión.

COMPLEXE COLLIER D'AMBRE

En Imilchil centro, telf. 0663 683 485, e-mail: m_daamti@hotmail.com. De reciente construcción, incluye 6 habitaciones con baño. Precio: 200 DH.

AUBERGE TISLITE

A la orilla del lago Tislit, telf. / fax 0535 527 039, móvil 0641 738 665/ 0676 407 042. Es un edificio en forma de casba, con 6 habitaciones austeras, 3 con baño. Precio: 450 DH en media pensión.

■ EN AGOUDAL

AUBERGE IBRAHIM

Junto a la pista, telf. 0535 884 628, www.aubergeibrahim.ht.st, e-mail: aubergeibrahim@ wanadoo.fr. Se compone de 6 habitaciones sencillas y varios salones en torno a un simpático jardín de manzanos. Otras 4 habitaciones con baño están en construcción. Precio: 300 DH en media pensión.

AUBERGE AGOUDAL

Cerca de la pista, telf. 0535 784 705, móvil 0661 624 681. Tiene un par de salones y varios cuartos, todo muy sencillito. Precio: 300 DH en media pensión.

IMLIL Y EL JEBEL TOUBKAL

PROVINCIA DE EL HAOUZ.

Desde 1942 la región del Toubkal constituye oficialmente un parque nacional, donde la flora, la fauna y la cultura tradicional deberían ser preservadas. No obstante, la afluencia masiva de montañeros y de viajeros en general atraídos por la cumbre más alta del Atlas ha provocado un desarrollo caótico de estos valles que nadie se ha preocupado de racionalizar. El dinero que ha repercutido el turismo se ha invertido en construir edificios de hormigón que han roto la estética tradicional de los pueblos. De todos modos, el paisaje sigue siendo bonito y quizás con el tiempo los habitantes y las autoridades vayan tomando conciencia del valor que tiene un entorno bien conservado.

INFO

Código postal. Asni: 42150

Guías. Bureau des Guides d'Imlil, BP 22, 42150 Asni, telf. 0524 485 626, e-mail: bureau.guides@yahoo.fr.

Actividades deportivas. La región del Toubkal es ideal para el senderismo, las ascensiones a varias cumbres de más de 4.000 m y, en invierno, el esquí de montaña. Organiza circuitos en todas las *gîtes* y en la agencia *Adrar Aventure.*

Web: www.imlil.org.

ACCESOS

La **carretera R-203** y una carreterita local asfaltada en su totalidad enlazan Imlil a Marrakech a través de Asni.

Diferentes **pistas** practicables con un turismo salen de Imlil hacia Aremd (pronunciar "Armed") y otras aldeas del valle.

TRANSPORTES

Taxis. Hay taxis colectivos a Asni y a Marrakech.

Excursiones y alquiler de material de montaña. Adrar Aventure, telf. 0524 435 663, fax 0524 435 682, www.adrar-aventure.com, adrar.av@menara.ma.

Alquiler de mulas con el mulero respectivo, para moverse por los valles, en el centro de Imlil.

VISITA

Imlil como pueblo no tiene el más mínimo interés, pero constituye una buena base, no sólo para subir al Toubkal, sino para múltiples recorridos pedestres o en mula por los diferentes valles de su alrededor.

La ascensión al **Jebel Toubkal** se puede realizar en 2 o 3 jornadas. La primera etapa, de unas cuatro horas largas, consiste en subir por un camino mulero bien marcado de Imlil hasta uno de los dos refugios de Toubkal, situados a 3.207 m.

La segunda etapa es el ataque a la cumbre: unas tres horas y media de ascensión fuerte y constante, aunque sin dificultad especial, más el descenso.

La tercera etapa, que se puede realizar el mismo día de la segunda si habéis salido muy temprano y estáis en buena forma física, es el retorno a Imlil por el mismo camino de la ida.

Desde los refugios de Toubkal se pueden efectuar asimismo ascensiones a los **Los Ouanoukrims** (Afella, Akioud, Ras, Timesguida, etc., todas ellas por encima de los 4.000 m y no tan frecuentadas como el Toubkal).

El **morabito de Sidi Chamarouch,** a 2.310 m de altitud, es un lugar de peregrinaje muy popular en Marruecos. Está en el propio camino del Toubkal, a un par de horas andando desde Imlil.

Tanto en Imlil como en Sidi Chamarouch e incluso en las aldeas más pequeñas, abundan los vendedores de minerales del Atlas.

El **valle de Imenane** constituye una sucesión de poblados maravillosos, hechos de piedra y de tapial, unos colgados en las laderas del monte y otros apiñados junto al río.

A su alrededor se distribuyen los cultivos en terrazas, mientras el fondo está lleno de nogales. Podéis acceder a él desde Imlil por la pista de Tachdirt. Desde el final de la pista, en siete horas andando se alcanza la carretera entre Imlil y Asni.

Tizi n'Oussem es un pueblecito muy pintoresco del valle de Ouissadène, que no lo es menos. A él se llega en 5 horas andando, a través de un puerto muy abrupto, el **Tizi n'Mzik** (unos 2.480 m).

El **lago de Ifni** se halla en la vertiente sur del Jebel Toubkal. Para llegar hasta él hacen falta un par de jornadas andando desde Imlil. Aparte de su bella imagen, es muy conocido por los aficionados a la pesca.

DORMIR Y COMER EN IMLIL Y ALREDEDORES

El pueblo y los valles adyacentes cuentan con medio centenar de gîtes, que proliferan como setas en verano. También hay diferentes refugios de montaña y algún establecimiento mucho más selecto.

■ CÁMPING

Hay un terreno de acampada en el refugio del Club Alpin Français en Imlil y en el Auberge Lepiney.

■ HOTELES

HÔTEL CAFÉ LA SOURCE

En Imlil, telf. 0524 485 625. Tiene 8 habitaciones sencillitas y un gran salón, con ducha comunitaria. También hay restaurante. Precio: 100 DH.

CAFÉ AKSOUAL

En Imlil, telf. 0524 485 612. Cuenta con 6 habitaciones y una ducha caliente comunitaria. Precio: 90 DH.

HÔTEL CAFÉ SOLEIL

En el centro de Imlil, telf. 024 485 622, fax 024 485 622, e-mail: cafesoleil44@yahoo.fr. Tiene habitaciones muy acogedoras con baño y calefacción, así como restaurante a precios populares en una terraza con árboles. Habitación doble: 140 DH.

REFUGIO DEL CAF EN IMLIL

En el centro de Imlil, junto a la oficina de guías, BP 68, telf. / fax 0524 485 122, móvil 077 307 415. El piso superior es un dormitorio con 16 literas muy correctas. La planta baja es un comedor de estilo alpino, con chimenea, donde se puede cenar por 80 DH. Pernoctar dos personas cuesta 170 DH.

AUBERGE ROCHES ARMED

En la parte más alta de Aremd (o Armed), telf. / fax 0524 485 751, móvil 067 644 915, web: www.rochesarmed.com, e-mail: rochesarmed@yahoo.fr. Para subir hasta él hay que andar 15 minutos. Es uno de los pocos que están construidos con gracia. Consta de un agradable salón, 13 habitaciones absolutamente básicas con espumas en el suelo y una terraza con vista panorámica sobre Imlil y el Jebel Toubkal. Precio: 200 DH.

AUBERGE ATLAS TICHKA

En la pista de Tachdirt, a la salida de Imlil, telf. 0524 485 223, fax 0524 485 628, móvil 0661 676 478, atlastichka.com, omaramerda@yahoo.fr. Propone 5 habitaciones muy pulcras y perfectamente amuebladas, con un grupo de sanitarios comunes y un comedor acristalado y una terraza panorámica con buenas vistas. Precio: 260 DH.

GÎTE DE LAHCEN AZDOUR

En Mzik, a 30 minutos de Imlil andando, telf. y fax 0524 485 666, móvil 0661 240 811, e-mail: azdourlahcen@hotmail.com. Tiene capacidad para más de cien personas, repartidas en una veintena de habitaciones de tipo básico. El menú cuesta 60 DH y se come de maravilla. Precio: 300 DH en media pensión.

GÎTE TIZI MIZIK

En Mzik, al lado de la precedente, telf. 0666 395 921, e-mail: azdourhassan@hotmail.com. Es mucho más sencilla que su vecina. Precio: 300 DH media pensión.

AUBERGE LEPINEY

A 0,5 km de Imlil por la pista de Armed, telf. 0524 485 607, fax 0524 485 688, móvil 0668 673 584, bouredda@hotmail.com. Tiene una decena de habitaciones sencillas, correctas pero justas de espacio, algunas de ellas con múltiples camas y un cuarto de baño en cada planta. Precio: 300 DH en media pensión.

HÔTEL RIAD IMLIL

En Imlil, telf. / fax 0524 485 485, móvil 0661 240 599, www.riadimlil.com,: riadedecharme@hotmail.fr. Incluye 20 habitaciones confortables, con aire acondicionado, un estilo austero y algo escasas de luz, equipadas con baño y teléfono. Los espacios comunes resultan cálidos y acogedores. Precios: de 550 a 650 DH según temporada, con desayuno incluido.

KASBAH DU TOUBKAL

A 15 minutos de Imlil por la pista de Armed y un sendero a la izquierda, telf. 0524 485 611, fax 0524 485 636, web: www.kasbahdutoubkal.com, e-mail: kasbah@discover.ltd.uk. Está en lo alto de un montículo con vistas sobre el valle, este establecimiento de precios selectivos consta de 11 habitaciones de estilo rústico tradicional, repartidas en torno a un jardín lleno de verdor. Están equipadas con calefacción y cuarto de baño. Hay salones, una terraza panorámica y un restaurante donde se come por 330 DH. Habitaciones dobles de 1.800 a 5.000 DH.

IMOUZZER DU KANDAR

WILAYA DE FÈS. 14.000 HABITANTES.

Imouzzer era una simple aldea berébere perteneciente a la tribu Ait Seghruchen. Es en las últimas décadas cuando el frescor de su clima y la belleza del entorno lo han transformado en un objetivo para veraneantes de Fès y de Rabat. Las nuevas construcciones tienen un aire alpino similar al de su vecina Ifrane.

INFO Y TRANSPORTES

Código postal. 31250
Bancos. Banque Populaire, detrás del Hôtel La Chambotte.
Actividades deportivas. La *Gîte du Lac Dayet Aoua* organiza circuitos pedestres o ecuestres y alquila bicicletas todo terreno.
Autocares CTM a Fès, Casablanca y Marrakech. Paran en la carretera.
Autocares privados con dirección a Fès, Oujda, Demnate, Rissani, Bou Arfa, Marrakech, Rabat, Casablanca, Missour y Agadir. Paran en la carretera.

Taxis colectivos a Fès, Ifrane y Sefrou. En la carretera.

ACCESOS

La **carretera N-8,** muy buena, comunica con Fès al norte e Ifrane al sur. En invierno puede estar cortada por la nieve.

VISITA

No hay mucho que visitar en este población, aparte de la vieja casba de los Ait Seghruchen, pero siepre puede ser una base adecuada para las excursiones indicadas en los capítulos "Ifrane", y "Azrou".

El **lago Dayet Aoua** se halla situado a 6 km de Imouzzer por la ruta de Ifrane y un desvío de 500 m.

Una carretera nos permite dar la vuelta, y numerosas zonas de picnic bajo los árboles ofrecen un agradable reposo al viajero.

Se pueden ver los bosques de cedros a lo lejos. Los otros lagos indicados en el cartel del desvío a menudo están secos y se llega a ellos por pistas bastante pedregosas, excepto al **Dayet Ifrah,** al que se puede llegar desde el otro extremo del Dayet Aoua por una carretera procedente de Imouzzer, que se toma a la derecha. El asfalto, en mal estado, termina justo a la orilla del Dayet Ifrah. El paisaje que lo rodea es árido, de montaña.

LA NOCHE

Bar con espectáculo folklórico todas las noches en el **Hotel Chahrazed,** donde también hay discoteca. Hay otro bar en el **Hotel Royal.**

DORMIR Y COMER EN IMOUZZER DU KANDAR

Hôtel La Chambotte

Av. Mohamed V, telf. 0535 663 374. Este hotel fue construido en 1942. Posee 6 habitaciones con ducha y calefacción, algo justas de espacio, así como 4 dúplex con cuarto de baño, patio y saloncito. Precio: 280 DH.

Hôtel Chahrazed

2 Av. Mohamed V, Pl. du Marché, telf. 0535 663 012 / 670, fax 0535 663 445. Dispone de 40 habitaciones limpias y correctas aunque sin mucho atractivo, con baño, teléfono, calefacción y televisión. Las que dan a la parte trasera ofrecen vistas al bosque y evitan el ruido de la carretera. Hay un restaurante con un menú a 120 DH y un bar. Doble: 300 DH.

Le Gîte du Lac Dayet Aoua

A 4 km de Imouzzer, telf. 0535 604 880, fax 0535 604 852; www.gitedayetaoua.com, aouagite@yahoo.com. Este establecimieto es una casa rural rodeada de manzanos, donde reina una tranquilidad absoluta. En una charca nadan los patos, mientras otros dos estanques hacen función de piscina. Ofrece 5 habitaciones con baño, calefacción, salón y una cocina, al estilo beréber. Cuenta con un restaurante de cocina marroquí. Precios: de 540 a 640 DH en media pensión.

Hôtel Royal

Av. Mohamed V, telf. 0535 663 080 / 666, fax 0535 663 186. Este alojamiento tiene medio centenar de habitaciones muy pulcras, con baño, calefacción y teléfono. Vistas a una laguna. Bar y restaurante. Precio: 400 DH.

SNACK BOUKILI
En el centro. Preparan sabrosas carnes a la parrilla por menos de 50 DH.

KÉNITRA Y MEHDIA

KÉNITRA, CAPITAL DE PROVINCIA. 300.000 HABITANTES.

En la desembocadura del río Sebou se habían establecido ya los fenicios y los romanos. Posteriormente nació la ciudad llamada Mamora, mencionada en diferentes documentos a partir del siglo X. Mamora fue ocupada en 1515 por los portugueses, pero sólo se pudieron mantener en ella durante un mes y medio. Luego se convirtió en una base de piratas que atacaban los barcos europeos. En 1614 fue tomada por los españoles y pasó a llamarse San Miguel de Ultramar.
Fue liberada en 1681 por Mulay Ismail, quien hizo levantar la casba de Mehdia sobre los restos de la fortificación española. En 1895 se construyó otra casba, 17 km al interior, también a la orilla del Sebou, para proteger el puente conocido como Kantara de Ali Ou Addi o por su diminutivo: "Kénitra". En 1912, los franceses utilizaron este lugar para el desembarco de sus tropas y, más tarde, lo convirtieron en un verdadero puerto comercial: Port-Lyautey, que tras la independencia recuperó el nombre de Kénitra.

INFO

Códigos postales. Kénitra centro: 14000. Mehdia: 14004
Sindicato Iniciativas Turísticas. Av. Mohamed V, telf. 0537 162 277.
Bancos. Numerosas entidades en el centro de Kénitra. Cajero automático en la BMCE de Av. Hassan II, esquina Av. Mohamed V.
Actividades deportivas. Equitación en el *Club Equestre de la Mamora.*
Fiestas. Musem de Sidi Bou Ghaba en agosto.

ACCESOS

La **autopista** enlaza con Rabat al suroeste y Larache al nordeste.
La **carretera N-1** comunica con Rabat al suroeste y Tánger al nordeste. Buena, pero algo sobrecargada. La **carretera N-4** viene de Fès por el este. Correcta.
La **carretera P-4214** se dirige a Moulay Bousselham al nordeste. Muy estrecha.

TRANSPORTES

ONCF: hay trenes a ciudades como Tánger, Fès, Oujda, Casablanca y Marrakech.
Autocares CTM a Tánger, Tetouan, Casablanca, Marrakech, Agadir, etc. Av. Mohamed V.
Autocares privados a casi todas las ciudades del país. Av. Mohamed V.
Taxis colectivos a Rabat, Souk el Arba, Sidi Kacem.

Autobuses urbanos de Kénitra a Mehdia, por el interior de la ciudad.
Taxis pequeños por el interior del casco urbano.

Aeropuerto sin vuelos regulares.
RAM: 435 Av. Mohamed V, telf. 0537 376 234, fax: 0537 371 184.

VISITA

Kénitra es una ciudad moderna, industrial, sin encanto alguno. Por el contrario, Mehdia cuenta con la casba en ruinas y una playa bastante agradable. En las cercanías pueden visitarse ruinas romanas, el bosque de la Mamora y la reserva de Sidi Bou Ghaba. Ver asimismo **"Moulay Bousselham"** [pág. 252].

De la **casba** de Hassan I en Kénitra sólo queda la fachada, junto al puerto. El resto de la ciudad carece de interés turístico excepto algunos edificios coloniales a lo largo de la Av. Mohamed V, muchos de ellos de estilo neoclásico.

La **Casba de Mehdia** *(entrada libre)* fue construida en el siglo XVII, aprovechando parte de una fortaleza española. Se mantuvo en buen estado hasta 1942, en que sufrió los combates que sucedieron al desembarco de tropas norteamericanas destinadas a intervenir en la segunda guerra mundial. Hoy está en ruinas. En su **muralla** se abren dos puertas monumentales: **Bab el Ain,** de origen español, y **Bab Jdid,** situada entre dos bastiones de gran envergadura. En su interior se distinguen un palacio, una mezquita, una escuela coránica, un *fonduk* y un *hammam.*

EXCURSIONES

Las **ruinas de Thamusida** *(entrada libre)* son romanas, de los siglos II y III d.C., aunque parece que hubo en el lugar una ciudad mucho más antigua. Se distingue claramente la muralla, y se han excavado las termas y un templo. El conjunto se halla en la orilla del río Sebou, accesible por una pista de 2 km bastante complicada, que surge de la N-1 unos 13 km al nordeste de Kénitra.

Las **ruinas de Banasa** *(entrada libre)* pertenecen a una colonia romana del siglo III a.C. que alcanzó su apogeo hacia el siglo III d.C. Se distinguen el foro, el capitolio y varias termas. El acceso es por la carretera que va de la N-1 a Mechra Bel Ksiri. A 63 km de Kénitra, hay que tomar una pista de 2,3 km a la izquierda.

El **bosque de la Mamora** es una de las mayores reservas forestales del país. En él destacan los alcornoques y los eucaliptos. Para verlo se debe tomar en Kénitra la R-405 hacia el sur, hasta salir a la N-6, y regresar a Rabat por ésta.

La **reserva de Sidi Bou Ghaba** *(la entrada es libre)* está situada en torno a una laguna que toma su nombre del morabito cercano. Toda su vegetación se caracteriza por variedades de matorral y de bosque.

Abundan sobre todo las aves acuáticas, y hay dos centenares de especies sedentarias y 170 especies migratorias.

La carretera que va de la N-1 a la **playa de Mehdia** la recorrer de punta a punta, mientras un desvío a la derecha atraviesa la laguna por un puente y se adentra en el bosque, ofreciendo rincones ideales para un picnic. Al final de este desvío se halla el **Centre National d'Education Environnementale** *(BP 133 Mehdia, telf. 0537 747 209, fax 0537 747 493; www.spana.org.ma, spana@spana.org.ma; abierto los sábados, domingos y días festivos de 12 h a 16 h)*, dedicado a las actividades relacionadas con las aves.

DORMIR Y COMER EN KÉNITRA Y MEHDIA

■ CÁMPING

CÁMPING MEHDIA PLAGE

Telf. 0537 388 149. En Mehdia, al llegar a la playa, hay que desviarse a la derecha. Con árboles, cafetería, snack y supermercado. Ducha fría. Suelo arenoso. Todo bien cuidado. Precios normales.

CÁMPING LA CHENAIE

Av. El Riyada, telf. 0537 363 001. Para llegar a él, hay que salir del centro de Kénitra hacia la autopista de Rabat y después de pasar bajo la línea férrea, desviarse a la izquierda. Muy grande, con bastantes árboles. Ducha fría. Sanitarios pasables, junto a un bar muy ruidoso. La piscina sólo se llena en julio y agosto. Económico.

■ HOTELES

HÔTEL DE LA POSTE

307 Av. Mohamed V, telf. 0537 379 982. Céntrico. Tiene 16 habitaciones correctas, algunas de ellas con ducha. Son preferibles las que dan al interior. No aceptan tarjetas de crédito. Precio: 100 DH.

HÔTEL DU COMMERCE

2 Rue El Amira Aicha, telf. 0537 371 503. Céntrico, pero en una calle tranquila. Consta de 19 habitaciones con lavabo y muchas de ellas con balcón. Precio: 120 DH.

HÔTEL ASSAM***

A unos 3 km de Kénitra, en la carretera de Tánger, telf. 0537 378 621/ 0537 378 628/ 0537 378 630, fax: 0537 378 556. Bella arquitectura de aire mediterráneo. Dispone de 158 habitaciones acogedoras, con baño, teléfono, aire acondicionado y televisión, distribuidas en torno a la piscina y con acceso desde el aparcamiento. Restaurante con menú a 150 DH, bar y discoteca. Precio: 600 DH.

HÔTEL MAMORA***

Av. Hassan II, telf. 0537 371 775/ 0537 371 310, fax: 0537 371 446, e-mail: mamora.k@menara.ma. En el centro de Kénitra, visible

LA NOCHE

Bar y discoteca en los hoteles **ASSAM** y **MAMORA.**
Diferentes locales nocturnos en torno al jardín que hay en el cruce de la Av. Mohamed V con la Av. Mohamed Diouri: **LE VILLAGE, MAMA'S CLUB, BIG BOY, 007**, etc. Casi todos ellos están llenos de prostitutas.
En verano, bar musical y discoteca en el **HÔTEL ATLANTIQUE** de Mehdia.

desde la Av. Mohamed V. Consta de 66 habitaciones acogedoras de estilo clásico, equipadas con cuarto de baño, teléfono y calefacción. Trato amable. Gran piscina, bar con una terraza a la sombra de una parra, discoteca y restaurante con menú a 150 DH, cocina marroquí e internacional. Habitación doble: 510 DH.

■ RESTAURANTES

Hay numerosos *snaks* en el centro de Kénitra donde se comen pinchos y *shawarma* a precios populares. Precios: 40-60 DH.

RESTAURANT TAGADIRT DEGOL

81 Bd. Mohamed Diouri, Kénitra, telf. 0661 443 270. Tienen diferentes *tayines* y pescados. Precios: de 50 a 80 DH.

RESTAURANT EL PESHCADOR

En la calle principal de Mehdia playa. El comedor, en el primer piso, es muy relajante. Propone un menú económico al mediodía y una amplia carta de pescados, mariscos y también carnes. Precios: de 80 a 150 DH.

KHENIFRA

CAPITAL DE PROVINCIA. 70.000 HABITANTES.

Hasta el siglo XVII, Khenifra (pronúnciese "Jenifra") no pasó de ser un pueblecito a orillas del río Oum er Rabia. Fue Mulay Ismail quien fortificó la casba y mandó construir un puente sobre dicho río. Khenifra se convirtió entonces en capital de la tribu Zaian, una de las más fuertes del Atlas Medio.

A finales del siglo XIX, Moha U Hamú Ez Zaiani fue nombrado caíd por Mulay Hassán. Tras equipar la ciudad con una nueva mezquita, una casba que le servía de residencia, un gran mercado y otras instalaciones, Moha U Hamú organizó la resistencia contra la implantación del protectorado. Aunque su capital fue tomada por las tropas francesas en 1914, los Zaian resistieron hasta la muerte en combate de su legendario caíd, en 1921.

Hoy Khenifra es una ciudad provinciana que se mantiene al margen de los circuitos turísticos habituales.

INFO

Código postal. 54000
Bancos. BMCE en la Av. Mohamed V, frente a correos.

ACCESOS

La **carretera N-8** comunica con Fès al nordeste y Marrakech al suroeste. Es bastante buena, aunque tiene curvas y pasa por muchos pueblos. Para venir de Meknès es preferible tomar la **R-712** hasta Mrirt, estrecha pero rápida.

La **carretera R-407** combinada con la R-712 conduce hasta Zhiliga, desde donde podéis ir a Rabat. Esta carretera resulta muy tortuosa, pero es amplia y está bien asfaltada.

Una **carretera local** muy estropeada se dirige a Itzer, en la región de Midelt, a través de grandes bosques de cedros y altas montañas. Es preferible dar la vuelta por la **R-503.**

TRANSPORTES

Autocares CTM a Marrakech, Fès y Agadir. En la estación de autobuses.

Autocares privados a las ciudades de Fès, Meknès, Marrakech, Rabat, Sefrou, Nador, Tánger, Tetouan, Oujda, Rissani, Ouarzazate, Demnate. Estación de autobuses en la carretera de Marrakech.

Taxis colectivos a Beni Mellal, Azrou, Mrirt, Midelt, Ait Ishak, Zaouia Ech Cheikh. Paran en la carretera de Marrakech, junto a la estación de autobuses. **Taxis pequeños** y **autobuses urbanos** por el interior de la ciudad.

Alquiler de vehículos sin conductor a través de Zayane Voyages, 80 Complexe Commercial Les Cèdres, Av. Mohamed V, telf. 0535 383 353, fax 0535 383 354.

Aparcamiento situado junto al mercado central, sólo para turismos, de día. Por la noche funciona otro aparcamiento vigilado un poco más lejos.

VISITA

Conocida por el color carmín de sus casas –construidas antiguamente con la tierra roja que rodea la ciudad y actualmente pintadas de dicho tono–, Khenifra está repartida entre ambas orillas del Oum er Rabia. Como excursión por los alrededores, destaca especialmente el Aguelmame Azigza y también se puede realizar un amplio circuito por los bosques de cedros [ver "Azrou", pág. 83].

La **medina** conserva unas cuantas calles tradicionales, pero la mayor parte han sido trazadas de nuevo para permitir el paso de vehículos. De la muralla no queda ningún rastro. Las casbas anunciadas en diferentes indicadores permanecen cerradas y en mal estado de conservación, pudiendo admirar solamente sus puertas. De la **casba del caíd Moha U Hamú** quedan tres torreones en

COMPRAS

El mercado de alfombras o **souk zarbia,** en el centro de la ciudad, junto al río, no sólo constituye un espectáculo fascinante cuando descienden las gentes de la montaña para vender sus producciones a los mercaderes en subasta, sino que además ofrece la oportunidad de adquirir tapices a precios razonables, aunque no exentos de regateo. La especialidad *zaianí* son las alfombras de nudo grueso, de tonos rojos o blancos. Pero también hallaréis *hanbels* (alfombras tejidas), *handiras* (capas con las que se cubren las mujeres) e incluso modernos *kilims,* que son los preferidos del turismo. En la medina se venden babuchas y trajes típicos zaianíes.

KHENIFRA

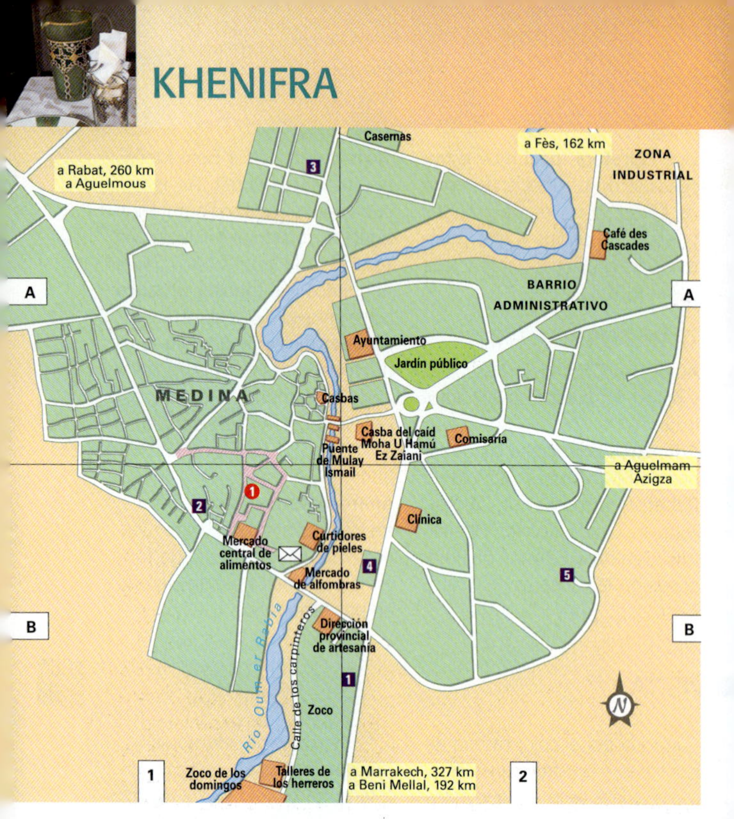

ruinas y un muro surcado por varias riostras de hormigón.

El **puente** construido por Mulay Ismail se mantiene todavía en uso peatonal, con algunos añadidos, pero si uno se fija bien puede distinguir su forma original en punta.

El **zoco** que se celebra los domingos es uno de los más vistosos de Marruecos. Cuenta con un inmenso "aparcamiento" abarrotado de mulas, ya que los lugareños descienden con ellas desde las diferentes aldeas, y en él se venden toda clase de objetos, desde los más tradicionales –como las jaimas de lana negra– a los más modernos.

En la calle que conduce al zoco, numerosos carpinteros trabajan la madera de cedro. El **Aguelmame Azigza** o lago azul se halla situado aproximadamente a unos 30 km al este de Khenifra, y es tal vez el más pintoresco del Atlas Medio, rodeado de cedros. Para llegar a él, hay que tomar la carretera que parte hacia el este y a los 23 km ir hacia la izquierda.

Medina

La medina es donde más animación comercial se halla en la ciudad, sobre todo en las vías principales, durante las horas diurnas.

DORMIR EN KHENIFRA

Dada la escasa afluencia turística, los pocos establecimientos que hay se dirigen a los marroquíes de paso.

HÔTEL AREGOU (B2) **1**

En la carretera, telf. 0535 586 487. Tiene 14 habitaciones sencillas pero limpias y bien cuidadas, algunas con balcón. Los sanitarios son comunes. Si os molesta el ruido, evitad pedir las que dan a la calle. En los bajos hay una cafetería. Precio: 120 DH.

HÔTEL EL KAMAR (B1) **2**

Av. Mohamed V, telf. 0535 588 700, fax 0535 588 392. Cuenta con diferentes tipos de habitaciones a diferentes precios, según tengan ducha, aire acondicionado o televisión. Son sencillas pero muy pulcras. La mayor parte de las ventanas dan al interior. Precios: de 120 a 200 DH.

HÔTEL DE FRANCE (A1) **3**

Quartier FAR, telf. 0535 586 114. Posee 12 habitaciones con baño, extremadamente simples. También cuenta con un restaurante de aire muy distinguido, en el que se come por 100 DH, *tayines* o pescado. Hay un bar al lado. Habitación doble: 200 DH.

HÔTEL NAJAH (B2) **4**

Bd. Zerktouni, BP 187, telf. 0535 588 331 / 332, fax 0535 587 874. Consta de 21 habitaciones limpias y bien cuidadas, con baño, teléfono, televisión, calefacción y aire acondicionado. Las que dan a la carretera son algo ruidosas. Tiene restaurante con menú a 90 DH, pudiendo elegir entre varios tipos de carne a la parrilla. Habitación doble: 300 DH.

HÔTEL ATLAS ZAYANE (B2) **5**

BP 94, telf. 0535 586 020, fax 0535 586 532, web: www.hotelsatlas. com, e-mail: blamri@hotelsatlas. com. Construido en la época colonial en lo alto de una colina, ha sido totalmente renovado. Dispone de 60 habitaciones con baño, televisor y calefacción, así como piscina, pista de tenis, hammam, restaurante, bar y discoteca. Precio: 400 DH.

LA NOCHE

Para tomar una copa podéis acudir a la discoteca o al bar del **HÔTEL MOHA OU HAMOU ZAYANI,** donde todas las noches hay espectáculo folclórico.

TOMAR ALGO

Café des Cascades. Este café está situado sobre una colina con abundante vegetación y desde él se disfruta de una vista magnífica sobre la ciudad, el río y las montañas.

Las parejas locales acuden hasta aquí al atardecer.

No hay ninguna catarata, pero sí una balsa y una agradable jaima para protegerse del sol.

COMER EN KHENIFRA

CHEZ AZIZ (B1) ❶
Este establecimiento es un local sencillo pero limpio, situado al final del callejón que se abre detrás del mercado central. No anuncia su nombre. Sirven pollo asado, pinchos y buenos tayines a precios realmente interesantes, aunque la carta solamente está en árabe. Precios: de 30 a 50 DH.

RESTAURANT FLORENCE
Situado detrás del mercado central. Este restaurante tiene como especialidades el pollo asado y los tayines. También tienen *chawarma*. Precios: de 30 a 50 DH.

LARACHE

CAPITAL DE PROVINCIA. 105.000 HABITANTES.

Fundada hacia el siglo VIII por los primeros conquistadores musulmanes cerca de la antigua Lixus romana, Larache fue una ciudad importante durante toda la Edad Media, sobre todo por la actividad comercial de su puerto. Quedó abandonada en 1471, tras ser saqueada por los españoles, pero dos décadas más tarde renació viéndose fortificada mediante una alcazaba. En 1610 fue cedida a España por el sultán saadí El Mamun a cambio de su apoyo militar, y recuperada en 1689 por Mulay Ismail. A partir de 1911 se convirtió en una de las bases del protectorado español. Actualmente vive de la industria y también del comercio de productos agrícolas de la cuenca del Loukkos, siendo poco frecuentada por el turismo.

INFO

Código postal. 92000
Bancos. En la Av. Mohamed V y en el Bd. Zerktouni.
Iglesia católica. 13 Rue Moulay Hassan, telf. 0539 913 099.
Fiestas. A mediados de agosto suele haber recitales de guitarra en el castillo de la Cigüeña.
Web: www.visitetanger.com.

TRANSPORTES

Autocares CTM a Tánger, Fès por Meknès, Nador por Taza, Oujda, Casablanca y Tiznit. Paran en la estación de autocares.
Autocares privados a la mayor parte de las ciudades del país.
Taxis colectivos a Tánger, Asilah, Ksar el Kebir, Souk el Arbaa y Tetouan, junto a la estación de autocares. Otros taxis que van a los pueblos de alrededor salen junto al castillo de la Cigüeña.
Autobuses urbanos a los pueblos de los alrededores y a Ras Rmal. Salen de una travesía de la Av. Mohamed V, junto al cementerio.
Taxis pequeños por el interior del casco urbano.
Aparcamiento vigilado en la Pl. de la Libération.
Barcas del puerto a la playa de Ras Rmal, atravesando el Loukkos.

VISITA

Por su importancia histórica y el número de edificios antiguos que contiene, Larache debería ser una ciudad de alto interés para el turismo; en las últimas décadas ha estado muy descuidada, pero la situación está cambiando, su aspecto urbanístico mejora de día en día y en su playa está prevista la construcción de grandes complejos hoteleros que pronostican un brillante futuro para el sector.

EL CENTRO

La **place de la Libération** fue creada bajo el protectorado con el nombre de Plaza de España, que cambió tras la independencia. Constituye el centro de la ciudad y a su alrededor se concentran las más hermosas fachadas de estilo colonial, unas mejor conservadas que otras. A un lado de dicha plaza, la puerta de **Bab el Khemis** (completamente remodelada con materiales modernos) permite acceder a la **medina** y concretamente al llamado **Zoco Chico,** un mercado rodeado de galerías que fue construido por los españoles en el siglo XVII y ha sido restaurado recientemente. También se ha arreglado todo el barrio de la **alcazaba,** situado al

EL JARDÍN DE LAS HESPÉRIDES

Parece que la mitología griega situaba en el valle del río Loukkos el famoso jardín de las Hespérides, donde se producían las manzanas de oro y entre ellas la nefasta Manzana de la Discordia que provocó la guerra de Troya al ser ofrecida a las diosas del Olimpo con una perniciosa nota: "para la más bella". Las tres diosas que aspiraban a merecer el fruto del Loukkos designaron al galante Paris como juez para que determinara cuál de ellas era la más hermosa. Hubo quien le ofreció riquezas, tesoros, reinos, pero Paris se decantó por Venus, que le había prometido el amor de la mujer más hermosa del momento, Helena de Grecia. Lo malo fue que Helena estaba casada con el rey Agamenón y su rapto sirvió de excusa a los griegos para atacar y destruir Troya.
Siguiendo con la mitología griega, uno de los trabajos de Hércules consistió en apoderarse de dichas manzanas, tras vencer al dragón que las protegía.
Algunos autores modernos defienden que las manzanas de oro no serían otra cosa que las dulces naranjas de Larache y que la idea del fabuloso dragón bien pudo inspirarse en la imagen del río Loukkos con sus múltiples meandros. Para comprender el mito hay que contemplarlo a la puesta de sol desde lo alto de la colina donde están las ruinas de Lixus.

Medina

Registra un gran ambiente comercial durante todo el día.

Place de la Libération, Av. Mohamed V y Av. Hassan II

Es donde se localizan numerosas cafeterías. En verano es costumbre pasear por estas calles al atardecer.

sur del Zoco Chico y al que se accede por la magnífica **Bab El Kasbah.** Tanto en dicho barrio como en la medina que desciende al este, hacia la desembocadura del río, los callejones tortuosos cubiertos con arcadas, los muros encalados y las puertas azules ofrecen el aspecto específico de esta región. En una de las calles principales de la medina se conserva una curiosa iglesia de estilo gótico, cerrada y muy deteriorada por dentro. Saliendo por el otro lado de la alcazaba está el castillo de la Cigüeña y el museo arqueológico, así como un palacete construido por los españoles en 1915 dentro de un estilo hispano-magrebí, coronado por una torre con un reloj. Asimismo, una amplia terraza situada en este punto ofrece una buena vista sobre la desembocadura del río Loukkos.

El llamado **castillo de la Cigüeña** fue levantado a finales del siglo XVI por Ahmed el Mansour con el nombre de Al Fath y remodelado por los españoles.

El **museo arqueológico** *(entrada: 10 DH; cerrado el domingo)* ocupa una pequeña fortificación española del siglo XVII, detrás del castillo de la Cigüeña. Consta de una sala única y contiene una colección de monedas y objetos encontrados básicamente en las ruinas de Lixus. Además de las puertas ya mencionadas, se conserva una tercera entrada monumental cerca del puerto de 1889, que ha quedado totalmente aislada al desaparecer el resto de la muralla que rodeaba la medina.

El **puerto de Larache** se sitúa en el estuario del río Loukkos y recibe únicamente barcos de pesca. Una calle que sale junto a su entrada conduce al embarcadero del que parten constantemente pequeñas barcas hacia Ras Rmal. Desde aquí, hay un itinerario pedestre que discurre por la orilla del río hasta el dique moderno que prolonga su desembocadura.

La **fortaleza de Kebibat** se sitúa en el extremo norte de la medina, mirando al océano. Su origen resulta impreciso y está claro que ha sufrido diferentes transformaciones a lo largo de los siglos. Durante el protectorado se utilizó como hospital, siendo abandonada posteriormente, y en estos momentos la están transformando en un hotel. Su nombre significa "Las Copulitas" y viene justificado por la forma de su cubierta.

A lo largo de la calle que sube por el acantilado desde la desembocadura, varios miradores permiten contemplar el océano, con el cementerio y el faro al fondo de la bahía.

El **mercado central** merece una visita por el edificio en sí, de estilo colonial, y también por el bullicio que reina en su interior.

Alrededores

Las **ruinas de Lixus** *(entrada libre)* están en una colina, junto a la carretera N-1, después de atravesar el río Loukkos. En la parte baja se distinguen diferentes fábricas de *garum* y de salazón de pescado. En la falda de la montaña destaca un **teatro/anfiteatro** muy bien conservado, así como unas termas en las que había un

gran mosaico del dios Neptuno destruido en 1999. Sólo tras cometerse tan reprobable acto de vandalismo, las autoridades culturales marroquíes decidieron poner un vigilante de las ruinas. En la cumbre, para terminar, se sitúa la **acrópolis** que contiene varios templos. Desde allí, la vista sobre Larache y la desembocadura del río formando múltiples meandros es magnífica.

A la **playa de Ras Rmal** (Cabo de Arenas) se llega en 5 km por un desvío que sale de la carretera de Tánger junto a las ruinas de Lixus, o con el autobús urbano número 4. También se puede ir en barca desde la ciudad, lo cual resulta mucho más ameno. Esta extensa playa de arena fina se sitúa tras un dique de reciente construcción que la separa de la desembocadura del río. Desde el dique se obtiene una buena imagen de conjunto de Larache. Si hace demasiado viento para nadar en el mar, una buena alternativa es la playa que se forma en el propio río. Allí hay tiendas de comestibles, así como algunos restaurantes populares que sólo trabajan en los meses de julio y agosto.

DORMIR EN LARACHE

La oferta es limitada pero suficiente para el escaso turismo que recibe Larache y resulta excelente en la categoría media y superior.

■ CÁMPING

CENTRO DE ACOGIDA PARA M.R.E.

Carretera de Rabat, telf. 0539 521 069. Es un área de reposo para los marroquíes residentes en el extranjero, aunque está abierta a todo el mundo gratuitamente. Dispone de unos sanitarios muy correctos y su restaurante ofrece sabrosos *tayines* a precios populares.

■ HOTELES

HÔTEL CERVANTES (A-B1) **1**

3 Rue Tariq Ibn Ziad, telf. 0539 910 874. Está situado en el primer piso de un edificio colonial. Dispone de 20 habitaciones con lavabos y una limpieza muy aceptable, pero las camas de las habitaciones necesitarían una renovación con urgencia. Precio: desde 100 DH.

HÔTEL AVENIDA (B1) **2**

Rue de Salé, telf. 0660 578 800. Ocupa un bello inmueble de los años 1930. Dispone de 25 habitaciones sencillas, algunas de ellas con ducha y balcón, y un cuarto de baño en cada planta. Precio: 100 DH.

HÔTEL MÁLAGA (B1) **3**

4 Rue de Salé, telf. 0539 911 868, fax. 0539 912 344. Incluye 25 habitaciones limpias y acogedoras de diferentes tipos y precios. Las mejores de ellas tienen baño, balcón y televisión. Precios: de 150 a 300 DH.

HÔTEL ESPAÑA (B1) **4**

6 Av. Hassan II, telf. 0539 913 195, fax 0539 915 628; web: www.hotel-espana.fr.gd, e-mail:

hotelespana2@yahoo.fr. Es un magnífico edificio colonial que conserva todo su carácter tanto por fuera como por dentro. Consta de 45 habitaciones agradables decoradas con pinturas orientalistas y equipadas con baño, teléfono, televisión, calefacción y balcón. También dispone de una cafetería. Precio: 250 DH.

HÔTEL HAY ESSALAM (B1) 5

9 Av. Hassan II, telf. y fax. 0539 916 822. Posee una veintena de habitaciones muy limpias y bien cuidadas, con televisión. La mayor parte tienen baño completo. Precio: de 150 a 200 DH.

LA MAISON HAUTE

En la medina, junto al Zoco Chico, telf. 065 344 888 / 0668 340 072; www.lamaisonhaute.com, e-mail: info@lamaisonhaute.com. Sólo abren cuando tienen reservas. No es una construcción tradicional ni especialmente bonita, pero el interior está bien decorado. Ofrece 7 habitaciones con mucho estilo, la mayor parte con baño. Desde la terraza se obtiene una vista magnífica sobre la ciudad antigua y sobre el mar. Precio: 400 DH.

HÔTEL ESPAÑOL (B1) 6

1 Rue Taza, esquina Av. Zerktouni, telf. 0539 912 650, fax 0539 912 651; e-mail: hotel.espanol@ menara.ma. Abierto en 2008, cuenta con 33 habitaciones impecables de estilo internacional, muy pulcras, equipadas con un buen baño, aire acondicionado, televisor y balcón. Varias de ellas son suites familiares. Precio: 500 DH.

COMPRAS

Hay diferentes comercios de artesanía en la medina.
Libros. **Librería Cremades, 5 Av. Hassan II.**
Venta de bebidas alcohólicas. **Bd. Zerktouni, al lado del restaurante *Estrella del Mar.***

COMER EN LARACHE

Las opciones son bastante numerosas y de buena calidad en todas las categorías.

RESTAURANT ESKALA (A1) 1

En la medina por Bab del Khemis. Es un local muy sencillo con una excelente cocina a base de pescado y *tayines.* Precio: de 40 a 60 DH.

PUESTOS DE SARDINAS (B2) 2

Están frente a la entrada del puerto. Tienen mesas en la calle y sólo preparan sardinas a la plancha o ensalada para acompañarlas. Casi siempre suele estar lleno. Precio: de 20 a 30 DH.

SANDWICHES BOUGHAZ (B1) 3

Av. Mohamed V, 7 Imm. Salama, telf. 0670 155 831. Propone una cocina internacional muy correcta en un comedor amplio y pulcro. Precio: de 40 a 60 DH.

LA PUERTA DEL SOL

Rue Ahmed Chaouki, al lado del Hôtel Málaga. La Puerta del Sol es un establecimiento de comida

CAFÉS Y COPAS

Café Balcón Atlántico. Está en el paseo que bordea el acantilado, junto al Consulado de España. Incluye una gran sala de estilo marroquí moderno en el primer piso y una terraza exterior al otro lado de la calle, ambas con vistas al océano. Tienen sabrosos pastelitos.

Café Lixus. Pl. de la Libération. Ocupa los bajos de un precioso edificio colonial. En su interior, el tiempo parece haberse detenido en aquella época. El público es exclusivamente masculino.

Hay un bar a la entrada del puerto y otro en el **Hostal Flora,** este último con una agradable terraza exterior, a 3 km en la carretera de Rabat.

rápida en un ambiente popular y siempre abarrotado de clientes. Sirve básicamente carnes y pescados a la parrilla. Precio: de 50 a 80 DH.

LA PERLA DEL PUERTO (B2) ❹
Está escondido en un callejón cerca del puerto. Es un local muy popular donde se come buen pescado fresco, frito o a la parrilla. Precio: de 50 a 80 DH.

RESTAURANTE ESTRELLA DEL MAR (B1) ❺
68 Rue Mohamed Zerktouni, telf. 0539 911 052. El comedor, decorado al estilo árabe, se halla en un primer piso con vistas al mar. Está especializado en pescados y mariscos, pero también tienen carnes e incluso paella, dado que el propietario es español. Sirven alcohol. Precio: de 100 a 150 DH.

RESTAURANTE EL PESCADOR (C2) ❻
36 Av. Youssef Ibn Tachfine, telf. 0539 915 051. Es un local que tiene un aire marinero, muy agradable, donde sirven todo tipo de pescados y mariscos. Precio: de 100 a 150 DH.

AVISO

El número y las letras que acompañan a los hoteles y restaurantes hacen referencia a su situación en los distintos planos de la ciudad. Por ejemplo, **SANDWICHES BOUGHAZ** (B1) ❸ significa que dicho restaurante se encuentra situado en el plano de Larache [pág. 194], en la cuadrícula (B1) señalado con el número ❸.

MARRAKECH

CAPITAL DE WILAYA. 870.000 HABITANTES.

Fundada por los almorávides en el siglo XI, Marrakech ha sido en varias ocasiones, a lo largo de la historia, capital del imperio marroquí, al que ha dado nombre. Su época gloriosa la vivió bajo la dinastía Saadí, en el siglo XVI. Más tarde se despobló, víctima de las epidemias y de las guerras, pero a partir del siglo XIX recuperó un papel importante junto a Fès. De aquella época datan la mayor parte de sus palacios y viviendas señoriales de la medina.
En las últimas décadas, ha centrado su desarrollo en las actividades turísticas que crecen sin cesar día a día, ligadas básicamente a la inversión extranjera. Como consecuencia, la ciudad está perdiendo su p ropio carácter de origen, que constituía uno de los principales atractivos para los viajeros, aunque a pesar de todo, el turismo continúa en aumento.

INFO

Códigos postales: Ciudad nueva: 40000. Medina: 40008

Delegación de Turismo. Pl. Abdelmoumen ben Ali, telf. 0524 436 131.

Guías. Existen guías oficiales de la ciudad en la Delegación de Turismo y en los grandes hoteles. También hay guías de montaña en el Hôtel Ali.

Internet. Hay numerosos locutorios en la medina y sobre todo en la Av. Prince Moulay Rachid. En Gueliz son mucho más escasos, pero hay un par de ellos en el Bd. Mohamed Zerktouni.

Bancos. Existen numerosas entidades, tanto en la medina como en Gueliz: *American Express:* Voyages Schwarz, 1 Rue de Mauritania, telf. 0524 436 600.

Iglesia católica. Rue Imam Ali, telf. 0524 430 585.

ACCESOS

La **autopista** enlaza con Casablanca y Rabat al norte y con Agadir al sur.

La **carretera N-9** comunica con Casablanca al norte. Aunque es excelente, tiene mucho tráfico. Hacia el sur, esta vía se dirige a Ouarzazate, bien asfaltada pero con curvas interminables, cuestas muy pronunciadas y un puerto de 2.260 m que a veces se corta por la nieve.

La **N-7,** correcta, llega de El Jadida y de Safi por el noroeste.

La **carretera N-8** enlaza con Fès al nordeste y Essaouira al oeste. Es bastante buena pero hay algu-

ACTIVIDADES DEPORTIVAS

Senderismo y deportes de montaña: el Hôtel Ali es el punto de encuentro con los guías del Gran Atlas occidental; *Ait Trek,* telf. y fax 0524 420 678, www.aittrek.com, aittrek@menara.ma; *Sport Travel,* 154 Av. Mohamed V, telf. 0524 439 968, fax 0524 439 969, www.sporttravel-maroc.com, contact@sporttravel-maroc.com.

Alquiler de bicicletas todo terreno: *Lunecar*, 111 Rue Yougoslavie, telf. 0524 447 743 y 0524 434 369, fax 0524 437 354.

Equitación: *Ranch de la Palmeraie,* en el circuito turístico del palmeral, telf. 0524 313 130, fax 0524 312 132. *Centre Equestre Poney Club,* en este mismo circuito, cerca del Hôtel Golf Palace. *Club de l'Atlas,* Quartier de la Menara, telf. 0524 431 301.

Golf: *Royal Golf Club,* con 18 hoyos, a 6 km en la carretera que sale de Bab Aghmat hacia Ouarzazate, telf. 0524 403 424. *Golf de la Palmeraie,* en el circuito turístico del palmeral, cuenta con 18 hoyos y un hotel de cinco estrellas en su interior llamado Palmeraie Golf Palace, telf. 0524 301 010.

nos tramos con curvas. Pasa por el interior de numerosas poblaciones. De la N-8 se desvía la **R-208** hacia Demnate, de donde a su vez sale la **R-307** hacia Ouarzazate, asfaltada en 2003. Este itinerario constituye una alternativa interesante a la N-9, con menos tránsito y un paisaje distinto; no obstante, puede cortarse por deslizamientos en épocas de lluvia.

La **carretera R-203** va hacia Taroudannt, al suroeste, por el Tizi n'Test (2.092 m). Es muy estrecha. Una placa advierte: "Curvas peligrosas durante 120 km".

La **carretera P-2017,** correcta, une Marrakech al valle de Ourika y Oukaimeden, al sur.

TRANSPORTES

ONCF. Trenes a Tánger, Oujda, Fès y Casablanca. Estación en la Av. Mohamed VI.

Autocares Supratours a Essaouira, Agadir, Laayoune, Dakhla, Zagora, Tinerhir, Merzouga, Errachidia, Beni Mellal, Meknès y Fès. La estación está en la Av. Hassan II, más allá del cruce con la Av. Mohamed VI..

Autocares CTM a Casablanca, Fès, Ouarzazate, Agadir, Essaouira, Errachidia, Smara, Dakhla y Laayoune. Parten de la Rue Abou Bekker Seddik, en el extremo occidental de Marrakech, telf. 0524 447 420. Algunos tienen parada en la estación de Bab Doukkala.

Autocares privados a Casablanca, Taroudannt, Agadir, Azilal, Ifni, Oualidia, Safi, El Jadida, Essaouira, Fès y Ouarzazate. Estación en Bab Doukkala, tocando a la muralla de la medina por el exterior.

Autocares privados a Ourika y Amizmiz: salen de la estación Bab er Rob, en el sur de la ciudad.

Taxis colectivos a Essaouira, Ouarzazate, Taroudannt, Agadir, etc. junto a la estación de Bab Doukkala. También los hay a Oukaimeden, Asni, Amizmiz, etc. cerca de Bab Er Rob.

Aeropuerto Internacional de Marrakech Menara: a 6 km. Unico con la Pl. Jemâa el Fna con el autobús 11 y el autobús turístico. Telf. 0524 447 910, fax 0524 449 219. Hay vuelos regulares a Casablanca, Madrid y Barcelona. *Royal Air Maroc:* 197 Av. Mohamed V, telf. 0524 425 504, fax 0524 446 002. Reservas: telf. 0524 425 501; en el aeropuerto: telf. 0524 368 516/17/18, fax 0524 431 120.

Autobuses urbanos: de la Pl. Jemâa el Fna a diferentes destinos. El 1 va a la ciudad nueva. El 8 pasa por las estaciones de autocares y de tren. El 11 va al aeropuerto a través de los jardines de la Menara.

Taxis pequeños por el casco urbano.

Calesas en numerosos puntos de la ciudad. El precio no es fijo, por lo que conviene ponerse de acuerdo con el cochero antes de salir.

Un **autobús turístico** descapotable recorre la ciudad con paradas en los principales monumentos y hoteles (línea roja) y también el palmeral (línea azul). Hay billetes válidos durante 24 horas y otros de 48 horas.

Alquiler de automóviles con o sin conductor: centenares de agencias en Gueliz.

Alquiler de bicicletas urbanas y **ciclomotores:** en la Pl. Jemâa el Fna, en la esquina de la Av. Mohamed V con la ctra. de Casablanca y en varios puntos del Hivernage.

Aparcamientos. La plaza de Jemâa el Fna y muchas callejuelas de la medina son peatonales, por lo que hay que dejar el coche en alguno de los aparcamientos de los alrededores. La tarifa es de 10 DH durante el día y entre 40 y 50 DH la noche. En el resto de la ciudad se puede aparcar en cualquier calle; hay vigilantes por todas partes.

Circuitos arqueológicos y culturales. Cobratours, 43 Bd. Zerktouni, telf. 0524 421 308, fax 0524 420 002; www.cobratours-maroc.com, info@cobratours-maroc.com.

VISITA

Además de los numerosos monumentos para visitar, Marrakech cuenta con una medina muy bulliciosa, con un palmeral y con diferentes jardines, el conjunto de los cuales puede mantener entretenido al turista durante 3 ó 4 días. No obstante, la mayor parte de los viajeros se conforman con una visita de una jornada.

La medina

Lo normal es recorrerla a pie. A los monumentos se puede llegar en automóvil o en calesa, pero con ello apenas os ahorraréis algo de tiempo, pues en las callejuelas estrechas y llenas de gente la circulación es muy lenta.

La **plaza Jemâa el Fna** es el corazón indiscutible de la medina, llena de vida y de movimiento a todas horas. Además de los mercaderes de todo tipo, se dan cita en ella los narradores de cuentos, charlatanes, músicos y actores. Al mediodía abundan los encantadores de serpientes, quie-

MARRAKECH DE DÍA

Zocos
Tienen un gran ambiente comercial, sobre todo por la tarde.
Av. Mohamed V
Hay numerosas cafeterías con terrazas.
Pl. Jemaa el Fna
Es zona de paseo, de comercio y de espectáculos de todo tipo. La animación es permanente.
a Fès, 489 km
a Ouarzazate, 204 km
Route des Remparts
Bab el-Khémis
Bab Kechich
Rue de Bab el-Khemis
Rue Assouel
Barrio de los Curtidores
Bab ed-Debbarh
Bab Rachidia
Mezquita Ibn Yusuf
Medersa Ibn Yusuf
Museo de Marrakech
Kubba el-Baadiyn
Rue Issebtiyne
MEDINA
R. de Bab Ailen
Bab Ailen
Mezquita del Qadi Ayad
Route des Remparts
Ouadi Issil
R. Souk Smarine
Bab Fteuh
Dabachi
R. Sidi Boulabada
Rue Ba Ahmad
Rue Douar Graoua
R. Riad ez-Zitoun el-Jdid
R. Riad ez-Zitoun el-Kedim
Museo de Dar Si Said
Museo Dar Tiskiwine
Palacio de la Bahía
Rue Imam el-Rhezali
Bab Rhemat
Zaouia de Sidi Youssef ben Ali
Av. Mbark
Pl. des Ferblantiers
Zoco de los joyeros
MELLAH
Bab Berrima
Palacio El-Badi
Palacio Real
KASBA
Mechuar exterior
Rue de Bab Ahmar
Bab Ahmar
Avenue
Rue Seguia
Rouis
Bab Agdal
Mechuar interior
Jardín del Aguedal
A
B
C
D
3
4
2
4
6
7
8

nes os colgarán una cobra del cuello como si fuese una guirnalda de flores en cuanto os acerquéis a ellos cámara en mano. Por la noche, son los puestos de comidas los que invaden la plaza, manteniéndose a todas horas los que ofrecen zumos de naranja. En general, el ambiente de Jemâa el Fna se ha vuelto muy turístico y todo el mundo intenta sacar propinas a cambio de dejarse fotografiar.

La **mezquita Koutoubia** data del periodo almohade, siglo XII. El acceso al interior está reservado a los musulmanes, de modo que sólo podréis verla por fuera, paseando por los jardines que la rodean. Destaca su alminar de unos 70 m de altura y sublime ornamentación, hermano de la Giralda de Sevilla.

Bab Agnaou es una hermosa puerta de piedra tallada, de la época almohade, por la que se entra en la casba o antiguo barrio administrativo y militar. Nada más penetrar en él descubriréis la **mezquita** de la casba, que data igualmente del siglo XII.

Las **tumbas saadíes** *(entrada: 10 DH)* se hallan al sur de dicha mezquita. En ellas fueron enterrados en el siglo XVI Ahmed el Mansour y sus familiares. Están agrupadas en tres mausoleos extremadamente lujosos, construidos con mármol de Carrara, cedro tallado y molduras de yeso, todo ello dentro de un recinto rodeado de altos muros. Es uno de los monumentos más visitados de Marrakech.

El **palacio El Badi** *(entrada: 10 DH)* está detrás de la casba, aunque para llegar hasta él hay que

JEMÂA EL FNA

Según los guías de Marrakech, ya sean verdaderos o falsos, titulados o no, el nombre Jemâa el Fna significaría "asamblea de la muerte", pues aseguran que en aquella plaza se solía ahorcar a los malhechores y sus cuerpos permanecían expuestos largo tiempo en ella para escarmiento público.

Un libro de Eugène Aubin escrito en 1902 confirma esta costumbre, pero da una explicación diferente del nombre: "Mezquita del Tránsito". Sir Joseph Thomson, que anduvo por estas tierras hacia 1880, sitúa en esta explanada el zoco de los viernes y añade que, a la caída de la tarde, se concentraban en él "pasatiempos de toda especie: música, danza, titiriteros y hasta tiro al blanco; pero lo que resultaba más divertido era el encantador de serpientes."

En árabe marroquí, "zoco del viernes" se dice *suk jumua* o simplemente *jumua*, mientras que *jamaâ* es mezquita y *jemâa* reunión, aunque las tres palabras se pronuncian de un modo muy parecido, dando lugar a esta confusión. Durante años se ha dudado entre estas tres opciones: zoco de los viernes, asamblea o mezquita. Finalmente, el peso de la balanza parece inclinarse por la última gracias a un texto de Abderrahmán Es Saadi fechado en

1695 y citado en el libro de Juan Goytisolo *Xemaa-el-Fna* (ver bibliografía). Según este autor, el sultán saadí El Mansur mandó edificar aquí una mezquita llamada El Hna (de la Felicidad); pero el edificio se vino abajo causando una catástrofe y, desde entonces, el pueblo pasó a llamarla El Fna (del Aniquilamiento).

dar un pequeño rodeo por el norte. Fue construido en el siglo XVI por los Saadíes y debió de ser algo realmente magnífico. Sin embargo, tras la desaparición de aquella dinastía cayó en el abandono, siendo aprovechados algunos de sus materiales para levantar la ciudad imperial de Mulay Ismail en Meknès. Lo que hoy se puede ver son sus ruinas, que conservan un aire grandioso. Desde la terraza se aprecia su estructura con un gran estanque central, otros cuatro más pequeños en las puntas, cuatro jardines de frutales entre ellos y, a su alrededor, diferentes pabellones. Dos

de ellos han sido restaurados, utilizándose uno para exposiciones temporales mientras que el otro alberga el **mimbar de la Koutoubia** *(entrada: 10 DH),* una de las piezas de arte más valiosas del país por su exquisita ornamentación de madera tallada. Este mimbar fue fabricado en Córdoba en el siglo XII por encargo del sultán almorávide Ali ben Yusef, quien lo destinó a la mezquita que lleva su nombre. Los almohades lo trasladaron poco después a la Kutubia, donde ha permanecido en uso hasta finales del siglo XX.

El **melah** o judería está junto al antiguo palacio, pues los hebreos vivían bajo la protección del sultán. Aunque actualmente está habitado por musulmanes, conserva un aire distinto al del resto de la medina, con sus galerías y sus ventanas protegidas por aleros.

El **palacio de La Bahía** *(entrada: 10 DH)* data de finales del siglo XIX, y perteneció al influyente visir Ba Ahmed, quien manejaba los asuntos del reino a su antojo durante la minoría de edad del sultán Mulay Abdelaziz. Destaca en su interior el harén, con las habitaciones de las cuatro esposas y las de numerosas concubinas, en torno a grandes *riads,* así como muchas otras dependencias: la mezquita, la sala de recepción, la sala del consejo, etc. Recibe muchísimos visitantes.

Dar Tiskiwin *(visita de 10 h a 12.30 h y de 15.30 h a 17.30 h. Entrada: 15 DH)* es la casa de Bert Flint, el mayor coleccionista de arte beréber del país. En ella se puede ver la exposición llamada *Marrakech-Tombouctou-Marrakech.* Se trata de un viaje imaginario por el Gran Atlas, el Sahara y el Sahel a través de una fantástica colección de objetos decorados de todo tipo, que ponen de manifiesto las relaciones artísticas entre Marruecos y el África subsahariana.

Dar Si Said *(de 9 h a 12.15 h y de 15 h a 18.15 h, excepto martes. Entrada: 20 DH)* es otro palacio levantado a finales del siglo XIX por un hermano del visir Ba Ahmed. Actualmente se utiliza para presentar exposiciones temporales acerca de las diferentes artes tradicionales marroquíes, cada una de las cuales dura varios años. El edificio en sí también merece la pena, sobre todo la sala de recepción con su ostentoso techo de cedro.

Los **zocos** están situados al norte de la plaza Jemâa el Fna. Su funcionamiento es comparable al de los gremios medievales en Europa, pues en cada calle o zoco había un tipo determinado de artesanos que fabricaban, y al mismo tiempo vendían, sus productos, excepto algunos, que sólo comerciaban con mercancías procedentes de otras regiones, como las especias orientales o los esclavos traídos del África subsahariana. Se podían distinguir así los zocos del cobre, de los calderos, de la madera, del hierro forjado, del mimbre, de las babuchas, del cuero, de las alfombras, de las telas teñidas, de las chilabas, de las especias, de las hierbas medicinales, de los perfumes, etc. Hoy en día, muchos de los artesanos han sido sustituidos por comerciantes que ofrecen productos acabados, traídos de las fábricas modernas o de otras ciudades, aunque se mantiene la estructura original de los zocos, con su eterno bullicio. Los mercaderes resultan algo pesados, pues intentan atraer a los turistas hacia sus tiendas por cualquier método, incluso tirándoles del brazo. El regateo es sin cuartel.

La **fuente de Mohcine,** se sitúa junto a la mezquita del mismo nombre, dentro de los zocos. Data del siglo XVI. Ya no funciona, y la mantienen tras una reja para preservar su magnífico techado en madera de cedro.

El **Fonduk Al Amri,** en la calle Bab Doukala, ha sido muy bien restaurado y tiene un gran interés arquitectónico, albergando diferentes talleres de ebanistas. Frente a él, el **Fonduk Al Misane** se reconoce por una enorme balanza que hay en su interior y ha sido igualmente restaurado.

Dar El Glaoui, el palacio del antiguo pachá de Marrakech, fue construido a principios del siglo XX y se utiliza actualmente como sede de un sindicato, de manera que no se visita. Para terminar, los tres últimos monumentos están en el extremo norte de los zocos y se accede a ellos de 9 h a 18 h y hasta las 19 h en verano, mediante una entrada conjunta de 60 DH, de 9 h a 18,30 h. Son los siguientes:

La **medersa Ben Youssef** es la única de Marrakech y la mayor del país. Aunque mantiene la misma estructura de las medersas meriníes, fue construida más tarde bajo el reinado de Mulay Abdelah en el siglo XVI. Cuenta con un centenar de habitaciones alrededor de un patio grande y muy bien ornamentado.

El llamado **Musée de Marrakech** *(telf. 0524 441 893, fax 0524 441 901, www.museedemarrakech. ma, fax 044 390 912)*, es un palacete levantado en los últimos años del siglo XIX por Mehdi Menebhi, ministro de la guerra bajo el reinado de Mulay Abdelasís. Es interesante sobre todo por el valor arquitectónico del edificio, decorado a profusión. En su interior se organizan exposiciones temporales.

FIESTAS

El Festival Nacional de las Artes Populares (telf. 0524 313 572, e-mail: fnapmarrakech@yahoo.fr, fax 0524 313 195) tiene lugar entre junio y julio. Dura una semana y se desarrolla en diferentes escenarios repartidos por la ciudad, unos de pago y otros con acceso gratuito. En él participan los mejores grupos folclóricos de Marruecos y también otros venidos de diferentes países.

La **Koubba Baadiyn** constituía la fuente de abluciones de la antigua mezquita de Ali Ben Yusef, en el siglo XII. Su valor artístico es indudable y además constituye uno de los únicos ejemplos de arquitectura almorávide en toda la ciudad. La actual mezquita Ben Yusef, situada junto a ella, fue reconstruida por los saadíes en el siglo XVI sobre las ruinas del templo almorávide.

La **Maison de la Photographie** *(visita: de 9 h a 19 h. La entrada cuesta 40 DH)* se sitúa cerca de la medersa y alberga una colección de fotografías de Marruecos tomadas entre 1870 y 1950, muy bien presentadas, en el interior de una casa tradicional.

El **Musée de l'Art de Vivre** *(visita: de 9 h a 17 h y hasta las 18 h en verano)* está en la calle Diar Saboun, Derb Cherif, telf. 0524 378 373, www.museemedina.com. Es una mansión del siglo XIX en la que se presentan exposiciones temporales dedicadas a las costumbres marroquíes en materia de belleza, lujo y bienestar.

La muralla y los jardines

Toda la medina de Marrakech está rodeada por una muralla de tierra cruda de unos 5 m de altura, cuya construcción original data del siglo XII. En ella destacan un total de 8 entradas monumentales antiguas: **Bab Er Rob, Bab El Ksiba, Bab Ahmar, Bab Aghmat, Bab Ailen,**

COMPRAS

Complejo artesanal en la Av. Mohamed V, dentro aún de la muralla. En los **zocos de la medina** se puede adquirir todo tipo de productos artesanales, tanto los que son propios de Marrakech como los que vienen de otras ciudades, en especial madera de Essaouira y cerámica de Safi. Los vendedores resultan muy empalagosos e insistentes. Los precios que piden no guardan relación alguna con la realidad, de modo que el regateo se hace imprescindible.

Librerías: ACR, 55 Bd. Zerktouni, telf. y fax 0524 446 792, e-mail: librairie_acr@menara.ma. Chatr, 19 Av. Mohamed V, Gueliz. **Marra-Book,** 53 Derb Kabada, Av. Prince Moulay Rachid, telf. 0524 376 448, cerca de la plaza Jemaa Fna. **Fnaque Berbère,** Rue Mohcine, en la medina. **Ghazali,** Av. Prince Moulay Rachid, cerca de la plaza Jemâa el Fna. También se pueden obtener mapas topográficos del Gran Atlas occidental en el catastro, situado en una travesía de la Rue Moulay El Hassan, en horario de oficina.

Bebidas alcohólicas: en el hipermercado **Marjane** (carretera de Casablanca), en diferentes comercios de la ciudad nueva y en el **mercado central,** que se halla provisionalmente en la Rue Ibn Toumert, abierto sólo por la mañana.

Bab Debagh, Bab el Khemis y **Bab Doukkala,** siendo estas dos últimas las más pintorescas. Un circuito de 10 km en coche o en calesa permite verlas una a una, pasando además por el *mechuar* del palacio real, excepto cuando Su Majestad se encuentra en Marrakech, en cuyo caso hay que dar un rodeo hacia el sur por los jardines del Aguedal.

La palabra "jardines" es en realidad una mala traducción del francés *jardins,* referida a los huertos (término que deriva del berébere *urti).* El **jardín del Aguedal** es, pues, una gran extensión de cultivos pertenecientes al palacio, de escaso interés para el viajero si no fuera por la hermosa imagen que ofrece su muro exterior los días claros de invierno, con el Gran Atlas nevado al fondo.

El llamado **jardín de la Menara** *(entrada libre)* es asimismo un olivar, al que sólo se puede acceder a pie. El único aparcamiento *(5 DH por vehículo)* está en su entrada sur, junto al Aero Club Royal. En medio del olivar se abre un gran estanque utilizado desde la época almohade para su irrigación y, al mismo tiempo, para la relajación y los juegos amorosos de los antiguos sultanes.

Con tal objetivo se construyó en el siglo XIX el **pabellón de la Menara** *(entrada: 10 DH),* que ofrece una buena vista del conjunto desde su balcón. El interior presenta una magnífica decoración de madera pintada en la planta baja y de yeso esculpido en el piso alto.

El **jardín Majorelle** *(entrada: 30 DH),* alberga una gran cantidad de especies vegetales y es obra del pintor Jackes Majorelle, realizada en 1920.

Cuatro décadas más tarde fue renovado por Yves Saint-Laurent. En el interior del jardín Majorelle se encuentra el **museo de arte islámico,** *(entrada: 15 DH más)* que ocupa el antiguo estudio del pintor. Contiene una colección de objetos de varios países musulmanes y algunos dibujos de su propio creador.

El **jardín El Harti,** en Gueliz *(entrada libre),* constituye una zona de paseo muy agradable y contiene una gran variedad de plantas.

El **palmeral** de Marrakech es el único de todo el país que se sitúa al norte del Gran Atlas. Fue plantado en la época de los almorávides y su irrigación se lleva a cabo mediante un sistema de *jataras* o canales subterráneos procedentes de la montaña. Hoy en día se halla convertido en una zona residencial, probablemente la más cara de la ciudad. Un circuito turístico, asfaltado pero estrecho, permite recorrerlo desde la carretera de Fès hasta la de Casablanca.

DORMIR EN MARRAKECH

La oferta es muy amplia y variada, aunque a menudo resulta difícil encontrar una sola habitación en Marrakech. La lista que sigue, en la que sólo figuran una pequeña parte de los establecimientos existentes, se centra en aquellos situados en el interior de la muralla, por considerar que es la zona de mayor interés para el viajero.

INTRAMUROS

HÔTEL SINDI SUD (C3) **1**

109 Derb Sidi Bouloukate, telf. 0524 443 337, e-mail: sindisud@caramail.com. Posee 9 habitaciones impecables, muy pulcras, con muebles de madera pintada, y una terraza donde sirven desayunos. Precio: 120 DH.

HÔTEL ESSAOUIRA

3 Derb Sidi Bouloukate (cerca del Sindi Sud), telf. / fax 0524 443 805. Ofrece 30 habitaciones con lavabo, sencillas pero limpias y bien cuidadas, alrededor de un patio central con un surtidor. Los techos son de madera pintada, muy elegantes. Precio: de 100 hasta 300 DH según habitación.

HÔTEL EL KENNARIA (B3) **2**

10 Rue El Kennaria, Dabachi, telf. 0524 390 228, e-mail: elhajjik@hotmail.fr. El Kennaria cuenta con 23 habitaciones muy limpias y bien mantenidas, con lavabo. Precio: 100 DH.

HÔTEL IMOUZZER

74 Derb Sidi Bouloukate (cerca del Sindi Sud), telf. 0524 445 336, fax 0524 443 812, e-mail: hotel_imouzzer@yahoo.fr. Dispone de 31 habitaciones sencillas pero bien decoradas, con lavabo, alrededor de un patio. Sirven desayunos en la terraza. Precio: 120 DH.

HÔTEL MIMOSA (B-C3) **3**

16 Rue des Banques, telf. 0524 426 385. Tiene 27 habitaciones sencillitas, con lavabo, caracterizadas por sus paredes de azulejos y sus bonitos techos de yeso esculpido. Precio: 100 DH.

HÔTEL EDDAKHLA

43 Derb Sidi Bouloukate (cerca del Sindi Sud), telf. y fax 0524 442 359. Este hotel consta de 40 habitaciones pequeñas pero limpias. Seis de ellas disponen de ducha, y el resto tienen únicamente lavabo. Las habitaciones están distribuidas alrededor de un patio muy decorado. En medio hay un patio con una fuente. Precio: de 100 a 150 DH.

HÔTEL DAR YOUSSEF

114 Derb Sidi Bouloukate, cerca del Sindi Sud, telf. 0524 391 655, móvil 0660 404 413. Está abierto desde 2008 y cuenta con habitaciones de diferentes niveles y a diferentes precios, todas están muy relucientes. precio: de 120 a 350 DH.

HÔTEL CENTRAL PALACE

59 Derb Sidi Bouloukate, tocando a la Av. du Prince Moulay Rachid, telf. 0524 440 235; www.lecentralpalace.com, e-mail: hotelcentralpalace@hotmail.com. Consta de 30 habitaciones muy coquetas, casi todas ellas con baño y muchas de ellas climatizadas. Están distribuidas en torno a un bonito patio central que tiene una fuente en medio. El restaurante, situado en la azotea, propone platos marroquíes y pescados. Precio: de 150 a 400 DH según habitación.

HÔTEL AFRIQUIA

45 Derb Sidi Bouloukate (cerca del Sindi Sud), telf. 0524 442 403. Consta de una veintena de habitaciones muy sencillas en torno a un patio con naranjos. Algunas de ellas, más caras, tienen baño. Hay asimismo unas terrazas muy agradables a diferentes alturas. Precio: de 150 a 300 DH.

HÔTEL ALI (C2) 4

Rue Moulay Ismail, telf. 0524 444 979, fax 0524 440 522, e-mail: hotelali@hotmail.com. Es un establecimiento popular y bullicioso, dirigido a un público joven y de montaña. Posee 48 habitaciones limpias, con baño, teléfono y aire acondicionado. El restaurante propone menús marroquíes entre 60 y 120 DH, así como un bufé libre por la noche. Precio: 350 DH.

HÔTEL ATLAL

48 Rue de la Recette, junto al Gallia, telf. 0524 427 889. Es una pensión familiar muy limpia, aunque sólo una de sus habitaciones tiene cuarto de baño. Precio: 150 DH.

HÔTEL RIAD AGNAOUE (C2-3) 5

1 Rue de la Recette, esquina Av. Moulay Rachid, telf. 0524 383 918, fax 0524 429 112, móvil 0661 256 045, e-mail: contact@hotelagnaoue.com, web: www.hotelagnaoue.com. Posee 21 habitaciones amuebladas con sencillez dentro del estilo tradicional, con baño, aire acondicionado, televisor y un balcón sobre la arteria más concurrida de la zona. En el restaurante se proponen varios menús marroquíes entre 90 y 200 DH. Habitación doble: 400 DH con desayuno.

HÔTEL BELLEVILLE (C3) 6

194 Riad Zeitoun el Kedim, telf. y fax 0524 426 481, e-mail: hotelbelleville@yahoo.fr. Tiene 9 habitaciones de estilo tradicional marrakechí, decoradas con gracia y equipadas con cuarto de baño. Precio: de 350 a 500 DH.

JNANE MOGADOR (C3) 7

116 Riad Zeitoun el Kedim, telf. y fax 0524 426 323 y 324, web: www.jnanemogador.com, e-mail: contact@jnanemogador. com. Incluye una veintena de habitaciones de estilo tradicional, con baño, teléfono y televisión, así como un *hammam* y una terraza panorámica. Precios: de 380 a 480 DH según temporada.

MARRAKECH DE NOCHE

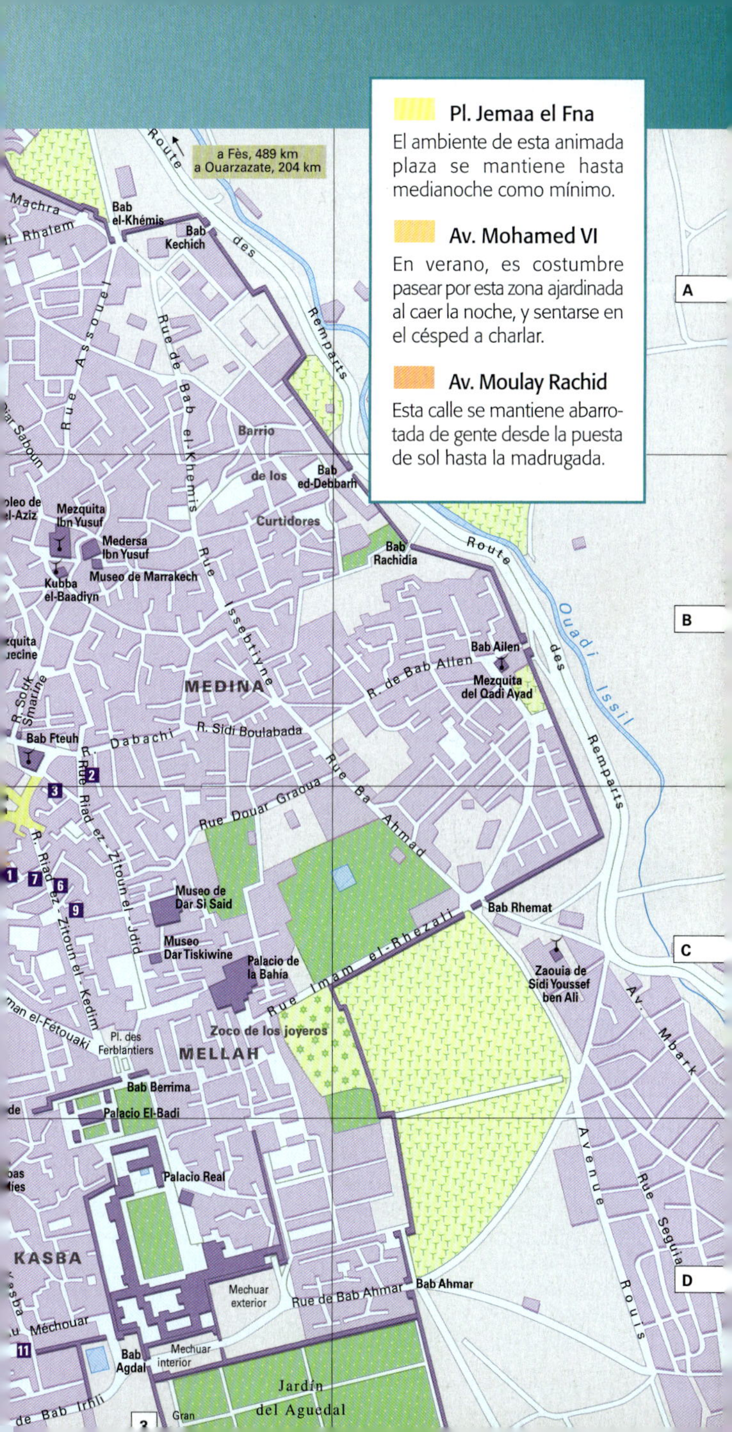

Pl. Jemaa el Fna
El ambiente de esta animada plaza se mantiene hasta medianoche como mínimo.
Av. Mohamed VI
En verano, es costumbre pasear por esta zona ajardinada al caer la noche, y sentarse en el césped a charlar.
Av. Moulay Rachid
Esta calle se mantiene abarrotada de gente desde la puesta de sol hasta la madrugada.
a Fès, 489 km
a Ouarzazate, 204 km
Route des Remparts
Bab el-Khémis
Bab Kechich
Rue de Bab el-Khemis
Rue Assouel
Barrio de los Curtidores
Bab ed-Debbarh
Bab Rachidia
Mezquita Ibn Yusuf
Medersa Ibn Yusuf
Museo de Marrakech
Kubba el-Baadiyn
Rue Issebtiyne
MEDINA
R. de Bab Ailen
Bab Ailen
Mezquita del Qadi Ayad
Ouadi Issil
R. Sidi Boulabada
Dabachi
Bab Fteuh
R. Souk Smarine
Rue Riad ez-Zitoun el-Jdid
R. Riad ez-Zitoun el-Kedim
Rue Douar Graoua
Rue Ba Ahmad
Museo de Dar Si Said
Museo Dar Tiskiwine
Palacio de la Bahía
Rue Imam el-Rhezali
Bab Rhemat
Zaouia de Sidi Youssef ben Ali
Av. Mbark
Zoco de los joyeros
Pl. des Ferblantiers
MELLAH
Bab Berrima
Palacio El-Badi
Palacio Real
KASBA
Mechuar exterior
Mechuar interior
Rue de Bab Ahmar
Bab Ahmar
Bab Agdal
Jardín del Aguedal
Avenue
Rue Seguia
Rouis
A
B
C
D
1
2
3
6
7
9
11

Hôtel Gallia (C3) 8

30 Rue de la Recette, telf. 0524 445 913, fax 0524 444 853. Ocupa dos antiguas viviendas de la medina, muy bien restauradas y confortables. Ofrece 19 habitaciones muy acogedoras, limpias, con un buen cuarto de baño, teléfono, aire acondicionado y calefacción. Sirven el desayuno en los patios interiores, llenos de plantas y con un surtidor donde sólo se escucha el trinar de los pájaros. Precio: 500 DH.

Hôtel Assia

32 Rue de la Recette (junto al Gallia), telf. 0524 391 285, fax 0524 391 395; www.hotel-assia-marrakech.com, e-mail: contact@hotel-assia-marrakech.com. Las habitaciones son algo pequeñas pero tienen mucho encanto y están equipadas con un buen baño, repartidas en torno a un hermoso patio de obra vista. Precio: 380 DH con desayuno.

Hôtel Sherazade (C3) 9

3 Derb Djama, Riad Zitoun el Kedim, telf. 0524 429 305, fax 0524 391 517; www.hotelsherazade.com, e-mail: sherazade8@gmail.com. Dispone de 25 habitaciones acogedoras, la mayor parte con baño, decoradas y amuebladas con gusto en el interior de dos antiguas viviendas. Los precios varían mucho de unas a otras según el tamaño y según tengan o no aire acondicionado y cuarto de baño. Algunas tienenb cocina. Restaurante. Habitación doble: de 230 a 700 DH.

Riad Omar (C3) 10

22 Rue Bab Agnaou, telf. 0524 445 660, fax 0524 387 522; web: www.riadomar.com, e-mail: riadomar65@hotmail.com. El hotel Riad Omar consta de 20 habitaciones y 4 suites de aire tradicional, más bien austero, equipadas con un buen cuarto de baño, aire acondicionado y teléfono. Se abren a un

UN HOTEL DE LUJO

El **Hôtel de la Mamounia** (C2) 12
(Av. Bab Jdid, telf. 0524 444 409, fax 0524 444 940; web: www.mamounia.com, e-mail: reserv@mamounia.com, reservas desde España al telf. 900-100845 o 900 200 136), abierto desde 1925, fue totalmente renovado y ampliado en 1988, ganando en lujo y en capacidad pero perdiendo mucho de su encanto original. Incluye 171 habitaciones muy elegantes y confortables, 50 suites y 7 suites temáticas a precios más elevados. Hay un casino, 5 bares, 5 restaurantes con diferentes especialidades (sobre 500 DH por un menú), sala de conferencias, centro de belleza, pistas de tenis, una pequeña piscina y un inmenso jardín lleno de especies tropicales. Se puede entrar a visitarlo o a tomarse una copa, a condición de vestir correctamente. Los precios pueden oscilar de 2.300 a 5.300 DH.

patio central que sirve de restaurante, al igual que la terraza cubierta de tiendas caidales. Hay menús de 150 a 250 DH. Precio: 700 DH.

Les jardins de la Médina (D3) 11

21 Derb Chtouka, telf. 0524 381 851, fax 0524.385 385; web: www.lesjardinsdelamedina.com, e-mail: info@lesjardinsdelamedina.com. Instalado en el interior de una antigua propiedad de la familia real, este establecimiento de lujo une la comodidad con el encanto del sitio. El hotel tiene 36 habitaciones de diferentes categorías, equipadas con cuarto de baño, aire acondicionado, ventilador, teléfono, televisión y minibar. Algunas tienen además chimenea y una terraza privada. En el recinto hay un jardín, piscina, *hammam,* un centro de belleza, bar y restaurante. Habitaciones dobles desde 1.600 hasta 3.000 DH.

Otra posibilidad en Marrakech son las **maisons d'hôtes,** antiguas casas de la medina que ofrecen un alojamiento confortable con un reducido número de habitaciones, a precios mucho más elevados que los de un hotel de prestaciones equivalentes. Hay más de 300. Para acceder a ellas es imprescindible reservar a través de una agencia de viaje o a través de internet. Algunas páginas web relacionadas con ellas son: www.riadminorisa.com, www.caidrassou.com; www.dardounia.com; www.darelqadi.com; www.dar-hanane.com; www.darlalla.com; www.darmouassine.com; www.darmoulayali-marrakech.com; www.darnaima.com; www.riad-aguerzame.com.

Extramuros

■ Cámpings

Cámping Le Relais de Marrakech

A la salida de la ciudad por la carretera de Casablanca y un desvío a la izquierda, telf. / fax 0524 302 103, móvil 0664 717 328; web: www.lerelaisdemarrakech.com, e-mail: contact@lerelaisdemarrakech.com. Cuenta con una excelente piscina, sanitarios impecables y también 15 tiendas con camas en su interior para quienes no lleven su propio equipo.

Cámpping Caravaning Ferdaous

Telf. 0524 302 311. Está a 13 km del centro, saliendo por la carretera de Casablanca, después de atravesar el puente sobre el río Tensift y antes de llegar a la estación de servicio Agip. Hay árboles, pero los sanitarios dejan mucho que desear y la piscina está fuera de uso.

■ Hoteles

Hôtel Toulousain (A1) 13

44 Rue Tarik ibn Ziad, telf. 0524 430 033, fax 0524 431 446; e-mail: hoteltoulousain@yahoo.fr. Cuenta con 32 habitaciones correctas, algunas de ellas con baño, en torno a dos patios interiores floridos. En lugar de escuchar los automóviles, como es habitual en otros hoteles de la ciudad nueva, se oye el trinar de los pájaros. Precio: de 200 a 250 DH.

Hôtel Franco-belge (f. p.)

62 Bd. Mohamed Zerktouni, telf. 0524 448 472. Consta de 21 habitaciones que sienten el paso de los años, parte de ellas con baño y el resto con lavabo, en torno a

LA NOCHE

Con la llegada de numerosos inversores extranjeros, Marrakech se ha convertido en los últimos años en la ciudad con más ambiente nocturno de todo el país.

Cenas con espectáculo

Chez Ali, en el palmeral. Saliendo hacia Casablanca, tenéis que desviaros a la izquierda en el km 10 y manteneros en la carretera principal hasta encontrar el cartel de la entrada. Abierto sólo por la noche. telf. 0524 307 730. Incluye una veintena de comedores en forma de tiendas caidales, alrededor de una explanada, entre palacios de las Mil y una noches, cuevas de Ali Babá, campamentos beduinos, cúpulas orientales, alfombras voladoras, muchachas en traje de novia, casbas y dunas de arena que os envolverán en un mundo de ensueño. Varios grupos folclóricos actúan durante la cena en el interior de los comedores, haciendo participar al público. Luego tiene lugar la fantasía a caballo, en la explanada. Prever 400 DH por la cena, con un menú fijo de tres platos más postre que incluye el *mechuí.* También podéis entrar a ver el espectáculo, por 100 DH, sin obligación de cenar.

Varios palacetes de la medina ofrecen cenas a precios elevados, a partir de 500 DH, con música en vivo y danzas folclóricas (aseguráos de que cuentan con público suficiente para que la actuación se lleve a cabo). **Le Riad,** Rue Arset el Maach, telf. 0524 425 430; **Doüirya,** 14 Derb Jdid, Hay Essalam/Mellah, telf. 0524 403 030; **Palais Gharnata,** 56 Derb el Arsa, Riad Zeitoun Jdid, telf.

un amplio patio con naranjos muy en el estilo de Marrakech. Precios: de 200 a 250 DH.

Hôtel Akabar (B1) 14

Av. Echouhada, telf. 0524 437 799, fax 0524 438 002; web: www.hotelakabar.ma, e-mail: booking@hotelakabar.ma. Posee 51 habitaciones con aire acondicionado, baño, teléfono y televisión, piscina, bar y un restaurante con una amplia carta de carnes y pescados. Una comida cuesta alrededor de 150 DH y sirven bebidas alcohólicas. Habitación doble: 500 DH.

Hôtel Ibis Moussafir (f. p.)

Av. Hassan II, Place de la Gare, telf. 0524 435 929 a 32, fax 0524 435 936. Tiene 104 habitaciones impecables, equipadas con baño, aire acondicionado, teléfono y televisión, así como un hermoso jardín con una piscina en medio. Junto a ella está el bar y el restaurante, donde se come a partir de 100 DH, con vino. Habitación doble: 500 DH.

Hôtel Diwane (f. p.)

24 Rue Yougoslavie, telf. 0524 432 216, fax 0524 438 016;

0524 445 216; **El Bahia,** 1 Riad Zeitoun Jdid, junto al palacio del mismo nombre.
Espectáculo de luz y sonido en la Menara, todos los días a las 22 h, excepto el domingo en algunas épocas del año. Telf. 0524 439 580. El precio es elevado.

Bares

Los hay en casi todos los hoteles de Gueliz. El **Piano Bar** del Hôtel de la Mamounia goza de un ambiente selecto; en el jardín del **Hôtel Moussafir** se puede tomar una cerveza por un precio moderado, en un entorno relajante; el bar del **Hôtel Tichka** es atractivo por su arquitectura. **La Bodega,** 23 Rue de la Liberté, telf. 0524 433 141, es un bar de tapas con ambiente español, para quienes echen de menos su tierra; el bar **Comptoir Darna,** Av. Echouhada, en el Hivernage, es frecuentado por la juventud local. El Afric'n Chic, 6 Rue Oum Er Rabia, ofrece música en vivo de diferentes estilos.

Discotecas

Sólo suelen animarse los fines de semana:
Paradise, en el Hôtel Mansour Eddahabi (entrada: 200 DH).
Le Diamant Noir, en el Hôtel Le Marrakech, Rue Oum Er Rabia.
VIP, Pl. de la Liberté.
White Room Club, en el Hôtel Royal Mirage, Rue de Paris, Hivernage.
Le Cabaret y **Le Pacha** están en el Hôtel Tikida Garden.
Cotton Club, en el Hôtel Tropicana, Av. Abdelkrim el Khattabi, es de ambiente "Before", de las 20 h a las 23.30 h.
Jad Mahal, Fontaine de la Mamounia, Bab Jdid.
Theatro, en el Hôtel Es Saadi, Av. Quadissia, Hivernage. Y **Le Pharaon,** ctra. de Fès, a 12 km.

www.diwane-hotel.com, reservation@diwane-hotel.com. Es un edificio de construcción reciente, hecho con gusto y situado en pleno centro de Gueliz. Dispone de 115 habitaciones muy amplias y confortables, con un buen baño, teléfono, televisión, minibar y balcón. Hay también bar, piscina y restaurante. Precio: 1.050 DH.

Hôtel Amine (f. p.)

Av. Abdelkrim el Khatabi (carretera de Casablanca), telf. 0524 436 376, fax 0524 438 143; web: www.hotel-amine.com. e-mail: badoa@menara.ma. Consta de 174 habitaciones acogedoras, con aire acondicionado, baño, teléfono, balcón y televisión, así como una bella piscina, jardín, y bar, todo muy bien decorado y preparado para que uno se sienta bien. En el restaurante un menú cuesta 210 DH. Habitación doble: de 1.000 a 1.100 DH con desayuno.

Hôtel Tikida Garden (f. p.)

Circuit de la Palmeraie, BP 1585 (40070), telf. 0524 329 595, fax 0524 329 599; web: www.marrakech-tikida.com, e-mail: tikida@

TOMAR ALGO

El **Café de France** (Pl. Jemâa el Fna) cuenta con altas terrazas desde donde observar el bullicio. El té es agua con azúcar, de modo que es preferible tomar un refresco.
Dar Mimoun (Rue Riad Zeitoun el Kedim, telf. 0524 443 348) es un auténtico *riad* con pabellones en torno a un relajante patio lleno de naranjos y plantas diversas. Es un lugar ideal para descansar y disfrutar del frescor del ambiente. Tiene restaurante.
Dar Cherifa (8 Derb Cherfa Lakbir, telf. 0524 426 463) es un café literario dentro de una antigua mansión de la medina, indicada a partir de la mezquita Mohcine. Hay libros de fotos y de arte para pasar el rato. También hay exposiciones de pintura contemporánea. La consumición cuesta unos 20 DH. Los zumos no están muy frescos.

tikidahotels.ma. Está en el palmeral. Saliendo por la carretera de Fès hay un indicador hacia la izquierda. Incluye 8 suites y 206 habitaciones confortables, acogedoras, con aire acondicionado y todos los servicios. Tiene un balcón. La piscina es grande y hermosa, igual que el jardín. Hay además varios restaurantes, bares y discotecas. Durante la cena se ofrece un espectáculo de danza oriental cada noche. Precios: de 1.300 a 1.600 DH.

HÔTEL TICHKA (f. p.)
Route de Casablanca, BP 894, telf. 0524 448 710, fax 0524 448 691; e-mail: tichkamarrakech@groupe-salam.com. Se trata de una creación de Charles Boccara, con arquitectura muy original, mezclando elementos marroquíes, orientales y modernos. *El Tichka* es uno de los pocos hoteles donde sus 138 habitaciones tienen un carácter propio. Hay 2 bares, una hermosa piscina, *hammam* y varios restaurantes. Precio: 1.500 DH.

COMER EN MARRAKECH

Marrakech ofrece posibilidades para todos los gustos y presupuestos, tanto en la medina como en la ciudad nueva. Lo que sigue son sólo algunas sugerencias de cada nivel.

EN LA MEDINA

POULET GRILLE ICEBERG (C2) ❶
Rue Bani Marine, esquina Av. El Mouahidine, en un sótano. Sirven un pollo a la parrilla de calidad excepcional, en un ambiente popular. Sólo abren al mediodía. Precios: de 30 a 50 DH.

RESTAURANT NZAHA (C3) ❷
Pl. Jemâa el Fna. Tiene un comedor cerrado y de mesas en la plaza, más agradable por la noche. Propone una cocina marroquí muy correcta a precios ajustados para su categoría. Precio: 40-60 DH.

Restaurant Oscar Progrès (C3) ❸

20 Rue Bani Marine. Es un local sencillo pero limpio, con largas mesas a compartir. Su especialidad son las parrilladas de carne, pero también tienen platos marroquíes aceptables. Precio: de 40 a 60 DH.

Chez Chegrouni (B3) ❹

Pl. Jemâa el Fna, telf. 0661 434 133. Dispone de varios comedores a diferentes alturas donde se puede comer una buena cocina marroquí, con numerosos tipos de cuscús y de tayín a la carta. Precio: de 50 a 100 DH.

Café Marra-book

53 Derb Kabada, Av. Prince Moulay Rachid, telf. 0524 376 448. Aquí se prepara una buena cocina marroquí en una agradable terraza, en un saloncito o bien en las mesas de la librería. Precio: de 50 a 100 DH.

Puestos de la Plaza Jemâa El Fna

Los ponen sólo por la noche. Comer en ellos resulta muy típico, pero es proporcionalmente caro, pues los platos anunciados a 25 o 30 DH no son más que pequeñas tapas, de las que hay que pedir al menos 4 o 5 para llenar un poco el estómago. Lo mejor es negociar un "menú" antes de sentarse y ajustar su precio mediante regateo. Una comida completa puede costar entre 100 y 150 DH.

Restaurant Argana (B3) ❺

Pl. Jemâa el Fna, telf. 0524 445 350. En su terraza, con una excelente vista sobre la plaza, se puede disfrutar de una amplia carta de platos marroquíes, carnes y pastas, todo delicioso. Es un lugar donde se disfruta de la comida tanto como de la vista panorámica. El único inconveniente es que suele estar muy lleno y la cocina no siempre da abasto, pero merece la pena esperar. Precio: de 100 a 150 DH.

Dar Mimoun (C3) ❻

Rue Riad Zeitoun el Kedim, telf. 0524 443 348. En este maravilloso *riad* se come una cocina marroquí sencillamente correcta y bastante variada. Precio: de 100 a 150 DH.

Dar Mima (C3) ❼

9 Derb Zaouia El Kadiria, telf. 0524 385 252. Está muy cerca del museo Dar Si Said. Sólo abren por la noche, a partir de las 20 h, y tienen cerrado los miércoles. En el interior de una casa tradicional con salones de diferentes niveles, se saborea una cocina marroquí moderna extremadamente cuidada, deliciosa, con toques franceses. El ambiente es relajado y sirven bebidas alcohólicas. Precio: de 200 a 250 DH.

Le Marrakchi (B3) ❽

52 Rue des Banques, telf. 0524 443 377, fax 042 439 268. En una esquina de la Pl. Jemâa el Fna. Posee un salón suntuosamente

AVISO

El número y las letras que acompañan a los hoteles y restaurantes hacen referencia a su situación en los planos de la ciudad.

decorado, con vistas a la plaza. irven vino y por la noche proponen varios menús, entre 250 y 500 DH, mientras que al mediodía se puede comer por unos 150 DH.

EN GUELIZ

CHEZ OUAZZANI (f. p.)
12 Rue Ibn Aicha, telf. 0664 472 895. Es un local popular con mesas en la calle. Ofrece buenos tayines y pinchitos. Precio: de 50 a 60 DH.

BAR L'ESCALE (A-B1) 9
Rue Mauritanie, telf. 0524 433 447. Fundado en 1927, es un bar dirigido a la población local en el que se puede acompañar el vino con pinchos o pollo asado. Precio: de 50 a 60 DH.

SNACK GARE DE LA VILLE (f. p.)
Es un local muy popular con algunas mesas en la calle, bajo los árboles, frente a la estación de tren. Proponen pollo asado y diferentes tipos de pinchos, muy aceptables. Precio: de 40 a 50 DH.

LA NONNA (f. p.)
166 Av. Abdelkrim el Khattabi, telf. 0524 421 366. Consta de un comedor decorado con originalidad y de un patio interior. Tienen carnes, pescados, pizzas y una gran variedad de pastas. La cocina es correcta y sirven vino. Precio: de 100 a 150 DH.

CHEZ JACK-LINE (f. p.)
63 Av. Mohamed V, telf. 0524 447 547. Tiene un menú marroquí económico y una gran variedad de carnes a la carta. Sirven alcohol. Precio: de 100 a 150 DH.

RISTORANTE CASANOVA (A1) 10
221 Av. Yakoub El Mansour, telf. 0524 423 735, móvil 0661 381 615, e-mail: ristorantecasanova@menara.ma. Se compone de un comedor convencional, otro más íntimo con música de fondo y un patio fresco. Su cocina italiana está extremadamente cuidada y puede acompañarse con vino. También tienen pizzas. Precio: 100-200 DH.

AL FASSIA (f. p.)
55 Bd. Mohamed Zerktouni, en un callejón, telf. 0524 434 060, fax 0524 448 349, e-mail: alfassia@menara.ma. Consta de un salón bien decorado y climatizado y una terraza exterior. Se come una suculenta cocina marroquí. Sirven bebidas alcohólicas. Precio: de 200 a 500 DH según elección.

LE CATANZARO (A1) 11
Rue Tarik Ibn Ziad, telf. 0524 433 731. Está siempre lleno, tanto de marroquíes como de extranjeros. Propone una buena cocina italiana a base de pizzas, carnes y pescados. Sirven alcohol. Precio: 200-250 DH.

ROTISSERIE DE LA PAIX (f. p.)
68 Rue Yougoslavie, telf. 0524 433 118. Es uno de los locales más antiguos de Marrakech, conocido por su agradable jardín. Preparan tayines, pizzas, pescado y, sobre todo, parrilladas de carne. Tienen bebidas alcohólicas. Precio: de 200 a 250 DH.

MDIQ Y EL CABO NEGRO

PROVINCIA DE TETOUAN. 17.000 HABITANTES.

La sencilla aldea de pescadores que era Mdiq, conocida como Rincón en la época del protectorado español, se ha convertido en el principal punto de atracción turística del Mediterráneo marroquí gracias a la extensión de sus playas y a su proximidad con la frontera española.

INFO Y TRANSPORTES

Código postal. 93200
Bancos. BMCE, en la carretera.
Iglesia católica. En Mdiq. Telf. 0539 963 227.
Taxis colectivos a Fnideq y Tetouan.

En la Rue Al Moukaouama, junto a la carretera.
Autobuses urbanos a Tetouan. Paran en la carretera.

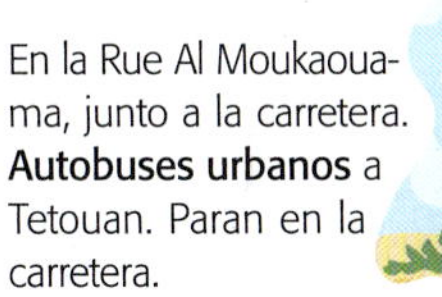

Autocares privados a Fnideq, Tetouan, Tánger y Casablanca.

VISITA

El turismo tiene un gran desarrollo en la costa, su magnífico clima, sus playas y sus paisajes de montaña han hecho florecer centros vacacionales, hoteles, puertos deportivos y con unas amplias posibilidades de crecimiento futuro.

LA CIUDAD ANTIGUA

Antiguamente, la ciudad de Mdiq estaba formada por varias manzanas de calles rectas dispuestas con casas blancas de baja altura y algunos almacenes relevantes entre los que destacaban el edificio de Correos, la Comandancia etc.

En la actualidad, de aquella arquitectura queda poco, siendo sustituida poco a poco por edificios más modernos donde los bajos son locales comerciales de distinta actividad: alimentación, artesanía restauración etc., convirtiéndose en el centro de la actual población.

Junto a la playa se ubica la **iglesia** de estilo barroco **de San Francisco** de 1918. Es de culto católico y cuenta con una escuela de promoción femenina.

La **mezquita** principal se localiza justo al lado de la carretera. Es de estilo tradicional, blanca con ventanas y puertas azules, y un minarete blanco y ocre, decorado con azulejos azules y rematado por nidos de cigüeñas.

En la avenida del puerto, cerca de la iglesia y la antigua Comandancia de Marina, se sitúa la **Zauia** (cofradía musulmana), junto a la tumba de un santo. De ella llama la atención su cúpula verde.

La extensa **playa de Mdiq** es de arena mezclada con piedras y conchas y no está muy limpia. Hay otras playas al norte de la localidad de Mdiq que están mucho mejor cuidadas y se hallan menos abarrotadas de gente.

La **playa de Cabo Negro,** sin embargo, es magnífica.

DORMIR EN MDIQ

La oferta en esta zona, aunque es algo escasa, es de una gran calidad. En verano resulta difícil encontrar alojamiento en esta zona.

Hôtel Playa

24 Av. Lalla Nezha, telf. 0539 975 166, fax. 0539 975 014. Está en el centro de Mdiq. Cuenta con 53 habitaciones impecables, nuevas, equipadas con baño, teléfono, televisión y calefacción. También tiene un bar y un restaurante donde se come por unos 80 DH, con vino. Precio habitación doble: 300 DH.

La Ferma

Entre Mdiq y Cabo Negro, algo apartado de la costa, BP 16, telf. 0539 978 075 y 481, fax. 0539 978 432. Su arquitectura y su decoración rústica están bien integradas en el entorno. Posee 16 habitaciones amplias y equipadas con un buen cuarto de baño, ventilador, televisión y balcón. El restaurante ofrece carnes y pescados, sobre 150 DH por una comida completa, así como una extensa carta de vinos. Habitación doble: 700 DH.

LA NOCHE

En la mayoría de los hoteles de Mdiq se pueden encontrar bares en los que se puede tomar una copa. Asimismo hay una discoteca en el Golden Beach.

Hôtel Kabila

A 20 km en la carretera de Ceuta, dentro del Complejo Kabila, BP 81, Mdiq, telf. 0539 666 013, 971 y 190, fax 0539 666 203. El establecimiento se caracteriza por su bella arquitectura de aire mediterráneo. Cuenta con 4 suites y 92 habitaciones acogedoras, equipadas con baño, calefacción, teléfono, televisión y un balcón o una terraza, repartidas en dos plantas en torno a un hermoso jardín tropical o alrededor de un estanque. El restaurante propone un menú internacional a 160 DH más carta de pescados y carnes. En el complejo Kabila hay bares, discoteca, piscina, pistas de tenis y squash, gimnasio, sala de conferencias y acceso directo a la playa. Precio: 700 DH.

Hôtel Le Petit Merou

En Cabo Negro, telf. 0539 978 118, fax 0539 978 065. Es un pequeño paraíso de 5 suites y 12 habitaciones hermosas con el encanto de la simplicidad, equipadas con baño, teléfono, televisión y balcón. Todas ellas ofrecen unas vistas magníficas de la playa y de las primeras cumbres del Rif a lo lejos. El restaurante está especializado en pescados y mariscos, con menú de 160 DH. También hay un bar. Precio: 800 DH.

Hôtel Golden Beach

Route de Sebta, BP 84, Mdiq, telf. 0539 975 137, 59, 61 y 68, fax. 0539 975 096. Está a la salida de Mdiq junto a la playa. Tiene 76 habitaciones muy confortables, muchas con vistas al mar, equipadas con baño, teléfono, radio y balcón. Hay una piscina panorámica, sala de conferencias, varios salones, restaurante, bar, discoteca y un acceso directo a la playa. Precio: 800 DH.

Sofitel Marinasmir

BP 768 de Tetouan, a 9 km de Mdiq. telf. 0539 971 234, fax 0539 971 235; www.sofitel.com, e-mail: h2959@accor.com. Incluye 119 habitaciones muy cómodas, con un amplio balcón, así como una hermosa piscina, restaurante, bar, pista de tenis y playa privada entre otros muchos servicios. Precios: de 2.000 a 2.500 DH.

FIESTAS Y ACTIVIDADES DEPORTIVAS

A principios de agosto tiene lugar el **Musem**. En cuanto a actividades deportidas se puede destacar: **Equitación.** En el complejo turístico La Ferma, cerca del Cabo Negro. **Golf.** Royal Golf Club, con 9 hoyos, en Cabo Negro.

COMER EN MDIQ

Estando en la costa, la especialidad es, por supuesto, el pescado. Se pueden percibir las influencias de la cocina española.

En la Av. Moulay Abdessalam, que surge de la carretera entre la BMCE y el Restaurante Cocodrilo, existen varios locales populares que ofrecen pollo asado, pescaditos y pinchos. Los precios suelen rondar de 30 a 50 DH.

Restaurante Chico

Route de Sebta. Tienen un buen menú a un precio razonable y una carta bastante extensa de pescados y carnes. Precio: de 50 a 80 DH.

Restaurante Cocodrilo

68 Av. Lalla Nezha. Está en la propia carretera. Tiene un comedor limpio y correcto, sin lujos. Su cocina es buena. Sin embargo, los precios han subido y el servicio resulta algo lento. Sirven alcohol. Precio: de 50 a 80 DH.

Restaurante La Sirena

Consta de un comedor convencional y una terraza con vistas a la playa. La cocina ofrece buenos pescados y carnes. Precio: de 80 a 120 DH.

Restaurante Olas

Posee un comedor con aire acondicionado de aire marinero, vistas al mar y una terraza exterior que da a la playa. Ofrece carnes, pescados y mariscos, a unos precios algo más elevados que los precedentes. Precio: de 80 a 150 DH.

MEKNÈS

CAPITAL DE WILAYA. 580.000 HABITANTES.

Fundada en el siglo x por una tribu zanata llamada Miknasa como simple aldea rodeada de olivos, lo que hoy es la medina de Meknès fue obra de los almorávides. A finales del siglo XII, los almohades construyeron en ella una casba y, posteriormente, los merinidas la dotaron de mezquitas y de una medersa. Sin embargo, no pasó de ser una ciudad provinciana hasta que, en la segunda mitad del siglo XVII, Mulay Ismail la eligió como capital, tratando de escapar a las influencias de la nobleza de Fès. Entonces fue levantada junto a la medina una nueva villa imperial de dimensiones enormes, que incluía el palacio del sultán, viviendas para los cortesanos y para los militares, caballerizas, graneros, una cárcel subterránea y un lago artificial. Tras la muerte de Mulay Ismail, la capitalidad regresó a Fès, pero Meknès continuó siendo muy frecuentada por los monarcas para estancias breves o como etapa cuando se desplazaban a Rabat.

INFO

Código postal
Ciudad nueva: 50000
Medina: 50004
Delegación de Turismo. Place Administrative, telf. 0535 524 426 /0535 5216 022, fax 0535 516 046.
Sindicato de Iniciativa. Palais de la Foire, telf. 0535 520 191.
Iglesia católica. 1 Av. Mohamed V, telf. 0535 527 884.

ACCESOS

La **carretera N-6,** amplia y buena, comunica con Rabat por el oeste y Fès por el este.
La **autopista A-2** enlaza igualmente con Rabat y Fès, con un peaje razonable.
La **carretera R-413** llega de Souk el Arba y Tánger por el norte. Algo estrecha y suele estar llena de carros o tractores.
La **carretera N-13,** en buen estado, procede de Errachidia por el sur. Se puede cortar ocasionalmente por la nieve entre Azrou y Midelt. En tales casos, la alternativa es ir a Fès para tomar la **carretera** de Sefrou y Boulemane.

TRANSPORTES

ONCF, trenes a Fès, Oujda, Casablanca, Marrakech y Tánger. En la Rue Emir Abdelkader.
Autocares CTM a Rabat, Casablanca, Tánger, Fès, Marrakech, Taza, Nador, Errachidia, Rissani. Av. des FAR, telf. 0535 522 585.
Autocares privados a Casablanca, Rabat, Fès, Marrakech, Tánger, Chefchaouen, etc. Estación de autocares junto a Bab el Khemis.
Taxis colectivos a Fès, Rabat, Azrou, Ifrane, Khenifra, Midelt. Junto a Bab el Khemis.
Royal Air Maroc. 7 Av. Mohamed V, telf. 0535 520 963 / 964, fax 0535 401 532.
Alquiler de vehículos sin conductor: Bab Mansour Car, Imm. 3, 1 bis Rue Safi, telf. 0535 526 631.

VISITA

Los monumentos, muy numerosos e interesantes, están repartidos entre la medina y la villa imperial de Mulay Ismail.
Como excursión, destacan las ruinas romanas de Volubilis, a 25 km.
Meknès merece, como mínimo, un día entero de estancia.

LA MEDINA

Para obtener una visión de conjunto de la medina se recomienda subir al barrio de Belle Vue, y concretamente a la **calle Merinides,** donde hay un amplio mirador. Para recorrer sus callejuelas es preferible acceder por la plaza El Hédime, que da a la zona más comercial y bulliciosa. Podéis ver numerosos artesanos trabajando, como los que hacen mosaicos con piezas de barro cocido pintadas, o los ebanistas reunidos en un fonduk, que fabrican muebles de cedro tallado hasta el más mínimo detalle. En la propia plaza El Hédime se halla el **Museo Regional de Etnografía** *(visita: de 9 h a 17 h excepto martes;; entrada: 10 DH),* que ocupa un antiguo palacio de finales del siglo XIX llamado Dar Jamaii, nombre del gran visir que lo hizo levantar y al que le fue requisado cuando cayó en desgracia. El edificio por sí mismo ya es interesante, y en su interior se pueden ver diferentes objetos artesanales de uso tradicional, tanto urbano como de la región.
Ya dentro de la medina, se levanta la **medersa Bou Inania** *(entrada: 10 DH),* que fue construida en 1336 y restaurada poco después bajo el mandato del sultán meriní Bou Inan, de quien tomó el nombfe. Sigue el plano habitual de las medersas, con magnífica decoración.
En la **muralla** que rodea la medina se abren diferentes portales, destacando **Bab Berdaïne** por su belleza.
En el cementerio que hay junto a Bab Jdid se encuentra el **morabito de Sidi Aisa,** patrón de la ciudad y fundador de una de las cofradías más populares de Marruecos.

LA VILLA IMPERIAL

Justo al otro lado de la plaza El Hédime, frente a la medina, se yergue el famoso portal llamado **Bab Mansour,** uno de los más impresionantes del país por su porte y su delicada ornamentación. Bab Mansour permite acceder a la villa imperial, rodeada por varias murallas sucesivas. Tanto

MEKNÈS DE DÍA

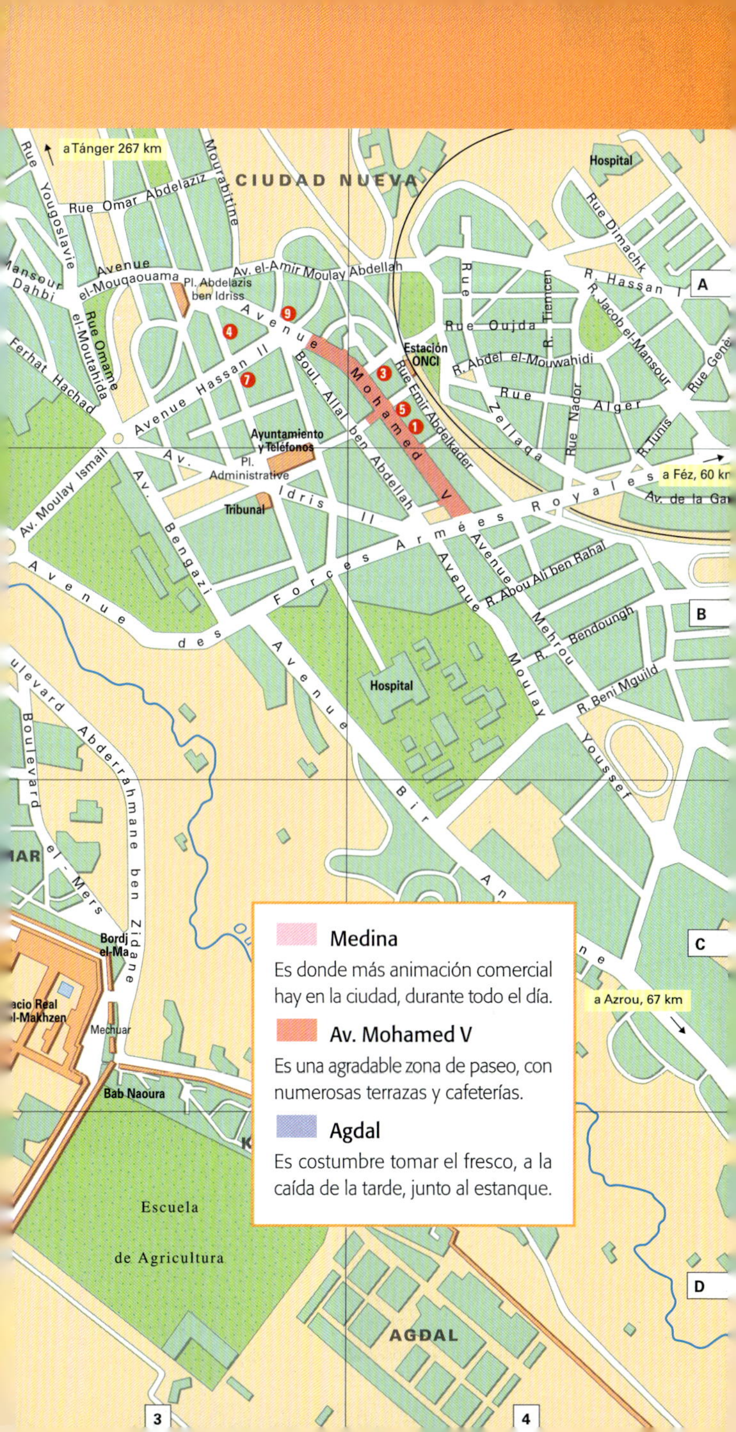
a Tánger 267 km
CIUDAD NUEVA
Hospital
Rue Yougoslavie
Rue Omar Abdelaziz
Mourabitine
Mansour Dahbi
Avenue el-Mouqaouama
Pl. Abdelazis ben Idriss
Av. el-Amir Moulay Abdellah
Rue Omame el-Moutahida
Ferhat Hachad
Avenue Hassan II
Avenue Mohamed V
Boul. Allal ben Abdellah
Rue Emir Abdelkader
Estación ONCI
Rue Oujda
R. Tlemcen
R. Abdel el-Mouwahidi
Rue Alger
Rue Zellaqa
Rue Nador
R. Tunis
Rue Dimachk
R. Hassan I
R. Jacob el-Mansour
Rue Gené
A
Ayuntamiento y Teléfonos
Pl. Administrative
Av. Idris II
Tribunal
Av. Moulay Ismail
Av. Bengazi
Avenue des Forces Armées Royales
a Féz, 60 km
Av. de la Ga
Avenue R. Abou Ali ben Rahal
Avenue Moulay Mehrou
R. Bendoungh
R. Beni Mguild
Youssef
B
Avenue Bir Anzarane
Hospital
Boulevard Abderrahmane ben Zidane
Boulevard el-Mers
Bordj el-Ma
acio Real el-Makhzen
Mechuar
Bab Naoura
C
a Azrou, 67 km
Escuela de Agricultura
AGDAL
D
3
4
Medina
Es donde más animación comercial hay en la ciudad, durante todo el día.
Av. Mohamed V
Es una agradable zona de paseo, con numerosas terrazas y cafeterías.
Agdal
Es costumbre tomar el fresco, a la caída de la tarde, junto al estanque.

COMPRAS

Todo tipo de artesanía en las calles centrales de la medina: tapices del Atlas Medio en un mercado específico para ellos, madera de cedro tallada, bronce... Las especialidades de Meknès son los bordados y las figuras metálicas pintadas de tonos dorados y negros.
Azulejos tradicionales y mosaicos en la **Cooperative Artisanale des Potiers, Ceramistes et Briquetiers,** junto al río, en la carretera que sube al barrio de Belle Vue. La mejor calidad de Marruecos, a precios muy ajustados.
Libros en francés en **Dar Al Kitab Al Watani,** en la calle Allal Ben Abdellah.
Libros en inglés en **Top Notch,** 28 Rue Emir Abdelkader.
Venta de **bebidas alcohólicas** en varios comercios, en torno al mercado central de la ciudad nueva.

esta puerta, como las propias murallas y todos los monumentos que se hallan en su interior datan de la época de Mulay Ismail, es decir de finales del siglo XVII.
Bab el Khemis es otra entrada magnífica, situada junto al antiguo *melah.*
La **tumba de Mulay Ismail** *(entrada gratuita, aunque se suele agradecer dar una propina al vigilante)* está en el interior de una mezquita pequeña pero muy bien decorada, que –cosa excepcional en Marruecos– puede ser visitada por los no musulmanes, salvo los viernes, por ser el día de la oración.

Los **silos subterráneos,** llamamos comunmente "prisión subterránea" (*entrada: 10 DH)* parece que ocupaban casi todo el subsuelo de la villa imperial. Sin embargo, la mayor parte ha quedado destruida con el tiempo. Puede accederse únicamente a algunos de ellos, situados junto a la **Koubba El Khayatine,** un hermoso pabellón donde Mulay Ismail solía recibir a los embajadores extranjeros
El **Palacio Real,** que fue construido a finales del siglo XVII, no se visita por hallarse todavía en uso, pero se ve la entrada desde el largo pasadizo que se dirige a Dar el Ma, discurriendo entre dos murallas.

Dar el Ma *(entrada: 10 DH)* es un portentoso edificio de tierra cruda con múltiples columnas y arcadas para soportar el techo. En su interior se alternan los graneros con los pozos, de donde se subía el agua mediante una decena de norias, hoy desaparecidas. Detrás hay un segundo recinto lleno también de columnas y arcos, pero que ha perdido la cubierta. Se dice que éstas eran las **caballerizas** donde guardaba sus monturas el poderoso ejército de Mulay Ismail, si bien algunos investigadores consideran que se trataba simplemente de nuevos **graneros.**

Junto a Dar el Ma veréis el **estanque del Agdal,** de grandes dimensiones, que contenía una reserva de agua para la ciudad, en el caso de verse rodeada por las tribus enemigas. Con ella se regaba asimismo el olivar contiguo. Posteriormente, los diferentes sultanes utilizaron esta laguna artificial para nadar y pasear en barca, lo que constituía una diversión específica de Meknès.

Junto a la muralla de la villa imperial se encuentra un **cementerio** hebreo con cinco siglos de antigüedad. Asimismo, en el nuevo *Melah* ha sido restaurada recientemente la **sinagoga Toledano,** también conocida como sinagoga Slat Rebbi Baroukh.

Excursión a Volubilis

Se parte de Meknès en dirección a Tánger y, a los 9 km hay que desviarse a la derecha. Os quedan 16 km de buena carretera, siempre al pie del monte Zerhoun. En la falda de la montaña destaca **Moulay Idris,** un pueblecito blanco en el que se halla enterrado el fundador del reino de Fès. La tumba se sitúa en el interior de una zagüía de magnífica decoración, pero el acceso está estrictamente reservado a los musulmanes.

Volubilis, llamado en árabe *Oualili,* fue capital de la Mauritania Tangitania de un modo casi permanente desde su ocupación por el Imperio Romano en el siglo I d.C. hasta el siglo III, en que alcanzó su máximo esplendor. Sin embargo, poco después fue mis-

teriosamente abandonada por los latinos, que se replegaron a *Tingis* (Tánger). Con anterioridad, había sido ya una ciudad beréber y había recibido influencias cartaginesas. Más tarde volvió a ser una importante población beréber, que atrajo a Idris I y sirvió de trampolín para la fundación del reino de Fès.

Las **ruinas** de Volubilis *(pueden visitarse desde el amanecer hasta la puesta de sol, con una entrada de 20 DH)* están inscritas en la lista del Patrimonio Universal desde 1997. Es muy aconsejable visitarlas a primera hora de la

mañana o bien al atardecer, pues el sol resulta bochornoso incluso en invierno. De todos modos, llevaos un buen sombrero y una botella de agua. Se debe prever una duración de 1,30 h en total. A la entrada, figura un plano de las excavaciones. Hay guías oficiales (con placa) y clandestinos a vuestra disposición.

La visita empieza en un camino en cuyos bordes hay unas cuantas lápidas expuestas en el suelo. Tras pasar el puentecito, ir a la izquierda con fuerte subida y, una vez arriba, torcer a la derecha para atravesar una fábrica de aceite. El sentido de la visita está marcado con flechas. A la derecha y luego recto encontraréis, a vuestra izquierda la **casa** llamada **de Orfeo** por tener un mosaico de aquel personaje. Más allá se levanta la reconstrucción de una prensa de aceite y, junto a ella, las **termas de Galiano.**

Continuad recto hasta dar con una panadería, en la que se puede ver el horno y un molino reconstruido. En cada monumento hay una pequeña explicación en árabe y en francés.

Llegados a este punto, tendréis a vuestra derecha la **basílica civil,** que era la sede del tribunal y el lugar de reunión de las autoridades. De ella se conserva un muro con arcadas y varias columnas en las que anidan las cigüeñas. A la derecha de la basílica se halla el **Capitolio,** templo dedicado a las tres divinidades principales. Veréis el altar al pie de la escalera y, en la parte superior, varias columnas de gran altura. Al otro lado de la basílica se hallaba el foro, una plaza en la que se discutían los asuntos públicos.

Continuando la visita distinguiréis a vuestra izquierda una **casa** llamada **"del acróbata"** por tener un mosaico en el que se parodian las acrobacias a caballo, y a la derecha una fuente pública.

Más allá se levanta un **arco triunfal** dedicado al emperador Caracalla. En este arco empieza el *decumanus maximus,* la principal avenida de la ciudad, que sube hasta la **puerta de Tingis.** A lo largo de dicha vía se suceden las casas con diferentes mosaicos de gran interés. Se llega hasta el **palacio de Gordiano,** de grandes dimensiones pero muy poco reconstruido. Destacan algunas columnas a la entrada. Frente al palacio surge un camino que os conduce a la **casa** llamada **"de Venus",** que incluye un mosaico de aquella diosa y otros que recuerdan los motivos típicos del arte beréber. Desde aquí, hay que descender por una calle paralela al *decumanus,* hasta encontrar un camino a la izquierda, que regresa al puentecito donde se inició la visita.

DORMIR EN MEKNÈS

En Meknès destacan dos hoteles de categoría media, **Akouas** y su vecino el hotel **Bab Mansour,** con una excelente relación calidad-precio. Todos los que están por debajo de su nivel ,son algo ruidosos. En la categoría superior hay establecimientos con encanto de la villa imperial.

■ CÁMPINGS

CÁMPING AGDAL (D3) 1

En el interior de la muralla, telf. 0668 507 926. Fue un excelente camping en su época, pero ahora se encuentra totalmente degradado. Tiene muchos árboles.

CÁMPING ZERHOUN BELLE VUE

A 15 km en la carretera de Volubilis, telf. 0663 569 856. Rodeado de naturaleza. Piscina en verano. Ducha caliente. Restaurante con menú marroquí a 70 DH.

■ HOTELES

HÔTEL EXCELSIOR* (B4) 2

57 Av. des FAR, telf. 0535 521 900. Tiene 43 habitaciones limpias y agradables, con ducha y calefacción. Baño comunitario. Precio: 150 DH.

HÔTEL TOURING* (B3-4) 3

34 Av. Allal ben Abdellah, telf. 0535 522 351. Son 40 habitaciones con balcón, calefacción y teléfono, algunas de ellas tienen baño y otras sólo un simple lavabo. Precio: de 120 a 180 DH.

HÔTEL CONTINENTAL* (B4) 4

92 Av. des FAR, telf. 0535 525 471. Cuenta con 43 habitaciones con ducha y calefacción. Baño comunitario. Le pesan los años. Precio: 150 DH.

HÔTEL PALACE** (A3) 5

11 Rue Ghana, telf. 0535 520 407 /468, fax 0535 401 431. Tiene 40 habitaciones con baño y teléfono. Restaurante y bar. Precio: 250 DH.

HÔTEL MAJESTIC** (A4) 6

19 Av. Mohamed V, telf. 0535 522 035, fax 0535 527 427; e-mail: majestic.hotel@ excite.fr. Tiene 42 habitaciones con teléfono y balcón, algunas con baño completo, otras con ducha o sólo lavabo. Cafetería y salón marroquí. Todo correcto pero un poco anticuado. Se halla en funcionamiento desde 1930. Precio: 300 DH.

MEKNÈS DE NOCHE

Medina

Aquí se concentra la mayor parte del ambiente nocturno, con numerosos bares y discotecas.

Av. Hassan II

A la caída de la noche, sobre todo en verano, es una agradable zona de paseo.

HÔTEL OUISLANE** (B4) 7

54 Av. Allal ben Abdellah, telf. 0535 521 743 /0535 524 828. Posee 37 habitaciones con baño, calefacción y teléfono. Mobiliario un poco envejecido y bar. Precio: 250 DH.

HÔTEL BAB MANSOUR*** (B4) 8

38 Rue Emir Abdelkader, telf. 0535 525 239 / 40, fax 0535 510 741; e-mail: hotel_bab_mansour@ menara.ma. Dispone de 82 habitaciones insonorizadas, muy correctas, con aire acondicionado. Hay restaurante, bar y discoteca. Precio: 400 DH.

HÔTEL AKOUAS*** (B4) 9

27 Rue Emir Abdelkader, telf. 0535 515 967 / 68 / 69, fax 0535 515 994; e-mail: hotelakouas@yahoo.fr. Consta de 64 habitaciones con baño, teléfono, aire acondicionado y televisión. Piscina. Restaurante, bar y discoteca. Precio: 400 DH..

FIESTAS

Musem de Sidi Aisa con ocasión del *mulud* (ver apartado "fiestas nacionales y religiosas"). Un espectáculo bárbaro y cruel. Evitar ir vestido de negro. Los miembros de la cofradía de Sidi Aisa, cuando entran en trance, se golpean, comen carne cruda y cometen otros actos inhumanos. **Musem de Moulay Idris,** en el pueblo del mismo nombre, a finales de agosto. Para saber la fecha consultar a la Delegación de Turismo.

MAISON D'HOTES RIAD (B2) 10

79 Ksar Chaacha. Dar El Kebira, telf. 0535 530 542, fax 0535 531 320; web: www.geocities.com/maison d hotes riad, e-mail: riad@menara.ma. Se trata de una vivienda antigua rehabilitada en el interior de la villa imperial, con un acceso a pie, laberíntico pero bien señalizado. Cada habitación es de un estilo y precio diferentes, pero con mucho encanto y adaptadas a la tradición local. Disponen de un cuarto de baño precioso, aire acondicionado, un saloncito, teléfono y algunas de ellas con televisión. Precio: de 500 a 700 DH.

HÔTEL IBIS MOUSSAFIR (B3) 11

Av. des FAR, telf. 0535 404 141, fax 0535 404 242; web: www.ibishotel.com, e-mail: h3362-gm@accor.com. Está a medio camino entre la ciudad nueva y la medina, con vistas a esta última. Dispone de 104 habitaciones con aire acondicionado de estilo internacional, con baño, teléfono y televisión y una piscina rodeada de césped, bar y un restaurante. Se puede comer a partir de 100 DH. Habitación doble: 500 DH.

HÔTEL RIF**** (A3) 12

Rue Accra, telf. 0535 522 591 a 594, fax 0535 524 428; hotel_rif@menara.ma. Dispone de 120 habitaciones muy acogedoras, decoradas al estilo tradicional, y provistas de baño, teléfono, balcón, aire acondicionado, televisión. Si os molesta el ruido, es aconsejable pedir una de las habitaciones que da al patio interior. Tiene piscina, restaurante, bar y discoteca. Precio: 600 DH.

HÔTEL TRANSATLANTIQUE**** (A2) 13

Rue Oqba ben Nafaa, telf. 0535 525 050 a 052, fax 0535 520 057; transat@iam.net.ma. Está compuesto por 120 habitaciones confortables, algunas con un cierto aire marroquí y otras de estilo europeo. Dos piscinas rodeadas por un amplio jardín con buena vista sobre la medina. Dispone de bar, dos restaurantes y pista de tenis. El único inconveniente es que la calle resulta algo ruidosa. Precio: 700 DH.

HÔTEL VOLUBILIS INN****

A 25 km de Meknès, junto a las ruinas de Volubilis, telf. 0535 544 405 a 408, fax 0535 544 280, hotelvolubilisinn@gmail.com. Tiene 54 habitaciones muy correctas con baño, aire acondicionado, teléfono, televisión, minibar, balcón... Lo mejor del hotel es la piscina con terraza panorámica, cuando la llenan. Contemplar las ruinas de Volubilis desde el agua en pleno verano es genial. Precio: 900 DH.

PALAIS DIDI (C2) 14

7 Dar El Kebira, telf. 0535 558 590, fax 0535 558 653; web: www.palaisdidi.com, e-mail: reservation@palaisdidi.com. Se trata de un palacete restaurado que está situado en la villa imperial. Se puede acceder con coche por el callejón que nace junto al mausoleo de Mulay Ismail. Está provisto de 4 suites con un aire verdaderamente palaciego así como otras 8 habitaciones con menos carácter, todas ellas en torno a un inmenso patio. Todas tienen aire acondicionado y cuarto de baño. Para sentirse visir por una noche... En el restaurante se puede comer por 150 DH. Precios: de 1.200 a 1.500 DH.

TOMAR ALGO

Café de L'Opéra (Av. Mohamed V) es una cafetería elegante con ambiente marroquí de ambos sexos. **Palais des Glaces** (Place Administrative) es un local del mismo tipo que el anterior, con buenos helados y pasteles.

COMER EN MEKNÈS

La oferta de restaurantes de Meknès es muy variada. Cuenta con varios locales realmente magníficos que se concentran en la parte antigua. También ofrecen una buena cocina internacional en la ciudad nueva, donde la especialidad es el pescado fresco.

MARHABA (A4) 1

23 Av. Mohamed V. Platos marroquíes. No sirven alcohol. Precio: de 40 a 60 DH.

RESTAURANT OMNIA (B2) 2

8 Rue Ain el Fouki, una callejuela que da a la Rue Rouamazin, a la entrada de la medina. Es un rincón recogido, fresco y silencioso

en una casa tradicional de la ciudad vieja. Se come a gusto por poco dinero, sólo cocina marroquí. Precio: de 50 a 80 DH.

LA GROTTE (A4) ❸

11 Rue de la Voûte, un callejón paralelo al Bd. Mohamed V. Es un local acogedor decorado con gusto, que funciona básicamente como cafetería para el público local. Sin embargo, preparan unos platos caseros riquísimos. Precio: de 50 a 80 DH.

RESTAURANT GAMBRINUS (A3) ❹

Av. Omar ibn Ass (junto al mercado), telf. 0535 520 258. Ofrecen carnes a la parrilla y cocina marroquí. La decoración resulta divertida. Precio: de 50 a 80 DH.

RESTAURANT MONTANA (A4) ❺

4 Rue Atlas, telf. 0535 526 843. Es un lugar interesante para quienes deseen comer con vino dentro de esta categoría. Precio: de 50 a 80 DH.

RESTAURANT RIAD (B2) ❻

79 Ksar Chaacha, junto a la Maison d'Hôtes del mismo nombre. En el corazón de la ciudad imperial de Mulay Ismail, una vivienda señorial del siglo XVII fue restaurada gracias a la colaboración de la Unesco y transformada en restaurante. Hay mesas en torno a un jardín, en un ambiente tradicional de lo más relajante, y disfruta de una cocina casera marroquí refinada. Precio: 80-150 DH.

LA COUPOLE (A3) ❼

Av. Hassan II esquina Rue Ghana, telf. 0535 522 483. Sirven carnes, pescados y platos marroquíes en un local con clase. Hay vino. Precio: de 100 a 200 DH.

LE COLLIER DE LA COLOMBE (B2) ❽

67 Rue Driba, junto a la plaza Lalla Aouda, telf. 0535 555 041, fax 0535 556 599. Aunque se halla en la ciudad imperial, se trata de un edificio de nueva construcción, con

LA NOCHE

Discotecas en muchos de los hoteles. Cabe recomendar, con diferencia, las del **AKOUAS** y del **BAB MANSOUR.** Con espectáculo. Bares en estos mismos hoteles y en otros, como **TRANSATLANTIQUE,** con excelentes vistas de la medina desde lo alto, y **MOUSSAFIR.** También hay varias decenas de bares con ambiente popular en las calles principales de la ciudad nueva.

AVISO

El número y las letras que acompañan a los hoteles y restaurantes hacen referencia a su situación en los distintos planos de la ciudad. Por ejemplo, **MARHABA** (A4) ❶ significa que dicho restaurante se encuentra situado en el plano de Meknès de día [pág. 226-227], en la cuadrícula (A4) señalado con el número ❶.

una terraza y dos grandes salas decoradas al estilo marroquí moderno, con vistas sobre el río. Sirven alcohol. Precio: 90-180 DH.

LE DAUPHIN (A3) 9

5 Av. Mohamed V, telf. y fax 0535 523 423. Es un local pequeño y discreto, siempre abarrotado. Está especializado en pescados y mariscos, pero también ofrecen algo de carnes y platos marroquíes, así como bebidas alcohólicas. El público se compone de hombres de negocios del país y turistas individuales. Precio: 150-200 DH.

MERZOUGA Y ERG CHEBBI

PROVINCIA DE ERRACHIDIA.

Merzouga y las otras aldeas al pie del Erg Chebbi son de creación tardía, pues antiguamente en la zona sólo vivían pastores nómadas. En la última década se ha producido un desarrollo turístico acelerado que está empezando a romper el encanto del lugar, sobre todo desde que los quads y los vehículos 4x4 se pasean por encima de las dunas sin orden alguno. Quienes busquen en el desierto la paz y la soledad corren el riesgo de sufrir una decepción si vienen en Semana Santa o en Fin de Año. A pesar de todo ello, el paisaje sigue siendo maravilloso.

INFO Y TRANSPORTES

Código postal. 52202

Autocares Supratours a Fès, Meknès y Marrakech, uno diario a cada destino.

Furgonetas a Erfoud y a Rissani. La mayoría parten de Merzouga por la mañana y regresan hacia el mediodía.

Actividades deportivas. Todos los albergues ofrecen circuitos en dromedario. Los animales pueden alquilarse por una hora, por un día, incluso varios días, pero lo más común es partir con ellos al atardecer, pernoctar en medio de las dunas y regresar por la mañana. Los precios varían de un albergue a otro y según la temporada. Se alquilan bicicletas todo terreno en el Hôtel Aiour.

ACCESOS

Una **nueva carretera** asfaltada viene de Rissani. Para tomarla, recomendamos ver atentamente el plano de esta última población, pues los falsos guías han destruido todos los indicadores. Más allá de Merzouga, continúa hasta Taouz.

Una **pista,** asfaltada hasta el kilómetro 17, comunica con Erfoud al noroeste. Es fácilmente practicable con un vehículo de turismo pero bastante confusa, con multitud de variantes. En verano es imprescindible llevar una reserva de agua de al menos 3 litros por persona antes de penetrar en cualquier pista. En caso de avería, conviene esperar a que pase algún otro coche y, si no llegase nadie, esperad al atardecer para salir andando en busca de ayuda.

MERZOUGA

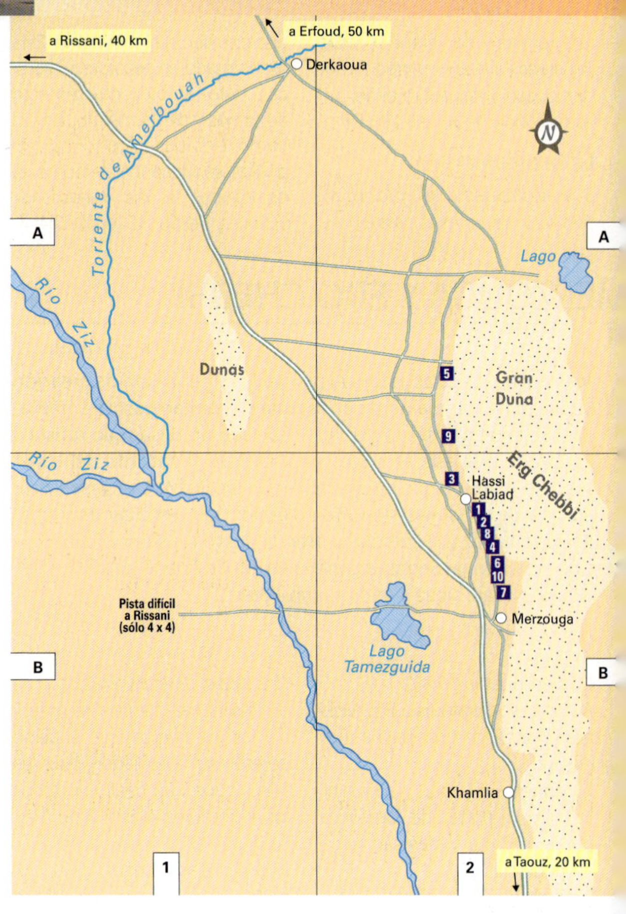

VISITA

Lo que hay que ver en Merzouga son las dunas. Con un 4x4 se pueden realizar además algunas excursiones por los alrededores. El **Erg Chebbi** es un campo de dunas que mide alrededor de 22 km de norte a sur y unos 5 km de este a oeste en la parte más ancha. La duna más alta se halla en la parte norte y alcanza los 884 m sobre el nivel del mar, mientras la base del *erg,* donde se sitúan los poblados y los albergues, está a unos 700 m de altitud. En medio de las dunas existen varios oasis diminutos, con cuatro palmeras, en los que surge el agua si escarbáis en el suelo. En años de mucha lluvia se forman diferentes **lagos** alrededor del Erg Chebbi, ofreciendo una imagen pintoresca y chocante. De ellos, el más importante es el **Dayet Tamezguida,** situado al oeste de Merzouga. Otra laguna se llena en el extremo norte, junto al Auberge Yasmina. En ambos podéis observar numerosas aves, como flamencos rosas, patos y cigüeñas.

Taouz es un pueblo sin mucho interés, una veintena de kilómetros al sur de Merzouga. En las cercanías de Taouz, al otro lado del río Ziz (que baja siempre seco) se distinguen diferentes grabados rupestres y túmulos prehistóricos de gran valor y muy bien conservados.

Mfis es una antigua colonia de mineros, creada bajo el protectorado francés y actualmente abandonada. Está al sudeste de las dunas, accesible sólo en 4x4.

Desde allí, una pista rodea completamente el *erg* por detrás. Hay algunos puestos militares debido a la proximidad de la frontera argelina.

DORMIR Y COMER EN MERZOUGA Y ERG CHEBBI

Hay más de un centener de hoteles y albergues distribuidos a lo largo del Erg. Como no podemos mencionarlos todos, hemos seleccionado unos cuantos de cada categoría que ofrecen una buena relación entre precio y calidad. Se accede a ellos por diferentes pistas que van surgiendo de la carretera de Rissani, bien indicadas.

■ CÁMPING

En cualquiera de los albergues podéis acampar, así como pernoctar en el salón o en la terraza. Esta última opción es la más adecuada en verano, puesto que en el interior de las habitaciones uno se asfixia de calor. Los precios apenas varían de un lugar a otro, entre 20 y 30 DH por persona.

FIESTAS

El **festival internacional de música** tiene lugar finales de mayo y en él participan grupos folclóricos de diferentes países, básicamente árabes y africanos (información en la Delegación de Turismo de Errachidia).

Musem de Khemlia, entre finales de julio y principios de agosto, con música de raíces subsaharianas.

AUBERGE L'OASIS (B2) **1**
En Hassi Labiad, a 800 m de las dunas, telf. y fax 0535 577 321, móvil 0661 739 041, web: www.auberge-oasis.net, e-mail: ali@auberge-oasis.net. Consta de 15 habitaciones sencillas, 5 de ellas con baño, un amplio restaurante donde se come por 60 DH y una terraza con vistas a las dunas y al palmeral. El trato es familiar y directo. Precio: 150 DH.

AUBERGE SAHARA (B2) **2**
A la salida de Hassi Labiad hacia Merzouga, telf. 0535 577 0539, fax 0535 577 303, e-mail: aubergesahara@hotmail.com. Se halla entre dunas jalonadas de palmeras y con el Erg a un paso. Dispone de 12 habitaciones muy simples, la mitad de ellas con baño. Precio: de 100 a 150 DH.

AUBERGE ATLAS DU SABLE (B2) **3**
A la salida de Hassi Labiad hacia el norte, a 1 km de las dunas, telf. 0535 757 037, fax 0535 577 849, web: www.alielcojo.com, e-mail: info@alielcojo.com. Incluye 30 habitaciones con baño, parte de ellas con mucho carácter y las otras más funcionales. También hay restaurante, piscina y una gran animación nocturna. Precio: de 280 a 400 DH en media pensión.

■ AVISO

La selección de los establecimientos incluidos en esta guía se ha hecho siguiendo, exclusivamente, el criterio independiente de los autores. Ninguno de los hoteles, restaurantes, comercios, etc. aquí contenidos ha desembolsado la más mínima cantidad para aparecer en la guía.

LA NOCHE

Hay veladas a base de tam-tam en todos los albergues, excepto en los de mayor categoría. La música en vivo es gratuita, pero las bebidas alcohólicas debéis aportarlas vosotros y compartirlas con los que tocan. De lo contrario, el ambiente decae en pocos minutos. Puede ser muy divertido.

KASBAH MOHAYUT (B2) **4**
Al sur de Hassi Labiad, telf. 0666 0539 185, fax 0535 578 428, web: www.mohayut.com, e-mail: mohamezan@yahoo.fr. Tiene 17 habitaciones decoradas con mucho acierto y bien mantenidas, con baño y ventilador. Las hay de varias categorías, siendo especialmente agradables las más económicas. Asimismo hay restaurante y un frondoso jardín. Precio: 300 DH.

AUBERG ERG CHEBBI (A2) **5**
Situado a 4 km al norte de Hassi Labiad, al pie de la gran duna, telf. 0670 778 315, fax 0535 770 308, web: www.hotel-ergchebbi-merzouga.com, e-mail: info@ hotel-ergchebbi-merzouga.com. Posee 22 habitaciones muy acogedoras y decoradas con buen

gusto, la mitad de ellas con baño. Precio: 400 DH media pensión.

■ Hoteles

Hôtel Kanz Erremal (B2) 6

1 km al sur de Hassi Labiad, telf. 0535 578 482, fax 0535 577 265, móvil 0666 039 178, web: www.kenzerremal.com, e-mail: info@kenzerremal.com. Ofrece 14 habitaciones confortables, climatizadas, amplias y decoradas dentro del estilo de la región. Tienen baño, ventilador y casi todas vistas al Erg. Hay asimismo un restaurante donde se come bien por 100 DH, una galería panorámica y una hermosa piscina a pie de dunas. Habitación doble: 600 DH con desayuno; suites hasta 1.100 DH.

Ksar Bicha (B2) 7

1 km al norte de Merzouga, telf. 0535 577 113, fax 0535 573 410, móvil: 0666 506 481, web: www.merzougadesert.com, e-mail: ksarbicha@gmail.com. Propone 15 habitaciones simpáticas, de aire austero, con baño y aire acondicionado, repartidas en torno a varios patios. Hay además un comedor con chimenea y una piscina. Precio: 550 DH en media pensión.

Hôtel Aiour (B2) 8

500 m al sur de Hassi Labiad, telf. 0535 578 921, móvil 0662 081 620, e-mail: brahimayour@hotmail.com. Es un edificio en forma de casba con 9 habitaciones hechas con gusto, aunque algo escasas de iluminación. Precio: 600 DH en media pensión.

Auberge Les Dunes d'Or (A2) 9

A 2 km al norte de Hassi Labiad, telf. 0661 350 665 y 0661 097 161, fax 0535 577 146, e-mail: mustafadunesdor@yahoo.fr, web: www.aubergedunesdor.com. Es uno de los albergues más antiguos de la zona, completamente renovado y ampliado. Sus habitaciones, distribuidas alrededor de varios jardines, resultan muy confortables y están bien integradas en el entorno. Todas tienen baño y parte de ellas aire acondicionado y terraza. También hay una piscina estupenda y un restaurante donde se come muy bien. Precios: de 660 a 880 DH en media pensión.

Dar Janoub (B2) 10

Entre Merzouga y Hassi Labiad, telf. y fax 0535 577 852, móvil 0672 085 658, www.dareljanoub.com, info@dareljanoub.com. Está situado al pie de las dunas, está construido todo con tierra y con mucho acierto. Ofrece 21 habitaciones muy acogedoras, decoradas todas en tonos rojizos, con aire acondicionado incluido y un buen cuarto de baño. Tiene un restaurante donde se come por 170 DH y piscina. Precio: 1.200-1.800 DH media pensión, según habitación.

COMPRAS

Numerosos **fósiles** marinos son extraídos de diferentes canteras, cerca de la pista que va hacia Erfoud, vendidos allí mismo o en medio de las dunas. Las niñas de Hassi Labiad y las de Derkaoua confeccionan unas divertidas **muñecas** con un trozo de caña y jirones de ropa, muy imaginativas.

MHAMID

PROVINCIA DE ZAGORA. 6.000 HABITANTES.

Durante siglos, Mhamid constituyó la última etapa antes de adentrarse en el desierto para las caravanas que iban de Marrakech a Tombuctú. Estas caravanas comerciales han desaparecido hace varias décadas, pero las están sustituyendo otras compuestas por viajeros que desean experimentar la sensación de desplazarse en dromedario por un paisaje sahariano, aunque no vayan tan lejos. En consecuencia, la región vive en estos últimos años un desarrollo turístico acelerado.

INFO Y TRANSPORTES

Código postal. 45400

Bancos. Los más próximos están en Zagora.

Actividades deportivas. Todos los hoteles y cámpings ofrecen circuitos en dromedario por el desierto de unas horas o varias jornadas. Los precios no deberían sobrepasar los 400 DH diarios incluyendo la comida. Se pueden alquiler *quads* en *Quad Evasion,* a 6 km de Mhamid en la carretera de Zagora, telf. y fax 0524 848 692.

Hay un **autocar CTM** y un **autocar privado** diarios a Marrakech, así como taxis colectivos a Zagora.

ACCESOS

La **carretera N-9,** algo estrecha, viene de Zagora.

Una **pista** sólo practicable en 4x4 permite llegar a Foum Zguid a través del lago Iriki. Otra pista en parecidas condiciones enlaza con Taouz, al nordeste.

VISITA

Mhamid como población carece de interés, pero el paisaje que la rodea es fantástico, mezclándose el desierto de arena con los palmerales y los *ksur.*

Entre estos últimos destaca por su tamaño y su arquitectura el antiguo *ksar* de Mhamid el Ghozlan, así como Talha, ambos al sur del Draâ y accesibles por pistas practicables con un turismo (no así los que se hallan todavía más al sur, a los que sólo se puede llegar en 4x4).

Otro ksar muy interesante es Oulad Driss, en la carretera de Zagora. En su interior se han abierto dos casas destinadas a la visita turística, llenas de objetos de uso tradicional. La primera se llama *Archeo-exposition Oulad Driss,* telf. 0667 966 468.

La entrada cuesta 20 DH incluyendo un recorrido guiado por el pueblo, de carácter cultural. La otra casa, de mayor tamaño y con tres patios, se conoce como *Maison traditionnelle-musée,* telf. 071 517 482, y la visita cuesta 10 DH. Alrededor de Mhamid hay varios campos de dunas. El más cercano es el **Erg el Ihoudi,** unos 20 km al norte. El que tiene las dunas más altas, de unos 150 m, es el **Erg el Abaidia,** también conocido como Chigaga, 50 km al oeste. Para llegar hasta allí es necesario ir en todo terreno.

DORMIR Y COMER EN MHAMID

La oferta en Mhamid es de dos tipos: o muy económica en los cámpings y albergues donde se duerme en jaimas o muy confortable a unos precios algo más elevados.

Aubere Kasbah Touareg

Telf. telf. 0524 848 678, móvil 0672 364 970. A 6 Km por la carretera de Zagora más 800 m de pista sin dificultad. Ofrece 6 habitaciones extremadamente simples con ducha caliente comunitaria, así como 5 jaimas distribuidas entre las palmeras y en torno a una construcción decimonónica perteneciente a la zagüía de Mulay Mbarek. Es un lugar muy relajante, adecuado para quienes prefieran experimentar la verdadera tradición del mundo sahariano, vivir en familia, degustar la cocina casera y compartir las horas, sin prisas. Precio: 100 DH.

Auberge Al Khaima

BP 9, a 700 m al sur de Mhamid, al otro lado del Drâa, telf. 0662 132 170. Como su nombre indica, está lleno de jaimas donde pernoctar, aunque también podéis plantar vuestra propia tienda. Dispone de 6 habitaciones muy simples, dos de ellas en un acogedor edificio de tierra de aire tradicional. Hay *hammam,* ducha caliente y un restaurante a la carta, todo a precios asequibles.

Cámping Hamada du Drâa

En Mhamid, justo después de cruzar el río, telf. 0524 848 086. Está bien cuidado pero no hay mucha sombra. Se puede acampar o dormir en las *khaimas*.

Cámping Carrefour des Caravanes

A 7 Km de Mhamid en la carretera de Zagora, telf. y fax 0524 848 665. Disfruta de una situación magnífica, al pie de las pequeñas dunas, en pleno palmeral. Hay ducha caliente, aunque los sanitarios no están muy bien cuidados. Tiene una piscina así como numerosas jaimas agrupadas en varios campamentos y algunas habitaciones de tipo básico. Ofrece una cocina muy correcta, a 70 DH el menú. Habitación doble: 100 DH.

Hôtel Tabarkat

Está situado a 5 km en la carretera de Zagora, BP 35, telf. 0524 848 688, fax 0524 848 687, móvil 0670 610 661, web: www.tabarkat.com, tabarkat@gmail.com. Es un lugar donde uno

LA NOCHE

En los establecimientos de tipo sencillo suelen ofrecerse veladas a ritmo de tamtam, siempre y cuando se aporte la bebida. Hay bares en la KASBAH AZALAY y CHEZ LE PACHA.

se siente muy a gusto. Posee 22 habitaciones con baño y aire acondicionado. Las que están en el jardín, de aire rústico y tradicional, incluyen además un saloncito y resultan muy relajantes. Las del interior del edificio en forma de casba son más funcionales. Hay además una gran piscina y un buen restaurante, donde se come de maravilla por unos 115 DH. Habitación doble: de 700 a 830 DH.

KASBAH AZALAY

En Mhamid, al otro lado del río, telf. 0524 848 096 / 98, fax 0524 848 085, web: www.azalay.com, e-mail: info@azalay.com. Dispone de 38 habitaciones acogedoras y espaciosas, que combinan elementos propios de la arquitectura local y otros de tipo árabe urbano. Tienen aire acondicionado y un excelente cuarto de baño. También hay un bar, una piscina climatizada, hammam, una sala de masajes y un restaurante donde se come por 120 DH cocina marroquí o europea, con vino. Desde su terraza se obtiene una buena vista del palmeral y las dunas. Precio: 805 DH.

CHEZ LE PACHA

A 5,5 Km en la carretera de Zagora, telf. 0524 848 696, web: www.chezlepacha.com, e-mail: info@chezlepacha.com. Es un gran complejo de un estilo híbrido y ampuloso. Consta de 16 jaimas con un bloque de sanitarios muy pulcro, 4 suites, un bar y un restaurante donde se puede comer con vino. Además tiene una piscina. Los precios están por las nubes. Precio: de 660 a 1.430 DH.

JNAN LILOU

A 6 km por la carretera de Zagora más un desvío de 150 m, telf. 071 517 477, fax 0524 847 416, web: www.jnanlilou.com, e-mail: contact@jnanlilou.com. Consta de 7 habitaciones repartidas en varios chalés, decoradas con sencillez y buen gusto y equipadas con un hermoso cuarto de baño, aire acondicionado y terraza. El restaurante es del mismo estilo y también hay una piscina. Precio: de 660 a 750 DH.

DAR AZAWAD

A 6 km en la carretera de Zagora, telf. y fax 0524 848 730, web: www.darazawad.com, e-mail: vincent@darazawad.com, BP 16. Es un establecimiento bien integrado en su entorno y se compone de 9 habitaciones muy coquetas, con un hermoso cuarto de baño, esparcidas entre las palmeras. Hay también 8 jaimas con un bloque de sanitarios comunes no menos refinado, hammam, una piscina y un restaurante. Habitaciones dobles: de 1.400 hasta 3.500 DH en media pensión.

MIDELT

PROVINCIA DE KHENIFRA. 46.000 HABITANTES.

Creada en el año 1917, Midelt es una pequeña ciudad provinciana que basa su economía en la explotación minera y en el cultivo de árboles frutales. Carece prácticamente de interés turístico, pero es una etapa posible entre Fès y Merzouga. Situada a 1.500 m, al pie del Gran Atlas y azotada por el viento, su clima resulta especialmente frío en invierno.

INFO

Código postal. 54350

Bancos. Varias entidades en la Av. Mohamed V.

Iglesia católica. Maison St. Agustin, telf. 0535 582 067.

Actividades deportivas. Senderismo de diferentes recorridos y de interés paisajístico por el Gran Atlas oriental, en el Jebel Ayachi o en la región de Tounfite. En este pueblo se puede contactar con el guía de montaña (telf. 055 562 637).

ACCESOS

La **carretera N-13,** amplia y bien asfaltada, comunica con Meknès al norte y Errachidia al sur. Puede cortarse ocasionalmente por la nieve entre diciembre y marzo.

La **carretera R-503** viene de Fès por el norte. Mucho más estrecha y peor asfaltada que la precedente, constituye una alternativa en épocas de nieve.

La **carretera N-15** llega de Guercif por el nordeste. Es estrecha, pero al tener poca circulación permite avanzar a buen ritmo e ir de Midelt a Nador en una jornada sin prisas.

TRANSPORTES

Autocares Supratours a Meknès, Fès y Merzouga.

Autocares CTM a Casablanca (21.30 h), Meknès (0.30 h), Errachidia (3.30 h) y Rissani (2 h). En la estación de autocares.

Autocares privados a Fès, Meknès, Tánger, Casablanca, Tounfite, Rissani, Zagora, Tinerhir, Beni Mellal, Guercif y Nador. Estación de autocares junto a la carretera.

Taxis colectivos a Errachidia, Azrou, Zeida, Rich, etc. Paran en la carretera, entre la comisaría y la estación de autocares.

Taxis pequeños frente a la estación de autocares. Circulan por dentro de la ciudad.

Alquiler de vehículos 4x4 con chófer en el complejo Timnay.

Aparcamiento en la Av. Mohamed V, junto al mercado.

Taller mecánico: *Garage El Ayachi,* en la carretera, muy céntrico.

VISITA

El interés de la ciudad es muy escaso. Como excursiones, destacan el Circo de Jaafar, Tattiouine y las minas de Aouli.

El **zoco** de Midelt tiene lugar los domingos, en la carretera de Aouli. El mercado permanente de ropa (y de alfombras para turistas) está

MIDELT

Av. Mohamed V

En esta calle se sitúan varias cafeterías. A su alrededor se distribuyen, asimismo, los diferentes mercados de la ciudad, por lo que tiene gran animación casi a cualquier hora del día.

detrás de la Av. Mohamed V. El mercado de alimentación se sitúa encima de la estación de autocares. Quienes se interesen por la cultura beréber deben visitar el **centro Tarik Ibn Ziyad** *(visita: de 8 h a 12 h y de 14 h a 18 h excepto domingos)*, al final de la cuesta que nace en la Av. Mohamed V. El cartel de la entrada sólo está en árabe; hay que acceder al jardín y rodear la casa para encontrar la puerta. En su interior se exponen objetos relacionados con la vida tradicional en el sur de Marruecos. También hay una biblioteca bien surtida donde se venden libros publicados por el propio centro.

Al **Circo de Jaafar** se puede llegar, no sin dificultad, en un vehículo todoterreno, saliendo de Midelt por la pista de Tattiouine, y tomando a la derecha en la primera bifurcación; o también por Ait Oumghar.

Para ir a **Tattiouine** se sale del centro siguiendo los indicadores del Auberge Jaafar y a los 5,7 km, poco después de terminar el asfalto, hay que desviarse a la izquierda; desde este cruce quedan aún 9 km de pista hasta Tattiouine. En las cercanías de este poblado se encuentran las **gargantas de Outat** y a lo largo del

camino se pueden ver numerosos ***ksur*** y casbas.
Las antiguas **minas de Aouli** se hallan en el interior de un cañón formado por el río Moulouya. El entorno resulta curioso y pintoresco. Se accede a ellas por una carretera asfaltada –aunque bastante deteriorada– que surge del centro de Midelt. El vigilante puede introduciros en alguna de las galerías abandonadas, a cambio de una propina.

DORMIR EN MIDELT

■ CÁMPINGS

TIMNAY INTERCULTURES

BP 81, telf. 0535 360 188, fax 0535 583 434. A 20 km de Midelt en la carretera de Azrou. Con árboles, piscina, ducha caliente y sanitarios correctos. Algo ruidoso por la proximidad de la carretera. Jaimas. Restaurante a la carta, buena cocina marroquí, sobre 70 DH. Cuenta asimismo con 10 habitaciones bastante simples, con baño y algunas de ellas con un salón/ cocina (de 100 a 160 DH). Organizan excursiones en 4x4 a diferentes puntos de la región.

CÁMPING MUNICIPAL

Junto al Hôtel Ayachi. Está escasamente equipado.

■ HOTELES

HÔTEL ATLAS (B1) **1**

3 Rue Mohamed Amraoui, telf. 0535 582 938. Cuenta con 9 habitaciones pequeñas y sencillas, pero muy limpias y bien cuidadas, con ducha caliente comunitaria en cada planta. Se trata de un negocio familiar, con un trato directo y amable. Terraza con vista panorámica de la población y del Jebel Ayachi. En el restaurante se ofrecen platos marroquíes entre 30 y 50 DH. La dueña cocina muy bien. Habitación doble: 60 DH.

HÔTEL ROI DE LA BIÈRE (B1-2) **2**

1 Av. des FAR, telf. y fax: 0535 582 675. Construido en el año 1940 por un español, recientemente renovado por su nuevo propietario. Dispone de 15 habitaciones correctas, bastante sencillas pero muy limpias, algunas con cuarto de baño y otras con lavabo solamente. Calefacción. Restaurante con varios menús entre 70 y 80 DH, a base de carnes. A pesar de su nombre (que es el de origen), actualmente no tiene licencia de alcohol. Precio: de 150 a 250 DH.

HÔTEL BOUGAFER (A-B1) **3**

Telf. /fax 0535 583 099, móvil 0662 141 294, e-mail: bougaferweb@hotmail.fr. Renovado recientemente, ofrece 20 habitaciones de diferentes categorías, a diferentes precios. Las más caras tienen baño, televisor, aire acondicionado

COMPRAS

En todas partes se venden **minerales del Atlas.** Lo difícil es no comprarlos.
Bebidas alcohólicas en la Av. Mohamed V, no lejos del Hôtel Roi de la Bière.

y balcón. También hay una azotea con vista panorámica y un restaurante donde se come por 50 DH. Habitación doble: de 80 a 250 DH.

AUBERGE JAAFAR

Telf. 0535 360 202, fax 0535 583 415. Se halla a 6 km por la pista que conduce al Circo de Jaafar, asfaltada en este primer tramo. Dispone de 20 habitaciones cómodas, con baño y chimenea. Está rodeado de manzanos, en plena naturaleza, lejos del mundanal ruido. Tiene piscina, jaimas y varios salones de estilo marroquí moderno, más uno tradicional beréber, así como un restaurante donde se puede comer con vino, por unos 100 DH. Habitación doble: 300 DH.

HÔTEL SAFARI ATLAS (B2) 4

118 Bd. Palestine, telf. y fax 0535 580 069; e-mail: safariatlashotel@yahoo.fr; Ofrece 12 habitaciones pequeñas, limpias, con un baño correcto y televisión. Hay que evitar las habitaciones interiores. Menú a 60 DH. El precio de la habitación doble es algo elevado: 300 DH.

HÔTEL KASBAH ASMAA***

Km 3, Route d'Errachidia, telf. 0535 583 945, fax 0535 580 405. Incluye 20 habitaciones acogedoras, con baño, piscina y un gran restaurante formado por varios salones con aire acondicionado de estilo árabe urbano y en torno a un espacio central con un surtidor. El menú cuesta 120 DH, pudiendo elegir entre varios tipos de tayines, cuscús o truchas del Atlas. La cocina es buena y sirven alcohol. Suele haber grupos al mediodía. Precio: 500 DH.

LA NOCHE

Bar en el **HÔTEL AYACHI,** así como en el complejo **TIMNAY.**

HÔTEL AYACHI*** (B2) 5

Rue d'Agadir, telf. 0535 582 161, fax 0535 583 307; e-mail: hotelayachi@gmail.com. Tiene 28 habitaciones funcionales, equipadas con baño, calefacción, teléfono y televisión. Se nota el peso de los años. En el restaurante se come muy bien por 130 DH. El bar es frecuentado por un público local. Precio: 450 DH.

HOTEL TADDART

Route d'Azrou, telf. 0535 580 228, fax 0535 580 229, e-mail: hoteltaddart@gmail.com, www.hoteltaddart.com. Abierto en 2010, ofrece excelentes habitaciones con todas las comodidades y bien integradas en el estilo propio de la zona. Tanto la recepción como el restaurante son inmensos, un tanto fríos. Precio: 500 DH.

COMER EN MIDELT

Varios de los hoteles mencionados en el apartado anterior funcionan básicamente como restaurantes. Aparte de ellos, podemos mencionar:

RESTAURANT FÈS (B1) ❶

2 Rue Lalla Aicha. telf. 0662 057 754. Es un negocio familiar que ofrece una exquisita cocina casera marroquí. Está ubicado en un local con un aire muy popular. Precio: 70 DH.

RESTAURANT LE PIN (B2) ❷

Av. Hassan II, telf. 0535 583 550. Dispone de un enorme comedor con mesas altas, rodeado por un extenso jardín que se utiliza como cafetería popular en verano. Precio: de 70 a 100 DH.

MOHAMMEDIA

PREFECTURA DEPENDIENTE DE LA WILAYA DE CASABLANCA. 170.000 HABITANTES.

Fedala era ya en la Edad Media un puerto de importancia comercial notoria. Fue ocupado temporalmente por los portugueses entre los siglos XV y XVI. Más tarde se dedicó a la piratería, siendo víctima de las represalias de los países europeos. Entonces perdió su esplendor, que no recuperaría hasta la instauración del protectorado francés. Tras la independencia, el rey Mohamed V le dio su nuevo nombre. Ciudad portuaria e industrial, actualmente intenta potenciar su infraestructura turística.

INFO

Código postal. 20650
Bancos. Existen varias entidades en el centro.

ACCESOS

La **autopista A-3** enlaza con Casablanca al suroeste y Rabat al nordeste.
La **carretera N-1** comunica con Casablanca al suroeste y Rabat al nordeste. La carretera es buena, pero suele estar muy cargada de tráfico, y lenta a su paso por el interior de muchas poblaciones.
La **carretera R-322** une Mohammedia a Rabat y Casablanca por la costa, discurriendo junto a las numerosas playas.

TRANSPORTES

ONCF: trenes a Tánger, Oujda, Fès, Casablanca y Marrakech.
Autobuses urbanos a Casablanca.
Taxis pequeños por el interior de la ciudad.
Alquiler de automóviles sin conductor: *ALF,* Av. Ferhat Hachad, telf. 0523 310 565/ 0523 322 217, fax: 0523 310 564. Los precios, a negociar.

VISITA

Siendo básicamente una ciudad industrial, no hay mucho que visitar en Mohammedia. Es un lugar de reposo, que dispone de una buena oferta hotelera situada junto al mar.

De la **casba** se conserva una muralla de tapial y una puerta. En su interior hay algunas viviendas antiguas, diferentes cafetines con terrazas exteriores y un gran ambiente mercantil. El resto de la urbe no tiene un gran interés arquitectónico, pero sí numerosos jardines bien cuidados.

La **playa de Mohammedia** tiene 3 km de largo y es adecuada para bañarse, aunque la refinería de petróleo que hay en el extremo sur le hace perder mucho encanto. Se ve frecuentada por miles de ciudadanos de Casablanca en verano.

Al norte de Mohammedia se halla la **playa de Tillal,** mucho más reducida pero más pintoresca y con menos bañistas.

DORMIR EN MOHAMMEDIA

Cámping

Cámping International Mimosas

Pont Blondin, telf. 0523 323 325. Junto a la playa de Tillal, accesible por un desvío desde la carretera costera a Rabat, junto a la gasolinera Ifriquia. Hay ducha caliente y una exuberante vegetación. Sanitarios pasables. Bungalows, cafetería, restaurante, snack, discoteca y espectáculos en verano. Las tarifas son bastante normales, pero exigen un mínimo de 100 DH diarios por parcela ocupada.

Cámping International Oubaha

Frente al anterior. Tiene árboles. Las instalaciones de este cámping son básicas. La ducha fría y los sanitarios son algo mediocres. Barracas. Precios económicos.

Alojamientos y hoteles

Complexe Touristique Skoura

Plage Tillal Mansouria, telf. 0523 311 993/0523 311 994, fax: 0523 311 995. En la playa de Tillal, accesible por la carretera R-322 hacia Rabat y un desvío que nace junto a la gasolinera Ifriquia. Cuenta con 10 apartamentos impecables, con 3 habitaciones y 2 baños en cada uno. Muebles de bambú. El precio varía según el número de ocupantes, a partir de 600 DH por 2 per-

COMPRAS Y DEPORTIVAS

Venta de bebidas alcohólicas: supermercado **Grand Mamouth,** Rue Oued Zem.
Equitación: *Club Equestre,* Bd. Moulay Youssef.
Golf, telf. 0523 322 052. Uno de los mejores campos de Marruecos, con 18 hoyos.
Regatas: Yacht Club de Mohammedia, en el puerto, telf. 0523 322 331.

sonas. Restaurante en el primer piso, con vistas al mar; carta de pescados y carnes, alrededor de 130 DH por persona. Bar y discoteca.

MOTEL

5 Rue 15, dentro de la casba, telf. /fax 0523 312 936, móvil 0672 249 451. Es una pensión familiar con 8 habitaciones impecables repartidas en 3 pisos y un baño comunitario por planta, mejor en unas que en otras. Nuevo y limpio. Precio: 200 DH.

HÔTEL HAGER

Av. Farhat Hachad, cerca del puerto, telf. 0523 325 921, fax 0523 325 929. Abierto recientemente, consta de 18 habitaciones confortables, así como un bar y un restaurante situado en el cuarto piso, con terraza, donde se come por 130 DH. Habitación doble: 500 DH.

HÔTEL JNANE FEDALA

Rue Abderrahmane Serghini, frente a la puerta de la casba, telf. 0523 326 900, fax 0523 329 900; web: www.jnane-fedala.com, e-mail: contact@jnane-fedala.com. Aunque la fachada no lo aparenta, sus 15 habitaciones tienen muchísimo carácter y le hacen sentir a uno verdaderamente en Marruecos. Las hay de 3 categorías, a diferentes precios, contando las más caras con un baño precioso, teléfono y aire acondicionado. Una extensión se halla en curso. El restaurante ofrece menús marroquís a 110 DH. Habitación doble: 600-1.800 DH.

LA NOCHE

Siempre se puede tomar algo en los bares que hay en el HÔTEL SABAH y en el MOTEL SKOURA. Este último cuenta además con discoteca.

HÔTEL SABAH

42 Av. des FAR, telf. 0523 321 451/ 454/455, fax 0523 321 456. Son 81 habitaciones amplias, acogedoras, climatizadas, con baño, teléfono y televisor, todo bien mantenido. El restaurante está en la quinta planta, con vistas al mar, y ofrece un menú internacional a 140 DH. También hay bar y piano bar. Precio: 600 DH

COMER EN MOHAMMEDIA

Hay unos cuantos snaks en el interior de la casba, donde preparan pescados fritos, carnes a la plancha y hasta paella a precios que van de 30 a 60 DH.

FRITURE DE POISSONS

Hay varios locales con el mismo nombre, en la Rue Oued Zem, cerca del puerto. Especialidad en pescaditos fritos. Precio: 50-80 DH.

RESTAURANT DINER GRILL

Av. Farhat Hachad, cerca del puerto. Tienen pescado, tayines, paella y espaguetis. Precio: 80-20 DH.

LES MIMOSAS

En la playa de Tillal, telf. 0523 320 515/ 0523 323 325. Junto al cámping del mismo nombre, pero con entrada independiente. Jardín agradable. Carnes a la plancha, frituras de pescado y pizzas. Abren sólo en verano. Precios: 80-120 DH.

Restaurant Le Vieux Port

Dentro del puerto pesquero, telf./fax 0523 321 431, móvil 0661 251 194. Se compone de un comedor de aire marinero y una terraza con vistas al puerto de pesca. Amplia carta de pescados, mariscos y algunas carnes, así como una gran variedad de bebidas alcohólicas. Precio: 200-300 DH.

MOULAY BOUSSELHAM

PROVINCIA DE KÉNITRA.
APENAS UN MILLAR DE HABITANTES FIJOS.

Aunque parece que el lugar había sido ocupado ya por los fenicios en la antigüedad, Moulay Bousselham no pasó de ser un pueblecito de pescadores hasta una época muy reciente. Su nombre proviene del santo que se halla enterrado sobre la duna, un sufí que llegó de Oriente en el siglo XI e introdujo en Marruecos las teorías panteistas de El Bastami. Hoy en día, la población es un centro de veraneo para marroquíes del interior.

COMPRAS Y FIESTAS

Galería de arte Villanora (ver apartado "dormir"). Se exponen obras de artistas marroquíes.
Hay un importante **musem** que tiene lugar en julio y en el que se reúnen los miembros de la zagüía de Moulay Bousselham, quienes entran en trance por medio de la música y practican ceremonias muy extrañas.

INFO Y TRANSPORTES

Código postal. 14302
Bancos. No hay bancos en Moulay Bousselham. Los más cercanos están en Larache y Kénitra.
Taxis colectivos a Souk el Arba.

ACCESOS

La **autopista A-1** enlaza con Rabat al suroeste y Larache al nordeste.
La **carretera R-406,** ancha y bien asfaltada, se dirige a Souk el Arba, al sudeste.
La **carretera P-4214,** muy estrecha, enlaza con Kénitra por el suroeste y Larache por el nordeste.

VISITA

Más que visitar la ciudad, lo que hay que hacer en Moulay Bousselham es contemplar el entorno, el cual es de una gran belleza natural.

La **playa** es muy larga, prolongándose hacia el norte hasta las cercanías de Larache.
Al sur, una cadena de **dunas** va siguiendo la costa. Detrás de ellas

se sitúa la extensa **laguna** llamada **Merja Zerga,** que constituye una de las mayores reservas de aves acuáticas de Marruecos. Para recorrerla, se pueden contratar los servicios de un pescador con su barca de remos. La propia aldea se halla situada sobre otra duna fosilizada.

Al pie de la población, junto a la conexión de la laguna con el mar, se distinguen los **morabitos de Moulay Bousselham** y de sus discípulos, todos ellos encalados de un blanco inmaculado, que aumentan todavía más la belleza del entorno.

DORMIR Y COMER EN MOULAY BOUSSELHAM

La oferta es muy escasa, pero de buena calidad.

■ Cámping

Complexe Flamants Loisirs

A 1 Km en la carretera de Souk el Arbaa, telf. 0537 432 539, fax 0537 432 164; e-mail: flamants@menara.ma. Cuenta con bastantes árboles, unos sanitarios modélicos, ducha caliente y piscina. Hay que prever un mínimo de 80 DH por dos personas. Hay bungalows de diferentes tamaños, a partir de 250 DH. La laguna se ve a lo lejos.

Cámping Internacional

Telf. 0667 423 110. Accesible por un desvío de la carretera, 500 m antes de llegar al pueblo. Cuenta con muchos árboles y acceso directo a la laguna, pero carece de las condiciones higiénicas más elementales, especialmente en verano.

■ Hoteles

Hôtel Le Lagon

Telf. 0537 432 650, fax: 0537 432 649. Se encuentra situado en la carretera, a la entrada del pueblo. Dispone de 35 habitaciones muy acogedoras, con vistas al lago, equipadas con un cuarto de baño limpio y de calidad. Acceso directo de los cuartos a la terraza. Restaurante con menú a 80 DH. Bar y discoteca. Precio: 300 DH.

Villanora

Via Arbaoua, telf. 0537 432 071. Se halla a 2 km del centro, por la línea de chalés que siguen la playa. No está indicado. Tiene el aspecto de una casa particular mucho más que el de un hotel. Cuenta con 6 habitaciones relucientes, decoradas en un estilo muy clásico. El cuarto de baño es comunitario, pero impecable. Calefacción. Terraza con vistas al mar. Una escalera permite acceder a la playa. Preparan cenas y desayunos. Precio: 400 DH.

Restaurantes

Las posibilidades gastronómicas de Moulay Bousselham son excelentes y a unos precios bastante asequibles.

LA NOCHE

En el Hôtel Le Lagon, hay un bar y una discoteca que sólo abre de julio a septiembre.

Restaurantes La Jeunesse, Zagora, L'Océan...

Situados todos ellos en la calle principal, uno tras otro. Comedores interiores y terrazas en la calle. Ninguno de ellos sirve bebidas alcohólicas. Especializados en mariscos y pescado, pero también ofrecen carnes a la parrilla. Si queréis comer langosta, calculad un presupuesto de unos 180 DH, incluido el 10 por ciento que añaden a las tarifas. A base de pescado se puede comer bien por 80 DH.

NADOR

CAPITAL DE PROVINCIA. 140.000 HABITANTES.

Hasta principios del siglo xx, Nador era un simple pueblecito, que comenzó a crecer bajo el protectorado. En los años 50 contaba unos 8.000 habitantes, de los que 6.000 eran españoles. Pero el verdadero desarrollo tuvo lugar tras la independencia, convirtiéndose en capital de una región agrícola cada vez más extensa. De todos modos, su principal actividad económica es el comercio de productos que se introducen clandestinamente desde la vecina Melilla.

INFO

Código postal. 62000
Bancos. Existen numerosas entidades en el centro.

TRANSPORTES

Autocares Supratours a Fès (1 al día) y Taourirt (1 al día).
Autocares CTM a Casablanca, Rabat, Tánger y Tetouan por Al Hoceima. Salen de la Rue Général Meziane 47, telf. 0536 600 136.
Autocares privados a Saidia, Berkane, Al Hoceima, Oujda, Errachidia por Bouarfa, Figuig, Tánger, Meknès, Fès, Casablanca y Beni Mellal.
Estación de autocares al final de la Av. des FAR, junto a la laguna.
Autobuses urbanos a los diferentes barrios, así como al puerto y a la playa de Kariat Arkman.
Taxis colectivos a Kariat Arkman, Saidia, Berkane, Oujda, Guercif, Taourirt, Fès, Meknès y Rabat. Junto a la estación de autocares.
Taxis pequeños por el interior.
Barcos a Almería, por la noche. A diario excepto domingo. El puerto se sitúa a 10 km de la ciudad, cerca de Melilla. Podéis consultar horarios y precios en www.comarit.com.
Aeropuerto Laroui junto a la frontera, telf. telf. 0536 361 075, fax 0536 361 072. Vuelos a Casablanca 2 ó 3 veces por semana según temporada.
Royal Air Maroc. 45 Av. Mohamed V, telf. 0536 606 337, fax 0536 605 539 y también en el aeropuerto, telf. 0536 706 015.

ACCESOS

La **carretera N-2** comunica con Tetouan al oeste, en un recorrido interminable de curvas y desniveles a lo largo de todo el Rif. Hacia el sureste, la misma ruta se dirige a Oujda, correctísima.
La **carretera N-15** enlaza al sur con la P-1 de Fès a Oujda y es la manera más normal de llegar a Nador.

La **carretera N-16** conduce hasta Saidia por el este. Está asfaltada y resulta excelente. Hacia el norte, va hasta la frontera de Melilla. Una nueva carretera llamada *"rocade méditerranéenne"* se dirige a Tetouan por la costa. Por el momento se halla terminada hasta El Jebha, de donde se sigue por la carreterita de siempre.

VISITA

La ciudad, de construcción moderna, carece de interés. Como máximo podéis dar un paseo por la orilla de la laguna de Bou Areq, más conocida como la Mar Chica. Nador constituye básicamente un lugar de paso en el que podéis pernoctar si venís por Melilla o si llegáis en barco desde la Península. El edificio del antiguo ayuntamiento está siendo restaurado con la idea de convertirlo en un museo. Una excursión al **cabo de Tres Forcas** o Ras el Ouerk es aconsejable para quienes dispongan de un vehículo apto para las pistas de tipo medio. Se sale por la carretera de Melilla. A los 9 km, hay que tomar un desvío a la izquierda que os conduce a Farkhana, distante otros 9 km. Después de Farkhana, el asfalto continúa 11 km dejando paso a una pista de 14 km sin mucha dificultad, pero con fuertes desniveles, que conduce al faro del cabo de Tres Forcas y a una aldea vecina, pasando por paisajes pintorescos y cerca de una pequeña cala paradisíaca.

La **playa** más cercana a Nador es la playa de **Kariat Arkman.** Está situada a unos 20 km por la carretera de Ras el Ma (se puede acceder también en autobús urbano). La playa se caracteriza por ser muy larga y de arena fina.

DORMIR EN NADOR

En relación a su escaso interés turístico, Nador cuenta con una excelente capacidad hotelera, de la que mencionaremos sólo una parte. Tales establecimientos están dirigidos a los hombres de negocios y a los viajeros de paso.

■ CÁMPING

CÁMPING INTERNACIONAL DE KARIAT ARKMAN

Telf. 0661 264 530. A 20 km de Nador, en la playa de Kariat Arkman, tras rodear toda la laguna por la carretera de Ras el Ma. Un autobús urbano comunica con la ciudad. Tiene árboles, tienda de comestibles y acceso directo al mar, pero los sanitarios se hallan en mal estado y los precios son un poco altos.

COMPRAS

El mercado de Nador está bien surtido en todo tipo de productos de contrabando procedentes de Melilla.

NADOR

Av. Youssef ben Tachfine

A lo largo de esta populosa avenida se encuentran varias cafeterías y tiendas, además del mercado.

■ Hoteles

Hôtel Nador (B2) **1**

Hay Khatabi, 49 Rue 22, telf. 0536 606 071. Cuenta con 23 habitaciones con baño, sencillas pero muy limpias. Algo más económico que el cámping: 70 DH.

Hôtel Geranio (B2) **2**

Rue 20, Hay Khatabi, nº 16, telf. 0536 602 828, fax 0536 604 155. Cuenta con 30 habitaciones sencillitas pero limpias, con baño. Precio: 180 DH.

Hôtel Mediterranèe (A2) **3**

2-4 Av. Youssef Ibn Tachfine, esquina Av. Moulay Abdellah, telf. 0536 606 495 / 0536 601 064, fax 0536 606 611. El mejor de su categoría. Dispone de 24 habitaciones limpias y acogedoras, con baño, teléfono, televisión y balcón. Algunas con vistas a la laguna. El restaurante tiene un menú de 100 DH, pudiendo elegir entre varias opciones marroquíes e internacionales. Amplia carta de pescados. Habitación doble: 380 DH.

Hôtel La Giralda (B1) **4**

Av. des FAR, telf. 0536 606 337, fax 0536 333 403. Destaca por su arquitectura exterior de estilo contemporáneo, con grandes cristales. Tiene 27 habitaciones correctas de aire internacional, con baño, teléfono, televisor y parte de ellas con aire acondicionado. También hay restaurante. Precio: 350 DH.

HÔTEL ANNAKHIL (LAS PALMERAS) (A1) 5

185 Bd. Tanger, telf. 0536 337 122 /123, fax 0536 335 867. Consta de unas 40 habitaciones correctas, bar y restaurante. Su situación en la carretera de Melilla resulta ruidosa. Precio: 370 DH.

HÔTEL LIXUS (B1) 6

Av. des FAR, BP 126, telf. 0536 606 109, fax 0536 330 032, e-mail: lixushotel@hotmail.com. La recepción está decorada al estilo árabe tradicional. Las 25 habitaciones son sencillas, pulcras, y están equipadas con un buen cuarto de baño, aire acondicionado, teléfono, televisor y calefacción. Restaurante a la carta. Precio: 450 DH.

HÔTEL RYAD (A2) 7

Av. Mohamed V, telf. 0536 607 717, fax 0536 607 719, e-mail: achanie01@menara.ma. 23 habitaciones y suites climatizadas, confotables, 2 bares y 2 restaurantes. Precio: de 600 a 1.500 DH.

COMER EN NADOR

Estando tan cerca de la costa, es normal que abunde el pescado, y la influencia española se pone de manifiesto en las paellas que ofrecen casi todos los restaurantes.

RESTAURANT ROMERO (A2) 1

48-50 Bd. Youssef Ibn Tachfine, telf. 0536 332 777. Es un local pulcro y climatizado, presidido por una gran foto de Hassan II con Juan Carlos I. Se suele comer un excelente pescado. Precio: de 70 a 100 DH.

RESTAURANT ARRIF (A2) 2

45 Rue Ibn Rochd, telf. 0667 407 140. El comedor goza de una hermosa arquitectura de piedra vista y está decorado con cerámica del Rif y objetos de uso agrícola de la misma región, poniendo el acento en el carácter particular de su cultura y su lengua. Carne y pescado. Precio: 100 DH.

NKOB

PROVINCIA DE ZAGORA. 4.500 HABITANTES.

Fundada hacia 1870 por una fracción de beréberes Ait Atá deseosos de hacerse sedentarios, Nkob fue hasta hace poco una simple agrupación de casbas. Es en los últimos años cuando ha empezado a crecer y a perder su estructura de origen.

INFO Y TRANSPORTES

Código postal. 45702
Bancos. Los más próximos están en Rissani, Ouarzazate y Zagora.

Actividades deportivas. Excursiones en dromedario o en mula por la región a través de *Club Baha Baha.*

Guías. *Bureau des Guides,* en la carretera, telf. 0667 487 509, web: moroccotrek.net, e-mail: mohamed_moroccotrek@ hotmail.fr.
Autocares privados a Tinerhir vía Rissani y a Zagora, 3 días por semana.
Taxis colectivos a Tansikht, Ouarzazate y Tazzarine. En Tansikht podéis encontrar algún transporte hacia Zagora.
Alquiler de vehículos 4x4 con conductor en los hoteles.

ACCESOS

La **carretera N-12** está muy bien asfaltada, enlaza con Rissani al este y Tansikht al oeste.
Tansikht se encuentra en la **N-9,** aproximadamente unos 30 km al sur de Agdz.
Una pista 4x4 comunica Nkob con Tinerhir y Boumalne Dadès al norte, atravesando el Jebel Saghro por su parte más alta y espectacular.

VISITA

Nkob tiene poco interés pero constituye un buen punto de partida para las excursiones por los alrededores. Ver capítulo "Tazzarine" [pág. 357].

NKOB

Dentro de la **Kasbah Baha Baha** podéis visitar el pequeño **museo etnológico** *(entrada: 10 DH. Horario ilimitado)* que contiene numerosos objetos de uso tradicional en la región, así como reproducciones a pequeña escala de las ceremonias de los Ait Atá. Podéis entreteneros a contar los 73 artículos producidos a partir de la palmera. Igualmente interesante es subir a la **terraza** *(acceso: 5 DH. Horario ilimitado),* desde donde se puede contemplar el pueblo, el palmeral y algunas de las 45 casbas que hay en los alrededores. De todos modos, la mejor imagen de conjunto de Nkob, magnífica, se obtiene por la mañana desde la carretera de Rissani, después de cruzar el río.
El **zoco** de Nkob tiene lugar el domingo, en el centro.

LA REGIÓN

Los **grabados rupestres** abundan en todas direcciones. Los más cercanos a Nkob son los de Imi n'Oudraz, unos 10 km al noroeste por una pista sin balizar. Otros están al sur y al sudeste. Un guía es prácticamente imprescindible para localizarlos. No son todos de una misma época, sino que oscilan desde principios del Neolítico hasta la era cristiana, con estilos claramente diferenciados.
La **catarata de Imi n'Ougoulzi** sólo tiene agua en épocas de lluvia. Situada en el fondo de un cañón, es un lugar agradable incluso cuando está seca. Para llegar hasta ella es necesario un 4x4. En las

cercanías se levantan las curiosas **formaciones de roca de Bab n'Ali,** características del Jebel Saghro.

En los alrededores de Taghbalt hay un pequeño campo de **dunas** accesible por pista.

DORMIR Y COMER EN NKOB

■ Camping

Auberge Camping Ouadjou

En la carretera de Tansikht, telf. 0524 839 314, web: www.ouadjou.com, e-mail: info@ouadjou.com. Abierto en 2008, tiene muchos olivos, una piscina, sanitarios correctos y restaurante. Hay además 6 habitaciones de aire bastante tradicional, a 130 DH la doble, sin baño (hay que usar los del camping).

Auberge Ennakhile Saghro

En la carretera de Tazzarine, telf./fax 0524 839 719, móvil 0672 641 511, auberge.ennakhile@yahoo.fr. Incluye 5 habitaciones con baño y un balcón sobre el palmeral, hechas con materiales artesanales, así como otras 10 habitaciones mucho más sencillas. En el restaurante se come una buena cocina marroquí por 70 DH disfrutando al mismo tiempo de la vista panorámica. Una piscina se halla en construcción. Precio: de 140 a 200 DH.

Kasbah Baha Baha

En el centro, telf. 0524 839 763, fax 0524 839 764; web: www.kasbahabaha.com, e-mail: bahabaha@mailcity.com. Se trata de una verdadera casba de tierra construida en 1948 y rehabilitada por su propietario. Ofrece 11 habitaciones muy acogedoras, decoradas al estilo tradicional, dos de ellas con un cuarto de baño completo. Para las demás hay un bloque de sanitarios exterior. Cuenta con numerosas jaimas agrupadas en dos campamentos y equipadas con camas confortables, así como un jardín y una pequeña piscina. En el restaurante, una buena comida "ancestral" cuesta 100 DH. Todo es muy auténtico. Precio: de 200 a 550 DH.

Kasbah Imdoukal

En Nkob, telf. 0524 839 798, fax 0524 839 799; web: www.kasbahimdoukal.com, e-mail: kasbah.imdoukal@wanadoo.fr. Se trata de otra casba de tierra auténtica, levantada a principios del siglo XX por un jeque local, aunque se le han añadido algunas nuevas construcciones a ambos lados. Contiene 12 habitaciones dentro de la casba, más 8 en el anexo, más sobrias pero muy acogedoras, con aire acondicionado, acabadas con

LA NOCHE

La Kasbah Baha Baha ofrece diferentes tipos de espectáculos por encargo, desde la simple actuación de un flautista beréber, pasando por las danzas folclóricas, hasta la celebración de una verdadera ceremonia nupcial Ait Atá.
Hay bares en el Ksar Jenna de Nkob.

materiales autóctonos y equipadas con un buen cuarto de baño. La terraza ofrece buena vista sobre el palmeral. Piscina y restaurante. Precio: 700 DH.

KSAR JENNA

A 2 Km de Nkob en la carretera de Tansikht, telf. 0524 839 790, fax 0524 839 791; web: www.ksar-jenna.com, e-mail: info@ksarjenna.com. Todo el conjunto está hecho en un estilo que es una mezcla entre el marroquí y el europeo. Consta de varias construcciones repartidas por un magnífico jardín. En el edificio principal hay 7 habitaciones de dimensiones muy amplias, con aire acondicionado y cuarto de baño. Los precios varían dependiendo de cómo sea la habitación. En los otros edificios hay bar y restaurante donde probar alguna de sus especialidades. Precio: de 800 a 1.500 DH según habitación.

OUALIDIA

PROVINCIA DE EL JADIDA. UNOS 10.000 HABITANTES.

La casba de Oualidia debe su nombre a su fundador Mulay El Ualid, sultán saadí del siglo XVII. Aunque equipada con un pequeño puerto desde aquella época, la población no se ha empezado a desarrollar hasta la llegada del turismo.

INFO Y TRANSPORTES

Código postal. 24250
Bancos. Banque Populaire en la carretera.
Actividades deportivas. Alquiler de *quads* y bicicletas todo terreno en *Oualidia Maroc Aventure,* en la carretera, telf. 0661 157 743, fax 0523 366 323. La costa de Oualidia es adecuada para la práctica del windsurf.
Web: www.oualidia.info.
Autocares privados a El Jadida y Safi. Tienen parada en la propia carretera.
Taxis colectivos a El Jadida, Safi y Marrakech. En la carretera.

ACCESOS

La **carretera R-301** comunica con Safi al suroeste y El Jadida al nordeste. Es algo estrecha, pero está bien asfaltada y tiene poco tráfico.

VISITA

No hay muchos monumentos para visitar, pero en cambio Oualidia es un lugar ideal para descansar, bañarse y contemplar la belleza del paisaje.

De la **casba** del siglo XVII queda un muro en el que se abre la puerta principal, pero detrás no hay nada. Accesible desde la carretera, a la salida hacia El Jadida a mano izquierda. Una **laguna** encerrada entre dos cadenas de dunas, comunicada con el mar por un solo punto, no sólo es ideal para bañarse al abrigo del viento, sino además de un gran interés visual. En ella viven diferentes aves acuáticas.

La **playa** es agradable a la vista, pero con bastantes rocas que sobresalen, azotada a menudo por el viento y sometida a las corrientes marítimas. Se prolonga hacia el suroeste durante unos 30 km, hasta el cabo Bedouzza. Los amantes del 4x4 pueden seguirla toda por una pista que circula entre los cultivos prelitorales.

El **zoco** de Oualidia tiene lugar el sábado, junto a la carretera.

DORMIR Y COMER EN OUALIDIA

La oferta no es muy amplia, pero existe la posibilidad de alquilar apartamentos a través de varias agencias situadas en la carretera. En cuanto a la comida, la especialidad son las ostras.

■ CÁMPING

CÁMPING OUALIDIA

Telf. 0666 122 932. Está en la calle que conduce a la playa. Es grande y tienen algunos arbolitos que apenas dan sombra. Los sanitarios son pasables.

■ OTROS ALOJAMIENTOS

MOTEL L'INITIALE

Telf. y fax 0523 366 246. Son 6 habitaciones agradables y luminosas, con baño, así como un restaurante muy acogedor especializado en pescados y mariscos. Una comida a la carta cuesta de 100 a 150 DH y puede acompañarse con vino. Habitación doble: 380 DH.

COMPLEXE TOURISTIQUE CHEMS

Junto a la playa, telf. y fax: 0523 442 671. Dispone de 8 habitaciones correctas, muy austeras, y 16 bungalows con dormitorio, salón, cocina y baño. Bar y restaurante. Precio: 400 DH.

MOTEL À L'ARAIGNÈE GOURMANDE

Telf. 0523 366 447, fax 0523 366 144. Se encuentra a la orilla de la laguna, accesible por la calle que conduce a la playa. Posee 15 habitaciones acogedoras, con baño, teléfono y balcón. Su restaurante es famoso hasta el punto de que hay quien viene de Casablanca para el almuerzo. Consta de un amplio comedor y una terraza con vistas a la laguna. Tiene carta de carnes, pescados y mariscos, así como dos menús magníficos. El de 100 DH incluye 3 platos más postre. El de 200 DH permite saborear incluso langosta. La cocina es excelente y las raciones muy abundantes. Precio: 600 DH en media pensión.

LA NOCHE

El **CAFÉ ELEGANT PELICAN** está e la carretera y resulta muy acogedor, con muebles y decoración artesanales.
Hay bares en los tres hoteles mencionados.

Hôtel L'Hippocampe***

Situado sobre la laguna, accesible por un desvío a la derecha desde la calle que desciende a la playa, telf. 0523 366 108 / 461, fax: 0523 366 499. Cuenta con 23 habitaciones, con baño y calefacción, esparcidas por un jardín florido. Además, 2 suites absolutamente geniales, con vistas al mar, climatizadas y equipadas con un baño lujoso, un salón de televisión y un jardincito privado. Restaurante a la carta (pescados, mariscos y carnes), sobre 150 DH. También tienen piscina. Bar y acceso directo a la orilla. Precio: 1.200 DH en media pensión.

OUARZAZATE

CAPITAL DE PROVINCIA. 48.000 HABITANTES.

Hasta principios del siglo XX, Ouarzazate (pronúnciese "Uarzazat") sólo era un conjunto de aldeas fortificadas, en torno al río del mismo nombre. Destacaban entre aquellos *ksur* algunos más importantes, como Tikert y Taourirt. Junto a este último se hizo levantar El Glaoui su enorme casba, desde la que fue controlando toda la región. Poco después, los franceses crearon sus propias bases administrativas y militares, dando lugar a lo que hoy es la ciudad. En los últimos años, Ouarzazate ha vivido un desarrollo turístico extraordinario basado en la presencia de un aeropuerto internacional que la convierte en la puerta del gran sur.

INFO

Código postal. 45000

Delegación de Turismo. En la Av. Mohamed V, junto al desvío hacia Zagora, BP 297, telf. 0524 882 485, fax 0524 885 290.

Bancos. Wafabank y CDM en la Av. Mohamed V. La Banque Populaire, en la Av. Moulay Rachid, ofrece cambio de divisas en fin de semana.

Iglesia católica. 7 Rue Da Ou Gadim, telf. 0524 882 542.

Actividades deportivas. Se pueden alquilar bicicletas todo terreno en el restaurante *La Datte d'Or* y en *Dar Daif.* Encontraréis canoas y quads en *Quad Aventures,* 17 Bd. Moulay Rachid, telf. / fax 0524 884 024. Senderismo, recorridos en dromedario y otras actividades en *Desert et Montagne,* telf. 0524 854 949/46, fax 0524 854 948, web: www.desert-montagne.ma, e-mail: desert@menara.ma. Se alquilan caballos y dromedarios en el *Restaurant Ksar Farah,* previo encargo por teléfono.

Fiestas. Musem de Sidi Daoud, a principios de agosto.

Web: www.ouarzazate.com con la oferta turística de la ciudad. Ofrece interesantes artículos temáticos.

ACCESOS

La **carretera N-9** llega de Marrakech por el noroeste. Se halla bien asfaltada, pero con curvas incesantes y un puerto de 2.260 m,

COMPRAS

Complejo artesanal frente a la casba de Taourirt. Se pueden observar ejemplos de las diferentes labores artesanales propias de la región y adquirir productos de calidad a precio fijo. Numerosos puestos de **alfombras y objetos antiguos** en la carretera de Errachidia, al pie del restaurante La Kasba. **Diferentes tipos de cerámica** en el interior del mercado central. Venta de **bebidas alcohólicas** en el supermercado **Dimitri** de la Av. Mohamed V (frente al restaurante del mismo nombre) o en el supermercado **Dadès,** en la Av. Moulay Rachid, junto a la clínica Chifa.

que algunos días de invierno se corta por la nieve. Hacia el sudeste se dirige a Zagora, pasando igualmente por un puerto de 1.660 m y desfiladeros. La **carretera N-10** comunica con Agadir por el oeste y con Errachidia por el nordeste. Su estado es irregular, con tramos muy buenos y otros aún demasiado estrechos.

TRANSPORTES

Autocares Supratours a Marrakech (4 al día), Zagora (1 al día), Tinerhir (3 al día), Errachidia (1 al día) y Merzouga (1 al día).

Autocares CTM (telf. 0524 882 427) a Casablanca, Marrakech Errachidia y Zagora, 1 diario. La estación está en la Av. Mohamed V.

Autocares privados a Rabat, Marrakech, Agadir, Zagora, Tinerhir, Telouet, Tata. Estación de autocares junto a la carretera de Marrakech, a 2 km del centro.

Taxis colectivos a Skoura, Quelat Mgouna, Boumalne Dedès, Tinerhir, Marrakech, Agdz, Zagora, Taznakht Agouim y Tabouraht. De Tabouraht salen los taxis hacia Aït Ben Haddou. Parada de taxis junto a la estación de autocares.

Aeropuerto internacional a 1 km al norte de la ciudad, telf. 0524 882 297, fax 0524 882 112.

Royal Air Maroc. Bd. Mohamed V, telf. 0524 899 150, fax 0524 899 159. También en el aeropuerto, telf. 0524 882 348, fax 0524 886 530.

Alquiler de vehículos 4x4 con conductor: hay numerosas agencias en toda la ciudad.

Alquiler de vehículos sin conductor. Existe varias decenas de agencias donde pueden informarnos.

VISITA

Dentro de Ouarzazate, lo único a visitar el la casba de Taourirt. Sin embargo, dada la buena infraestructura hotelera de que dispone, esta ciudad puede servir de base para numerosas excursiones. Además de las que se detallan aquí, hay otras reseñadas en los capítulos "Aït Ben Haddou" y "Skoura".

OUARZAZATE

La ciudad

La **casba de Taourirt** *(entrada de 10 DH)* data probablemente del siglo XVII, pero la mayor parte de su actual estructura fue levantada en los años 1920 bajo la batuta de Hamadi El Glaoui, hermano del pachá de Marrakech y representante suyo en Ouarzazate. Abandonada tras la independencia de Marruecos, había empezado a caer en ruinas cuando fue adquirida por el Ayuntamiento y restaurada en diferentes etapas. En su interior está previsto montar un museo. De momento, podéis admirar la fastuosa decoración de algunos techos y paredes, al estilo marrakechí. El resto son salas vacías.

En la parte trasera de la misma casba se halla el **CERKAS,** un organismo dependiente del Ministerio de Cultura y encargado de la conservación del patrimonio arquitectónico del sur marroquí. El resto se halla cerrado por obras de rehabilitación.

Al pie de la casba se sitúa el antiguo ***ksar* de Taourirt,** bien conservado, en el que la mayor parte de las casas están habitadas y algunas han sido transformadas en comercios para visitantes. Pasear por sus calles tiene su encanto.

El **Museo del Cine** *(abierto de 8 h a 18 h. Entrada: 30 DH)* se sitúa frente a la casba de Taourirt y son unos antiguos estudios, en los que se pueden admirar abundantes decorados.

El **parque 6 Novembre** (entrada: 2 DH) está al sur de la carretera, más allá de Taourirt. Puede resultar entretenido para los niños, aunque se halla en pésimo estado de conservación. Incluye una

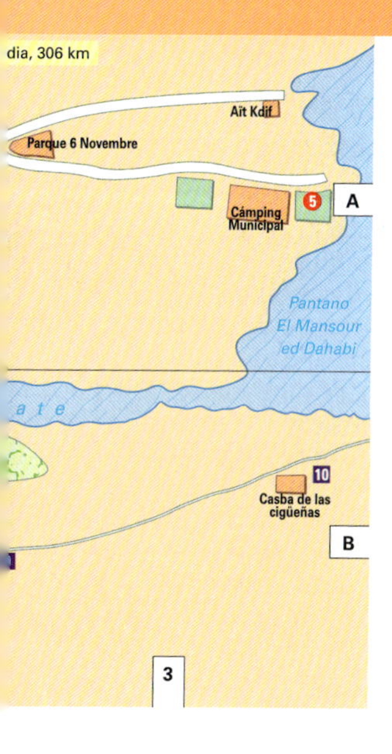

docena de jaulas con chacales, jabalíes, cabras, pavos reales, un águila y un agresivo macaco.

En Ouarzazate hay tres días de **zoco:** el martes en Sidi Daoud (en la carretera de Errachidia, justo después de la casba de Taourirt); el sábado en Tabount (en la carretera de circunvalación y el domingo en el barrio industrial (saliendo por la carretera de Marrakech, a la derecha).

Alrededores

La **casba de Tifoultout** pertenece igualmente a la familia El Glaoui. Aunque declarada monumento histórico desde 1954, la mayor parte se halla en ruinas. El único edificio que se ha conservado alberga un restaurante, cerrado provisionalmente en 2010. Consta de un patio muy amplio y diferentes salones. Lo más interesante es la vista desde la terraza. Para llegar hasta ella, hay que tomar la carretera de Marrakech y desviarse a la izquierda a los 8 km.

La **casba de Tamesla,** también de la familia El Glaoui, se levanta a la orilla del pantano de Al Mansour. Está toda en ruinas, pero la imagen exterior merece el desplazamiento.

Se la conoce como "casba de las cigüeñas", dada la abundancia de dichas aves en sus torreones. Para encontrarla, se debe salir por la carretera de Zagora y, justo después de pasar el *Hôtel La Vallée,* desviarse por una pequeña carretera asfaltada a la izquierda. Son unos 3 km practicables con cualquier vehículo.

Fint es un pequeño oasis en el interior de un desfiladero, fa-

LAS CASBAS DE TIERRA, UN PATRIMONIO EN PELIGRO

Toda la vivienda tradicional de los valles presaháricos, entre Ouarzazate y Erfoud, era de tierra cruda y tenía un carácter defensivo, debido a la frecuencia de las guerras tribales. La mayor parte de la población ocupaba los *ksur* o pueblos amurallados y protegidos por torres de vigilancia. Las familias más poderosas y las que vivían aisladas en zonas de montaña preferían las casbas, edificios de planta cuadrada, muy altos y con torreones en los ángulos que servían de contrafuertes. En este tipo de arquitectura se combinaban dos sistemas constructivos: el tapial (tierra mezclada con piedrecitas, humedecida y prensada en el interior de un encofrado) y los adobes (ladrillos de barro mezclado con paja, secados al sol).

La evolución sociocultural ha llevado actualmente al menosprecio de estas viviendas por parte de sus antiguos habitantes. Nos encontramos, pues, con un enorme patrimonio histórico y artístico en peligro, compuesto por unas 200 casbas y más de 400 *ksur.* Abandonados, faltos de mantenimiento e incluso expoliados por sus propios dueños, que aprovechan vigas y marcos de ventanas para hacerse sus casas nuevas, los edificios de tierra cruda se vienen abajo uno tras otro.

Conscientes del peligro, el Ministerio de Cultura y la Unesco crearon en 1987 un organismo llamado CERKAS, que tiene su sede en la parte trasera de la casba de Taourirt, en Ouarzazate. En los últimos años, el CERKAS ha conseguido restaurar varios graneros colectivos del Alto Atlas y edificios públicos de Ait Ben Haddou y Tamnougalt, así como la propia casba de Taourirt. Sin embargo, su acción se ve muy limitada y no sólo por la escasez de recursos económicos; hay, sobre todo, un problema de propiedad. Las casbas y las viviendas de los *ksur* pertenecen a extensas familias y resulta muy difícil obtener el acuerdo de todos los herederos, necesario para cualquier tipo de intervención.

Algunos inversores privados han comenzado, asimismo, a rehabilitar determinadas casbas, dándoles una nueva función turística. Si esta corriente se mantiene, podemos aspirar a salvar entre un 5 y un 10 por ciento del actual patrimonio de los valles presaháricos. El resto parece condenado irremediablemente a pasar a mejor vida.

moso por haberse rodado allí varias películas y muy visitado por el turismo. Se puede acceder hasta él por una pista que está muy bien indicada y que sale de la ronda de circunvalación que rodea Ouarzazate por el sur.

DORMIR EN OUARZAZATE

Gracias a su aeropuerto y a las facilidades ofrecidas por el estado, Ouarzazate cuenta con una importante infraestructura, sobre todo en la categoría superior, con grandes hoteles dirigidos a los grupos. Lo que sigue es sólo una pequeña selección. De todos modos, no está por demás consultar los capítulos "Aït Ben Haddou" y "Skoura", donde hallaréis algunas alternativas muy interesantes a 30 o 40 km de la ciudad.

■ CÁMPING

CÁMPING MUNICIPAL

A 2 km del centro por la carretera de Errachidia y luego un desvío a la derecha, entre el Complexe Le Ouarzazate y el Ksar Farah, telf. 0524 884 636, fax 0524 886 485, e-mail: ouadycamp@hotmail.com. Cuenta con ducha caliente y sanitarios pasables, así como un restaurante con menú marroquí a 45 DH y 3 habitaciones básicas.

■ HOTELES

HÔTEL ROYAL

24 Av. Mohamed V, telf. 0524 882 258, fax 0524 882 727. Dispone de 30 habitaciones sin ningún encanto pero de una pulcritud aceptable, a diferentes precios según tengan cuarto de baño, ducha o nada. Los colchones resultan más bien duros. Habitaciones dobles: de 80 a 120 DH.

HÔTEL ATLAS (A1) 1

13 Rue du Marché, telf. 0524 887 745. Dispone de 40 habitaciones correctas dentro de su sencillez, la mayor parte con baño completo y las otras con lavabo. También se puede pernoctar en la terraza, donde el calor es mucho más soportable en verano. Hacen un 20 por ciento de descuento a quienes lleven el carné de estudiante. Precio: de 80 a 120 DH.

HÔTEL LA VALLÉE (B2) 2

Hay Tabount, telf. 0524 854 034, fax 0524 854 043. A pesar de haber crecido un poco más de la cuenta, sigue siendo un lugar agradable. Incluye 39 habitaciones con baño y ventilador o aire acondicionado, parte de las cuales ofrecen una vista magnífica del oasis. Hay además una gran piscina y varios restaurantes en forma de tiendas caidales. El menú cuesta unos 70 DH. Habitación doble: 250 DH.

HÔTEL NADIA (B2) 3

Route de Zagora, km 2, telf. 0524 854 940, fax 0524 854 942, e-mail: hotelnadia@yahoo.fr. Ofrece 50 habitaciones impecables, con un buen baño, aire acondicionado y teléfono, además tiene una pequeña piscina así como un restaurante decorado al estilo marroquí moderno. Habitación doble: 250 DH.

HÔTEL ZAGHRO (B2) 4
Route de Zagora, km 2,3 (Tabount), BP 193, telf. 0524 854 135, fax 0524 854 709, e-mail: hotelrestaurantzaghro@yahoo.fr. Tiene 55 habitaciones pulcras y bien mantenidas, repartidas en dos alas. Un patio con piscina separa ambos bloques. El restaurante ocupa un salón de la planta baja, con carta de platos marroquíes; alrededor de 75 DH por una cena. Precio: 280 DH.

HÔTEL MABROUKA (B2) 5
Route de Zagora, km 2,5 (Tarmigte), telf. 0524 854 861, fax 0524 854 443. Posee 70 habitaciones confortables aunque sin mucho carácter, con baño, teléfono, aire acondicionado, televisión, saloncito y balcón, en torno a una piscina, excepto las que dan a la calle. En el restaurante se come por 85 DH. Precio: 250 DH.

HÔTEL IBIS MOUSSAFIR (A2) 6
Av. Moulay Rachid, telf. 0524 899 110, fax 0524 899 111, web: www. ibishotel.com. Es un edificio de construcción reciente, bien integrado en su entorno. Contiene 104 habitaciones muy correctas y confortables, climatizadas, en torno a una agradable piscina. También hay bar y restaurante. Precio: 450 DH.

MAISON D'HÔTES LA ROSE NOIRE (A2) 7
En el interior del Ksar Taourirt, telf. 0661 610 568, fax 0524 886 067. Se accede a pie desde la calle que rodea la casba de Taourirt por el sur. La casa está al fondo del callejón que nace junto a la puerta de la mezquita. Posee sólo 4 habitaciones acogedoras pero verdaderamente austeras y algo justas de espacio, con ventilador. El baño es comunitario y en el restaurante se come bien por 120 DH. Precio: de 600 a 750 DH en media pensión.

LES JARDINS D'OUARZAZATE (B2) 8
En el palmeral de Tabount, telf. 0524 854 200, fax 0524 854 323, web: www.lesjardinsdeouarzazate.com, e-mail: hotellesjardins@yahoo.fr. Construido entre los huertos con forma de casba, ofrece 31 habitaciones muy simpáticas y espaciosas, equipadas con baño, aire acondicionado, televisor y conexión a Internet. Una de ellas está preparada para minusválidos. Tiene asimismo un buen restaurante a precios muy accesibles y una gran piscina en medio del jardín. Precio: 500 DH en media pensión.

LE PETIT RIAD (f. p.)
1581 Hay Al Wahda, telf. 0524 885 950, fax 0524 886 924, móvil 0661 148 225, www.lepetitriad.com, e-mail: info@lepetitriad.com. Está dentro del circuito de circunvalación, cerca de la salida hacia Skoura. Propone tan sólo 6 habitaciones de diferentes estilos, decoradas con exquisitez y equipadas todas ellas con baño, televisor y chimenea. Tiene asimismo una piscina y en el restaurante se puede comer una deliciosa cocina marroquí hecha de productos naturales, a partir de 120 DH. La acogida es bastante calurosa por parte de la propietaria, quien habla un perfecto español. Precios: de 600 a 700 DH.

HÔTEL DAR CHAMAA (B3) 9

Tabount, telf. 0524 854 954, fax 0524 854 955, info@darchamaa.com, www.darchamaa.com. Abierto en 2009, es un hotel de diseño original que incorpora algunos elementos locales. Dispone de 20 habitaciones impecables, con un buen cuarto de baño, aire acondicionado y parte de ellas con vistas al palmeral desde el balcón. La piscina está muy bien situada, al borde mismo del oasis. También hay restaurante. El precio es ajustado: 600 DH en media pensión.

HÔTEL SULTANA ROYAL GOLF

A 20 km en dirección a Skoura, junto al pantano, telf. 0524 887 421, fax 0524 887 888, móvil 0661 203 192, e-mail: sultanagolf@ menara. ma. Este complejo de creación reciente con 3 edificios en forma de casbas incluye un restaurante italiano-francés a la carta y 8 habitaciones de lujo, muy acogedoras, además de una gran piscina. Precio: 1.200 DH.

DAR DAIF (B3) 10

En Tamesla, accesible por asfalto desde la carretera de Zagora, BP 93, telf. 0524 854 232/49, fax 0524 854 075, www.dardaif.ma, contact@dardaif.ma. Ocupa en parte una antigua casa de tierra, posteriormente ampliada. Dispone de 12 habitaciones de ensueño, de diferentes categorías, todas absolutamente confortables, decoradas y amuebladas con gusto exquisito dentro del estilo tradicional de la región. La cena es suculenta, con platos marroquíes poco habituales, y el desayuno pantagruélico. Hay asimismo una piscina pequeña pero hermosa. El trato amable y directo permite disfrutar como en pocos lugares de la famosa hospitalidad beréber. Precio: de 1.000 a 2.000 DH.

DAR KAMAR (A2) 11

En el interior del Ksar Taourirt, telf. 0524 888 733, fax 0524 888 732, web: www.darkamar.com, e-mail: reserva@darkamar.com. Se llega en coche a 100 m por la calle que rodea la casba de Taourirt por el sur. Ocupa 2 casas antiguas del ksar, completamente reconstruidas. Cuenta con 12 habitaciones de diferentes tipos y a diferentes precios, cada una con su propio carácter. Todas tienen aire acondicionado y están equipadas con un cuarto de baño muy original. En la decoración se combinan conceptos africanos y asiáticos, tradicionales y modernos. El desayuno se toma en una terraza fantástica, con vistas a la casba y a los huertos. Habitación doble: de 1.100 a 1.400 DH; suites hasta 2.800 DH.

COMER EN OUARZAZATE

Aparte de los restaurantes de hoteles ya mencionados, Ouarzazate cuenta con una amplia gama de establecimientos de todas las categorías.

RESTAURANT ERRAHA (A2) 1

Av. El Mouhaidine, telf. 0524 884 041. Preparan carnes a la parrilla y platos marroquíes. Pescado. Precio: de 50 a 60 DH.

CHEZ NABIL (A2) ❷
Av. Moulay Rachid, telf. 0524 884 545. Buena cocina marroquí, ofrecen carnes a la parrilla y hamburguesas, pudiendo acompañar con vino o cerveza. Precio: de 70 a 100 DH.

LA DATTE D'OR (A2) ❸
Av. Moulay Rachid, telf. 0524 882 829. Por fuera el local parece un simple café sin encanto, pero al entrar se descubre un local acogedor, con una decena de mesas hechas de bambú y adelfa. Las paredes aparecen recubiertas de tierra y paja como en las casbas antiguas, el techo es de cañas y la música ambiental de una suavidad que es muy poco usual en estas latitudes. Propone diversos menús marroquíes, todos ellos muy sabrosos. Precio: 80-120 DH.

LA KASBAH (A2) ❹
En la carretera de Errachidia, frente a la casba de Taourirt, telf. 0524 882 033. Es un gran restaurante de bella arquitectura de tierra cruda, muy integrada en su entorno. Cuenta con varios salones que tienen una agradable decoración tradicional y terrazas con excelente vista sobre Taourirt. Su especialidad es la cocina marroquí correcta. Precio: de 60 a 100 DH.

KSAR FARAH (A3) ❺
Telf. 0524 884 200, fax 0524 884 540. Ocupa una gran explanada junto al pantano de Al Mansour, a 2 km del centro. Disponen de tres comedores decorados como tiendas caidales, además de una terraza que ofrece una buena vista sobre el pantano y la casba de Tamesla al fondo. Su cocina marroquí es exquisita y la riegan con un buen vino así como acompañada de alguna animación folclórica. Precio aproximado: de 100 a 150 DH.

CHEZ DIMITRI
Av. Mohamed V. Es una casa fundada en 1928. Tienen una cocina marroquí e internacional, sobre todo italiana, con una excelente reputación, incluyendo la carne de porcino y una gran variedad de bebidas alcohólicas. Precio: de 100 a 200 DH.

LA NOCHE

Buena discoteca en el **HÔTEL BÉLÈRE,** con copas a 50 DH.
Si queréis ver ambiente nocturno marroquí, puro y duro, pasaros por **L'ETOILE DU SUD,** en la Av. Ennacer. La música es algo estridente y las chicas no gozan de muy buena reputación, pero la cerveza corre a raudales.
Cenas con espectáculo *ahuach* propio de la región en el **COMPLEXE LE OUARZAZATE,** telf. 0524 883 110, que se sitúa junto al cámping y consta de diferentes comedores en forma de tiendas alrededor de una piscina. Asimismo, en **KSAR FARAH** se puede tomar una copa y contemplar el espectáculo, sin estar obligados a cenar.

OUED LAOU

PROVINCIA DE TETOUAN. 1.000 HABITANTES.

Pequeña aldea de pescadores habitada por la tribu Gomara desde hace siglos, Oued Laou (pronúnciese "Uad Lau") mantiene su escasa importancia a pesar del número cada vez más elevado de veraneantes, básicamente marroquíes del interior, que cada año acuden a sus playas.

INFO Y TRANSPORTES

Código postal. 93250
Autocares privados Tetouan, Chefchaouen y Bou Ahmed. Tienen parada en la propia carretera.
Taxis colectivos hacia Chefchaouen, Tetouan, Targa, Bou Ahmed así como a El Jebha.

VISITA

El pueblo en sí carece de interés, excepto por su mercado del sábado. Como excursiones destacan las gargantas del río Laou y las diferentes playas.
El **zoco** del sábado tiene lugar a 4 km del pueblo, junto a la bifurcación de las carreteras de Chefchaouen y de El Jebha. Es uno de los más vivos y coloridos de Marruecos, donde miles de habitantes de las cábilas de la montaña acuden en masa con sus mulas cargadas de productos agrícolas. Visten a la manera tradicional, con sus chilabas oscuras de lana los hombres y sus mandiles a rayas las mujeres. La **playa** de Oued Laou se prolonga un par de kilómetros hasta un pequeño cabo rocoso llamado **La Punta.**
Las **gargantas del río Laou** aparecen a unos 27 km en la carretera de Chefchaouen. Sus impresionantes paredes de calcáreo rojo se combinan con una abundante vegetación dando lugar a un paraje de gran belleza.
Targa es un pueblecito situado a 17 km de Oued Laou en la carretera de El Jebha. Su playa es enorme y en mitad de ella sobresalen varios bloques de piedra muy curiosos. En uno de dichos bloques podemos ver las **ruinas** de una fortaleza.
Más allá de Targa, la carretera N-16 llega hasta **El Jebha** por la costa, con interminables curvas y desniveles que ofrecen vistas pintorescas. Está previsto prolongar el asfalto hasta Cala Iris y Al Hoceima.

COMPRAS

En el zoco del sábado hay **cerámica** de un tono rojizo, procedente de un pueblecito llamado Ifran Ali. La elaboran y la venden las mujeres. También hay algún puesto permanente en el interior de la población.

DORMIR Y COMER EN OUED LAOU

La escasa oferta hotelera hace que Oued Laou sea básicamente un objetivo para excursiones desde Chefchaouen o desde Tetouan. Quien desee prolongar su estancia en este pueblo, es preferible que alquile una casa, que es precisamente lo que hacen los marroquíes del interior cuando van a pasar allí el verano. En cuanto a los restaurantes, alrededor de la Av. El Massira hay una docena de chiringuitos que preparan *tayines* de pescado y sardinas a la plancha, si bien la mayor parte sólo sirve comidas en verano.

■ CÁMPING

CÁMPING OUED LAOU

Av. Hassan II. Está situado junto a la carretera de Chefchaouen, a unos 200 m del mar. Cuenta con bastantes árboles, ducha fría y bungalows.

HÔTEL OUED LAOU

Av. El Massira, móvil 0661 820 032. E stá en primera línea de mar, con muy buenas vistas. Es una pensión familiar con 8 habitaciones básicas y sanitarios comunes. También hay restaurante. El precio, elevado ya de por sí, se duplica en verano. Precio: 100 DH.

■ ALQUILER DE APARTAMENTOS

LA CASA CHAOUNI

E-mail: lacasachauni@hotmail.com. Alquilan casas en Oued Laou y otros puntos de la costa. Los precios varían según el tipo de vivienda y la temporada.

HÔTEL MARE NOSTRUM

A 4 Km por la carretera de Tetouan y 500 m de fuerte descenso en zigzag, telf. 0664 376 056, mare.nostrum5@hotmail.com. Es algo diferente de todo, situado en plena naturaleza, con una docena de bungalows esparcidos entre el matorral sobre el mar, al que se accede por una cala diminuta y solitaria. La mayor parte de ellos están equipados con baño, salón y una terraza que ofrece una vista fantástica. También hay una piscina panorámica y un restaurante donde se puede comer a partir de 100 DH. Los precios varían desde 400 hasta 1.500 DH según la habitación y la temporada.

■ AVISO

La selección de los establecimientos incluidos en esta guía se ha hecho siguiendo, exclusivamente, el criterio independiente de los autores. Ninguno de los hoteles, restaurantes, comercios, etc. aquí contenidos ha desembolsado la más mínima cantidad para aparecer en la guía.

OUIRGANE Y EL VALLE DEL NFIS

WILAYA DE MARRAKECH, PREFECTURA DEL HAOUZ.

Poblado por tribus beréberes masmuda desde muy antiguo, el valle de Nfis fue elegido por los almohades en el siglo XII como base para lanzarse a la conquista de Marrakech y de todo el imperio. Mucho más tarde, en el siglo XIX, la familia Gundafi se creó en esta misma región un feudo particular, jugando luego un importante papel en la implantación del protectorado francés. Dentro del valle, Ouirgane es un pueblecito sin relevancia pero agradable por su clima fresco y por el paisaje que lo envuelve.

INFO Y TRANSPORTES

Código postal. 42150
Bancos. No hay bancos en Ouirgane. Los más cercanos están en Marrakech.
Sale un **autocar** diario hacia Marrakech y a Taroudannt. **Taxis colectivos** a Asni y de allí a Marrakech. No hay estación de servicio.

ACCESOS

La **carretera R-203** comunica con Marrakech al norte y Taroudannt al suroeste. Es muy estrecha y tiene abundantes curvas.

VISITA

Más que un pueblo para visitar, Ouirgane constituye una buena etapa entre Marrakech y Taroudannt. En sus alrededores destacan la mezquita de Tin Mal, diferentes casbas del Gundafi, una reserva natural de muflones y varios pasos encañonados del río Nfis.

La **mezquita de Tin Mal** es cuanto queda de una antigua ciudad llamada en realidad Tin Mellal, donde se establecieron los almohades en el siglo XII, tras acabar con sus habitantes de origen, para preparar la campaña contra Marrakech. Esta mezquita fue levantada en 1153 por orden de Abdelmumén ben Ali. Restaurada en 1994 por el Ministerio de Cultura con ayuda de la fundación ONA y de otros organismos, puede solicitarse la visita llamando al 0662 725 612. De lo contrario, se ve sólo desde fuera a través de una reja. Se halla a 39 km de Ouirgane en dirección al suroeste.

Las **gargantas del Nfis** empiezan unos 15 km al sur de Ouirgane y se prolongan hasta las cercanías de Ijoukak, siguiendo la carretera R-203.

La **casba Agadir n'Gouf** se halla unos 36 km al suroeste de Ouirgane, sobre una colina, visible desde la carretera R-203.

A los pies de Ouirgane, un **pantano** de reciente creación da una especial belleza al paisaje.

El **zoco** de Ouirgane tiene lugar los jueves. Un zoco de grandes dimensiones y muy ambientado se desarrolla los martes en Tahnaoute, a medio camino entre Marrakech y Ouirgane.

DORMIR Y COMER EN OUIRGANE

Gîte El Mahjoub

Telf. 0667 592 390. Está en Infgane, a unos 32 km de Ouirgane por la carretera de Taroudant y después de 1,5 km de pista y 200 m a pie atravesando el río por un puente de troncos. Es una casa tradicional auténtica, en la que se duerme con colchones en el suelo. Hay ducha caliente. Precio: 260 DH en media pensión.

Le Mouflon

En Ouirgane centro, telf. 0666 664 523 / 0668 944 724. Este restaurante, en el que se saborea una auténtica cocina beréber, cuenta con 2 habitaciones llenas de encanto y equipadas con baño y televisor, aunque muy diferentes entre sí: una es muy tradicional y la otra más moderna. Precio: 250 DH.

Gîte de Brahim Boutfounaste

Telf. 0610 643 623. Está en el interior de Ouirgane, a unos 150 m, andando desde la carretera. Es una casa moderna, de estilo urbano, y que dispone de unas habitaciones absolutamente sencillas y sin mucho carácter. Precio: 300 DH.

LA NOCHE

Hay bares en **La Roseraie** y en **Au Sanglier qui Fume.** Hay una discoteca en **La Roseraie.**

Auberge Au Sanglier qui fume

En la carretera, entrando en Ouirgane, telf. 0524 485 707 /708, fax 0524 485 709; web: www.ausanglierquifume.com, e-mail: contact@ausanglierquifume.com. Dispone de 25 habitaciones muy acogedoras, con un gran cuarto de baño, chimenea, y parte de ellas con un saloncito y una terraza privada. Incluye además un agradable jardín, piscina, bar y un hermoso restaurante. Habitaciones dobles de 415 a 670 DH con desayuno incluido.

Hôtel Domaine de la Roseraie

A 1 km de Ouirgane en la carretera de Marrakech, telf. 0524 439 128, fax 0524 439 130; web: www.laroseraiehotel.ma, e-mail: booking@laroseraie.ma. Cuenta con 23 habitaciones todo confort y llenas de encanto, repartidas en torno a un fantástico jardín con una piscina en medio. Hay asimismo restaurante, bar, discoteca y *hammam.* Precio: 2.000 DH.

ACTIVIDADES DEPORTIVAS

Bicicletas todoterreno: alquiler en el Auberge Au Sanglier qui Fume.
Equitación: *Centre Equestre La Roseraie.* En el hotel del mismo nombre.
Senderismo: Diferentes itinerarios posibles, hacia el macizo de Toubkal por Tizi n'Oussem, o hacia Amizmiz por las gargantas del río Nfis.

OUJDA

CAPITAL DE PROVINCIA. 415.000 HABITANTES.

Fundada a finales del siglo x por los beréberes Meghraoua, Oujda fue amurallada por los almohades y reforzada por los meriníes mediante una casba. Más tarde cayó en manos de los turcos y fue recuperada por los alauitas, sirviendo de base para los ataques a Tlemcen. A lo largo del siglo XIX, los franceses establecidos en Argelia la ocuparon en varias ocasiones como represalia por el apoyo del sultán marroquí a los resistentes argelinos. La última de tales ocupaciones tuvo lugar en 1907, sirviendo de preludio a la imposición del protectorado. Una vez establecido éste, Oujda se desarrolló rápidamente, convirtiéndose en el centro industrial más importante del este marroquí. La influencia gala se hace patente aún hoy en las costumbres locales.

INFO

Código postal. 60001
Delegación de Turismo. Pl. du 16 Août, BP 516, telf. 0536 685 631, fax 0536 688 990.
Bancos. Hay numerosas entidades en el centro.
Iglesia católica. 11 Rue Acila, telf. 0536 682 481.
Actividades deportivas. Equitación en el *Club Equestre*, telf. 0536 682 499.

ACCESOS

La **carretera N-6,** excelente, comunica con Fès y Rabat al oeste. Hacia el este continúa hasta la frontera argelina, cerrada por el momento. La **carretera N-2,** muy correcta, se dirige a Berkane y Nador al norte.

La **carretera N-17** enlaza con Bouârfa al sur. Es algo estrecha pero suficiente para su escaso tráfico. Discurre por una zona desértica que puede resultar algo monótona de paisaje.

TRANSPORTES

ONCF. Trenes a Casablanca, Tánger y Marrakech.
Un **tren turístico** de lujo, sin una periodicidad fija, recorre el desierto entre Oujda y Bouârfa.
Se puede obtener más información en *Suprateam Travel, web:* www.supratravel.com.
Autocares CTM a Casablanca, Nador (7 h, 10 h y 15.30 h) y Figuig (6 h). Salen de Rue Sidi Brahim, 12, telf. 0536 682 047.
Hay **autocares privados** que salen hacia Fès, Casablanca, Figuig, Bouârfa, Al Hoceima, Nador, Saidia y Berkane. Estación de autocares: Oued Nachef, telf. 0536 682 262, saliendo de la ciudad por la carretera de Bouârfa.
Taxis colectivos a Saidia, Taza, Taourirt, Jerada, Laayoun y otros pueblos de los alrededores. Salen junto a la estación de autocares.
Autobuses urbanos del centro a los barrios.
Taxis pequeños suelen circulan por el interior de la ciudad.

OUJDA

Aeropuerto Les Angads a 15 km en la carretera de Berkane, telf. 0536 683 636, fax 0536 684 461. Hay vuelos diarios a Casablanca y a varias ciudades europeas.
Royal Air Maroc: Bd. Mohamed V, en los bajos del Hôtel Oujda, telf. 0536 683 909 / 0536 710 740, fax 0536 710 227, y en el aeropuerto, telf. 0536 683 261, fax 0536 710 730.
Alquiler de vehículos sin conductor. Varias agencias en el centro, pertenecientes a las grandes cadenas internacionales (precios elevados).

VISITA

La ciudad, aunque antigua, tiene poco que visitar, si acaso dar una vuelta por la medina, donde se pueden encontrar tiendas de artesanía especializadas en cuero. En la región se pueden efectuar asimismo interesantes excursiones.
La **medina de Oujda** conserva una gran actividad comercial, pero su arquitectura se ha visto completamente renovada. Sólo queda muralla en un lado, con dos entradas monumentales: **Bab Sidi Abd el Ouahab** al este y **Bab Sidi Aissa** al sur.
Debdou es un pueblecito sin muchas pretensiones, aunque a lo largo de la historia fue una ciudad importante. Se conserva la medina y, por encima de ella, los restos de una **casba** meriní del siglo XIV clasificada por la Unesco.
Este monumento está muy abandonado, pero se distingue perfectamente su extensa muralla de tapial. En el interior se puede encontrar una mezquita y otros edificios renovados.
A la entrada de Debdou, una carretera sube zigzagueando durante 9 km hasta la **fuente de Tafrant,** rodeada de pinos. Es un lugar muy fresco y agradable, ideal para un picnic o incluso para la acampada libre, autorizada. También hay una *gîte* que organiza diferentes actividades deportivas (ver la web: *www.orientalevasion.com*). Desde allí se obtiene una vista maravillosa sobre el pueblo, la casba y el valle.

DORMIR EN OUJDA

La oferta es muy amplia, dirigida básicamente a los hombres de negocios. La lista que ofrecemos a continuación es sólo un resumen.

HÔTEL ROYAL (B1) 1

Av. Mohamed Zerktouni, telf. 0536 682 284, fax 0536 697 793; e-mail: kada.yat_1@yahoo.fr. Tiene 52 habitaciones bastante correctas, algunas con baño y otras sólo con lavabo, calefacción, teléfono y balcón. Precio: 150 DH.

HÔTEL LUTETIA (B1) 2

44 Bd. Hassan Loukili, telf. 0536 683 365. Consta de 40 habitaciones provistas con baño, teléfono interior, calefacción. Algunas de ellas tienen un balcón. Precio: 200 DH.

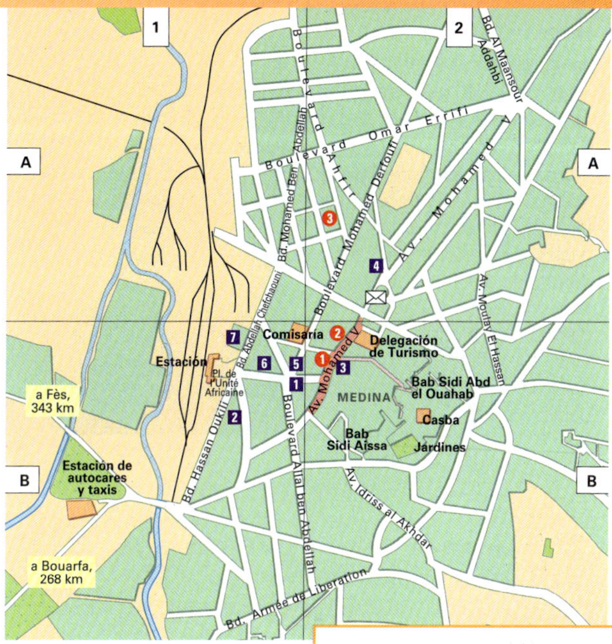

La medina

Cuenta con bastante animación comercial a lo largo del día.

Av. de Mohamed V

Con varios bares y cafeterías elegantes, es una animada zona de paseo.

HÔTEL LA CONCORDE (B2) 3

57 Av. Mohamed V, telf. 0536 682 328, fax 0536 687 828; e-mail: hotelconcorde@menara.ma. Es un bonito edificio de estilo colonial, con 36 habitaciones amplias y acogedoras de estilo clásico, equipadas con un cuarto de baño, teléfono, balcón y calefacción. Hay asimismo un restaurante con menú a 83 DH, bar en el primer piso y discoteca en los bajos. Resulta un poco ruidoso por su situación. Precio: 300 DH.

HÔTEL RAISS (A2) 4

Av. Mohamed V, telf. 0536 703 058, fax 0536 688 792. Posee 28 habitaciones limpias y bastante amplias, con baño, televisión, teléfono y balcón. Precio: 300 DH.

HÔTEL DES LILAS (B1) 5

Rue Jamal Eddine El Afghani, telf. 0536 680 840 a 42. Incluye 10 suites junto a 36 habitaciones con baño, teléfono y televisión. Precio: 300 DH.

HÔTEL AL MANAR (B1) 6

50 Av. Mohamed Zerktouni, telf. 0536 688 855, fax 0536 690 244. Dispone de 48 habitaciones climatizadas, con baño, teléfono y televisión. Precio: 400 DH.

HÔTEL IBIS MOUSSAFIR (B1) 7

Bd. Abdellah Chefchaouni, Place de la Gare, telf. 0536 688 202, fax 0536 688 208; web: www.ibishotel.com, e-mail: h2035@accor.com. Reservas desde España: telf. 900 203 020. Ofrece 13 suites y 61 habitaciones muy agradables, todas ellas con aire acondicionado, baño, teléfono y televisión, así como una hermosa piscina, dos bares y un restaurante que ofrece un menú internacional a 100 DH. Habitación doble: 550 DH.

LA NOCHE

Hay un bar muy agradable en el **HÔTEL MOUSSAFIR,** con una amplia terraza junto a la piscina. Otros bares se sitúan en el **HÔTEL LA CONCORDE** y en diferentes hoteles del centro. Discotecas en el **HÔTEL LA CONCORDE** y en la **BRASSERIE RESTAURANT DE FRANCE.** También **NIGHT CLUB JOUR ET NUIT,** frente a la estación de ferrocarril.

COMER EN OUJDA

RESTAURANT MIAMI INN (B2) 1

67 Av. Mohamed V, frente a la medina, telf. 0536 706 004. Es un local que tiene aire acondicionado. La decoración no tiene mucho encanto pero con buena cocina. Tienen carnes a la parrilla, tayines, e incluso también algo de pescado. Precios: de 40 a 60 DH.

BRASSERIE RESTAURANT DE FRANCE (B2) 2

87 Av. Mohamed V, primer piso, telf. 0536 685 987. Platos internacionales a la carta. Sirven alcohol. Precio: de 80 a 120 DH.

LE DAUPHIN (A2) 3

38 Rue de Berkane, telf. 0536 686 145, fax 0536 682 551. Pescados. Precio: de 120 a 200 DH.

OUKAIMÈDEN

PROVINCIA DE EL HAOUZ.

Los grabados rupestres nos demuestran que los pastizales de Oukaimèden y sus alrededores fueron ocupados desde una época remota por tribus dedicadas a la ganadería. Pero en ellos no nació ninguna población importante hasta la apertura de las pistas de esquí durante el protectorado francés.

INFO

Código postal. 40000
Centre d'Information Touristique d'Ourika, en la carretera que viene de Marrakech, unos 45 km antes de Oukaimèden, telf. 0668 561 784/0666 782 591/ 0668 965 545. El horario de apertura es de lunes a sábados de 8:30 h a 18 h.

Bancos. Los más cercanos están en Marrakech.

ACCESOS

La **carretera P-2030,** con curvas pero bien asfaltada, viene de Marrakech por el norte. Las máquinas quitanieves mantienen esta carrertera abierta y en buen estado incluso en pleno invierno.

Peaje de 10 DH por acceder a Oukaimeden en automóvil.

TRANSPORTES

Autocares privados únicamente en época de esquí.
Taxis colectivos hacia Marrakech. Poco frecuentes. En Oukaimèden no existe ninguna estación de servicio.

VISITA

El paisaje constituye de por sí un importante atractivo. Los verdes pastizales rodean un lago donde se reflejan las montañas del fondo. Entre ellas destaca el escarpado **Jebel Angour,** de 3.616 m. En este agradable entorno habitan unas especies muy particulares de pájaros y de mariposas que harán las delicias de los naturalistas. Un telesilla permite ascender sin esfuerzo a la cumbre del **Jebel Oukaimèden,** que goza de una vista excelente sobre las otras cumbres y dispone de una mesa de orientación.
Los **grabados rupestres** pueden datarse en el primer milenio a.C. y fueron hechos por tribus dedicadas al pastoreo. Encontraréis representaciones de animales y de seres humanos, así como signos abstractos, armas, etc.
Muchos de ellos están en la propia estación de esquí, entre los edificios, y otros a bastante distancia. El libro de Susan Searight (ver bibliografía) los detalla uno por uno y permite localizarlos con facilidad.
También es interesante el propio recorrido para llegar a Oukaimèden por carretera, con paisajes de montaña, pueblos pintorescos y abismos impresionantes. Además, a mitad de camino se puede hacer una parada en **Aghmat,** a 35 km de Marrakech. Allí existió una ciudad importante antes de que se fundara esta última en el siglo XI y últimamente se han empezado a excavar sus ruinas. Aunque todavía no están abiertas a la visita, se distinguen los restos de un *hammam* accesibles por una pista de 200 m que nace a la izquierda junto al zoco. Por otra parte, un desvío asfaltado a la derecha conduce al mausoleo del que fuera rey de Sevilla y gran poeta, Al Mutamid Ibn Abad.Además de contemplar el paisaje, magnífico, en Oukaimèden podéis visitar los numerosos grabados rupestres. Para efectuar excursiones, ver el apartado "actividades deportivas".

LA NOCHE

Hay bares en todos los hoteles, así como una discoteca en el hotel LE COURCHEVEL.

DORMIR Y COMER EN OUKAIMÈDEN

Chalet de L'Oukaimèden

Telf. 0524 319 036, fax 0524 319 020; web: www.cafmaroc.co.ma, e-mail: cafmaroc@menara.ma. Es un refugio del Club Alpin Français con capacidad para 170 personas en dormitorios de 4 a 8 plazas con calefacción. Hay asimismo duchas calientes, restaurante, bar, biblioteca y sala de televisión. Los miembros de entidades alpinísticas tienen interesantes descuentos. Precio: 220 DH.

Résidence le Courchevel

Telf. 0524 319 092, fax 0524 128 878; web: www.lecourchevelouka.com. Es un edificio moderno recubierto de piedra roja por fuera. Cuenta con 47 habitaciones muy atractivas de paredes blancas de yeso granulado o bien de madera, con un baño precioso y muchas de ellas con balcón sobre el valle. Incluye también un restaurante francés, otro italiano así como una discoteca. Precio: de 1.000 a 1.500 DH.

Hôtel de L'Angour

Telf. 0524 319 005, fax 0524 319 006. Totalmente renovado, este hotel de los años 1950 posee dos tipos de habitaciones, las normales con baño y calefacción y las de lujo, con más carácter y con televisor y sofá añadidos. También hay bar y restaurante. Precio: de 800 a 1.200 DH.

Hôtel Club Louka

Telf. 0524 319 080 a 086, fax 0524 319 088, e-mail: hotelclublouka@ menara.ma. Es un edificio enorme en forma de chalé alpino, con habitaciones todo confort, suites, piscina cubierta y caldeada, gimnasio, bar y restaurantes marroquí e internacional. Habitación doble: 1.800 DH.

ACTIVIDADES DEPORTIVAS

Alquiler de bicicletas todoterreno: en el *Chalé du CAF.* Adecuadas para dar una vuelta por la estación y en torno al lago. Los verdaderos deportistas pueden adentrarse por una pista que surge de la carretera en Aït Lekak y se dirige a Tahnaoute.
Esquí: 3 pistas verdes, 3 pistas azules, 7 pistas rojas y 8 pistas negras, todas en el Jebel Oukaimèden, de 3.243 m. La estación se halla a 2.650 m. Las pistas oscilan entre 40 y 200 m. 6 telesquíes y 1 telesilla. *Forfait* diario: 40 DH. Alquiler de material en el *Chalé du CAF* y en una tienda, junto al Hôtel Angour.
Parapente: el Jebel Oukaimèden es un buen punto para lanzarse, accesible mediante el telesilla, que suele funcionar incluso en verano. El parapente os lo tenéis que traer vosotros.
Senderismo: diferentes recorridos posibles. Un camino se dirige a Imlil a través de Tachdirt, con interesantes paisajes de alta montaña. Otro comunica con el valle de Ourika.

RABAT Y SALÉ

RABAT ES CAPITAL DEL REINO Y DE WILAYA. 780.000 HAB.
SALÉ PERTENECE A LA WILAYA DE RABAT. 700.000 HAB.

Rabat fue fundada por los almohades en el siglo XII, entre un viejo ribat o monasterio fortificado que le dio nombre y las ruinas romanas de Sala. Se levantaron sus murallas, así como una inmensa mezquita que permaneció inacabada, y se la protegió mediante una casba situada junto a la desembocadura del río. Tras la caída de los almohades, la ciudad declinó, prosperando en cambio su vecina Salé bajo la batuta de los meriníes. Pero la época dorada de ambas no llegó hasta el siglo XVII, cuando los moriscos expulsados de España se refugiaron en ellas y las convirtieron en repúblicas independientes dedicadas a la piratería. De aquella etapa conservan todavía su carácter andalusí. Más tarde, fueron sometidas por los Alauitas, quienes dotaron Rabat de un enorme palacio, dándole un papel secundario al lado de Fès. Hasta que en 1912 se implantó el protectorado francés y se decidió convertir esta ciudad en capital del imperio.

INFO

Códigos postales
Rabat: 10000
Salé: 11000

Delegación de Turismo. 31 Av. Abtal, Rue Oued Fès, telf. 0537 681 531 a 533, fax 0537 777 437.

Bancos. Hay muchas entidades repartidas por toda la ciudad.

Iglesias católicas. Catedral: Pl. du Golan, telf. 0537 722 301. 40 Rue Jaafar As Sadik, telf. 0537 670 250. Av. Président Soekarno, telf. 0537 724 380.

Guías. Guías oficiales junto al mausoleo de Mohamed V y junto a la mezquita Ahl Fas del Palacio Real. Los guías clandestinos se concentran a la entrada de la casba de los Oudaïa.

ACCESOS

La **autopista A-1** comunica con Tánger, la **A-2** con Fès y Meknès y la **A-3** con Casablanca.

La **carretera N-1,** buena pero con mucho tráfico, enlaza igualmente con Casablanca al suroeste y Tánger al nordeste.

La **carretera R-322** se dirige hasta Casablanca pero por la costa. Es más estrecha pero mucho más tranquila e interesante por su paisaje.

La **carretera N-6,** amplia y bien asfaltada, llega de Meknès por el este.

La **carretera R-401**, estrecha y algo envejecida, viene de Oued Zem por el sur.

TRANSPORTES

ONCF. Trenes a Tánger, Oujda, Fès, Casablanca, Marrakech y al aeropuerto de Mohamed V. Estaciones de Rabat-Ville (en pleno centro), Rabat-Agdal y Salé.

Autocares CTM a Casablanca (10 al día), Fès (10 al día), Tánger (6 al día), Chefchaouen (10 h), Tinerhir (21 h), Tissint (10 h), Laayoune (13 h) y Taza (14.30 h). Salen de la carretera de Casablanca a 4 km del centro, telf. 0537 281 486.

Autocares privados a todas las ciudades del país. Estación de autobuses en la carretera de Casablanca, a 3 km del centro. Se llega con el bus urbano número 30.

Taxis colectivos a Kénitra y Meknès. Salen de la Rue Nador, esquina con la Av. Hassan II, Rabat. En Salé los taxis colectivos están junto a la muralla, cerca del cámping.

Autobuses urbanos que salen desde la Av. Hassan II y se dirigen a todos los barrios y a Salé.

Tranvías. Está previsto que una red de tranvías esté en pleno funcionamiento a lo largo de 2011.

Taxis pequeños por dentro de la ciudad. Hay una parada junto a la estación de tren.

Barcas entre Rabat y Salé, por la desembocadura del río Bou Regreg.

El **aeropuerto de Rabat Salé,** está a 10 km en la carretera de Meknès, telf. 0537 808 090, fax 0537 808 094. Vuelos a París.

Royal Air Maroc. Av. Mohamed V, Rabat, telf. 0537 219 221, fax 0537 219 230. También en el aeropuerto, telf. 0537 819 409, fax 0537 819 428.

Alquiler de automóviles sin conductor: diferentes agencias en la ciudad nueva.

Aparcamiento. El aparcamiento municipal de Rabat situado en la Av. Hassan II junto a Bab el Had, es carísimo. En las calles del centro hay parkímetros mecánicos, de modo que sólo se puede aparcar por un tiempo muy limitado, previo pago de un tiqué. La única alternativa razonable son, pues, los aparcamientos privados, como el de la Av. Ibn Toumert que se indican en el plano, aunque no siempre es fácil encontrar sitio.

VISITA

Aun siendo ciudades modernas, Rabat y Salé conservan un buen número de monumentos históricos dignos de visitar, por lo que un mínimo de un día de estancia es necesario para verlas. En otra jornada se puede efectuar una interesante excursión hacia el norte.

RABAT

La **medina de Rabat** fue levantada por los moriscos en el siglo XVII, en el extremo norte de la antigua ciudad almohade, protegiéndola con su propio muro, que se conoce por la muralla de los andalusíes. En su interior se conserva un mundo tradicional, que no tiene nada que ver con la parte más moderna. Destacan una gran arteria comercial llamada **Rue Souika** y tres calles perpendiculares a ella:

la **Rue des Consuls,** donde antiguamente se hallaban las representaciones diplomáticas europeas, y hoy funciona el mercado de alfombras; la **Av. Mohamed V,** con muchos restaurantes populares, y la **Rue Sidi Fatah,** en la que se encuentra el **morabito /mezquita** del mismo nombre, cuyo artesonado de madera surge por encima de la calle. Todo el resto son callejones angostos y tranquilos, que dan acceso a las viviendas de aire andalusí. A última hora de la tarde es cuando la Rue Souika alcanza el máximo bullicio.

La **casba de los Oudaïa** toma su nombre de una tribu sahariana que se instaló en ella bajo el mandato de Mulay Ismail, en el siglo XVII, pero en realidad su estructura original, su mezquita y su famosa **puerta de los Oudaïa** son de la época almohade (del siglo XII). Dicha puerta, decorada con alveolos, es una de las grandes obras de arte de la ciudad. La muralla tiene un tramo del siglo XVI y otro de la época de Mulay Rachid (siglo XVII).

En el interior de la casba (*visita libre)* encontraréis un jardín muy agradable, un museo, un café de aire morisco muy célebre, una

terraza con vistas al mar y numerosas viviendas de estilo andalusí, todo blanco, limpio y bien cuidado. Dentro de la puerta de los Oudaïa se suelen hacer exposiciones.

Dentro de la casba de los Oudaïa, el **Museo Nacional de la Joya** *(abierto de 9 h a 17 h. Entrada: 10 DH)* ocupa un palacio del siglo XVII, construido bajo el reinado de Mulay Ismail. En su interior hallaréis una colección de alhajas en el sentido más amplio de la palabra, incluyendo armas y sillas de montar decoradas con ornamentos de plata. Las hay tanto rurales como urbanas, desde el Neolítico hasta el siglo XIX, y también las herramientas utilizadas en su producción. Se acompañan de interesantes explicaciones en español, árabe y francés.

ACTIVIDADES DEPORTIVAS

Aeronáutica: *Aero Club Royal,* telf. 0537 724 222.
Equitación: *Club Equestre al Foursane,* Ain el Aouda, a 27 km de Rabat en la carretera de Oued Zem. *Club Equestre Yquem,* a 20 km de Rabat en la carretera de Casablanca por la costa.
Golf: *Royal golf Dar el Salam,* Route des Zaërs, a 12 km de Rabat, telf. 0537 755 864/ 0537 755 865, fax: 0537 757 671. El mejor campo de Marruecos, con 45 hoyos.

RABAT DE DÍA

Av. Mohamed V
Es una zona de paseo, con cafeterías que instalan fuera amplias terrazas.
Rue Souika
En esta calle se registra un ambiente comercial, sobre todo por la tarde.
A
B
C
D
1
2
Casba de los Oudaya
Bab el-Oudaya
Pl. Souk el-Ghezel
Cementerio de el-Alou
Muralla de los Almohades
Boulevard Mokhtar Gazoulit
Bab el-Alou
Pl. ech-Chouade
Bd. el-Alou
MEDINA
Fuerte
OCÉAN
Av. Mohammed V
Rue Muralla de
Boulevard
Bab el-Had
Correos
Banco
Parlamento
Estación Rabat-Ville
Bab er-Rouah
Place en-Nasr
Cuartel de la Guardia Real
Palacio Real
a Casablanca por la costa, 97 km
Boul. Mostafa es Said
R. el-Hachmi el-Mestari
Rue B. Roudani
Av. el-Maghrib el-Arabi
Av. J. Jaurès
Av. Tonkin
KEBIRAT
LES ORANGERS
Avenue de Madagascar
Avenue Hassan II
Avenue Ibn Toumerte
Avenue Pasteur
Avenue en-Nasr
Jardín d'Essais
Pl. Bab Tamesna
Pl. Mohammed Zerqtouni
Av. Mohammed Zerqtouni
Rue Omar Slaoui
Avenue Sidi Mohammed ben Abdallah
Av. Ibn el-Ouzzane
Avenue Ibn Khaldoun
Rue Oqbah
Place Ibn Yacine
Avenue Mohammed Triki
Av. Fal Ould Oumeir
Rue Abderrahman el-Ghafiki
Route de Rabat a Casablanca
Estación Rabat-Agdal
a Casablanca, 97 km
Av. el-Abtal
Av. Ouman el-Mouttahida
Avenue Ibn Batota
AGDAL

MEDINA
Morabito y Mezquita de Sidi Ahmed Hayi
Fondouk Askour
Boulevard Circular
Route de Kénitra
Bab Fès
al aeropuerto, 12 km, a Meknès, 138 km
Route Provinciale N.1
SALÉ
Av. de la Plage
Bab el-Mrisa
Bab er-Rih
Puente Mulay Hasan
Bou Regreg
Santuario de Lalla Quadia
MELLAH
Pl. Sidi Makhlouf
Boulevard Abi Regreg
Torre Hassan
Mausoleo de Mohamed V
a Meknès, 136 km
Rue el-Mariniye
Rue Alaouyine
Rue el-Mourabitine
Rue Moulay Ismail
Rue Abderrahman
Boulevard
Rue Alger
Pl. A. Lincoln
Rue d'Aannaba
Aneggay
Avenue de Fès
Boul. Tarq ibn Ziyad
Salinas
Museo Arqueológico
Mezquita es-Sunna
Villa des Arts
Avenue Mohammed V
Av. Yacoub el-Mansour
Bd. Moussa ibn Nossair
Necrópolis de Chellah
Bab Zaer
Mezquita Faeh
Av. John Kennedy
a Oued Zem, 172 km, a Rommani, 81 km
A
B
C
D
3
4
7

La **muralla almohade** se conserva sólo en parte, habiéndose construido en su interior el centro de la ciudad nueva. Destacan en ella dos entradas monumentales del siglo XII: **Bab el Had,** restaurada recientemente, y, sobre todo, la magnífica **Bab er Rouah,** dentro de la cual se presentan exposiciones de arte. También la muralla andalusí cuenta con 5 entradas, pero son extremadamente modestas, excepto **Bab Chellah** que fue remodelada a principios del siglo XIX siguiendo de un modo aproximado las pautas almohades. Tiene asimismo dos bastiones defensivos por la parte del río, uno en la Pl. Sidi Makhlouf y el otro junto al santuario de Lalla Quadia.

La **Chellah** *(visita: de 8.30 h a 18 h. Entrada: 10 DH)* es un recinto amurallado que data del siglo XIV. Su entrada monumental es una buena muestra del arte meriní. En su interior encontraréis los mausoleos de diferentes reyes meriníes, así como una zagüía de magnífico alminar y las ruinas de la antigua ciudad romana de Sala, todo ello rodeado de un romántico jardín.

El **mausoleo de Mohamed V** *(entrada libre durante todo el día)* alberga asimismo la tumba de Hassan II y la de su hermano Mulay Abdellah. Es una de las grandes obras de arte del Marruecos contemporáneo, hecho con los materiales más nobles y empleando a los mejores artesanos del país. Miembros de la guardia real a pie y a caballo, impecablemente vestidos de blanco, le rinden honores permanentemente.

Las **ruinas de la** inmensa **mezquita almohade** *(entrada libre)* se hallan junto al mausoleo de Mohamed V. El conjunto, inacabado, fue destruido por un terremoto. Se conserva parte de las paredes exteriores de tapial, numerosas columnas de piedra y el alminar, llamado torre Hassan, que sigue la misma línea de la Koutoubia de Marrakech y la Giralda de Sevilla, datando de la misma época.

El **Palacio Real** fue levantado en el siglo XIX y continúa en uso. El interior del edificio está reservado a Su Majestad, pero podéis visitar el amplio jardín que lo rodea y ver la puerta principal. Dentro del recinto existen asimismo varios ministerios y la **mezquita de Ahl Fas.**

El **Museo de la Moneda** *(telf. 0537 702 626; web: www.bankalmaghrib.ma; visita, martes a viernes de 9 h a 12 h y de 13 h a 17.30 h, sábados y domingos con diferentes horarios. Entrada: 30 DH)* está en el interior del edificio de Bank Al Maghrib, Av. Mohamed V.

COMPRAS

Alfombras en la Rue des Consuls, dentro de la medina de Rabat. Numerosas tiendas donde elegir, a precios casi fijos (no se suele obtener más de un 10 por ciento de descuento). La producción propia de la ciudad son las alfombras de nudo estrecho y diseño urbano; sin embargo, también las hay del estilo del Atlas Medio, e incluso encontraréis "kilims" beréberes más económicos que en el sur. Echad un vistazo a los *hanbels* de Salé, un modelo absolutamente desconocido del turismo. Hay asimismo un taller donde se fabrican alfombras junto a la gran terraza de la casba de los Oudaïa.
Muebles y antigüedades en la carretera que rodea la medina por el nordeste.
Cerámica de Salé en la carretera de Meknès, a mano derecha justo después de atravesar el río Bou Regreg viniendo de Rabat. Junto a los antiguos talleres de los alfareros ahora se ha abierto un enorme complejo llamado **Village des Artisans,** en el que se pueden adquirir objetos muy diversos.
Libros en francés: **Librairie Kalila Wa Dimna,** 344 Av. Mohamed V, Rabat, telf. 0537 723 106, fax: 0537 722 478. **Livre Service,** 40-46 Av. Allal ben Abdellah, Rabat, telf. 0537 724 495. Librairie Al Maarif, en la medina, cerca de Bab Chellah.
Mapas topográficos en la dirección del catastro, Av. Hassan II, km 4, casi frente a la casa Peugeot, telf. 0537 295 548. Está abierta al público de 9 h a 15.30 h.

Contiene una valiosísima colección de monedas de todos los tiempos, muy bien colocada y comentada.
El **Museo Arqueológico** (*entrada: 10 DH*) se sitúa en plena ciudad nueva, junto a la mezquita Es Sunna (23 Rue Al Brihi). Alberga diferentes objetos hallados en excavaciones, tanto de las civilizaciones púnica y romana como de los primeros siglos del Islam. Destacan sobre todo algunas estatuas de Volubilis.
La **Villa des Arts** (visita de martes a domingo, de 9,30 h a 19,30 h. Entrada gratuita por el momento) está en la Rue Beni Mellal esquina Av. Mohamed V, telf. 0537 668 579 a 82, fax 0537 766 047, www.fondationona.ma. Se trata de una mansión de la época colonial restaurada con mucho acierto e incluye diferentes salas de exposiciones, así como un sorprendente museo de las nuevas tecnologías en materia audiovisual.
La **playa de Rabat** ofrece un aspecto agradable, junto a la casba y a un cementerio muy pintoresco, pero está superpoblada en verano. Para daros un baño, si disponéis de vehículo, es preferible alejarse un poco hacia el sur por la carretera de la costa, hacia Temara o Skhirat, donde hallaréis una larga sucesión de playas bien resguardadas de las corrientes y algo más tranquilas.

SALÉ Y ALREDEDORES

La **medersa de Salé** *(entrada: 10 DH)* data del siglo XIV y es una de las joyas del arte meriní. Su tamaño es más bien reducido en comparación con las escuelas coránicas de otras ciudades, pero ninguna la supera en decoración. Los estucos de yeso y el artesonado de cedro apenas dejan un espacio libre. Desde su terraza obtendréis una vista magnífica de Rabat y de la propia Salé. Las habitaciones son diminutas.

La **medina** de Salé no tiene mucho interés al haber perdido su carácter tradicional. Está rodeada por una muralla del siglo XIII en la que se abren diferentes puertas monumentales. La mejor decorada es **Bab Mrisa,** que antiguamente servía para el acceso en barca por un canal y, al llenarse éste de tierra, ha quedado reducida a su extremo superior. También son interesantes **Bab Fès, Bab Sebta** y **Bab Er Rih,** mientras que **Bab Chafaa** resulta mucho más modesta y las demás prácticamente han desaparecido al subir el nivel del terreno.

La **playa de Salé** no es muy grande pero está limpia y goza de una vista excelente sobre la desembocadura del Bou Regreg, con la casba de los Oudaïa al otro lado.

EXCURSIONES

Los **jardines exóticos de Sidi Bouknadel** *(entrada: 5 DH)* están en la carretera de Kénitra, a 8 km de Salé. Contienen un gran número de plantas tropicales. Hay que prestar atención para descubrir la entrada, que no es muy visible

El **Museo Dar Belghazi** *(visita guiada de 8 h a 18 h. Entrada: 100 DH. Entrada restringida a la planta baja: 40 DH; telf. 0537 822 178, fax 0537 822 179, web: http://museebelghazi.marocoriental.com)* se halla a 14 km de Salé, en la carretera de Kénitra, junto al desvío hacia la playa de las Naciones. Contiene una de las mejores colecciones de artesanía urbana en todas sus variantes: joyas de oro, vestidos de seda, cofres de madera pintada, muebles de cedro tallado, alfombras de nudo diminuto, puñales de plata, babuchas bordadas... Unas 4.000 piezas, casi todas de lujo.

La **playa de las Naciones,** 15 km al norte de Salé por la N-1 y el desvío correspondiente, resulta pintoresca pero es bastante peligrosa por la bravura del océano, ya que se halla poco resguardada.

DORMIR EN RABAT Y SALÉ

HÔTEL DORHMI (B2) 1

313 Av. Mohamed V, a la entrada de la medina, telf. 0537 723 898. Está abierta al público desde 2006. Esta pensión familiar incluye una decena de habitaciones absolutamente aseadas y todas ellas con lavabo. Precio: 150 DH.

HÔTEL SPLENDID (B2) 2

8 Rue de Ghaza, Rabat, telf. 034 283 959. Dispone de 40 habitaciones acogedoras y tranquilas, en torno a un patio interior muy agradable. La mitad de ellas tienen baño; el resto sólo tienen un lavabo. Es una de las mejores opciones en esta categoría, y la menos ruidosa. Precio medio: 250 DH.

HÔTEL CENTRAL (C2) 3

2 Rue Al Basra, Rabat, telf. 0537 707 356. Posee 34 habitaciones correctas, la mitad de ellas con baño y el resto con lavabo. Es algo ruidoso. Precio: 250 DH.

HÔTEL DES OUDAIAS (A2) 4

132 Bd. El Alou, Rabat, telf. 0537 732 371. Disfruta de una situación excepcional. Abandonado en los últimos años, fue renovado en 2005. Cuenta con 33 habitaciones, parte de ellas con baño y las otras con lavabo, así como una pequeña cafetería en la planta baja, decorada al estilo árabe tradicional, una terraza con bonitas vistas al mar, a la medina y a la casba de los Oudaïa. Precio: de 150 a 230 DH.

HÔTEL GAULOIS (B2) 5

1 Rue Hims, Rabat, telf. 0537 723 022, fax 0537 738 848. Este antiguo establecimiento ha renovado hace poco sus sanitarios, de modo que las habitaciones con baño incluido son aceptables, aunque también los *somieres* necesitarían un cambio. Precio: de 150 a 230 DH.

HÔTEL DE LA PAIX (B2) 6

2 Rue de Ghazza, Rabat, telf. 0537 722 926. Dispone de 50 habitaciones, alguna de las cuales tienen baño y otras sólo lavabo. Es algo ruidoso. Precio: de 150 a 200 DH.

HÔTEL MAJESTIC (B2) 7

121 Av. Hassan II, Rabat, telf. 0537 722 997, fax 0537 708 856; web: www.hotelmajestic.ma, e-mail: hotel_majestic_rabat@yahoo.fr. Es un antiguo establecimiento con mucha solera, totalmente renovado en el año 2002. Las habitaciones, muy correctas, están equipadas con baño, teléfono y calefacción. Sin embargo resulta un poco ruidoso tanto por su situación como por su clientela. Precio: 350 DH.

HÔTEL BALIMA (C2) 8

Av. Mohamed V, BP 173, telf. 0537 707 967, fax 0537 707 450. Está en el corazón de la ciudad nueva de Rabat, frente al Parlamento. Ofrece 71 habitaciones muy acogedoras, con baño, teléfono, cale-

FIESTAS

Jazz au Chellah es un festival que tiene lugar en junio dentro del recinto de la Chellah, y reúne a artistas de numerosos países. (www.jazzauchellah.com) El **musem** de Sidi Abdellah Ben Hassoun tiene lugar en Salé la víspera del Milud y es uno de los eventos más curiosos del país, incluyendo una procesión con cirios enormes.

RABAT DE NOCHE

MEDINA
Morabito y Mezquita de Sidi Ahmed Hayi
Fondouk Askour
Boulevard Circular
Route de Kénitra
Bab Fès
al aeropuerto, 12 km, a Meknès, 138 km
Route Provinciale N.1
SALÉ
Av. de la Plage
Bab el-Mrisa
Bab er-Rih
A
Santuario de Lalla Quadia
Bou Regreg
Puente Mulay Hasan
MELLAH
Pl. Sidi Makhlouf
Boulevard Abi Regrag
Torre Hassan
Mausoleo de Mohamed V
B
a Meknès, 136 km
Rue el-Mariniye
Rue Mourabitine
Rue Moulay Ismail
Rue el Alaouyine
Boulevard Abderrahman
Rue Alger
Pl. A. Lincoln
Rue d'Aannaba
Rue Aneggay
Avenue de Fès
Boul. Tarq ibn Ziyad
Salinas
C
Villa des Arts
Avenue Mohammed V
Av. Yacoub el-Mansour
Bd. Moussa ibn Nossair
Necrópolis de Chellah
Bab Zaer
D
Av. John Kennedy
a Oued Zem, 172 km, a Rommani, 81 km
3
4

facción y televisión, algunas con balcón. Las de la quinta planta gozan de una vista excepcional. El restaurante propone un menú a 150 DH y una carta bastante amplia de carnes, pescados y platos marroquíes. También hay un bar con terraza exterior muy agradable y una discoteca. Precio: 480 DH.

HÔTEL IBIS MOUSSAFIR (D1) **9**

32-34 Rue Abderrahmane el Ghafiki, Rabat-Agdal, telf. 0537 774 919 y 926, fax 0537 774 903. web: www.ibishotel.com. Reservas desde España al telf. 900 203 020. Incluye 95 habitaciones climatizadas, muy correctas, con un buen cuarto de baño, teléfono y televisión, así como un bar, un restaurante con menú a 100 DH y un amplio jardín de césped. Precio: 500 DH.

HÔTEL LE DAWLIZ (B4) **10**

Av. Bouregreg, Salé, telf. 0537 883 277, 78 y 81, fax 0537 883 279; web: www.ledawlizrabat.com, e-mail: dawliz02@menara.ma. Es el único hotel situado en Salé a la orilla del río, lejos del bullicio de la capital. Se compone de 43 habitaciones y suites amplias, confortables, con aire acondicionado, un lujoso cuarto de baño, teléfono, televisión, minibar y balcón o terraza. Todo está limpio, bien mantenido y decorado. Hay además piscina, sala de conferencias, bar y restaurante con un menú internacional a 150 DH, aunque también se puede recurrir a los otros restaurantes del *Complejo Dawliz* en el que se halla enclavado el hotel. Precio habitaciones dobles de 1.000 a 2.500 DH con desayuno.

LA NOCHE

Bares. Entre las múltiples opciones, os aconsejamos los bares del **HÔTEL BALIMA** y del **RESTAURANT JOUR ET NUIT.** Ambos disponen de terrazas exteriores, muy agradables en las noches de verano. Precios razonables.
Discotecas: **JEFFERSON'S,** Av. Patrice Lumumba, cerca de la Pl. Melilya; **AMNESIA,** *18 Rue Monastir,* muy de moda. **L'ENTONNOIR,** en el complejo Jour et Nuit, Pl. Melilya, mucho más popular. **TEATRO MOHAMED V,** Rue Al Kahira, entre Av. Mohamed V y Av. Allal ben Abdellah.

HÔTEL SHÉHÉRAZADE (C3) **11**

21 Rue de Tunis, telf. 0535 722 226 y 228, fax 0537 724 527, e-mail: h2962@accor.com. Completamente renovado hace poco, este hotel dispone de 78 habitaciones impecables, así como restaurante, hammam, sala de masajes y otros servicios. Habitación doble: 1.200 DH.

HÔTEL LA TOUR HASSAN (B3) **12**

26 Rue Abderrahman Aneggai, BP 14, Rabat, telf. 0537 239 000, fax 0537 725 408; web: www.latourhassan.com, e-mail: th.reservation@palaces-traditions.ma. Construido en 1914, ha sabido mantener su categoría a lo largo de los años. Dispone de 139 habitaciones lujosas, con aire acondicionado, baño, teléfono, televisión, caja de seguridad, minibar y secador, repartidas en dos bloques de pisos alrededor de un jardín andalusí, que constituye un verdadero oasis en el centro de la capital. También hay una pequeña piscina, varios restaurantes, bares, peluquería, sauna, *hammam,* jacuzzi, guardería de niños y, para los más exigentes, algunas suites de hasta 12.000 DH la noche. Habitaciones dobles entre 2.300 y 3.300 DH.

COMER EN RABAT Y SALÉ

ROTISSERIE TAGADIRT (B2) ❶

Av. Mohamed V. Se trata de un establecimiento de comida rápida, sencillo y pulcro, con una cocina absolutamente digna dentro de su sencillez. Precio: 50-60 DH.

SNACK GHAZZA (B2) ❷

Rue Ghazza. Es un local diminuto con un altillo de techo bajo, donde se pueden comer buenos bocadillos, pizzas y carnes a la parrilla. Precio: de 50 a 70 DH.

RESTAURANT EL BAHÍA (B2) ❸

Av. Hassan II, telf. 0537 734 504. Está en la medina, accesible a través de la muralla. Consta de un salón muy agradable situado en el primer piso, decorado al estilo andalusí, y una terraza en los bajos, al amparo de la muralla de tapial. preparan platos marroquíes, carnes a la parrilla y pescados, con una excelente cocina. Precio medio: de 60 a 80 DH.

RESTAURANT ITALIA

Place des Alaouites, frente a la estación central de ferrocarril, telf. 0537 261 717. Tienen pastas, pescados y carnes bien cocinados, que pueden acompañarse con vino. Precio: de 60 a 80 DH.

RESTAURANT SAADI (B2) ❹

81 Bd. Allal ben Abdellah, telf. 0537 709 903. Es un establecimiento de tipo clásico en el centro de Rabat. Ofrecen carnes, pescados y deliciosas especialidades marroquíes. Sirven alcohol. Precio: de 60 a 80 DH.

Restaurant Tajine Wa Tangia (C2) ❺

9 Rue de Baghdad. Es un local recogido decorado con gusto. Propone una amplia carta de tayines y su cocina goza de una buena reputación, pudiendo acompañarse con vino. Precio: 80-130 DH.

Restaurant La Mamma (C2) ❻

6 Rue Tanta, telf. 0537 707 329. El comedor es de tipo clásico, de alta calidad. Propone una buena cocina italiana: pastas, carnes y pizzas, que pueden acompañarse con vino. Cierran el domingo. Precio: de 100 a 150 DH

La Péniche du Bouregreg (B4) ❼

Telf. 0537 785 659 y 61, fax 0537 785 662. Es un barco anclado en la orilla del río Bouregreg, en Salé. Consta de dos bodegas interiores. Preparan una cocina francesa exquisita, que se puede acompañar con vino. Precio: de 150 a 200 DH.

Restaurant de la Plage (A2) ❽

En la playa de Rabat, telf. 0537 723 148. Se compone de un comedor de aspecto internacional y una terraza con unas bonitas vistas al mar. Su cocina francesa es deliciosa, con una gran variedad de carnes y pescados, así como una amplia carta de vinos y licores. Precio: de 200 a 300 DH.

Restaurant Dinarjat (B2) ❾

6 Rue Belgnaoui, en la medina, telf. 0537 704 239. Para llegar hasta él, hay que aparcar el automóvil en el Bd. El Alou y entrar a pie por la calle El Jirari. Ir a la derecha en la segunda travesía, llamada Skaia Bel Mekki, y al llegar a una fuente pública doblar a la derecha. Ocupa una casa tradicional de familia burguesa. Hay música andalusí en directo, cocina marroquí exclusivamente y también se sirve alcohol. Precio: de 300 a 350 DH.

RISSANI

PROVINCIA DE ERRACHIDIA.

Lo que hoy llamamos Rissani no es otra cosa que un centro administrativo y comercial para la treintena larga de ksur que se hallan esparcidos por el Tafilalet y que substituyeron a partir del siglo XIV a la legendaria ciudad de Sijilmassa, una de los principales etapas en la ruta de las caravanas que unía Fès al África subsahariana. El nombre lo tomó de una casba donde se hallaba establecido el gobernador con su ejército. En el siglo XVII surgió en este oasis la dinastía Alauita, que continúa reinando en Marruecos. A pesar de su elevado interés histórico, Rissani recibe poco turismo. Para la mayoría de los viajeros es tan sólo un lugar de paso camino de Merzouga.

INFO

Código postal. 52450
Bancos. *Banque Populaire,* junto al mercado.

ACCESOS

La **carretera N-13,** excelente, llega de Erfoud por el norte.
La **carretera N-12,** correcta, enlaza con el valle del Drâa a través de un paisaje desértico y algunos oasis. Una **nueva carretera** asfaltada comunica con Merzouga y Taouz. Para tomarla conviene observar con atención el plano de Rissani, pues los falsos guías acostumbran a destruir los indicadores.

TRANSPORTES

Autocares CTM a Errachidia y Meknès, por la noche. Junto al mercado.
Autocares privados diarios a Errachidía, Meknès, Fès, Alnif, Tinejdad. Salidas tres veces por semana a Tinerhir y a Zagora. La nueva estación de autobuses está en la carretera de Erfoud, a 1 km del centro.
Taxis colectivos a Errachidia, Erfoud, Alnif, Zagora. Junto a la estación de autobuses.
Furgonetas a Merzouga. Junto al mercado.

COMPRAS

Numerosos puestos del mercado y grandes bazares repartidos por toda la población ofrecen "antigüedades procedentes de las tribus nómadas del desierto". Básicamente, se trata de alfombras y de joyas que se suponen de plata. Los vendedores tienen una habilidad extraordinaria para haceros creer todo tipo de historias y colocaros cualquier objeto. Se necesita bastante experiencia para distinguir las verdaderas antigüedades –que las hay– de las bagatelas para turistas.

VISITA

A pesar del enjambre de guías clandestinos que asaltan al viajero en cuanto pone sus pies en la ciudad, tratando de introducirlo bajo cualquier pretexto en alguna de las numerosas tiendas de alfombras, Rissani sigue mereciendo una visita, no sólo por su extenso y populoso mercado, sino incluso por su antiguo ksar, todavía hoy habitado. También es interesante el circuito por el palmeral del Tafilalt y, sobre todo, la excursión a las dunas [ver capítulo "Merzouga", pág. 237].

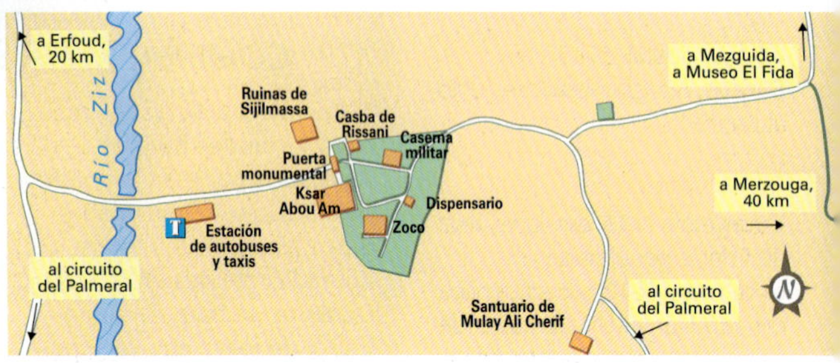

EL PUEBLO

El **zoco** tiene lugar tres días por semana –martes, jueves y domingos–, pero incluso los demás días mantiene cierta animación. A él acuden los lugareños de todas las aldeas del oasis, llevando sobre sus asnos los productos de la tierra para vender o los objetos que han comprado. Estos burros los guardan en un recinto vallado, lo que constituye, ya de por sí, un espectáculo digno de ver. También hay asnos en venta, en otro recinto contiguo, así como vacas y ovejas en sus solares correspondientes. Más allá veréis un mercado muy popular, en el que las legumbres traídas del palmeral son comercializadas en el suelo por los propios campesinos. El otro mercado, el grande, construido en obra y parcialmente cubierto, se halla justo enfrente. Allí se distinguen varias zonas: la de los carpinteros, la de los forjadores, la de los puestos de comida, la de los vendedores de artesanía para turistas…

El viejo **Ksar Abou Am** se mantiene aún vivo, en el centro de Rissani, disfrutando actualmente de un programa de restauración gracias a la cooperación internacional.

Junto a la entrada monumental de Rissani, un camino a la izquierda conduce a las **ruinas de Sijilmassa,** de las que no se aprecia gran cosa porque las excavaciones iniciadas hace unos años no han tenido continuidad.

La **casba de Rissani** es un recinto amurallado que dio nombre a la población actual. Data probablemente del siglo XIII y en su interior se levanta hoy el **Centro de Estudios Alauitas.**

EL OASIS

El circuito que se describe a continuación os permitirá recorrer el **Tafilalet** con cualquier tipo de vehículo. Este oasis legendario, tan próspero en otros tiempos, hoy es víctima de la sequía y de la falta de coordinación entre los diferentes municipios para la distribución del agua. Las palmeras aparecen cada vez más depauperadas y el suelo, antaño verde, va adoptando el color del desierto que lo rodea. Con todo, aún merece la pena darse una vuelta. Se debe salir de Rissani hacia el este, dejando pronto a la izquierda un desvío con el indicador "Haroun, Mezguida". Poco después llegaréis al **mausoleo de**

Mulay Alí Cherif, el fundador de la dinastía Alauita en el siglo XVII. Se trata de una construcción reciente, pues el antiguo santuario fue destruido con las inundaciones de 1965 y el acceso al interior sólo está permitido a los musulmanes.

A la entrada de dicho santuario, se toma un camino a la izquierda. En 2 km alcanzaréis **Oulad Abdelhalim,** un *ksar* de porte impresionante, dentro del cual hay un palacio del siglo XIX, que perteneció a un hermano del sultán Mulay Abderrahmán. Se halla en muy mal estado de conservación, pero se puede visitar a cambio de una propina.

Más adelante la carretera pasa por **Serghine** y **Oulad Abderrahmane,** *ksur* bien conservados y llenos de vida, que sería interesante visitar si no nos acosaran los niños, acostumbrados a recibir caramelos o monedas de los viajeros. Durante unos 14 km se van viendo palmeras y pueblos fortificados, hasta encontrar un desvío asfaltado a la izquierda que conduce a **Tingheras** en 4 km, pasando por el centro alfarero de **Sharfat Bahaj.** Tingheras está

encaramado sobre una loma que ofrece una buena vista sobre el Tafilalet. Volviendo al circuito principal, se sigue hacia el norte y, después de pasar por otro *ksar* de grandes dimensiones llamado **Ouighlane,** se alcanza la carretera de Erfoud a Rissani.

Otro lugar interesante es el **Museo El Fida** (abierto de 8 h a 18 h. Entrada: 20 DH), al que se llega en 4 km desde Rissani por la carretera de Mezguida. Ocupa un palacio decimonónico restaurado por el Ministerio de Cultura. En él se pueden ver objetos de uso tradicional de todo el sur de Marruecos e incluso de Mauritania. La visita merece la pena, no tanto por el contenido como por el propio edificio, en especial su *hammam* de estilo urbano.

DORMIR Y COMER EN RISSANI

Hay pocas opciones, puesto que la mayor parte del turismo sólo viene de visita, desde la vecina Erfoud.

HÔTEL KASBAH ASMAA

A unos 4 km en la carretera de Erfoud, BP 49, telf./fax 0535 575 494, e-mail: asmaabivouac@yahoo.fr. Este alojamiento dispone de 30 habitaciones con baño y ventilador o aire acondicionado, algunas de ellas con vistas al palmeral y al jardín, así como una gran piscina y un restaurante que tiene dos comedores decorados al estilo marroquí moderno, a base de yeso moldeado y colorines. El menú puede costar unos 120 DH y también se puede acompañar con un buen vino. Precio: 400 DH.

KASBAH ENNASRA

A 3,5 km en la carretera de Erfoud, BP 167, telf. 0535 774 403, fax 0535 774 401, móvil 0667 611 146; www.kasbahennasra.com, e-mail: kasbahennasra@yahoo.fr. Está construido y decorado con materiales autóctonos, dentro de la tradición local. Ofrece 15 habitaciones muy acogedoras y confortables, con un buen cuarto de baño, patio privado, aire acondicionado y camas grandes. También hay piscina, bar y un restaurante con aire acondicionado muy agradable, donde se come por 75 DH. Sirven alcohol. Habitación doble: 750 DH.

SAFI

CAPITAL DE PROVINCIA. 320.000 HABITANTES.

Conocida por su puerto desde el siglo XI, Safi fue ocupada por los portugueses entre 1508 y 1541. Mantuvo luego su papel comercial, llegando a ser el principal puerto marroquí en el siglo XVIII, aunque luego se vio sobrepasada por Essaouira. Durante el siglo XX se convirtió en un importante centro industrial basado en la explotación de los fosfatos, el cemento y las conserveras de sardinas, interesándose muy poco por el turismo.

INFO

Código postal. 46000
Delegación de Turismo. 26 Rue Imam Malek, telf. 044 622 496, fax 044 624 553. Está indicado a partir de la Av. Kennedy.
Sindicato de Iniciativa. Av. de la Liberté.
Bancos. Hay numerosas entidades alrededor de la Rue Rbat.
Iglesia católica. 16 Rue Chefchaouen, telf. 0524 462 338.
Actividades deportivas. La playa de Ras Leffaa, al norte de Safi, resulta ideal para la práctica del windsurf.

ACCESOS

La **carretera N-1,** buena pero algo sobrecargada, comunica con Casablanca al nordeste y Essaouira al suroeste.

La **carretera R-301** enlaza igualmente con Essaouira y El Jadida, en este caso por la costa. Aunque es algo estrecha, tiene mucho menos tráfico, ofrece magníficas vistas en diferentes puntos y pasa por Oualidia, de interesante visita. La **carretera R-204,** correcta, se dirige a Marrakech.

TRANSPORTES

ONCF. Trenes a Benguerir y de allí a Casablanca. Una sola salida diaria, a las 5 h.
Autocares Pullman a Casablanca (2.30 h) y Agadir (1 h).
Autocares CTM a Casablanca, Marrakech, Tiznit, Agadir, El Jadida y Essaouira. Paran en la estación de autocares. Información en el telf. 0524 622 140.
Autocares privados a Casablanca, Marrakech, Agadir, Knitra, Fès, Mek-

nès, Beni Mellal, Tan-Tan, Taroudannt, Tánger y Fnideq. Estación de autocares en la Av. Ibn Khaldoun, esquina Av. Président Kennedy, frente al hospital, telf. 0524 621 599.
Taxis colectivos a Marrakech, Youssoufia, Oualidia, Casablanca y a los pueblos de los alrededores. Paran detrás de la estación de autocares.
Autobuses urbanos a los diferentes barrios. Los números 1, 3, 6 y 7 paran en la estación de autocares.
Aparcamientos: los hay en varios puntos alrededor de la medina.

VISITA

A pesar de su escasa vocación turística, Safi cuenta con muchos puntos de interés, como la medina, el Castillo del Mar, el museo de cerámica y la colina de los alfareros. En las cercanías destacan las magníficas playas de Lalla Fatna y Souira Kedima.

La ciudad

El **Castillo del Mar** *(entrada: 10 DH)* es una fortaleza de origen portugués, antigua residencia del gobernador de 1523. Desde lo alto de sus torreones se obtienen vistas magníficas sobre el mar y sobre la ciudad.
La **medina** es una de las menos turísticas del país y, sin embargo, una de las que conserva mejor su aire tradicional. Está rodeada por una **muralla** de construcción portuguesa, en la que destaca la puerta llamada **Bab Chaâba.** En la calle principal hay una gran actividad mercantil. Según se accede a ella viniendo del Castillo del Mar se encuentra a mano derecha el acceso a la catedral por una puerta diminuta, y a mano izquierda el **Museo de Safi** *(visita: de 9 h a 13 h y de 15 h a 19 h, aunque es flexible)*, una iniciativa privada que trata de conservar las tradiciones locales.
La **catedral de Santa Catalina** *(entrada: 10 DH)* fue levantada por los portugueses en 1519 y es

COMPRAS

El producto artesanal característico de la ciudad de Safi es la **cerámica,** de un estilo heredado de Al Andalus a través de la ciudad de Fès.
Actualmente, los diseños están cambiando mucho, sobre todo en cuanto a la pintura. Sin embargo, aún podéis encontrar en comercios y puestos platos y jarrones de aire tradicional.
Aparte de la colina de los alfareros, hay numerosos comercios de cerámica en el interior de la medina e incluso existe alguno a precio fijo (resulta muy ventajoso). Venta de **bebidas alcohólicas:** Pl. Hassan I, frente al Sindicato de Iniciativa.

SAFI

una muestra de arte gótico sin igual en el norte de África. La visita es interesante pero bastante limitada, centrándose en el coro. Junto a ella se alza un soberbio alminar de tipo almohade, no muy alto pero dotado de una gran armonía, aunque coronado por un quiosco de construcción más moderna.

La **colina de los alfareros** está frente a Bab Chaâba. Sigue siendo interesante, aunque ha perdido mucha actividad en los últimos años, pues ahora la cerámica se realiza en las modernas fábricas de la ciudad nueva. Sin embargo, quedan algunos artesanos que aún trabajan en sus talleres de siempre y podéis ver cómo funcionan los hornos árabes tradicionales.

Rue du Soute

Es la calle central de la medina y goza de cierto ambiente comercial, sobre todo por la mañana.

Rue Rbat

Esta calle tiene mucho movimiento a cualquier hora del día, con varios cafés y puestos de venta ambulante.

El **Museo de la Cerámica** *(entrada: 10 DH)* ocupa un palacio del siglo XVIII llamado Dar Sultan, levantado dentro de una vieja fortificación portuguesa conocida como *El Kachla*. Se accede a ella por fuera de la muralla, bien subiendo la cuesta en coche o bien por una escalera desde Bab Chaâba. El conjunto se restauró en 2005. No sólo contiene cerámica antigua de Safi, sino de muchos otros puntos del país. Además, desde sus terrazas se obtiene una vista magnífica sobre la medina.

El **zoco** de Safi tiene lugar los lunes, en la carretera de Essaouira por la costa.

La región

La **playa de Lalla Fatna** está a 15 km en dirección a El Jadida. Es de una gran belleza y extensión, situada bajo los acantilados. Una carretera asfaltada desciende hasta ella en zigzag.

La **playa de Souira Kedima,** también llamada Souiria, se halla a 31 km en dirección a Essaouira por la costa. En ella se ha levantado últimamente una gran urbanización que ha roto su encanto. Sin embargo, todavía se puede

ver el antiguo fortín portugués, de un gran valor estético.

La **casba de Hamidouch** se sitúa a unos 42 km de Safi por la misma carretera R 301 en dirección a Essaouira. Un par de kilómetros después de atravesar el río Tensift hay que desviarse a la derecha por una pista que nace junto a un recinto vallado. La fortificación queda oculta tras un bosque de eucaliptos, a unos 2 km del desvío. Levantada en la época de Mulay Ismail, se halla en un estado deplorable, conservando sólo una parte de la muralla de tapial. Sin embargo, la soledad y la grandeza del lugar tienen su encanto. Un poco más allá, junto a la propia carretera, se distingue el **palacio del Caíd Ahmed el Hajji,** que data de principios del siglo XX y también está en ruinas.

DORMIR EN SAFI

La oferta, aunque limitada, se está ampliando en estos últimos tiempos en la categoría alta.

■ Cámping

Cámping International de Safi

Route Sidi Bouzid, telf. 0524 668 065. A 3 km de la ciudad por la carretera de Oualidia y un desvío que sube a la derecha. Se ve el mar, pero desde muy lejos. Cuenta con bastantes árboles, piscina, ducha caliente y unos sanitarios degradados, aunque limpios.

■ **HOTELES**

HÔTEL L'OCÉAN (B1) **1**

Rue Rbat. Tiene 12 habitaciones correctas con cuarto de baño comunitario. Precio: 90 DH.

HÔTEL ANIS (B1) **2**

Rue de la Falaise, esquina Rue Rbat, telf. 0524 463 078, fax 0524 462 329. Posee una treintena de habitaciones correctas, que están empezando a envejecer, equipadas con baño completo. También dispone de apartamentos. Precio: 150 DH.

HÔTEL ASSIF (B2) **3**

Av. de la Liberté, BP 151, telf. 0524 622 940, fax 0524 621 862, e-mail: hotel_assif@menara.ma. Cuenta con 62 habitaciones repartidas en dos bloques. Conviene evitar las del bloque antiguo. Las del bloque nuevo son bastante acogedoras, de un estilo internacional, con baño, teléfono, televisión, balcón y 12 de ellas con un saloncito. El restaurante propone un menú marroquí que puede costar 150 DH. Habitación doble: 350 DH.

HÔTEL RÉSIDENCE LES MIMOSAS II (B2) **4**

Rue Ibn Zeidoun, telf. 0524 623 208, fax 0524 625 955. Sus habitaciones resultan coquetas, con baño, una pequeña cocina, minibar y teléfono. También hay restaurante, bar y discoteca. Precio: 380 DH.

HÔTEL ABDA (B2) **5**

Av. Kénnedy, telf. 0524 610 202, fax 044 611 915. Es nuestra opción preferida. Dispone de 40 bellas habitaciones con cierto aire tradicional marroquí, equipadas con baño, teléfono, aire acondicionado, televisión y balcón. Hay asimismo dos restaurantes marroquí e internacional, una cafetería elegante y una pastelería. Precio: 400 DH.

HÔTEL ATLANTIDE (B1) **6**

Rue Chawki, BP 50, telf. 0524 462 160, fax 0524 464 595. Se encuentra situado en un alto con excelentes vistas de la medina y del mar. Es el clásico hotel de lujo venido a menos, pero que conserva una buena calidad en relación a su precio. Hay habitaciones confortables, restaurante con menú internacional a 130 DH, bar, piscina y jardín. Precio: 450 DH.

HÔTEL ATLANTIQUE PANORAMA

Sidi Bouzid, BP 280, telf. 0524 668 490 a 492, fax 0524 669 005 ;www.atlantiquepanorama.fr.st, e-mail: atlantiquepanorama@atlantiquepanorama.fr.st. e-mail: atlantiquepanorama@ menara.ma. Está a 3 km de la ciudad, en la carretera de Oualidia, y disfruta de una buena vista sobre la costa. Se compone de 157 habitaciones confortables de tipo internacional, 18 suites, piscina, campo de tenis, centro de *fitness*, bar, discoteca, varios res-

LA NOCHE

Bares en el **HÔTEL LES MIMOSAS** y **HÔTEL ATLANTIDE. CAFÉ TOUT VA BIEN,** Pl. Hassan I, junto al Sindicato de Iniciativa, y **CAFÉ BAR DE LA POSTE** en la Rue Rbat. Discoteca en el **HÔTEL LES MIMOSAS** y en el **ATLANTIQUE PANORAMA.**

taurantes y un magnífico vestíbulo con techo palaciego. Precio medio: 600 DH.

HÔTEL GOLDEN TULIP FARAH SAFI (B1) 7

Av. Zerktouni, telf. 0524 464 299, fax 0524 464 573; web: www.goldentulipfarahsafi.com, e-mail: info@goldentulipfarahsafi.com. Es el clásico hotel destinado a los grupos, situado en un alto con buena vista sobre la ciudad y equipado de todos los servicios: casi un centenar de habitaciones confortables, piscina, bares y restaurantes. Precio: 700 DH.

FIESTAS

El **festival Transes-Atlantic** se celebra habitualmente en julio, entre Safi y El Jadida, durante 10 días. Su especialidad es la fusión entre la música tradicional de esta región y los ritmos contemporáneos occidentales.

COMER EN SAFI

PUESTOS DE PESCADITOS (A1) 1

En la carretera de Oualidia, junto a la rotonda. Se come en mesas de plástico bajo los toldos de lona. Los pescaditos están expuestos en el mostrador. Los sirven fritos o a la plancha en platitos pequeños. Son muy sabrosos. Los precios por ración están anotados en las pizarras, aunque ajustados de por sí, todavía pueden rebajarse. Con tres o cuatro raciones uno se pone a reventar. Precio: de 40 a 60 DH.

RESTAURANT DE SAFI (B1) 2

Rue de la Marine. Es un local de aspecto poco cuidado, pero la comida es buena. Ofrecen básicamente pollo asado y tambiuén besugo frito, con guarnición variada y muy abundante. Precio: de 50 a 60 DH.

RESTAURANT GEGENE

Rue de la Marine, al lado del precedente, telf. 0524 463 369. Cuenta con una docena de mesas altas, a menudo completas. Es frecuentado sobre todo por marroquíes. Ofrece una carta muy amplia de carnes, pescados, espaguetis y tayines. Sirven alcohol. Precio: de 100 a 150 DH.

RESTAURANT DE LA POSTE (B1) 3

Pl. de l'Indépendance, telf. 0524 463 175. La planta baja es un bar muy ruidoso. Proponen variadas carnes y pescados y también vino en abundancia. Precio: de 100 a 150 DH.

RESTAURANT LA TRATTORIA (A1) 4

Rue Aouinate, telf. 0524 620 959. Está situado en las afueras de la ciudad, muy cerca del puerto. El comedor es muy elegante, acogedor y discreto. Tienen cocina italiana, con una extensa carta de pizzas, pastas, pescados, gambas y carnes. Sirven bebidas alcohólicas. Precios: de 150 a 200 DH.

SAIDIA

PROVINCIA DE OUJDA. 10.000 HABITANTES.

Esta pequeña población fronteriza, gracias a su extensa playa, se ha convertido en los últimos decenios en un foco de atracción para el turismo interior marroquí, manteniéndose alejada, por el contrario, de los circuitos habituales para los extranjeros.

INFO Y TRANSPORTES

Código postal. 60600
Bancos. *Banque Populaire,* en la Av. Hassan II.
Autocares privados a Oujda. Salen de la Av. Laayoune.
Taxis colectivos a Berkane, Ahfir, Oujda y Nador. Salen de la casba.

ACCESOS

La **carretera P-18** comunica con Oujda al sudeste. Buena.
Una **carretera de nueva construcción** conduce a Ras el Ma al oeste y de allí a Nador.

VISITA

Dejando aparte la casba, Saidia no tiene ningún monumento digno de visitar, sólo su playa. En los alrededores se localizan, sin embargo, algunos puntos interesantes.
Un aviso: los mosquitos y los tábanos de Saidia son especialmente voraces.
La **casba de Saidia** fue levantada bajo el reinado de Hassan I, a finales del siglo XIX. Se conserva la muralla y sus dos entradas monumentales, sin gran valor artístico. En su interior hay casas de construcción moderna, habitadas, por lo que normalmente no se visita.
El **cabo del Agua** o Ras el Ma se encuentra a 25 km al oeste de Saidia. En él hay un pequeño puerto y una extensa playa de arena fina, con un cámping y dos restaurantes. Asimismo se puede dar un paseo por el mar en un

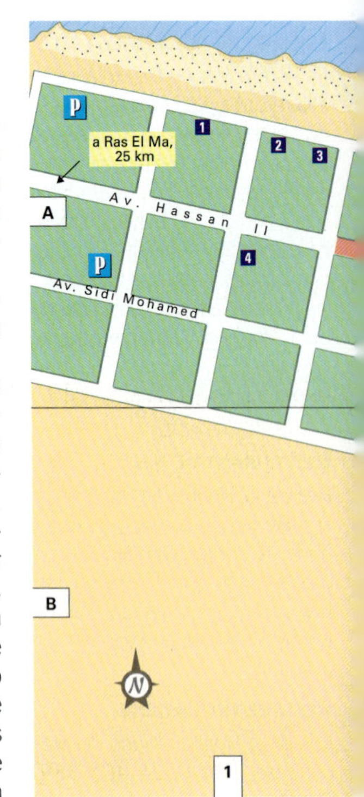

catamarán, telf. 0673 879 725, fax 0536 625 129, e-mail: merpassion-sarl@menara.ma. Del interior de la población, una carreterita sube hasta las cercanías del **faro.** Desde allí se puede contemplar toda la costa así como las islas Chafarinas.

Entre Saidia y Ras el Ma, la costa es una sucesión de **playas.** En verano, esta zona es muy frecuentada por los marroquíes del interior, sobre todo los fines de semana. Junto a la desembocadura del río Moulouya, en la misma zona, se han implantado varios puestos para la observación de aves.

El Zegzel es un río que nace en los montes de Beni Snassen, de carácter calcáreo. Para visitar esta región, hay que dirigirse a **Berkane,** a unos 60 km de Oujda. Saliendo de Berkane por la carretera de Nador, tomando un desvío a la izquierda. Pronto se penetra en las **gargantas** formadas por este río. El paisaje resulta pintoresco: las montañas cubiertas de bosque mediterráneo y en el fondo de los

Av. Mohamed V

Constituye una suerte de paseo marítimo, muy animado en verano, sobre todo a la caída de la tarde.

Av. Hassan II

En verano es donde mayor ambiente nocturno hay de toda la ciudad, con varios bares y cafeterías.

valles diferentes cultivos, destacando los albaricoques. A los 12 km, un segundo desvío a la izquierda permite llegar por asfalto hasta la **gruta del Camello,** con abundancia de estalactitas. Por el momento, no está abierta al público, de modo que sólo se puede entrar con una autorización especial del Delegado de Turismo de Oujda. Este lugar es ideal para un picnic, a la sombra de las encinas. Desde las cercanías, otra pista conduce a la **gruta del Palomo.**

DORMIR EN SAIDIA

El hecho de verse frecuentada básicamente por marroquíes no hace que Saidia ofrezca un alojamiento económico; al contrario, es una de las poblaciones más caras del país. En invierno, los precios caen en picado.

■ Campings

Cámping International

Av. Hassan II, dentro de la población. Hay muchos árboles. Ducha fría, de pago. Sanitarios descuidados. Algo caro.

Cámping Al Mansour

A 1,5 km en la carretera de Ras el Ma. Arboles. Ducha fría gratuita, Es aún más caro que el anterior. Tienda de comestibles.

■ Hoteles

Hôtel Rimal Albahr (A1) 1

30 Av. Mohamed VI, telf. 0536 685 146 / 0536 625 123. Tiene 33 habitaciones con baño, teléfono interior y balcón. En el restaurante, muy agradable, se puede comer por 100 DH, con vino. Precio: 300 DH.

Hôtel Titanic (A1) 2

Av. Mohamed V, telf. 0536 624 071. Se halla en primera línea de mar, con una decena de habitaciones correctas, con baño, televisor y balcón. Precio: 350 DH.

Hôtel Erimal** (A1) 3

Bd. Mohamed V, telf. 0536 624 141. Una docena de habitaciones muy acogedoras, con muebles de alta calidad, baño, teléfono, televisión y balcón. Vistas a la playa. Precio: 450 DH.

Hôtel Atlal*** (A1) 4

Av. Hassan II, telf. 0536 625 021, fax 0536 625 022, e-mail: atlalben@menara.ma. 45 habitaciones amplias con baño, teléfono y televisión, algunas con balcón. Snack, restaurante y discoteca. 420 DH.

Hôtel Iberostar Saidia

A 6 km del centro, junto a la playa, telf. 0536 630 010, fax 0536 630 009, e-mail: saires@iberostar.ma. Es un gran complejo de alta categoría, con 425 habitaciones de estilo internacional y 59 suites, repartidas en tres edificios de dos pisos. Hay varias piscinas y otros servicios. Precio: a partir de 1.500 DH.

LA NOCHE

En la mayoría de los hoteles hay bares a los que uno se puede acercar para tomar una copa. Conviene mencionar los hoteles **Atlal, Paco, Hannour** y **El Kelaa.** También hay discotecas en los hoteles **Atlal** y **Hannour.**

COMER EN SAIDIA

Si el alojamiento es más bien caro, el precio de la comida resulta todavía más desorbitada en relación a su calidad, que no es muy alta.

Puestos de sándwiches cerca de la estación de autocares. Los precios van de 40 a 60 DH.

EL BARAKA (A2) ❶
Av. Hassan II, telf. 063 292 866. En este restaurante preparan como especialidad tanto carne como pescado. No sirven alcohol. Hay otro restaurante sin nombre frente a él, en condiciones parecidas. Precios: de 80 a 150 DH.

COMPRAS Y FIESTAS

Centro artesanal en la Av. Moulay Rachid.
Festival de las artes populares, a principios de agosto, en el Palais du Festival.

SEFROU

PROVINCIA DE FÈS. 55.000 HABITANTES.

El origen exacto de Sefrou (pronúnciese "Sefrú") se desconoce, pero sabemos que ya era una población de cierta importancia en el siglo IX, con su barrio judío y sus calles comerciales. A lo largo de la Historia, sirvió de puente a las caravanas de mercaderes que comunicaban Fès con el Tafilalt y a los ejércitos de los sultanes que trataban de someter las tribus del Atlas. Hoy es la capital de una región agrícola en la que destacan los cerezos.

INFO Y ACCESOS

Código postal. 31000
Bancos. Hay varias entidades en la carretera.
La **carretera R-503** comunica con Fès por el norte y Midelt por el sur. En esta última dirección es muy estrecha y se halla bastante deteriorada.
La **carretera de Bhalil** es bastante amplia y nueva, enlaza con la N-8. Es la mejor opción para ir hacia el sur.

TRANSPORTES

Autocares privados a Fès, Midelt y Errachidia. Paran sobre la plaza Moulay Hassan.
Taxis colectivos a varias localidades como Fès, Boulmane, Imouzzer Kandar y El Menzel.
En Imouzzer podéis tomar otro a Ifrane o Azrou. Paran junto a los autocares.
Taxis pequeños y **autobuses urbanos** por dentro de la población.

SEFROU

VISITA

El interés de Sefrou se puede encontrar en su medina. También podéis trepar hasta el morabito de Sidi Ali para obtener una vista panorámica del conjunto y hacer otras excursiones, a Bhalil o a la catarata.

A la **medina** se accede a pie desde la plaza Moulay Hassan. Está dividida entre ambas orillas del río Agai, que discurre por el fondo de un barranco lleno de vegetación.

Conserva un aire tradicional, sin apenas influencia del turismo y sin bazares de artesanía. En ella se puede ver un *fonduk* todavía en funcionamiento, viejos cafés abarrotados de hombres, antiguas casas hebreas con sus típicas galerías exteriores en maera de cedro, callejuelas repletas de puestos ambulantes...

La **muralla** es del siglo XVIII y cuenta con un total de 9 puertas monumentales, entre las que destacan **Bab Mkam** y **Bab Taksebt,** ambas en la plaza Moulay Hassan.

El **mercado central** de comida se sitúa fuera de la muralla, junto a Bab Mraba.

El **zoco** semanal tiene lugar los jueves, a 4 km en la carretera de El Menzel, y está dedicado básicamente al ganado.

Para llegar a la **catarata** no hay más que seguir los numerosos indicadores. El camino pasa junto a un curioso barrio en forma de fortaleza llamado El Quelaa, sobre un promontorio. La catarata, de pintoresca imagen, es un lugar fresco y agradable, sobre todo en verano.

El **morabito de Sidi Ali Bouserghhine** se levanta en lo alto de la montaña, ofreciendo una vista panorámica de la ciudad y la región del Sais.

Bhalil se encuentra a sólo a 4 km, accesible con un autobús urbano. Se trata de otra población muy antigua, llena de vida, encaramada en la montaña entre las rocas, con callejuelas estrechas, escaleras, portales pintados, casas de piedra vista y otras de ladrillo encaladas... En su extremo inferior se distingue por su tejado verde la **zagüía Nasería** y, junto a ella, la fuente y el lavadero públicos.

COMPRAS Y FIESTAS

Existe un complejo artesanal que se sitúa en la plaza Moulay Hassan. En lo referente a las fiestas, la **Fiesta de las cerezas** se celebra en junio. Para saber la fecha exacta, dirigíos a la Delegación de Turismo de Fès, telf. 0535 623 460 / 0535 941 270, fax 0535 654 370. Espectáculos folclóricos y elección de la reina de las cerezas.

Musem de Sidi Lahcen el Youssi, santo patrón de la ciudad, en agosto.

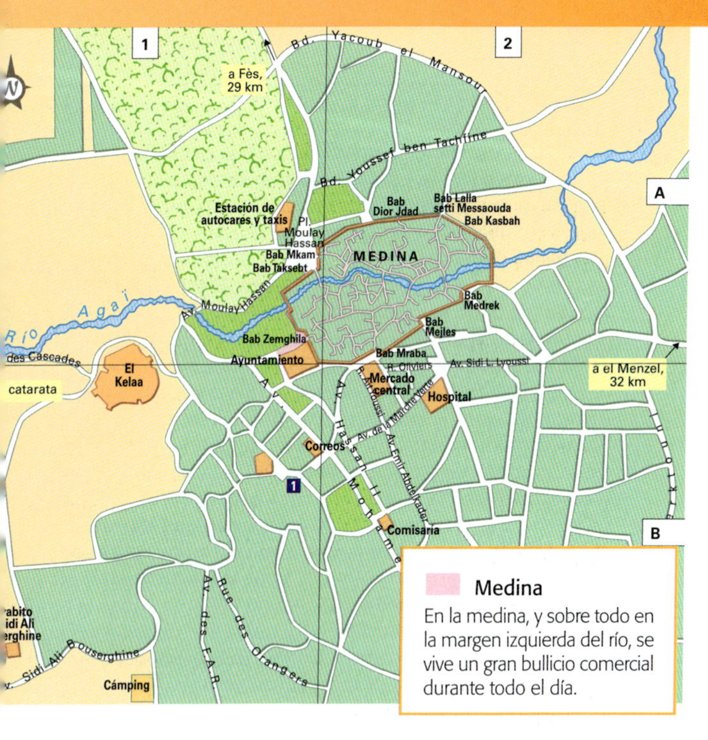

DORMIR Y COMER EN SEFROU

La oferta de alojamientos en Sefrou no es muy variada, debido principalmente al escaso turismo que recibe la localidad. No obstante, conviene mencionar los siguientes hoteles por ser muy recomendables:

■ CÁMPING

CÁMPING MUNICIPAL

Se halla a 2 km, partiendo por la calle Ziad hacia el morabito de Sidi Ali. Hay que tomar un desvío a la izquierda antes de llegar al morabito. Desde aquí se obtiene una excelente vista de la población. Está rodeado de árboles y se respira una gran tranquilidad, pero se echa de menos la falta de mantenimiento. Ducha fría. Fuera de temporada permanece abandonado.

■ HOTELES

HÔTEL SIDI LAHCEN EL YOUSSI** (B1) 1

Route de Sidi Ali Bouserghine, telf. 0535 683 428, fax 0535 601 078, móvil 0661 255 375; web: www.hotel-lyoussi.ma, e-mail: hotel-lyoussi@menara.ma. Cuenta con 24 habitaciones muy limpias y correctas, con baño, calefacción, algunas con balcón. Incluye también un bar, jardín y aparcamiento privado. Precio medio: 190 DH.

SIDI IFNI

PROVINCIA DE TIZNIT. 22.000 HABITANTES.

En 1445, los españoles ocuparon una franja costera en las cercanías de lo que hoy es Tarfaya. Construyeron en ella una factoría de pesca y la llamaron *Santa Cruz de Mar Pequeña*. Poco más tarde, sin embargo, fue recuperada por los marroquíes y no se volvió a hablar del tema hasta que, cuatro siglos más tarde, las potencias europeas decidieron repartirse África. Entonces, el gobierno español reclamó sus derechos sobre aquella plaza y le fueron aceptados en la Conferencia de Algeciras, mas nadie se acordaba de donde pudiera estar la tal *Mar Pequeña.* De modo que se decidió situarla entre los ríos Noul y Massa. Sin embargo, el posterior tratado hispanofrancés de 1912 redujo el territorio a la mitad, fijando la frontera norte en el río Sidi Ifni.
Las tribus de la región, que no entendían de acuerdos internacionales, impidieron la ocupación efectiva hasta 1934, en que fueron sometidas por las armas. Al independizarse Marruecos en 1956, España se negó a renunciar a aquella plaza, de modo que el Ejército de Liberación marroquí comenzó la lucha en la zona. El resultado fue la llamada "guerrita" de 1959, en la que el territorio español quedó reducido únicamente a la ciudad. Por fin se le concedió la independencia en 1969. Desde entonces, Sidi Ifni ha ido decayendo, se ha despoblado, ha perdido vitalidad y se ha convertido en un pueblo de aire provinciano.

INFO

Código postal. 85200
Bancos. Av. Mohamed V.
Web: ifni.free.fr.

ACCESOS

La **carretera R-104,** estrecha pero en muy buenas condiciones, comunica con Tiznit al nordeste discurriendo por un bello entorno costero.
La **carretera N-12** resulta angosta y tortuosa debido a las montañas. Enlaza con Guelmim al sur.
Una pista permite ir por la costa hacia el suroeste, en un vehículo todo terreno.

FIESTAS

El **musem de Sidi Ifni** tiene lugar a finales de junio. Está ubicado en la carretera del puerto.

TRANSPORTES

Autocares privados a Inezgane, por Tiznit, dos veces al día.
Taxis colectivos a Tiznit y Guelmim.
Taxis Land Rover a Guelmim a lo largo de la costa y el valle del río Assaka.

VISITA

No hay mucho para visitar, pero es agradable pasear por sus calles tranquilas. Lo mejor, sin embargo, son las excursiones a las playas de los alrededores.

LA CIUDAD

Lo que antiguamente fue la Plaza de España se llama hoy **Place Hassan II,** pero conserva su aire colonial, destacando en ella el antiguo **consulado español,** hoy adquirido por el Ayuntamiento

con vistas a su rehabilitación para fines culturales. Justo detrás comienza un paseo en pendiente que va siguiendo el acantilado y ofrece unas hermosas vistas del mar. Al final de la playa, junto a la desembocadura del río, se puede distinguir el **morabito de Sidi Ifni.**

Otro paseo, llamado Av. Hassan II, es donde se hallan los cafetines y se anima mucho a la caída de la tarde.

LAS PLAYAS

Además de la playa que hay a la entrada de la ciudad, existen otras muchas en dirección hacia el norte, combinadas con acantilados y cuevas. Entre todas ellas destaca la **playa Legzira,** que es accesible por una pista de 900 m en fuerte pendiente que surge aproximadamente a 10 km en la carretera de Tiznit. Ya más lejos, **Mirleft** merece igualmente la visita [ver capítulo "Tiznit", pág. 383].

DORMIR EN SIDI IFNI

CAMPINGS

CÁMPING EL BARCO

En la playa, telf. 0528 780 707, fax: 0528 875 366. Tiene ducha caliente y sanitarios pasables así como bungalows.

CÁMPING MUNICIPAL

En la carretera del puerto antiguo. Se puede ver el mar desde lo alto del acantilado. No hay muchas sombras.

HOTEL SUERTE LOCA (A1) 1

Al final de la Av. Moulay Youssef, telf. 0528 875 350, fax 0528 780 003; e-mail: suerteloca@hotmail.com. Es un establecimiento de tipo familiar, muy conocido por todo el mundo. Ofrece 25 habitaciones simpáticas, parte de ellas con baño y balcón. Hay asimismo una terraza que tiene unas hermosas vistas al mar y un restaurante con una carta muy amplia, pero casi todo por encargo, sobre 60 DH el menú. La comida se puede acompañar con cerveza. Precio: de 120 a 180 DH.

HÔTEL BELLEVUE** (B1) 2

Pl. Hassan II, telf. 0528 875 072/ 0528 875 242, fax: 0528 780 499. Dispone de 41 habitaciones muy correctas, renovadas hace poco y equipadas con baño, y televisión. Algunas habitaciones ofrecen vistas al mar o bien a la plaza. También cuenta con una piscina a 500 m del hotel, y un restaurante que ofrece un menú por 80 DH. Precio: 200 DH.

HÔTEL AÏT BAAMRAN (A1) 3

En la playa, telf. 0528 780 217. Cuenta con 12 habitaciones limpias y correctas, equipadas con un pequeño baño y televisor. La mitad de ellas disfrutan de vistas al mar. También hay bar y un restaurante con menú a 90 DH. Precio: 180 DH.

LA NOCHE

Bar en el **HÔTEL BELLEVUE,** con música en plan discoteca. También había un bar en el **HÔTEL AÏT BAAMARAN.**

COMER EN SIDI IFNI

RESTAURANT OCÉAN MIRAMAR (A1) ❶

Es el único restaurante que hay en Sidi Ifni aparte de los hoteles. Está especializado en pescados y su posición en lo alto del acantilado proporciona unas bonitas vistas al mar. La cocina es aceptable. Precios: de 70 a 120 DH según elección.

SKOURA

PROVINCIA DE OUARZAZATE. 21.000 HABITANTES.

Probablemente, la construcción más antigua de Skoura sea la casba N'Aguelid (del rey), levantada por orden de un "sultán negro", en quien podemos ver a Mulay Ismail (siglo XVII). El resto de casbas (varios centenares) que se distribuyen por el palmeral serían posteriores. Los habitantes hablan árabe, aunque tengan raíces beréberes en su mayor parte.
Hoy en día, muchas de las construcciones tradicionales han sido abandonadas y van desapareciendo lentamente, si bien el incipiente desarrollo turístico está facilitando la rehabilitación de algunas de ellas.

INFO Y TRANSPORTES

Código postal. 45500
Bancos. Los bancos más próximos están en Ouarzazate.
Autocares privados a las localidades de Errachidia, Marrakech, Rabat y Agadir. Paran en el mismo centro.
Taxis colectivos a Ouarzazate y a Toundout. En el centro.
Actividades deportivas. Hay alquiler de caballos cerca del aduar Khamsa. Pertenecen a la agencia *Sport Travel* [ver capítulo "Marrakech" pág. 199].
Furgonetas a los diferentes pueblos de la montaña. En el centro.

ACCESOS

La **carretera N-10**, en perfecto estado, comunica con Ouarzazate al oeste y Errachidia al este.
Una **carretera** correcta se dirige a Toundout, al norte.
Una **pista** practicable con un turismo enlaza con Sidi Flah al sur.

VISITA

Skoura no es exactamente una ciudad, sino un palmeral, en cuyo interior se reparten decenas de pueblecitos. Es, por lo tanto, un sitio ideal para pasear en automóvil, en bicicleta o a pie. La región está llena de casbas y de paisajes maravillosos en los que se combina la montaña con el desierto.

SKOURA

EL PALMERAL

La **casba de Ameridil** es la más famosa y una de las mejor conservadas de Skoura. Se halla muy cerca de la carretera de Ouarzazate, a menos de 1 km por pista. Se puede acceder también a pie desde el *Hôtel Ben Moro,* pasando junto al antiguo **granero marabútico de Sidi Aissa,** que hoy se halla en ruinas (únicamente se conserva bien el morabito). El núcleo principal de Ameridil está cerrado, en el *riad* anexo *(entrada: la voluntad)* se exponen objetos de uso tradicional.

La **casba de Ait Abou** es la más alta del oasis, está bien conservada y se sitúa en el extremo norte, accesible por varias pistas practicables con un vehículo de turismo. Se puede visitar mediante una propina. Desde su terraza se abarca todo el palmeral con la vista. Ofrecen también servicio de hostelería (ver más abajo).

Guedara es un pueblecito habitado por alfareros, junto a la carretera de Ouarzazate. Podéis ver sus hornos tradicionales y las vasijas que producen. También hay talleres de alfareros en Oulad Arbia.

Muchas otras casbas, dispersas entre las palmeras, permanecen cerradas o se encuentran en ruinas. Cabe destacar la de **Ait Sous** (abandonada), la de **Ait Chair** que perteneció a un representante del Glaoui (parcialmente destruida) y las tres de **Oulad Merzoug,** muy elegantes (aún en pie, pero inaccesibles). El **zoco** de Skoura tiene lugar todos los lunes.

LA REGIÓN

Sidi Flah es otro pequeño oasis muy pintoresco, a orillas del río Dadès. Podéis llegar hasta él por una pista de 10 km sin mucha dificultad. Cuenta con varias casbas.

En la vertiente sur del Gran Atlas hay numerosos pueblecitos de una gran belleza, como **Timatdit, Ighrem Amellal** o **Asseghmou,** accesibles por pequeños desvíos desde la carretera de Ghassat, que surge de la N-10 entre Ouarzazate y Skoura. Muchos otros, no menos valiosos, están en las cercanías de Toundout, a donde se llega por asfalto desde el centro de Skoura. **Toundout** cuenta con un mercado muy vistoso, los jueves. y con varias casbas interesantes. La del Khalifa, en pleno centro, puede visitarse (prever una propina). Aunque una parte se halla en ruinas, merece la pena ver sus salones con techos pintados y vistas al valle.

DORMIR Y COMER EN SKOURA

La oferta todavía es reducida, pero con varios establecimientos de buena calidad.

AUBERGE KASBAH LA DATTE D'OR (B2) 1

A 300 m del centro por una pista buena, telf. 0666 934 039, e-mail: dattedor@hotmail.com. Es un edificio nuevo en forma de casba, con media docena de habitaciones de aire muy tradicional, la mayor parte de ellas con baño. Disfruta de un agradable ambiente familiar. Precios: de 130 a 170 DH según habitación.

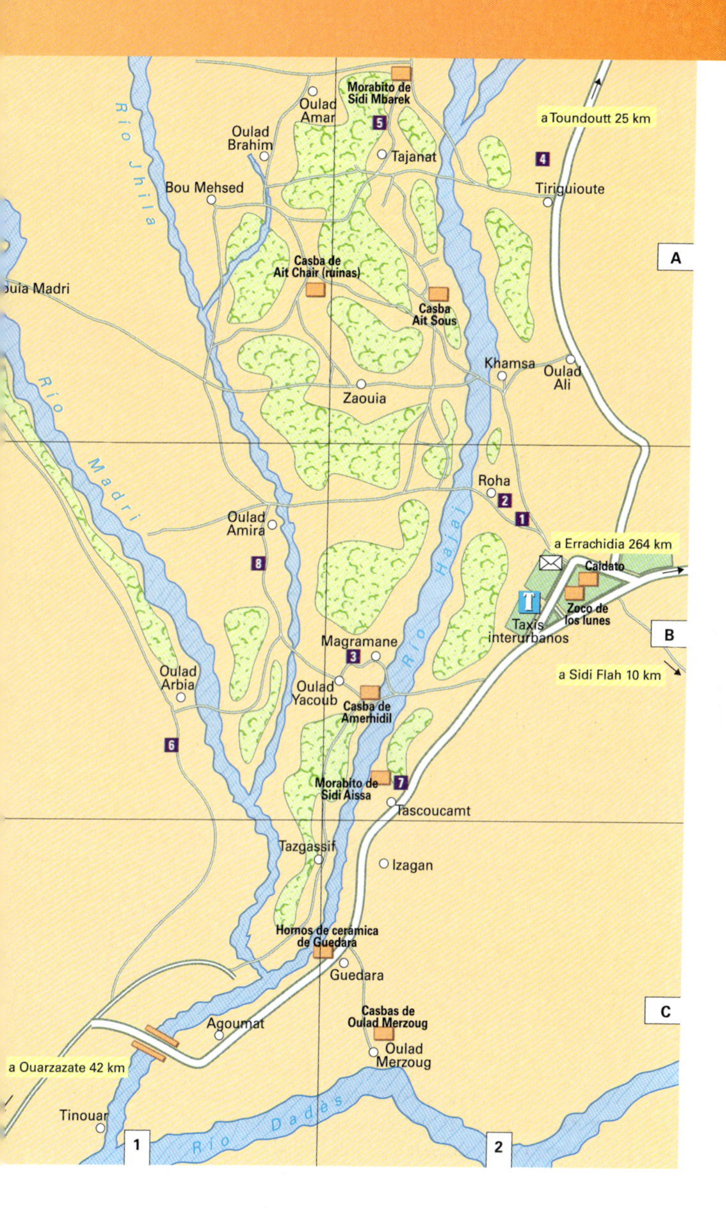

Auberge La Palmeraie (B2) 2
A 500 m del centro por la misma pista del anterior, telf. 0524 852 049, móvil 0662 153 049, e-mail: mohamed.elgharbi@laposte.net. Es un edificio moderno construido

en pleno palmeral. Tiene 8 habitaciones correctas, con baño, y un restaurante. Precio: 150 DH.

CHEZ SLIMANI (B2) 3

En Magramane, Oulad Yacoub, telf. 0524 852 272, móvil 0661 746 882. Consta de 3 salones en el interior de una casa de tierra, todo es muy sencillo, para pernoctar con un saco de dormir o envuelto en una manta. Hay también un *hammam.* Precio: 100 DH.

AUBERGE KASBAH TIRIGUIOUTE (A2) 4

En Tiriguioute, a 4 km del centro por la carretera de Toundoute, telf. 0524 852 068, e-mail: bouarif elhachmi@hotmail.com. Incluye cinco habitaciones con una decoración austera pero agradables, dos de ellas con baño, en el interior de un edificio de nueva construcción en forma de casba, hecho de materiales autóctonos y rodeado de un jardín florido. Todo es muy genuino, haciendo que uno se sienta realmente a gusto. Precios: de 300 a 450 DH en media pensión.

KASBAH AIT ABOU (A2) 5

En Tajanat, BP 30, telf. 0524 852 234, móvil 0666 251 119, e-mail: kasbah.aitabou@hotmail.com. Situado a 6,3 km de pista desde el centro, aunque también se puede llegar por una pista más corta desde la carretera de Toundout. Se compone de una docena de habitaciones sencillitas y sin mucha gracia, con un bloque de sanitarios comunes, construidas al pie de la magnífica casba de Ait Abou. Es un remanso de paz y tranquilidad, en el que sólo se escucha el trinar de los pájaros. En el restaurante, que ocupa una jaima tradicional, se suele comer bien. Los precios son muy exagerados, pero ya se sabe que el encanto se paga. Habitación doble: 600 DH.

CHEZ TALOUT (B1) 6

En Oulad Arbia, telf. 0524 852 666, móvil 0662 498 283, www.talout.com, taloutabde@yahoo.fr. Se accede por una pista de 3 km practicable con un turismo, desde la carretera de Ouarzazate. Se trata de dos establecimientos distantes 500 m entre sí. El primero tiene piscina y 4 suites climatizadas, aun-

COMPRAS Y FIESTAS

Se vende **cerámica** de fabricación local en Guedara, a 6 km del centro en la carretera de Ouarzazate.En lo referente a las fiestas conviene destacar los siguientes: **Musem de los Gnaua** en octubre, junto al morabito de Sidi Mbarek. Es una manifestación religiosa, sin mercado. Dura 3 días.

Musem de los Aisaua y Merhun durante la semana que sigue al *milud.* Cada día se celebran reuniones en un lugar diferente del oasis y el séptimo se juntan todos junto al morabito de Mulay Taieb, en Khamsa. Gran mercado para la ocasión.

que muy austeras, mientras el segundo es más sencillo. Precio: desde 550 hasta 900 DH.

AIT BEN MORO (B2) **7**

A 2 km del centro en la carretera de Ouarzazate (no confundir con el "Auberge chez famille Ben Moro" que han abierto al lado), telf. /fax 0524 852 116, www.aitbenmoro.com, hotelbenmoro@yahoo.fr. Ocupa una verdadera casba del siglo XVIII, restaurada con mucho acierto y respetando su estructura de origen. Ofrece 16 habitaciones acogedoras, con cuarto de baño, decoradas a base de hierro forjado. Desde la terraza y las ventanas de algunos cuartos se obtiene una vista privilegiada sobre la casba de Amerhidil, el oasis y el Irhil Mgoun. En el restaurante se come bien por 150 DH, con vino. Hay asimismo un jardín con una fuentecilla. Precio: 600-900 DH.

LES JARDINS DE SKOURA (B1) **8**

En Oulad Amira, BP 30, telf. 0661 730 461, fax 0524 852 324; web: www.lesjardinsdeskoura.com, e-mail: lesjardinsdeskoura@menara.ma. En este local resulta imprescindible reservar. Para llegar hay que tomar la pista de Amerhidil y seguir las flechas rojas durante aproximadamente unos 4 km. Es una casa de tierra de construcción reciente rodeada de huertos, lo que les permite utilizar sus propios productos en la cocina. Dispone de 5 habitaciones y 3 suites muy coquetas, cada una con su propia personalidad, equipadas con un lindo cuarto de baño y calefacción o chimenea. También tiene una piscina y un restaurante donde se puede cenar por 150 DH. Doble: 700 DH con desayuno.

TAFRAOUTE

PROVINCIA DE TIZNIT. 5.000 HABITANTES.

Creado bajo el protectorado francés como un centro administrativo para los territorios de la tribu Ameln, Tafraoute (se pronuncia "Tafraut") no se ha desarrollado apenas, pues los recursos obtenidos con la emigración –muy cuantiosos– han sido invertidos en las diferentes aldeas del valle. Los Ameln controlan el pequeño comercio de comestibles en casi todo Marruecos y en parte de Francia.

INFO Y TRANSPORTES

Código postal. 85450

Mapas. Hay un mapa informativo en la recepción del Hôtel Salama.

Guías: Brahim Bahou, telf. 015 728 279 / 0661 822 677, e-mail: brahim-izanzaren@hotmail.com.

Bancos. BMCE y Banque Populaire, en el centro.

Autocares CTM a Tiznit y de allí a todas partes.

Autocares privados a Agadir, Casablanca, Rabat y Kénitra. Van todos por Tiznit, excepto el de las 18 h, que va por Ait Baha.

TAFRAOUTE

Taxis colectivos a Tiznit.
Alquiler de quads y bicicletas todo terreno. Tafraout Quadbikes, Av. Mohamed V, telf. 0670 409 384, www.tafraout-quadbikes.com, info@tafraout-quadbikes.com.

ACCESOS

La **carretera R-104** comunica con Tiznit hacia el oeste, lo mismo que otra carretera más reciente que pasa por Aguerd n'Oudad y todavía no figura en muchos mapas. Esta última, utilizada por los autocares y camiones, es más ancha que la primera pero también más larga. En ambas hay muchas curvas. A unos 50 km de Tafraoute surge un desvío asfaltado hacia el sur que permite enlazar con la N-12 pasando por Ifrane de l'Anti-Atlas (ver capítulo "Guelmim").
La **carretera R-105** llega de Agadir por Ait Baha, al noroeste. Bastante más estrecha que las anteriores pero perfectamente asfaltada y similar en curvas, es muy poco frecuentada. Sin embargo, su gran interés paisajístico es lo que la hace realmente muy aconsejable.
La **carretera R-106** se dirige hacia Ighrem en el nordeste pudiéndose tomar allí la maravillosa carretera de Tata.
Una buena **pista** todo terreno que no figura en los mapas permite llegar hasta Tata por uno de los valles más pintorescos del Anti Atlas.
Otra de las pistas que sale hacia el sur es la que conecta con la **carretera N-12** a través del magnífico palmeral de Aït Mansour y el valle de Tamanart, en el que abundan los grabados rupestres. Ésta es practicable con un vehículo de turismo si se va con el tiempo suficiente.

VISITA

Tafraoute como población carece prácticamente de interés, a no ser por su mercado de los miércoles. La región en la que se halla, por el contrario, es de una gran belleza natural, dominada por el granito rojo, las palmeras, los arganes y los almendros.

El **mercado** de los miércoles tiene lugar en pleno centro de la población y resulta bastante bullicioso, aunque no es especialmente muy grande.

Aguerd n'Oudad es un pueblecito bastante pintoresco, situado al pie de una enorme peña granítica.

La carretera que conduce a él desde Tafraoute, en 3 km, es de una gran belleza, rodeada de palmeras y almendros.

Las **Rocas Pintadas,** accesibles por una pista que sale a la derecha, 3 km más al sur de Aguerd n'Oudad, son una obra del artista belga Jean Vérame realizada en 1985 y que empieza a borrarse, víctima de la intemperie. De todos

EL ARGÁN

De la familia de las sapotáceas, el argán es un árbol específico de Marruecos y, más concretamente, de la región del Sous, en la que se incluye el extremo occidental del Gran Atlas y la vertiente atlántica del Anti Atlas. De una altura que no suele sobrepasar los 6 m, se caracteriza por su tronco rechoncho, su amplia copa, sus hojas pequeñas y sus abundantes espinas. La madera es utilizada para fabricar un excelente carbón. Las hojas hacen las delicias de dromedarios y cabras; estas últimas no dudan en trepar por las ramas para llegar hasta su objetivo, lo que constituye una de las imágenes más curiosas y típicas del Sous. El fruto, parecido a la aceituna, sirve también de alimento al ganado. Sin embargo, por lo que resulta más conocido este árbol en todo Marruecos es por el aceite que se obtiene prensando sus huesos. De un tono rojizo, espeso y algo dulzón, el aceite de argán se utiliza tanto para untar el pan en el desayuno como para la preparación de medicamentos tradicionales, siendo muy apreciado por las mujeres para la unción capilar.

COMPRAS

En las tiendecillas que rodean el zoco podéis adquirir varios productos artesanales, entre otros las babuchas cerradas por detrás, que son típicas de la región. Además, en Tafraoute hay varios bazares, en los que venden alfombras y alhajas a los grupos de alemanes procedentes de Agadir, a precios muy elevados. También podéis comprar aceite de argán. Se vende sobre 300 DH el litro.

modos, incluso cuando no les quede pintura, constituyen un agradable paisaje y, además, un pequeño paraíso para los amantes de la escalada.

Oumesnat es otro pueblo muy pintoresco y tradicional, accesible por una pista que surge de la carretera de Agadir a los 8 km de Tafraoute. Sus casas de tierra forman tres núcleos diferentes y, en uno de ellos, podéis visitar una **casa tradicional** *(abierta de 9 h hasta la puesta de sol. Entrada: 10 DH).* En ella se ven diferentes tipos de molinos, los establos, la cocina, la habitación de los huéspedes con acceso directo desde el exterior para guardar la intimidad de la familia, etcétera, todo lleno de objetos de uso. En el **valle de Ameln** se combinan los arganes con las espesas plantaciones de palmeras y olivos. Tras ellas aparecen los pueblos de la tribu Ameln, de los que ya van quedando pocas casas verdaderamente típicas, mientras las nuevas moles de hormigón ganan terreno e invaden incluso las zonas cultivables. A pesar de todo, el valle resulta hermoso, con el escarpado **Jebel Kest** como fondo. Para recorrerlo, debéis salir de Tafraoute por la carretera de Agadir y desviaros a los 4 km a la izquierda en dirección a Tahala, que se halla a 23 km. De Tahala podéis regresar por la carretera de Tiznit, cuyo paisaje también resulta muy interesante.

Destaca, ya en las cercanías de Tafraoute, un pueblo llamado **Adaï,** colgado en la montaña y rodeado de rocas graníticas.

Otra opción interesante, para quienes deseen conocer en profundidad las crestas graníticas y los desfiladeros del Anti-Atlas, es dejar el valle de Ameln a los 12 km de Tafraoute por la R-1011, una estrecha línea de asfalto que trepa hasta un collado espectacular.

A los 22 km hay que ir a la derecha, siguiendo el indicador de Tanalt, y 4,4 km después girar de nuevo a la derecha para descender al zoco de los jueves de Ida Ou Gnidif. Llegando a esta última población, un desvío a la izquierda conduce a Tizourgane (ver más abajo), de donde podéis regresar a Tafraoute por la R-105.

Este circuito requiere unas 4 horas y deben evitarlo quienes padezcan de vértigo o se mareen con las curvas. En varios puntos de la región hay **grabados rupestres.** Para encontrarlos, consultar el mapa que hay en el *Hôtel Salama* o poneros en manos de un guía. El **valle de Ait Mansour,** por el cual discurre el río Issi, es todo un palmeral paradisíaco encerrado en el fondo de un desfiladero. Para llegar hasta allí sólo hay que salir de Tafraoute por la carretera nueva de Tiznit, desviándose a la izquierda a 7 km. Tras 26 km de fuerte subida y descenso se penetra en el frondoso cañón, que se recorre durante unos 10 km. El último tramo está siendo asfaltado actualmente, permitiendo llegar al zoco de los domingos de Afela n'Ighir y enlazar allí con otra carretera que sale a la R-104.

Tizourgane *(el precio de la entrada es de 10 DH)* es un magnífico pueblo fortificado de piedra, construido en lo alto de una colina, a 51 km de Tafraoute en dirección a Agadir. El conjunto ha sido restaurado por el Ministerio de Cultura y una asociación local organiza la visita guiada por sus callejuelas.

DORMIR EN TAFRAOUTE

En los últimos años el sector hotelero de Tafraoute no sólo ha crecido mucho, sino que también ha mejorado sensiblemente su calidad.

■ CÁMPING

LES TROIS PALMIERS

Está en la carretera de Tiznit, telf. 0666 098 403. Disponen de ducha con agua caliente, aunque los sanitarios no están muy bien conservados. No hay sombra.

■ OTROS ALOJAMIENTOS

Varias pensiones en torno a la Pl. Moulay Rachid, entre las que destaca el **Hôtel Tafraoute,** telf. 0528 800 060. Precios: 100 DH.

HÔTEL SALAMA (A2) 1

Junto al zoco, telf. 0528 800 026, fax 0528 800 448, web: www.hotelsalama.com. Totalmente renovado, ofrece 31 habitaciones muy acogedoras, de aire tradicional, con un buen baño, teléfono, televisor y balcón. El restaurante propone un menú a 65 DH con varios tipos de tayín y cuscús a elegir. Habitación doble: 270 DH. Suite: 350 DH.

HÔTEL SAINT ANTOINE (A1) 2

Av. Mokhtar Soussi, telf. 0528 801 497/498/499, fax 0528 800 003, móvil 0666 602 513; www.hotelsaintantoine-tafraout.com; reservation@hotelsaintantoine-tafraout.com. Es un edificio moderno con 17 habitaciones irreprochables, equipadas con baño, teléfono y televisor. Precio: 300 DH con desayuno.

LA MAISON TRADITIONNELLE

En Oumesnat, a 8 km por la carretera de Agadir y 1,4 km de pista buena, telf. 0666 917 768/ 0666 918 145. Construida junto a la casa antigua destinada a la visita, esta vivienda cuenta con 6 habitaciones simpáticas, confortables y climatizadas, con baño. En ella reina el ambiente familiar

y preparan una excelente cocina casera, por encargo. Precio: 400 DH en media pensión.

AUBERGE KASBAH CHEZ AMALIYA

A 4,6 km de Tafraoute por la carretera de Agadir y el desvío hacia Tahala, BP 41, telf. 0528 800 065, fax 0528 801 407; web: www.chezamaliya.com, e-mail: info@chezamaliya.com. Posee 14 habitaciones decoradas con encanto. Todas tienen un baño precioso, teléfono y aire acondicionado. En la piscina se refleja la cadena del Jebel Kest. Hay también bar y restaurante. Precio: 500 DH.

HÔTEL LES AMANDIERS (A1) 3

Telf. 0528 800 008 /088, fax 0528 800 343; web: www.hotellesamandiers. com, e-mail: hotellesamandiers@ menara.ma. Es un edificio que tiene bastantes años encima, situado en lo alto de una colina. Incluye 60 habitaciones con un carácter muy funcional, con baño, aire acondicionado, teléfono y televisor. Entre sus instalaciones también tiene una piscina panorámica, un bar y un restaurante sin mucho interés, con menú a 120 DH. Precio: 530 DH.

■ EN LA REGIÓN

TIZOURGANE KASBAH

En Tizourgane, a unos 51 km de Tafraoute por la carretera de Agadir, telf. 0661 941 350, e-mail: info@tizourgane-kasbah.com. Es una casa antigua de piedra en el interior de la fortaleza restaurada. Consta de 8 habitaciones con una decoración muy sencilla y con un grupo de sanitarios comunes bien hecho. Sus elevados precios se justifican con el encanto de la situación. Precio: 500 Dh en media pensión.

COMER EN TAFRAOUTE

La oferta culinaria de Tafraoute no es muy amplia ni especialmente atractiva. Quienes deseen comer con vino deberán recurrir a los restaurantes de los hoteles.

RESTAURANT MARRAKECH (A2) 1

128 Rue Annahda, telf. 063 229 250. Es un local sin demasiadas pretensiones. Como especialidad suelen preparar *tayines,* cuscús así como diversos pinchos a elegir, todo muy correcto. Precio: de 50 a 60 DH.

RESTAURANT L'ÉTOILE D'AGADIR (A1) 2

Junto a correos. El restaurante cuenta con media docena de mesas en el interior de un café popular. Propone verdaderos *tayines* tradicionales, pinchos y espaguetis. Precio: de 90 a 100 DH.

RESTAURANT L'ETOILE DU SUD (A1) 3

Es un local grande, pensado para grupos y que adquiere un aire desolado cuando está vacío. Tienen pinchos y varias clases de *tayín.* Precio: 90 DH.

TALIOUINE

PROVINCIA DE TAROUDANNT. 5.000 HABITANTES.

A principios del siglo XX, Taliouine (pronúnciese "Taliuín") fue elegida por El Glaoui para levantar en ella una casba, desde donde uno de sus representantes controlaba el extremo occidental de sus dominios. Convertida en centro administrativo de una región agrícola especializada en el cultivo del azafrán, su crecimiento ha sido hasta hoy bastante lento.

INFO Y TRANSPORTES

Código postal. 83500

Bancos. Los más próximos están en Taroudannt.

Autocares CTM a Ouarzazate (13.30 h) y Agadir (14 h).

Autocares privados a Marrakech, Agadir, Casablanca, Rabat y Errachidia. Tienen parada junto al *Café des Voyageurs*, en la propia carretera.

Taxis colectivos a Taznakht Ouarzazate, Agadir Melloul, Askaoun y Aoulouz. En Aoulouz podéis tomar otro a Oulad Berhil y allí otro a Taroudannt.

ACCESOS

La **carretera N-10** comunica con Agadir al oeste y Ouarzazate al este. Resulta un poco estrecha y con ciertos tramos de muchas curvas.

La **carretera R-106** conduce a Ighrem al suroeste a través de pintorescos paisajes de montaña. Aunque es ancha y buena, puede deteriorarse en épocas de mucha lluvia.

La **carretera 1739,** bastante estrecha, se dirige a Askaoun al nordeste. Queda cortada ocasionalmente por la nieve.

La **carretera 1743** nace 15 km al este de Taliouine y va a parar a la N-12, discurriendo por Agadir Melloul y por el pintoresco oasis de Akka n'Ighèn (ver capítulo "Tata").

COMPRAS

Taliouine es el destino ideal para realizar todo tipo de compras, especialmente de **azafrán.**

Los precios varían mucho de un año a otro: entre 2000 y 2008 pasó de 10 DH a 35 DH el gramo, por ejemplo. Más información en la Cooperativa Souktana, telf./fax 0528 354 151, móvil 0668 395 215; web: www.safran-souktana.mezgarne.com, e-mail: dressnet@hotmail.com.

VISITA

Aparte de la casba del Glaoui en ruinas y el zoco de los lunes, Taliouine tiene poco que visitar. Sin embargo, es una etapa agradable entre Ouarzazate y Agadir, así como una base adecuada para las excursiones al Jebel iroua.

La población

La **casba de El Glaui** *(entrada libre)* se halla en gran parte convertida en ruinas, pero queda un edificio bien conservado, en el que siguen viviendo algunas familias. El **zoco de Taliouine** tiene lugar los lunes, junto al *Hôtel Ibn Toumert.* Dentro de la cooperativa Souktana, en la carretera, se puede visitar un pequeño **museo** *(abierto de 8 h a 20 h. Entrada: la voluntad).* Ocupa una sala única y contiene objetos varios de uso tradicional de la región, relacionados o no con el azafrán. También se ofrecen detalladas explicaciones acerca del cultivo de esta especia y uno aprende a distinguir el azafrán verdadero del falso.

Ighil n'Ogho es un pueblo pintoresco situado a 8 km por la carretera de Askaoun más 1 km de pista a la izquierda. En el centro hay una enorme casba en ruinas y a su izquierda el viejo melah con casas de tierra y piedras. Dentro del melah, la sinagoga ha sido restaurada y puede visitarse si se encuentra al vigilante, que vive al lado.

El Jebel Siroua

Diferentes pistas atraviesan el **macizo de Siroua,** permitiendo acceder a los pueblos, casi todos ellos de alto valor arquitectónico. La construcción tradicional es básicamente de piedra, combinada en ciertos casos con el tapial. Existen asimismo pequeñas cataratas, valles que contrastan con las laderas áridas de la montaña y curiosas formaciones de roca granítica. Lo ideal para conocer a fondo esta región es recorrerla a pie.

La **cumbre del Siroua** (3.305 m) es un antiguo volcán. Entre el Jebel Siroua y el Gran Atlas corre el **Assif Tifnoute,** que da lugar a un valle de los más pintorescos de Marruecos, lleno de vida, de nogales y de pueblecitos de aire muy tradicional.

DORMIR Y COMER EN TALIOUINE

Cámping

Se puede acampar en el Auberge Toubkal.

Hoteles

Hôtel Askaoun

En la carretera de Ouarzazate, telf. 0528 534 017, e-mail: aubergeaskaoun@yahoo.fr. Tiene 25 habitaciones impersonales y sin decoración alguna, pero pulcras y bien mantenidas, casi todas con baño. Se come correctamente por unos 70 DH, con diferentes platos marroquíes a elegir. Precio: 150 DH.

Auberge Souktana

A 1 km de Taliouine en la carretera de Ouarzazate, telf. 0528 534 075, móvil 063 605 370, e-mail: souktana@menara.ma.

ACTIVIDADES DEPORTIVAS

Escalada: En el Jebel Siroua existen zonas de escalada, accesibles por la pista que va de Anzal a Askaoun.
Parapente: a la salida de Taliouine, la carretera de Ouarzazate asciende sobre una meseta ideal para lanzarse en parapente.
Senderismo: en el *Auberge Souktana* ofrecen diferentes circuitos pedestres por la región del Jebel Siroua, desde una jornada hasta una semana.

Ofrece 9 habitaciones de diferentes categorías, la mayor parte decoradas con gracia y equipadas con un cuarto de baño diminuto. El aire acondicionado es opcional. También hay varias tiendas caidales y un restaurante donde se come muy bien por unos 85 DH. Precio: de 180 a 300 DH.

AUBERGE LE SAFRAN

En la carretera de Ouarzazate, telf. 0528 534 046, móvil 0668 394 223; web: www.auberge-safran.com, e-mail: safran.auberge@caramail.com. Abierto en 2007, consta de 7 habitaciones de varias categorías diferentes. Precio: desde 150 hasta 300 DH.

AUBERGE TOUBKAL

A 2 km en la carretera de Ouarzazate, telf. 0528 534 343, fax 0528 534 606, móvil 0661 530 109; e-mail: aubergetoubkal@yahoo.fr. Cuenta con 17 habitaciones climatizadas, con baño, orientadas hacia el valle y protegidas del ruido de la carretera. Restaurante. Precio: 400 DH en media pensión.

HÔTEL IBN TOUMERT

Está situado a 2 km por la carretera de Ouarzazate y tomando luego un desvío a la derecha, telf. 0528 534 125, fax 0528 534 126. Es un antiguo establecimiento de lujo venido a menos. Dispone de 100 habitaciones con baño, balcón y aire acondicionado, así como una piscina panorámica, un bar y un restaurante donde se come por 120 DH, con vino. Habitación doble: 400 DH.

AUBERGE TARGA

A 3 km en la carretera de Taroudannt más 800 m de pista, telf./fax 0528 534 807, móvil 065 084 994, e-mail: auberge_targa@menara.ma. Incluye 28 habitaciones correctas pero algo tristes, con baño. Desde la azotea se puede obtener une preciosa vista sobre el valle, interrumpida sólo por la enorme casa del propietario. La piscina suelen llenarla en verano. Precio: 400 DH con desayuno.

LA NOCHE

Bar con música en vivo y bailarinas del Atlas Medio en el **HÔTEL IBN TOUMERT.**

TÁNGER

CAPITAL DE PROVINCIA. 580.000 HABITANTES.

Conocida por los mercaderes fenicios más de un milenio antes de Cristo, *Tingis* fue una ciudad importante bajo el imperio romano y capital de la Mauritania Tingitania tras el abandono de Volubilis en el siglo III. Luego pasó a manos de los vándalos, de los bizantinos y de los visigodos. En el siglo VIII fue una de las primeras ciudades en adoptar el Islam, y también una de las primeras en escapar al control de los califas de Oriente. Tras pertenecer a los diferentes imperios musulmanes, fue ocupada por los portugueses en el siglo XV, más tarde regalada a la corona inglesa y finalmente liberada por Mulay Ismail en el siglo XVII. En la época colonial obtuvo un estatuto de internacionalidad, aplicado a partir de 1925, que le permitió progresar económica y culturalmente a un ritmo frenético. Todavía hoy, los tangerinos recuerdan con nostalgia aquellos años dorados en los que capitales enormes y personalidades relevantes acudían del mundo entero, atraídos por la libertad y por la exención de tasas aduaneras.

INFO

Código postal. 90000
Delegación de Turismo. 29 Bd. Pasteur, telf. 0539 948 050, fax. 0539 948 661.
Bancos. Hay numerosas entidades repartidas por toda la ciudad.
American Express. En *Viajes Schwartz,* 54 Av. Pasteur.
Iglesias católicas. Catedral: 55 Rue Sidi Bouabid, telf. 0539 931 028. 25 Rue Omar El Khattab, telf. 0539 940 426. 2 Rue Ibn Zohr.
Web: www.visitetanger.com.

TRANSPORTES

ONCF. Existen trenes que llegan hasta Fès, Oujda, Rabat, Casablanca y Marrakech. La nueva estación está situada junto a la carretera de Ceuta, a 3 km del centro.
Autocares CTM a Fès por Chefchaouen, Tetouan, Casablanca, Tiznit y Tafraoute. Salen de la Av.

TÁNGER EN EL CORAZÓN

"Tenía la convicción de que algunas partes del Planeta eran más mágicas que otras" escribe Paul Bowles en sus memorias cuando habla de su primer viaje a Tánger. Esta afirmación debió de afianzarse con los años, pues Bowles convirtió esta ciudad en su lugar de residencia y en escenario de muchas de sus geniales novelas cortas, que reflejan a la perfección el talante del pueblo marroquí. La magia de Tánger, por lo demás, no sólo cautivó al autor de *El cielo protector,* sino a decenas de escritores y artistas provenientes de diferentes orígenes. Tras Bowles llegaron otros muchos norteamericanos, como Truman Capote, Gore Vidal, William Borroughs, Allen Ginsberg, Jack Kerouac, así como toda la llamada generación *Beat,* que se instaló en el Hôtel Muniria. Antes que ellos, habían amado Tánger y escrito sobre ella franceses como Paul Morand, suizos como Joseph Peyré o británicos como el periodista Walter Harris, que había vivido allí durante la primera década del siglo XX hasta su muerte en 1933. Entre los españoles, finalmente, debemos mencionar a Pío Baroja, que visitó la ciudad en 1903 y comparó el Zoco Chico con la madrileña Puerta del Sol porque en ambos se discutía, se fumaba, se tomaba café y se mentía por igual; y, cómo no, a Juan Goytisolo, que vivió en Tánger antes de trasladarse a Marrakech y la inmortalizó con su libro *Reivindicación del conde don Julián.*

Mohamed VI, telf. 0539 931 172. Algunos paran en la estación de autobuses.

Autocares privados a casi todos los puntos del país en la estación de la Place de la Ligue Arabe, junto a la rotonda donde salen las carreteras de Tetouan y de Rabat, telf. 0539 946 682.

Taxis colectivos a Tetouan, Ksar Es Seghir, Fnideq, Larache y Asilah. Junto a la estación de autocares.

Taxis urbanos grandes y pequeños. Para los grandes hay que calcular un mínimo de 30 DH por trayecto.

Autobuses urbanos que van desde los barrios al centro. También llegan al Cabo Malabata y al Mirador de Perdicaris.

Aeropuerto internacional Ibn Batouta. Junto a la carretera de Rabat, telf. 0539 393 720, fax. 0539 393 676. Vuelos a Madrid, a Málaga, Casablanca y varias capitales europeas. Ocasionalmente los hay también a Barcelona.

Royal Air Maroc: 1 place de France, telf. 0539 935 501. Reservas: 0539 379 503, fax. 0539 371 166. También en el aeropuerto, telf. / fax 0539 399 500.

Iberia: En el aeropuerto, telf. y fax. 0539 393 433.

Ferris a Algeciras y a Tarifa, frecuentes, así como a Sette, Marsella y Génova. Podéis consultar horarios y precios en las páginas: www.trasmediterranea.es, www.buquebus.com, www.euroferrys.com, www.frs.es, www.ferrymed.com y www.comarit.com. Los ferris a Algeciras, por su parte, salen del nuevo puerto Tánger Méditérranée, situado entre Ceuta y Tánger.

Cruceros de una jornada, pesca deportiva y avistamiento de delfines. Tanger Fishing Odyssey, Av. des FAR, Résidence Jardins el Andalousse, Bâtiment A, piso 3º, nº 404/A, telf. 0539 343 202; www.tangerfishingodyssey.ma, tangerfishingodyssey@menara.ma.

Alquiler de vehículos sin conductor. En el aeropuerto (sólo las principales agencias) o en la ciudad nueva, donde hay también agencias más económicas: *Dany's Car,* 7 Rue Moussa ben Noussair, telf. 0539 931 778; *Najib Car,* Imm. Hamida, Av. des FAR, telf. y fax. 0539 325 789, móvil 0661 537 682.

Aparcamientos. En todas las calles importantes del centro y de la bahía hay parquímetros mecánicos, de modo que sólo se puede estacionar por un máximo de dos horas y media. Si se excede del tiempo previsto, será fácil que pongan un cepo en la rueda. Los últimos puntos más o menos céntricos donde aparcar sin límites horarios son la plaza Al Madina y la Rue Annoual. Si no es posible, hay que recurrir a los aparcamientos privados, que cobran unos 5 DH durante el día y 15 DH por la noche.

VISITA

Por su interés monumental, Tánger merece como mínimo un día entero de visita centrada en la casba y en la medina pero sin olvidar la ciudad nueva, el barrio de Marshan y la bahía.

La ciudad

La **medina** incluye numerosas calles comerciales, retorcidas y estrechas, en las que los objetos de consumo para la población local se mezclan con la artesanía para turistas. Abundan también las pensiones y los cafetines, de modo que hay siempre mucha vida.

En la rue de la Marine, una de las calles más transitadas de la ciudad en el pasado, se alza la **Gran Mezquita,** construida por Mulay Ismaïl a finales del siglo XVII. El portón de entrada, decorado con arabescos sobre un mosaico de azulejos, está protegido por un tejadillo de madera tallada y pintada. Enfrente se halla una antigua **madrasa,** reconstruida en el siglo XVIII.

Más allá de la mezquita, la terraza del **Borj Al Hajoui** ofrece una buena vista sobre el puerto, por lo que siempre está llena de gente ociosa. Frente a ella nace el eje principal de la medina, llamado en el primer tramo Rue Jamaâ el Kebir.

Desde aquí se llega a la plaza de **Zoco Chico,** rodeada de cafés. En ella suele reinar una gran animación, aunque ha perdido su protagonismo comercial en los últimos años. A partir de aquí la calle toma el nombre de Siaghine, debido a sus numerosas joyerías. En el número 41 se encuentra la antigua **Legación de Francia,** convertida en un conjunto de despachos notariales *(entrada libre).* Junto a ella se ve una **iglesia católica** de clara influencia oriental en su fachada. Al otro lado de la calle destaca el magnífico edificio del antiguo **Bank Al Maghrib** convertido ahora en un bazar.

Un poco más allá está el **Fonduk Siaghine**, antiguo caravasar ocupado actualmente por tiendas de ropa tradicional marroquí. Finalmente, esta vía desemboca al Zoco Grande, mencionado más adelante.

Sin embargo, para continuar la visita de la medina es preferible desviarse a la izquierda por la calle que sale junto a la fuente de Siaghine penetrando en el antiguo **Mellah,** del que muy pocas viviendas conservan las galerías tradicionales hebreas; cabe destacar entre ellas las pensiones Marrakech y Regina.

La **sinagoga,** que habitualmente no recibe visitas turísticas, continúa en pie al fondo de un callejón que surge hacia el este.

En esta zona se halla también la **Fundación Lorin** *(44 de Rue Touahin, e-mail: lorin@tangeroise.net.ma, fax. 0539 334 696, visita*

de 11 h a 13 h y de 15.30 h a 19.30 h, excepto sábados y festivos. Entrada: aportación voluntaria), donde se puede contemplar una gran colección de fotos, recortes de periódicos y documentos varios relacionados con la historia de Tánger en el siglo XX.

La misma calle conduce a la antigua **Legación de los Estados Unidos** *(8 Rue Amerique, telf. 0539 935 317; visita guiada de lunes a viernes, de 10 h a 13 h y de 15 h a 17 h. Entrada: aportación voluntaria).* Estuvo en funcionamiento de 1821 a 1960. Hoy es un museo y constituye uno de los puntos más recomendables de Tánger, fiel reflejo de su historia reciente y de sus años gloriosos. Alberga fotografías, pinturas, mapas, documentos, muebles antiguos y otras colecciones de gran valor. Incluso el edificio en sí mismo resulta muy interesante.

Desde aquí, una escalera permite salir de la medina a la Rue Portugal, divisándose algunas tumbas del cementerio judío que se sitúa en frente.

El resto de la medina, al norte de la Rue Siaghine, también resulta curiosa por su ambiente mercantil y sus callejuelas retorcidas, pero tiene menos monumentos que

TÁNGER I DE DÍA

0
100
200 m
Muelle del ferry
Puerto comercial
Puerto turístico
Bahía de Tánger
Borj Dar El Baroud
Borj es-Salam
Bab el-Bahr
Borj el-Marsa
Gran Mezquita
Zoco Chico
R. de la Poste
Av. Skirkdi
MELLAH
Legación de los Estados Unidos
R. Salah Eddine el-Ayoubi
Avenue d'Espagne
Teatro Cervantes
Sacre Coeur
R. Jabal el-Watania
R. Mauchamps
Rue Marco Polo
Boulevard Pasteur
R. el-Moutanabi
Avenue des F.A.R.
Rue Tarik
Rue el-Farabi
Rue Abou Alla el-Maari
Av. Youssef ben Tachfine
Boulevard Mohammed V
Place Des Nations
Rue de la Seine
Rue Beethoven
A Ceuta, 63 km. A la estación ONCF
Rue Ibn Noussair
R. Dr. Fameg
Rue Omar Ibn
R. Tolstoi
Rue Quevada
Rue de la Résistance
Khattab
Lafayette
Comisaría
Av. Marconi
Place Al Madina
Tumert
Iglesia católica
Prefectura
Place de la Cité Arabe
Rue de Vega
Rue Prince Heritier
Omar ibn
Rue de la Fontaine
Av. Louis van Beethoven
Rue Bach
Rue Albeniz
Rue Wagner
Rue Idriss
A Tetouan, 57 km
A
B
C
D
3
4
2
4
6
8
9
10
13
15

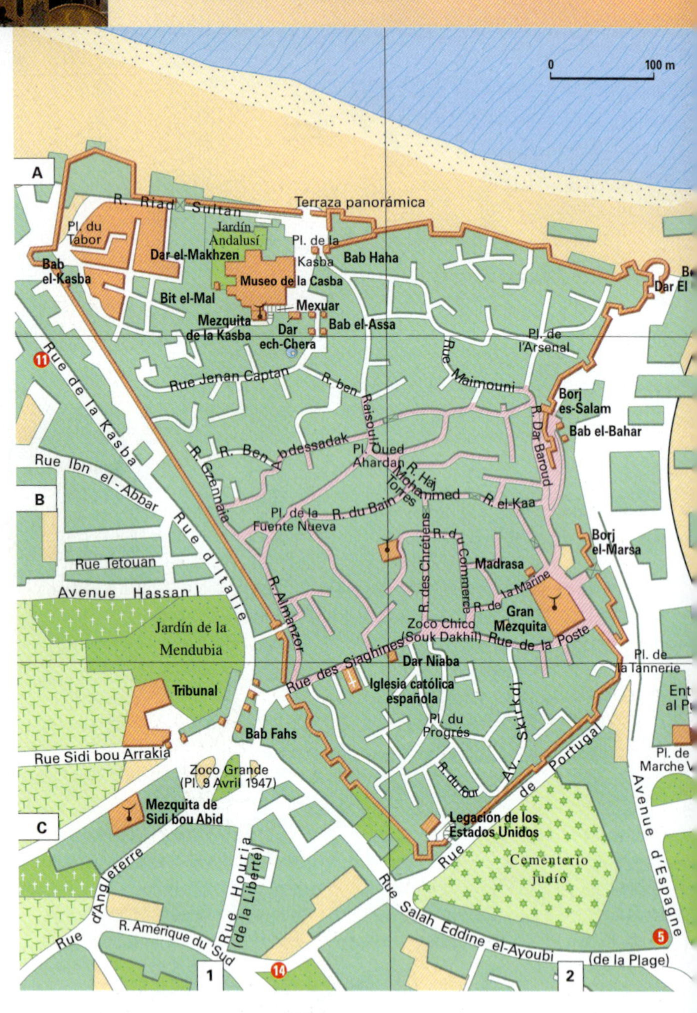

visitar. En su extremo nororiental destaca el **Borj Dar el Baroud** o "torreón del polvorín". Su larga batería de cañones dirigidos al mar es accesible por la calle del mismo nombre y constituye un buen mirador sobre el puerto.

La **casba** fue levantada en la época de Mulay Ismail para establecer en ella al gobernador con su guarnición y sus funcionarios. Está rodeada por una muralla con varias puertas interesantes, entre las que destaca **Bab el-Assa** o Puerta de los Centinelas, comunicando con la medina. En su interior, además del palacio Dar el Makhzen, hay una mezquita con

EL AMBIENTE DE DÍA EN TÁNGER

(Ver planos de las pág. 330-331, 332)

La medina

Es una zona de ambiente comercial, con numerosos cafetines que están abarrotados de gente.

Rue Mexique

Calle de gran ambiente comercial, sobre todo por la tarde.

Bd. Pasteur

Durante todo el día puede verse mucha gente paseando o sentada en alguna terraza de las numerosas cafeterías que aquí se abren.

alminar octogonal construida a finales del siglo XVII, otro palacete donde habitaba el pachá, que hoy en día está cerrado y numerosas viviendas de aire tradicional mejor cuidadas que las de la medina. Una terraza exterior ofrece unas bonitas vistas del mar, pero se debe ir con cuidado ya que amenaza ruina.

El **Dar el Makhzen** *(entrada: 10 DH, cerrado los martes)* era el palacio del sultán en el interior de la casba. Construido bajo Mulay Ismail sobre un antiguo edificio portugués, fue totalmente renovado en el siglo XIX y en la actualidad se ha convertido en un museo de carácter etnológico y arqueológico a la vez, el **Museo de la Casba.** Contiene colecciones de puertas, ventanas, muebles, cerámica, instrumentos musicales, armas, joyas y manuscritos, abarcando un período muy amplio que va del Neolítico hasta el siglo XX. Es una visita recomendable tanto por el interés de dichas colecciones como por el edificio en sí, dotado de magníficos estucos y techos de cedro tallado.

Saliendo del viejo recinto fortificado por Bab el Kasbah y tomando luego una calle a la derecha, se accede a una **necrópolis púnica** y romana con multitud de tumbas excavadas en la roca, sobre el acantilado. Pese a su alto interés arqueológico y la belleza del lugar, que podría constituir un atractivo turístico de primer orden, esta necrópolis se halla totalmente abandonada.

La mencionada plaza de **Zoco Grande** se hizo muy famosa a principios del siglo XX, cuando se concentraban en ella una gran variedad de espectáculos populares, aunque hoy en día ha perdido por completo su carácter e incluso su nombre, pasando a llamarse oficialmente Place du 9 Avril.

En su lado norte se abre la antigua **Mendubia,** que era la representación del sultán para la zona Norte de Marruecos, bajo protectorado español. El conjunto se utiliza como locales administrativos, pero a su jardín se puede acceder libremente, que es quizás el más extenso de la ciudad.

Al otro lado de la plaza se levanta la curiosa **mezquita de Sidi Bou**

Abid con su alminar recubierto de azulejos de múltiples colores. Fue construida en 1913 sobre la tumba de un santo procedente del Sous. Junto a ella hay un mercado cubierto en el que se venden objetos de cáñamo, y un poco más arriba otro especializado en babuchas. Allí nace la Rue Angleterre, en la que destaca la **iglesia** anglicana **de Saint Andrew,** construida a finales del siglo XIX en un estilo hispano magrebí que la hace muy parecida a una mezquita. Un poco más arriba, en la misma calle, se accede al **Museo de Arte Contemporáneo** *(entrada: 10 DH, cerrado los martes)*, que ocupa una villa colonial rodeada por un magnífico jardín. Reúne cuadros de diferentes pintores marroquíes del siglo XX, la mayor parte abstractos.

Hay numerosas fachadas art-déco y neoclásicas de principios del siglo XX repartidas por el centro: en la calle que bordea la muralla de la medina por el oeste subiendo hacia la casba; en la Rue Annoual, donde destaca el antiguo Teatro Cervantes; en la Rue de la Liberté y en el Boulevard Pasteur. En esta última vía, siempre muy animada, cabe mencionar también un **mirador** con varios cañones decorativos, que simboliza el corazón de la ciudad. Es un buen lugar para ver el puerto, la medina desde fuera y, a lo lejos, la costa española.

Un paseo marítimo de 5 km recorre toda la bahía, formada por tramos de playa y otros con rocas. A 4 km del centro en dirección sur, se observan las ruinas de una fortaleza portuguesa con algunos cañones. En un futuro próximo está previsto revalorizar esta zona, hoy abandonada, y convertir las marismas que hay junto a las ruinas en un lago artificial.

Finalmente, si se quiere obtener una visión conjunta de la ciudad, hay dos opciones: ir hasta el cabo Malabata por la carretera de Ceuta o bien ascender a la colina de Charf por una calle que surge un poco antes de la estación de ferrocarril.

Alrededores

El cabo Espartel y la costa del Atlántico, entre Tánger y Asilah, son regiones de gran belleza natural que han permanecido hasta hoy al margen del turismo masivo, frecuentadas básicamente por el público marroquí.

La Montaña es una zona residencial de alto nivel en la que destacan varios palacios de la familia real y otras fincas precedidas por hermosos jardines. Desde allí, en el km 4, un desvío a la derecha conduce al **mirador de Ramilat** (llamado también "de Perdicaris"). El paisaje, con bosques de pinos y matorral mediterráneo, recuerda a la Costa Brava. Desde este punto se puede disfrutar de una buena vista del Estrecho.

El **cabo Espartel,** donde hay un faro, está a 11 Km y es un lugar muy agradable por su paisaje y por la vista que ofrece sobre el mar.

La **playa de Achakar** se sitúa entre el cabo Espartel y las grutas de Hércules. No sólo resulta hermosa, sino que está muy bien cuidada y no está excesivamente llena en verano.

La **gruta de Hércules,** a 15 Km, constituye el principal atractivo de esta zona. Son cavidades naturales que han sido invadidas por el agua durante la marea alta. A la cueva *(visita de 7 h a 19 h. Entrada: 5 DH)* se accede por una escalera desde la parte superior del acantilado, entre los tenderetes y chiringuitos. Una vez dentro, se descubre la boca principal que da directamente al mar y tiene la forma de un mapa de África invertido. En su interior se pueden encontrar algunos vestigios de haber sido habitada en la época prehistórica así como numerosas huellas dejadas por la extracción de piedras de molino, aunque la leyenda las atribuye a zarpazos del héroe griego que le ha dado nombre.

La **playa de Jbila** está al sur de las grutas y es muy extensa. Su prolongación, después de cruzar un riachuelo, se conoce con el nombre de **playa de Sidi Kacem** debido a la presencia de un morabito blanco sobre un promontorio, desde donde se obtiene una bella vista sobre la costa.

De **Sidi Kacem,** a 20 km de Tánger, una carretera enlaza cerca de Gueznaya con la N-1, que sólo se puede tomar en dirección a Rabat.

DEPORTES

Club de surfing. En la playa, dependiente del Hôtel Chellah.

Equitación. En el Hôtel Ahlen, saliendo hacia Rabat, o en L'Etrier, Boubana.

Golf. Royal Club de Golf, Boubana, telf. 0539 944 484, fax. 0539 945 450. Campo con 18 hoyos.

A 17 km de Tánger por la N-1 surge un desvío asfaltado a la derecha que conduce en 3 km a la extensa **playa del Bosque Diplomático,** a través de dicho bosque de pinos, encinas y eucaliptos. Desde allí, una pista en buen estado va siguiendo la costa durante otros 3 Km hasta salir de nuevo a la N-1.

A 29 km de Tánger por la misma N-1 se encuentra la desembocadura del río Tahadart, que forma una magnífica playa protegida de los embates del océano. El agua es salobre y la profundidad varía en función de las mareas.

COMPRAS

En la **medina** de Tánger se pueden encontrar diversas modalidades de artesanía marroquí: cuero, latón, alfombras, espejos, bongos, cerámica… aunque casi nada se produce en la ciudad. Sin embargo, sus precios no suelen ser tan exagerados como en el sur, quizás porque aquí hay otro tipo de turismo. En el **mercado de Sidi Bou Abib,** junto al Zoco Grande, se pueden adquirir diferentes objetos de cáñamo: sombreros, cestos, etc. Un poco más arriba hay un zoco de babuchas. En el **complejo artesanal** de la Rue Belgique hay artículos muy diversos.
Perfumero Madini. Sus perfumes naturales han alcanzado fama internacional, por lo que han ido abriendo numerosas tiendas en las principales calles del centro. La más antigua está en el número 14 de la Rue Sebou, en la medina.
Galería de arte Volubilis, en la casba, entrando por Bab el Kasbah a mano derecha. Cerrado los lunes.
Librerías. Les Colonnes, 54 Bd. Pasteur, telf. 0539 936 955. Page et Plume, 3 Rue El Hariri, telf. 0539 320 315, fax. 0539 320 16.
Mapas topográficos del Norte de Marruecos en el Catastro, Rue Boussiri, frente al Hôtel Ritz.
Bebidas alcohólicas. Casa Pepe, 7 Rue Regnauld, o Self Service Balmes, 3 Rue Boussiri, esquina Ahmed Chaouki, ambas en el centro de la ciudad nueva.

DORMIR EN TÁNGER Y ALREDEDORES

La ciudad y sus alrededores disponen de una oferta hotelera muy amplia, incluyendo algunos establecimientos de diferentes categorías. Lo que sigue es sólo una pequeña selección.

■ CÁMPING

CÁMPING MIRAMONTE

Telf. 0539 937 133, a 3 km del centro. Subiendo la Av. Sidi Mohamed ben Abdellah hasta la Pl. Al Koweit y continuando recto. Tras una fuerte bajada, hay que tomar una carretera a la derecha que conduce a la playa de El Ihoudi. Antes de llegar, un camino en zigzag llega hasta el cámping. El espacio de acampada es bastante reducido, en forma de terrazas a diferentes niveles con vegetación exuberante, ducha fría y sanitarios que dejan mucho que desear. Hay además una hermosa piscina panorámica, situada en el extremo superior de la ladera (se aconseja subir en coche). Junto a ella está el *Restaurante Villa Miramonte (telf. 0539 947 504),* que incluye una sala y una terraza con vistas a la playa. Se come a base de *tayines* o pescados, entre 80 y 100 DH por persona, y sirven bebidas alcohólicas.

CÁMPING ASHAKAR

Junto a la gruta de Hércules, telf. 0539 333 840. Está rodeado de numerosos árboles, ducha caliente y sanitarios correctos, así como algunos bungalows y un restaurante abierto sólo en verano. Los precios resultan algo más elevados que en otros cámpings, pero están justificados por la calidad.

CHEZ ABDOU

En la playa del Bosque Diplomático, telf. 0660 890 108. Disfruta de abundante sombra, pero se halla escasamente equipado.

■ OTROS ALOJAMIENTOS

PENSIÓN PALACE (II, B2) 1

2 Av. Mokhtar Ahardane, telf. 0539 936 128. Está en la medina junto a Zoco Chico, de modo que sólo se puede acceder a pie. Su recepción es muy atractiva y tradicional. Dispone de 43 habitaciones con ducha o lavabo distribuidas alrededor de un magnífico patio interior, propio de las casas antiguas. Precio: 100 DH.

HÔTEL MAGELLAN (I, C3) 2

16 Rue Magellan, telf. 0539 372 319. Tiene 22 habitaciones muy amplias y correctas, con lavabo, muchas de ellas tienen vistas al mar. Precio: 100 DH.

HÔTEL EXCELSIOR (I, B-C3) 3

17 Rue Magellan, telf. 0612 089 111. Es un conjunto de arquitectura muy agradable y comprende una veintena de habitaciones sencillas pero bastantes limpias, con lavabo. Precio: 100 DH.

PENSIÓN GIBRALTAR (I, B2) 4

62 Rue de la Liberté, telf. 0539 936 708. Contiene una decena de habitaciones impecables en el segundo piso de un bello edificio colonial, con un grupo de sanitarios comunes de tipo básico. Precio: 140 DH.

HÔTEL EL MUNIRIA (I, C3) 5

1 Rue Magellan, telf. 0539 935 337. Consta de 8 habitaciones amplias, limpias, con calefacción, algunas con cuarto de baño completo y otras sólo con ducha. Es muy famoso por los escritores y artistas que se hospedaron en él en otra época. De 120 a 160 DH.

HÔTEL IBN BATOUTA (I, C3) 6

8 Rue Magellan, telf. 0539 939 311, fax. 0539 939 368, web: www.ibn-batouta.com, e-mail: postmaster@ibn-batouta.com. Ofrece una docena de habitaciones impecables, amplias, con muebles de caña y adelfa. Están equipadas con baño, teléfono, calefacción y televisión. Además hay dos magníficas terrazas, una de ellas con vistas al mar, y un gran salón. Todo está muy limpio y resulta muy acogedor. Precio: 200 DH.

HÔTEL NABIL (I, C3) 7

11 Rue Magellan, telf. 0539 375 407. Cuenta con 44 habitaciones muy agradables, claras y limpias, con baño. Algunas disfrutan de vistas al mar, igual que la terraza. La relación calidad/ precio es realmente excelente. Doble: 200 DH.

HÔTEL ANDALUCÍA (I, C3) 8

14 Rue Ibn Hazm, telf. 0539 941 334. Situado en una de las pocas calles tranquilas del centro, incluye una veintena de habitaciones sencillas, sin lujos, muchas con cuarto de baño completo y el resto con ducha. Precio: 200-300 DH.

Palacio Real
Estadio Marshan
Hospital Kortobi
Necrópolis púnica
Bab el-Casba
Dar el-Maizen
Avenue Hadj Mohammed Tazi
Avenue des U.S.A.
R. Assad ibn Farrat
Rue el-Imam Malik
R. L. de Vinci
Rue de la Casba
Avenue Hassan II
Rue Hasnona
Rue Ibn el-Abbar
A la playa El Ihoudi
Rue de la Montagne
Rue Moulay Idriss
Hospital
Avenue Hassan I
R. Tétouan
Rue Sidi bou Arrakia
Rue Sidi bou Abid
Rue des Jardins
Rue de Cordoue
Avenue Ibn Zaidoun
Rue Ouachak
Rue de Casablanca
Place de Koweit
Catedral Católica
Museo de Arte Contemporáneo
Rue d'Angleterre
Mezquita Mohamed V
Rue de Belgique
Complejo Artesanal
Chari Habib Bourgiba
Rue Sidi Amar
Consulado de España
Rue du Mexique
Rue de Hollande
Rue Sidi Mohammed ben Abdellah
Rue Gandhi
Hospital
Pl. Oued el-Makhazine
Rue Lmsalla
Rue de Colombie
CIUDAD NUEVA
Avenue Haroun Rachid
Mahatma
R. Gutemberg
R. Galilée
R. J. Jaurès
Rue de Fès
A
B
C
D
1
2
9
20

0
100
200 m
Muelle del ferry
Puerto comercial
Puerto turístico
Bahía de Tánger
A
B
C
D
3
4
Borj Dar El Baroud
ab el-Assa
Rue Maimouni
Borj es-Salam
DINA
Bab el-Bahr
Gran Mezquita
Borj el-Marsa
Zoco Chico
R. de la Poste
Siaghines
Av. Skirkdj
MELLAH
CTM
Rue de Portugal
Legación de los Estados Unidos
R. Salah Eddine el-Ayoubi
Avenue d'Espagne
Teatro Cervantes
Mirador
Sacre Coeur
R. Jaba el-Watania
R. Mauchamps
Rue Marco Polo
Boulevard Pasteur
R. el-Moutanabi
Rue Ibn Alhass
Avenue des F. A. R.
Rue Tarik
Rue el-Farabi
Noussair
R. Dr. Fameg
Rue Omar Ibn
Ibn Noussair
R. Tolstoi
Rue Quevada
Boulevard Mohammed V
Rue Abou Alla el-Maari
Av. Youssef ben Tachfine
Rue de la Seine
Place Des Nations
Rue de la Résistance
Héritier
Av. de Lafayette
Khattab
Comisaria
Av. Marconi
Rue Van Beethoven
A Ceuta, 63 km. A la estación ONCF
Place Al Madina
Tumert
Iglesia católica
Prefectura
Rue Bach
Place de la Cité Arabe
Rue de Vega
Rue Prince Héritier
Omar ibn
Rue de la Fontaine
Av. Louis
Rue Albeniz
Rue Wagner
Rue Idriss
A Tetouan, 57 km
1 2 3 5 6 7 8 11 12 13 18 19 21

PENSIÓN HOLLANDA (I, B2) 9

139 Rue de Hollande, telf. 0539 937 838. Posee una quincena de habitaciones muy amplias y aseadas. Todas ellas tienen baño. Está situado en el interior de un chalé completamente rodeado de vegetación. Precio: 280 DH.

HÔTEL MAMORA (II, B2) 10

19 Av. Mokhtar Ahardan, telf. 0539 934 105. Cerca de Zoco Chico, en el interior de la medina, con fácil acceso a pie. 39 habitaciones sencillas con teléfono y televisión. Algunas con baño y otras ducha. Vistas al mar y a la Gran Mezquita. Precio: 300 DH.

EL AMBIENTE DE NOCHE EN TÁNGER

(Ver planos de las pág. 338-339, 340)

Entre Bd. Pasteur y Rue El Moutanabi

Entre estas calles y Prince Moulay Abdellah se concentran las discotecas y los bares del centro.

Rue Hollande

Hay un gran ambiente juvenil en torno al nuevo complejo Dawliz.

La playa

En verano hay mucho movimiento entre las numerosas terrazas de los bares.

HÔTEL EL DJENINA (I, C3) 11

8 Rue El Antaki, telf. 0539 942 244, fax. 0539 942 246, e-mail: eldjenina@menara. ma. Se compone de 24 habitaciones agradables y muy nuevas, con baño, así como un restaurante con menú a 60 DH, una amplia terraza y un bar. Precio: 340 DH.

HÔTEL MARCO POLO (I, C3) 12

2 Rue El Antaki, telf. 0539 941 124, fax 0539 941 508; e-mail: marco-polo@menara.ma. Dispone de 11 habitaciones con baño completo y televisión, sin lujos pero limpias y bien atendidas. También hay un restaurante, bar y terraza. Precio: 350 DH.

HÔTEL DE PARIS (I, C3) 13

42 Boulevard Pasteur, telf. 0539 931 877. Es un edificio colonial renovado que conserva su estilo propio en la recepción. Tiene una veintena de habitaciones pulcras y bien mantenidas, con baño, teléfono y televisión. Precio: 370 DH.

ROBINSON PLAGE

Junto a la Gruta de Hércules, en su lado norte, BP 228, telf. 0539 338 152, fax. 0539 338 145, web: www.robinson-tanger.com, e-mail: robinson-tanger@voila.fr. Es un establecimiento de bella arquitectura blanca bien integrada en su entorno. Consta de 116 habitaciones con baño, teléfono, televisión y terraza. Incluye asimismo una piscina, jardín, playa privada, pista de tenis, bar y restaurante. Precio: 400 DH.

HÔTEL CONTINENTAL (II, B2) 14

36 Rue Dar Baroud, en la medina, telf. 0539 931 024, fax 0539 931 143; e-mail: hcontinental@menara. ma. Es el establecimiento más antiguo de Marruecos, construido en 1865 y renovado en 2000. Ofrece 56 habitaciones de aire retro, con baño, televisión y calefacción, algunas de ellas con balcón. En la 108 pernoctó un hijo de la reina Victoria de Inglaterra. Hay asimismo fantásticos salones de estilo andalusí y una terraza sobre el puerto, donde se puede comer a partir de 100 DH. Los precios están subiendo mucho últimamente, sobre 650 DH la doble.

La Tangerina (II, A1) 15

19 Rue Riad Sultan, en la casba, telf. 0539 947 731, fax 0539 947 733; web: www.latangerina.com, e-mail: info@latangerina.com. Ocupa una antigua mansión restaurada y amueblada con gusto exquisito. Incluye 10 habitaciones de diferentes categorías, equipadas con ventilador y un cuarto de baño hecho de materiales autóctonos, alguna de ellas con balcón. Hay asimismo un hammam y una terraza panorámica sobre el mar y la ciudad. Es un lugar donde uno se siente realmente a gusto. Precio: de 600 a 1650 DH según habitación y temporada.

Dar Nour (II, A1) 16

20 Rue Gourna, en la casba, telf. 0662 112 724; web: www.darnour.com, e-mail: contactdarnour@yahoo.fr. Es una antigua vivienda rehabilitada con gran acierto, colgada sobre la muralla. Posee 9 habitaciones de 3 categorías, la mayor parte con baño, decoradas con profusión de detalles dentro del estilo propio de Tánger. Desde la terraza se obtiene una vista espectacular sobre la ciudad y el puerto. Organizan actividades culturales y preparan cenas por encargo, a 170 DH. Precio: 750-1.350 DH según habitación.

Riad Tanja (II, C2) 17

Rue du Portugal, Escalier Americain, en la medina, telf. 0539 333 538, fax 0539 333 054; www.riadtanja.com, riadtanja@menara.ma. Consta de un restaurante de alto nivel y 6 habitaciones de diferentes tipos, con aire señorial, camas enormes, lindos cuartos de baño y televisor. Precio: 900-1.500 DH según habitación.

Hôtel Chellah (I, C3) 18

47-49 Rue Allal Ben Abdellah, telf. 0539 321 002 / 003, fax 0539 320 998; e-mail: ksarchellah@menara.ma. Tiene 180 habitaciones muy correctas, con baño, calefacción, teléfono, televisor y algunas con balcón. Hay además un extenso jardín, piscina, restaurante, bar y discoteca. El precio es ajustado, sobre 550 DH la doble.

Hôtel Rembrandt (I, C3) 19

Av. Mohamed V, telf. 0539 937 870, fax 0539 930 443; e-mail: hotelrembrandt@menara.ma. Es uno de los pocos establecimientos de la época colonial que ha sabido mantener su buen nombre. Dispone de 70 habitaciones muy confortables, climatizadas, con baño, teléfono y televisor. Hay un restaurante con menú a 170 DH, bar, jardín y piscina. Precio: 600 DH.

Hôtel le Dawliz (I, B2) 20

42 Rue Hollande, telf. 0539 333 377, fax 0539 370 661; web: www.ledawliz.com, e-mail: info@ledawliz.com. Goza de una situación privilegiada, con una vista estupenda sobre la medina y el mar. Cuenta con 22 habitaciones confortables, climatizadas y bien mantenidas, con baño, televisor y balcón. Hay además una piscina panorámica y un bar. Junto a él se encuentran varios restaurantes y una discoteca. Precio: 1.000 DH.

Hôtel Ramada Les Almohades (I, C4) 21

43 Av. des FAR, telf. 0539 940 755, fax 0539 946 371; e-mail: tanger.almohade@ramadaglobal.com.

Tiene 126 habitacions funcionales, todo confort, así como piscina, sauna, pista de tenis, varios restaurantes, bar, sala de conferencias, discoteca y un cabaret oriental. Precio: 1.000 DH.

Hôtel Mövenpick

Route de Malabata, telf. 0539 329 300, fax. 0539 941 909, www.moevenpick-hotels.com, e-mail: hotel.tangier.casino@moevenpick.com. Está en la costa, a 5 km del centro. Tiene 240 habitaciones de alta categoría equipadas con todos los servicios, así como diferentes bares, restaurantes, pistas de tenis, un casino, sala de masajes, sala de conferencias y una piscina muy original rodeada de césped desde donde se contempla la ciudad en la otra punta de la bahía. Dobles: a partir de 1.500 DH.

Hôtel el Minzah (I, B3) 22

85 Rue de la Liberté (Al Hourria), telf. 0539 935 885, telf. gratuito desde el interior de Marruecos: 080 003 744, fax. 0539 333 999, web: www.elminzah.com, e-mail: infos@elminzah.com. Representa el imaginario europeo del lujo oriental (construcción exótica, lámparas, alfombras de mil colores, jardines voluptuosos, servicio colonial...). Es la institución más prestigiosa de la ciudad. Ocupa un palacete construido en 1930. Incluye 140 habitaciones muy confortables, sauna, peluquería, jacuzzi, gimnasio, restaurante marroquí con espectáculos en directo, restaurante internacional y tres bares, así como una piscina y un agradable jardín. Precio: 1.500-3.000 DH.

Club Le Mirage

Junto a la Gruta de Hércules en su lado sur, BP 2198, telf. 0539 333 332, fax. 0539 333 492, web: www.lemirage-tanger.com, e-mail: mirage@menara.ma. Ofrece 25 habitaciones de diferentes tipos y precios, todas ellas muy amplias decoradas con un gran refinamiento y equipadas con baño, aire acondicionado, teléfono, televisión y minibar. Hay además una piscina rodeada de césped, pista de tenis, y un bar muy señorial con chimenea y un piano de estilo clásico. En el restaurante, que tiene una terraza con unas bonitas vistas al mar, se puede comer por 200 DH una cocina internacional extremadamente cuidada. Sirven bebidas alcohólicas. Precio: 3.000 DH.

COMER EN TÁNGER Y ALREDEDORES

Hay numerosos locales anunciados como "sándwiches" repartidos por toda la ciudad. Ofrecen, además de bocadillos, diferentes platos combinados a precios muy razonables. La mayoría disponen de algunas mesas, en otros hay que comer en la barra, los menos cuentan con un cuarto de baño. Al mediodía suelen estar abarrotados de público tangerino. También se puede comer a un precio reducido en muchos restaurantes sencillos de la Av. d'Espagne, a la salida del puerto y en la calle Mokhtar Ahardane dentro de la medina, cerca de Zoco Chico.

Chiringuitos de la Gruta de Hércules

Su encanto reside en la situación, con mesas esparcidas por las rocas, a diferentes alturas sobre el mar. Preparan bocadillos y sardinas a la plancha. Precio: de 20 a 40 DH.

Quioscos de Ramilat

Estos puestos de refrescos preparan ocasionalmente *tayines* que uno puede saborear sentado a la sombra de los pinos contemplando el mar a lo lejos. Precio: de 30 a 50 DH.

Restaurant Agadir (I, C3) ❶

21 Av. du Prince Héritier. Es un pequeño local con aire familiar que dispone de media docena de mesas altas donde se sirve una deliciosa cocina casera: carnes, pescados, platos marroquíes, pasta e incluso paella por encargo. Precio: de 60 a 80 DH.

Restaurant Petit Berlin (I, C3) ❷

40 Av. Mohamed V, telf. 0539 325 150. Abierto en 2009, es una sala de grandes dimensiones decorada con profusión de detalles al estilo marroquí. Su cocina del país e internacional es muy aceptable. Al mediodía se come por unos 40 DH, y una cena cuesta entre 50 y 100 DH, a menudo con espectáculo.

Sándwiches Al hambra (I, C2) ❸

Rue Mexique. Es un local muy popular abarrotado de gente, en el que se come un excelente pescado fresco a precios bastante ajustados. Precio: de 50 a 80 DH.

Sándwiches Annakhil (I, C4) ❹

Av. des FAR. Tienen una gran variedad de pescados fritos o a la plancha y también carnes. Todo está muy bien preparado y las raciones son abundantes. Precio: de 50 a 80 DH.

Restaurant África (II, C2) ❺

Rue Salah Eddine el Ayoubi, esquina Av. d'Espagne, telf. 0539 935 436. En un comedor de estilo clásico, amplio y cómodo, propone una cocina marroquí e internacional muy digna. Precio: de 70 a 80 DH.

Oslo Fast Food (I, C3) ❻

41 Av. Mohamed V. Es un local de tipo moderno donde sirven hamburguesas, pinchos y unas deliciosas pizzas. Precio: de 50 a 70 DH.

Restaurant Tahadart

En la carretera de Rabat, frente a la desembocadura del río Tahadart. Es un establecimiento muy conocido y apreciado por la clientela marroquí. Llegan de las ciudades vecinas para saborear las excelentes frituras de pescado, los sabrosos pinchos o los tradicionales *tayines* de carne. Precio: de 50 a 80 DH.

Restaurant Raihani (I, C3) ❼

10 Rue Ahmed Chaouki. Tiene un comedor discreto y recogido, decorado con gusto y con estilos mezclados. Sirven una cocina marroquí muy buena y variada, así como carnes y pescados, pudiendo acompañarlo todo con vino. Tanto la presentación como el servicio están bien cuidados. Precio: de 80 a 130 DH.

CAFÉS

Café Hafa. Está ubicado en un acantilado, en el barrio de Marshan, un poco más allá de la necrópolis púnica. Su encanto reside en su sencillez, con esteras en el suelo, y en la vista que ofrece. Era el preferido de Paul Bowles.

Café de París. Place Mohamed V (antigua Place de France). Es un local con mucha historia situado en el corazón de la ciudad, por el que pasaron grandes personalidades a lo largo del siglo XX. En su interior parece que el tiempo se ha detenido.

Salón de Thé La Giralda. Está en un primer piso con acceso desde una galería comercial de la Rue Mexique. Goza de una vista magnífica sobre el Estrecho y el puerto. Recibe un público local selecto, pues las consumiciones cuestan de 10 a 20 DH. Aunque es típicamente español, el nombre sólo está en árabe.

Café Central y Café Tingis. En la plaza de Zoco Chico, uno junto al otro. Tienen terrazas en la calle y constituyen una verdadera institución en Tánger.

Café Fuentes. Está en Zoco Chico, frente a los anteriores pero situado en un primer piso, con un balcón desde donde se domina la plaza.

La Casa de España (I, C3) 8

11 Rue Jabha Al Watania, telf. 0539 947 359. Está en un piso y es un centro de reunión para los españoles residentes en Tánger. Sus paredes están llenas de cuadros y carteles con las actividades para los socios; sin embargo, está abierto a todo el mundo. Ofrece pescados, carnes, platos españoles y marroquíes, todo está muy sabroso. Hay aire acondicionado y música ambiental agradable. Sirven bebidas alcohólicas. Precio: de 100 a 150 DH.

Restaurant Valencia (I, C4) 9

6 Av. Youssef ben Tachfine, telf. 0539 945 146. Este restaurante ofrece como especialidad pescados, carnes, así como todo tipo de bebidas alcohólicas. Está cerrado todos los martes. Precio: de 100 a 130 DH.

Restaurant El Dorado (I, C3) 10

21 Rue Allal ben Abdellah, telf. 0539 943 353. Su cocina internacional es muy correcta, aunque sin un especial refinamiento. Suelen acompañar sus platos con un buen vino. Precio: de 100 a 130 DH.

Restaurant Cap Spartel

Telf. 0539 933 722, junto al faro del Cabo Espartel. Consta de un comedor convencional bien cuidado y de una amplia terraza con vistas al mar. Propone una extensa carta de pescados, así como ensaladas imaginativas y carnes a la brasa. Precio: de 80 a 120 DH.

LA NOCHE

Tánger es una de las ciudades marroquíes con mayor animación nocturna. Sin embargo, en algunos locales el ambiente puede resultar desagradable, violento y a veces incluso peligroso. Asimismo, se deben evitar por la noche las callejuelas de la medina en torno al Zoco Chico. La lista que sigue incluye sólo algunos establecimientos de conocida reputación.

Bares

El Negresco, 14 Rue de Mexique, constituye un clásico de la noche tangerina, su estilo decadente se asemeja a la propia ciudad.

Tanger Inn, en los bajos del Hôtel El Muniria se ubica este otro clásico.

Caid's bar, en el interior del Hôtel El Minzah, donde se puede disfrutar de un ambiente selecto.

Emma's BBC bar está en la playa y sólo está abierto en verano.

Balnéaire des Hôtels Associés se sitúa igualmente junto a la playa, con un ambiente popular de sexo masculino y camareras detrás de la barra.

The Pub, 4 Rue Sorolla.

Chez Miami, en la playa.

Discotecas

Morocco Palace, Rue Prince Moulay Abdellah, junto al Bd. Pasteur. Es uno de los pocos locales marroquíes que ofrecen auténtica danza oriental, en torno a las 21 h. El resto de la noche funciona como discoteca. Tiene una magnífica decoración árabe tradicional.

Ali Baba, en el interior del Hôtel Chellah, es un lugar tranquilo y agradable. Hay música en vivo y, en ocasiones, espectáculo folklórico.

Borsalino, 30 Av. Prince Moulay Abdellah, es también de ambiente muy selecto.

Regine, 8 Rue El Mansour Ed Dahabi.

Oba Oba está en el Hôtel Les Almohades.

Restaurant Marhaba Palace (II, B1) ⓫

Rue de la Kasbah, telf. 0539 937 643. Es un restaurante típicamente marroquí situado cerca de la casba, decorado en un estilo árabe suntuoso, algo exagerado, con profusión de azulejos. Hay música en vivo todos los días y espectáculos folklóricos ocasionales. Su cocina marroquí es muy correcta, la presentación es excelente y el servicio resulta muy atento sin llegar a resultar ampuloso. También venden alcohol, pero los precios son un poco exagerados: de 150 a 200 DH.

Restaurant San Remo (I, C3) ⓬

15 Rue Ahmed Chaouki, telf. 0539 938 451. Ofrece una cocina italiana muy clásica, y con una buena reputación, que puede acompañarse con vino. Precio: de 130 a 180 DH.

Anna e Paolo, Chellah Grill (I, C3) ⓭
77 Av. du Prince Héritier, telf. 0539 944 617. Tienen la típica carta italiana de pastas, carnes, pescados y pizzas. La cocina es deliciosa y el ambiente muy distendido. Sirven alcohol. Precio: de 150 a 200 DH.

Restaurant Saveur de Poissons (II, C1) ⓮
2 Escalier Waller, telf. 0539 336 326. Es un local diminuto de aire popular y decorado con largas mesas para compartir. Casi siempre suele estar abarrotado gracias al prestigio que ha alcanzado su cocina, centrada sólo en el pescado fresco del día. A pesar de ello, el servicio no está a la altura de sus precios. El precio final es imprevisible. Es el único restaurante de este nivel económico donde no se sirven bebidas alcohólicas. Una comida cuesta alrededor de 150 DH.

Restaurant El Pescador (I, C3) ⓯
35 Rue Allal ben Abdellah, telf. 0539 341 005. El comedor, de ambiente muy selecto, está decorado al estilo árabe con columnas y arcadas, pero sin exceso de ornamentación. Los tonos blancos y azules le dan un aire mediterráneo. Está especializado en pescados, pero también hay carnes y bebidas alcohólicas. Precio: de 200 a 250 DH.

TAROUDANNT

CAPITAL DE PROVINCIA. 65.000 HABITANTES.

Fundada posiblemente en los primeros tiempos de la islamización, Taroudannt ha sido destruida en varias ocasiones a lo largo de la historia, consiguiendo renacer una y otra vez de sus cenizas. Dominada por los almorávides en el siglo XI, recobró la independencia al poco tiempo; fue arrasada en el siglo XIV; volvió a levantarse; sirvió de base a los saadíes para tomar el poder, viviendo así su época dorada; fue destruida de nuevo por Mulay Ismail en el siglo XVII, reconstruida luego; en 1912 se opuso a la implantación del protectorado francés, sirviendo de cuartel general a El Hiba, pero fue sometida por fin en 1917. Aunque renovada del todo, continúa encerrada dentro de sus murallas.

INFO

Código postal. 83000
Guías oficiales. Dadoun Azedine, telf. 0528 852 435;
El Haddad Boujemaa, telf. 0528 852 219.
Bancos. Varias entidades junto a la Pl. Al Alaouyine y otras en la carretera.
Iglesia católica. 72 Rue 20 Août, telf. 0528 852 514.
Web: www.taroudant.info.

ACCESOS

La **carretera N-10** comunica Taroudannt con Agadir al oeste (buena, pero sobrecargada de tráfico) y con Ouarzazate al este (es muy estrecha y está algo deteriorada).

Una **carretera local** en buen estado enlaza con la N-8 de Agadir a Marrakech.

La **carretera R-203** se dirige también a Marrakech, en este caso por el Tizi n'Test. Es uno de los pasos más elevados del Gran Atlas, de gran belleza paisajística pero muy estrecho y lento a causa de las constantes curvas. Puede cortarse por la nieve en invierno.

La **carretera R-109,** excelente, se encamina a Tata a través del Anti-Atlas, permitiendo disfrutar de un paisaje maravilloso.

TRANSPORTES

Autocares CTM a Ouarzazate y Agadir. Paran en la estación de autobuses de Bab Zorgane, pero se pueden comprar los billetes en una taquilla de la plaza Al Alaouyine. Telf. 0528 853 858.

Autocares privados a Errachidia, Ouarzazate, Agadir, Essaouira, El Jadida y Casablanca. La estación de autobuses está en Bab Zorgane.

Taxis colectivos a Agadir, Marrakech y Oulad Berhil. Fuera de la muralla, junto a Bab Zorgane.

Taxis pequeños que circulan por el interior de la ciudad.

Calesas que atraviesan la ciudad así como los alrededores.

Aparcamiento situado en la Pl. Talmoklate.

Alquiler de automóviles. Alge Cars, cerca del Hôtel Tiout, telf. 0528 852 686, móvil 0661 404 146, e-mail: alge_cars@yahoo.fr.

COMPRAS

Figuritas y máscaras talladas en una piedra que llaman mármol de Taroudannt; pero cada vez hay menos. La artesanía que se vende en los zocos procede mayoritariamente de otras regiones.

VISITA

A pesar de su importancia histórica, Taroudannt ofrece un interés artístico limitado. Podéis dar una vuelta por los zocos y ver las diferentes puertas de la muralla.

Los **zocos** de Taroudannt son famosos por su ambiente y su abundancia. Están repartidos en varios núcleos, en el corazón de la ciudad amurallada. Una parte es para el consumo local y otra va dirigida a los turistas.

El zoco semanal tiene lugar todos los domingos y situado fuera de la muralla, junto a Bab el Khemis.

La **muralla** actual fue levantada tras la última destrucción de la ciudad por Mulay Ismail, en el siglo XVII. En ella se abren cinco puertas monumentales, hechas de ladrillos. Un circuito exterior de unos 5 km por pistas de bastante mala calidad permite rodearla.

DORMIR EN TAROUDANNT

Pese a su interés relativamente escaso, Taroudannt cuenta con una excelente infraestructura hotelera, sobre todo de alto nivel, como La Gazelle d'Or o el Palais Salam. Nuestra opción preferida, sin embargo, no se halla en la ciudad sino 46 km al nordeste, en la carretera N-10. Es un palacio del siglo XIX convertido en hotel bajo el nombre de Riad Hida, y pensamos que justifica el desplazamiento.

HÔTEL ATLAS (B2) 1

Bd. Al Mansour Ed Dahbi, telf. 0528 551 880, fax 0528 851 739. Tiene 18 habitaciones bien mantenidas, con un pequeño cuarto de baño muy correcto y teléfono. Precio: 160 DH.

RIAD TAROUDANT PALMIERS (B2) 2

Av. Prince Héritier, telf. / fax 0528 854 507, web: riadtaroudantpalmiers.com, e-mail: riadtaroudantpalmiers@hotmail.fr. Ocupa un antiguo convento de la época colonial y pertenece a una asociación benéfica que financia un orfelinato con los beneficios. Las habitaciones, con o sin baño, tienen el encanto de la sencillez monacal y se distribuyen alrededor de un agradable jardín. También se puede comer por 90 DH. Habitaciones dobles: de 200 a 300 DH.

HÔTEL SAADIENS (B1) 3

Borj Oumansour, telf. 0528 852 473, fax 0528 852 118, e-mail: hotsaadi@menara.ma. Es un establecimiento con bastantes años encima. Dispone de 50 habitaciones correctas, con baño y teléfono, algunas con un balcón sobre la piscina. El restaurante, en la azotea, propone un solo menú internacional a 70 DH sin especial interés. Precio: 240 DH con desayuno.

HÔTEL TAROUDANNT (B1) 4

Pl. Al Alaouyine, telf. 048 852 416, fax 0528 851 553. Este viejo hotel de aire decadente posee 30 habitaciones correctas, algunas de ellas con baño y otras con lavabo, repartidas en torno a un agradable jardín. Su restaurante presenta menús a 70 y a 90 DH que pueden acompañarse con vino. Precio: 200 DH.

HÔTEL TIOUT (B2) 5

Av. Prince Héritier, telf. 0528 850 341, fax 0528 854 480. Se accede por detrás. Incluye 44 habitaciones pequeñas, limpias y agradables, equipadas con un cuarto de baño muy correcto, teléfono, televisor, calefacción y algunas con balcón. También hay 6 habitaciones familiares. Todo es muy alegre. La azotea ofrece una buena vista sobre Bab el Kasbah. También hay restaurante. Habitación doble: 340 DH.

RIAD HIDA

En Oulad Berhil, a 45 km de Taroudannt, telf. / fax 0528 531 044, web: www.riadhida.com, e-mail: info@riadhida.com. Es un palacete del siglo XIX que perteneció al pachá El Hida. Ofrece 14 habitaciones encantadoras, con salón y un cuarto de baño amplio y confortable. Tanto los materiales de construcción como el mobiliario

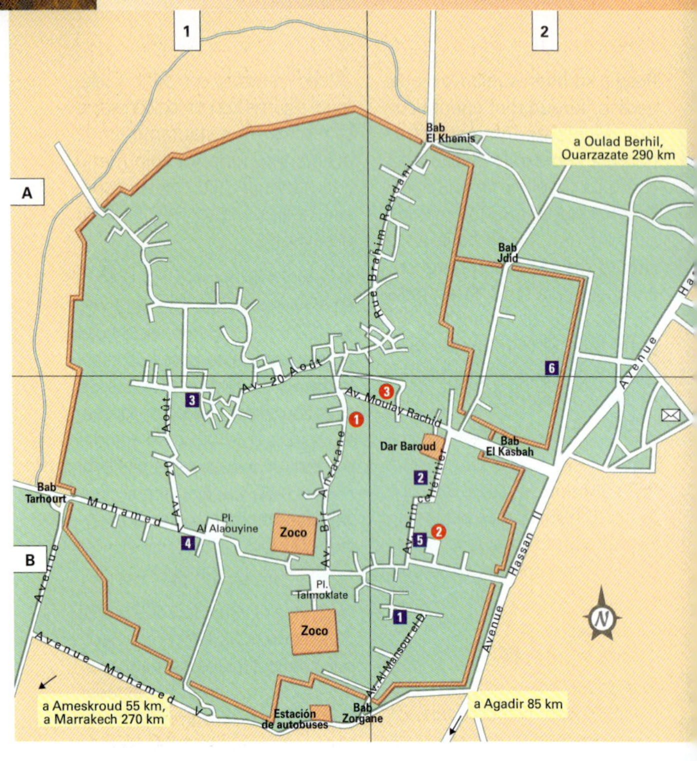

son tradicionales. Hay asimismo piscina y un inmenso jardín de aire tropical, jalonado de fuentes, por el que se pasean los pavos reales. El comedor goza de una decoración suntuosa. Su cocina marroquí resulta exquisita y el desayuno fantástico, a base de mermeladas caseras. El trato es amable y familiar. Precio: 600 DH.

Riad l'Arganier d'Or

A 19 km en la carretera de Oulad Berhil, telf. 0528 550 211 / 218, fax 0528 551 695; web: www.larganierdor-hotel.com, e-mail: arganierdor@menara.ma. Situado entre naranjales, cuenta con 10 habitaciones y una suite muy acogedoras, climatizadas, equipadas con un buen baño y repartidas en torno a un gran jardín con piscina. Tiene un buen restaurante. Habitación doble: 640 DH.

Hôtel Palais Salam (A2) 6

Telf. 0528 852 312, fax 0528 852 654, e-mail: palsalam@menara.ma. Está situado en la casba, accesible desde el exterior de la muralla. Ocupa una parte del antiguo palacio del pachá e incluye dos tipos diferentes de habitaciones. Las que aprovechan el viejo edificio tienen un sabor tradicional, aunque son pequeñas y austeras. Las habitaciones de nueva construcción, por su parte, son muy funcionales pero casi sin carácter. Aunque lo realmente valioso es el jardín, donde se puede disfrutar en verano. También hay dos piscinas, bar y restaurante. Precios: de 800 a 1.800 DH según habitación.

COMER EN TAROUDANNT

ESPACE ATTADAMOUN (B1) ❶
Av. Bir Anzarane, telf. 073 059 082. Es una simpática terraza de cafetería, con naranjos. Proponen varios tipos de *tayín* y de pinchos, muy correctos para este nivel. Precios: de 40 a 50 DH.

RESTAURANT TIOUT (B2) ❷
Está situado en el hotel del mismo nombre pero con acceso por la Av. Prince Héritier. Ofrecen como una de sus especialidades platos marroquíes así como diversos pescados. Precios: de 60 a 80 DH.

RESTAURANT CHEZ NADA (B2) ❸
Av. Moulay Rachid, telf. 0528 851 726. Ocupa un segundo piso y un terrado. El restaurante prepara un menú con diferentes platos marroquíes a elegir. Precio: 90 DH.

TATA

CAPITAL DE PROVINCIA. 15.000 HABITANTES.

El palmeral de Tata, junto al río (seco) del mismo nombre, constituye un punto de encuentro entre beréberes de dialecto tasusit y árabes hasaníes. Cada grupo cuenta con sus propios poblados, aunque la ciudad actual es básicamente un centro administrativo y militar, en el que se hallan todos mezclados.

INFO

Código postal. 84000
Delegación de Turismo. Existe una nueva dirección de turismo que se encuentra en preparación, está situada en la carretera de Taguemout.
Bancos. Banque Populaire, situado junto a Correos.
Guías: Kamal Eddine Issau, telf. 044 302 140, e-mail: hapiboroba2005@yahoo.fr.

ACCESOS

La **carretera N-12,** amplia y en buen estado, comunica con Bouizakarn al suroeste y con Foum Zguid al nordeste.
La **carretera R-109,** excelente, viene de Taroudannt por uno de los paisajes más bellos y agrestes de Marruecos.
La **carretera 1805** discurre por Taguemout, uniéndose a la anterior en Igherm.

Es un poco más corta y algo más estrecha pero disfruta de un paisaje igualmente hermoso.

TRANSPORTES

Autocares privados a Tissint, Taroudannt, Agadir, Tiznit, Marrakech, Ouarzazate, Tan-Tan, Rabat y Casablanca.
Existen asimismo **taxis colectivos** repartidos por la ciudad y que van con dirección a Tissint, Foum el Hisn, Bouizakarn, Guelmim y Agadir.

VISITA

La ciudad no tiene mucho interés, pero en cambio la región cuenta con una gran variedad de paisajes desérticos, oasis, pueblos antiguos que visitar, graneros fortificados así como grabados rupestres.
El **zoco de Tata** tiene lugar los domingos, a la salida de la población. También hay un zoco los jueves, a unos 5 km en la carretera de Bouizakarn.
Los **pueblos antiguos** que han dado lugar a la ciudad actual se hallan esparcidos por el hermoso palmeral, visibles desde las respectivas carreteras de Taguemout y de Bouizakarn. Entre ellos destacan por su belleza **Agadir el Henna** en el primer sector e **Indfiane** en el segundo. Sus habitantes árabes o beréberes se distinguen por la forma de vestir, en plan "hombres azules" los primeros y al estilo de la montaña los segundos.
A unos 5 km aproximadamente en dirección a Taguemout se pueden ver unas curiosas **cuevas** con estalactitas y estalacmitas.
Taguemout es un oasis de montaña accesible por una carretera de 43 km que atraviesa hermosos paisajes. Allí tiene lugar un mercado los martes. Más allá de Taguemout, la carretera continúa hacia Igherm, pasando por un puerto de montaña y por **Anamer,** donde hay diferentes graneros comunitarios abiertos a la visita (prever una propina para el vigilante en cada uno). Para mayor información sobre estos graneros, dirigirse al café Assnfo de Anamer.
En la propia **Igherm,** es interesante visitar un granero y todo el barrio antiguo, construido con piedra. Hecho esto, podéis completar el circuito regresando a Tata por la espectacular R-109.
Tissent es un oasis que resulta muy curioso para el viajero. Está enclavado en el fondo de un desfiladero. Se encuentra a unos 70 km en la carretera de Foum Zguid. Para contemplar su palmeral en

COMPRAS

Hay una tienda de productos locales, desde cerámica hasta mermelada de dátiles, en la Av. des FAR, frente a la gasolinera Total.

toda su extensión, debéis apartaros unos 300 m del asfalto, hasta el borde del barranco.

Akka n'Ighèn es otra población que merece la visita, a 70 km de Tata. Para encontrarlo, tomad la carretera de Foum Zguid durante 50 km y desviaros luego a la izquierda por la carretera 1743 que se dirige a Taliouine.

Os quedan otros 20 km de asfalto. Una vez en Akka n'Ighèn, id a la izquierda entre los comercios hasta dar con el palmeral. Sin embargo, lo más interesante de esta localidad es un antiguo granero colectivo de piedra, el **Agadir n' Iserghine,** que se puede encontrar a unos 5 km antes de llegar al pueblo, y accesible por pista.

Los **grabados rupestres** son muy numerosos y están repartidos por toda la región.

Los más cercanos a Tata se encuentran a la salida de Tiggane; en general es muy difícil localizarlos si no vais con alguien que los conozca.

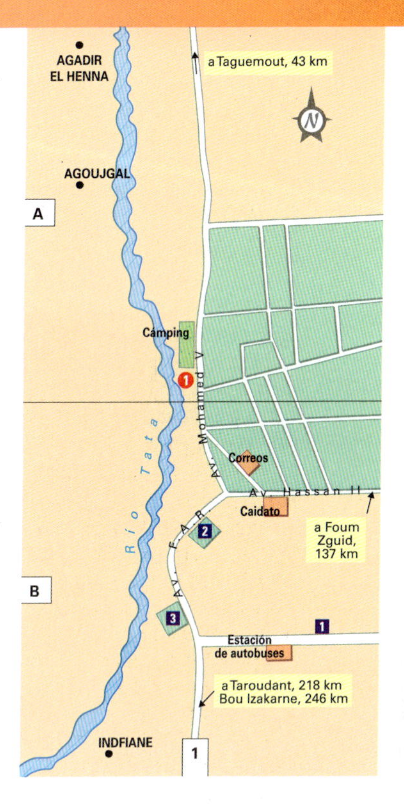

DORMIR EN TATA

En la opción económica, señalamos únicamente el cámping, pues nos parece mucho más agradable e higiénico pernoctar en sus tiendas o salones que en las pensiones de la misma Av. Mohamed V. Por su parte, los dos hoteles clasificados están bien, pero en cualquier otra ciudad de Marruecos contarían con una estrella menos, como mínimo. No obstante, ahí van las siguientes recomendaciones:

■ CÁMPING

CÁMPING MUNICIPAL

Av. Mohamed V, telf. 0668 727 007, fax: 0528 802 001. Cuenta con sanitarios correctos, césped, pequeñas palmeras, varias tiendas caidales, un gran salón donde os podéis resguardar si hace viento, una cocina y una piscina inmensa. También hay unos cuantos bungalows muy económicos. Una piscina municipal se halla en construcción justo al lado.

■ OTROS ALOJAMIENTOS

El número de alojamientos de Tata sigue siendo muy limitado y su calidad mediana. El mejor de todos es Dar Infiane, pero sus precios resultan muy selectivos.

GÎTE TAGMOUT

En Taguemout, a 43 km de Tata, telf. 0528 859 624. Es un jardín con olivos en el que resulta muy agradable acampar. Cuenta con un bloque de sanitarios pasable y, en el otro extremo, 4 habitaciones espartanas con techos de palmera carcomida, a 75 DH. Preparan una buena cocina casera.

HÔTEL TAMDOULT (B1) 1

Av. Mohamed VI, telf. 076 523 292. Posee 5 habitaciones sencillas, con baño y algunas con balcón. En los bajos hay un café popular donde se puede comer algo. Precio: 120 DH.

HÔTEL LA RENAISSANCE (B1) 2

Av. des FAR, telf. / fax 0528 802 042. Dispone de 27 habitaciones muy correctas, con baño, y 4 suites mucho más atractivas. Hay asimismo un restaurante con menú marroquí a 80 DH, un bar frecuentado por la población local y una piscina situada al otro lado de la carretera. Habitación doble: 140 DH; suite: 320 DH.

HÔTEL LE RELAIS DES SABLES (B1) 3

Av. des FAR, telf. 0528 802 301 / 302, fax 0528 802 300, e-mail: hoteldessables@menara.ma. Cuenta con 45 habitaciones diminutas y glaciales, con baño, repartidas en una gran extensión de terreno expuesto al sol ardiente. Hay asimismo 10 suites con aire acondicionado y un baño más agradable, piscina, bar y restaurante con menú a 90 DH. El precio de las habitaciones dobles oscila de 450 a 650 DH en media pensión.

DAR INFIANE

BP 221, telf. 0524 437 292, fax 0524 437 368, móvil 0661 441 643; web: www.darinfiane.com, darinfiane@wanadoo.net.ma. Está en el interior del hermoso Douar Indfiane, que surge del palmeral sobre una colina. Ofrece 7 habitaciones absolutamente tradicionales, con un baño y aire acondicionado, todas ellas son diferentes y están adaptadas a los espacios de una antigua vivienda de piedras y tierra. Aunque tiene mucho encanto, resulta algo difícil justificar sus elevados precios. La cena puede llegar a costar 200 DH y sirven alcohol. Precio: 1.000 DH.

COMER EN TATA

Si el alojamiento es algo limitado en Tata, la restauración lo es todavía mucho más, de modo que sólo hemos podido seleccionar un único establecimiento sin tener en cuenta los hoteles.

RESTAURANT EL AMAL (A1) 1

Av. Mohamed V, junto al cámping. El restaurante dispone de una terraza muy agradable donde preparan buenos tayines. Precios: de 30 a 50 DH.

TAZA

CAPITAL DE PROVINCIA. 140.000 HABITANTES.

Fundada hacia el siglo VIII, Taza ha servido a lo largo de la historia para controlar una zona estratégica entre el Rif y el Atlas Medio llamada precisamente "Corredor de Taza", por la que habían circulado todos los movimientos migratorios desde el Neolítico y por la que seguirían pasando las diferentes invasiones hasta una época reciente.
Fueron los almohades quienes fortificaron la ciudad en el siglo XII. Los meriníes la emplearon como cabeza de puente, primero para ocupar el imperio marroquí y luego en su lucha contra los Abdeluadides de Tlemcen. Los saadíes la reforzaron con un bastión, temerosos quizá del expansionismo turco. El primer sultán alauí Mulay Rachid se instaló en ella, procedente del Tafilalet, para organizar las expediciones que le llevarían a dominar Fès. En 1902, por fin, fue en Taza donde El Rogui se hizo proclamar sultán, sublevando esta parte del imperio contra Mulay Abdelaziz. Tras la ocupación francesa de 1914, nació la ciudad nueva, separada completamente de la vieja medina. Ésta ha conservado un aire muy auténtico, pese a lo cual es poco visitada por el turismo.

INFO

Código postal. 35000
Bancos. Hay varias entidades en la ciudad nueva.
Iglesia católica. Rue Ibn Khattib, telf. 0535 673 575.
Actividades deportivas. Alquiler de caballos en el Hôtel Friouato.

ACCESOS

La **carretera N-6,** muy correcta, comunica con Fès al oeste y Oujda al este.

TRANSPORTES

ONCF. Trenes a Oujda, Casablanca y Tánger. Estación junto a la carretera N-6, alejada de la ciudad.
Autocares CTM a Casablanca (7 h, 10 h, 23 h y 23.30 h), Fès (14.45 h y 22 h), Oujda (14.45 h), Tánger (22 h) y Al Hoceima (14.45 h). Estación CTM en la Pl. de l'Indépendance.

Autocares privados a Oujda, Fès, Al Hoceima, Nador, Casablanca, etc. Como no hay estación de autocares, tienen parada en la carretera N-6, cerca de la estación de ferrocarril.
Taxis colectivos a Fès, Oujda, Al Hoceima y Nador, en la N-6, cerca de la estación de tren. Otros taxis que se dirigen a los pueblos del Jebel Tazzeka salen junto a la medina.
Autobuses urbanos entre la ciudad nueva y la medina.
Taxis pequeños por el interior del casco urbano.

VISITA

Todo el interés de Taza se centra en su medina. También la excursión al Jebel Tazekka es altamente recomendable.

La **medina** permanece en lo alto de una colina, dominando toda la región, pero la mayor parte de sus casas han sido renovadas con materiales modernos. Hay cierto ambiente comercial, nada turístico. Podéis deteneros en un recinto donde trabajan numerosos forjadores de hierro. Una buena parte de la **muralla,** incluyendo la famosa entrada de Bab er Rih, ha sido destruida. En cambio, el bastión saadí del siglo XVI se mantiene en pie.

EL JEBEL TAZEKKA

Para recorrer el **Parque Nacional del Jebel Tazekka** existe un circuito de unos 100 km por asfalto. Calculad media jornada como mínimo. Durante el primer tramo, se distinguen algunos pueblos muy pintorescos habitados por la tribu Ghiata. En el km 21 encontraréis la **caverna de Friouato** *(visita: de 8 h a 18 h. Entrada: 10 DH),* formada por una sima y una galería. Llevad una linterna, de otro modo sólo podréis ver la primera parte, a la que llega la luz desde la superficie. Más adelante penetraréis en el parque nacional, donde hay diferentes tipos de bosques: pinos, alcornoques, cedros, etc. Si disponéis de un 4x4, una pista bien indicada os permitirá llegar hasta la mismísima cumbre del **Jebel Tazekka,** debiendo regresar luego al asfalto. En el descenso pasaréis por las **gargantas del río Zireg.** Regresar a Taza por la N-6.

DORMIR Y COMER EN TAZA

La oferta no es muy amplia, pero sí suficiente para el escaso turismo que recibe Taza. Los precios pueden considerarse más bajos que en la media del país.

HÔTEL DE L'ETOILE

39 Av. Moulay el Hassan, telf. 0535 270 179. Se encuentra situado a la entrada de la medina, con el cartel escondido bajo las arcadas. Consta de 13 habitaciones muy sencillas con lavabo y distribuidas en torno a un amplio patio central bien decorado. Los somieres son de muelles. Precio: 100 DH.

HÔTEL DU DAUPHINÉ

Pl. de l'Indépendance, telf. 0535 673 567, fax 0535 670 005. Está situado en el centro de la ciudad nueva y ha sido completamente renovado, a pesar de lo cual conserva su sabor antiguo propio de los años 1940 en que fue construido. Posee 32 habitaciones amplias y acogedoras, muchas de ellas disponen de cuarto de baño de una pulcritud ejemplar, teléfono y calefacción. En el restaurante se puede comer muy bien por unos 85 DH, con la hamburguesa de caballo como especialidad de la casa. También sirven bebidas alcohólicas. Precio: 180 DH.

Hôtel Friouato***

BP 187, telf. telf. 0535 672 264, fax 0535 672 244. Se halla en las afueras y no está indicado. Para encontrarlo, bajad de la medina a la ciudad nueva: lo veréis a mano derecha y el primer desvío os conducirá hasta él. Incluye 60 habitaciones confortables pero un poco envejecidas, con baño y teléfono. También hay una gran piscina, sala de juegos, bar, discoteca y un restaurante donde se puede comer por 112 DH. En el bar se puede tomar una copa entrada la noche. Precio: 250 DH.

Hôtel de la Tour Eiffel

Route de Fès, BP 1092, telf. 0535 671 562 / 0535 281 824, fax 0535 671 563; e-mail: tourazhar@hotmail.com. Dispone de 18 habitaciones muy funcionales, bien mantenidas, con baño, teléfono y televisión, así como de un restaurante donde el menú cuesta alrededor de 111 DH. Precio: 350 DH.

TAZZARINE

PROVINCIA DE ZAGORA. 5.500 HABITANTES.

Mencionada ya en el siglo XVI por León el Africano como una región con diferentes pueblos junto a un río, Tazzarine fue ocupada probablemente por sus habitantes actuales, los Ait Atá, a principios del siglo XIX. Su desarrollo es reciente, ligado a la apertura de las nuevas comunicaciones entre Rissani y el valle del Drâa.

INFO

Código postal. 45700
Guías. En el Cámping Amasttou.
Bancos. Los más cercanos están en Rissani, Ouarzazate y Zagora.
Actividades deportivas. Circuitos en mula y en dromedario en el *Cámping Amasttou.*

ACCESOS

La **carretera N-12** une Tazzarine con Rissani al este y Tansikht al oeste. Una carretera local se encamina a Taghbalt hacia el sur.
Una **pista** que se dirige al oeste y luego hacia el sur enlaza con Zagora, pasando cerca de Zaouia Tafetchna, donde comienza el asfalto. Puede practicarse con un turismo un poco alto y resulta pintoresca.
La **antigua pista 3454** que continúa apareciendo en muchos mapas entre Tazzarine y Zagora por el Tizi n'Tafilalet está inutilizada desde hace más de una década.

TRANSPORTES

Autocares privados a Rabat (atardecer) y a Zagora (madrugada).
Taxis colectivos a Tansikht, Ouarzazate y Alnif. En Tansikht hay transporte hacia Zagora.
Alquiler de 4x4 con chófer: en el cámping Amasttou y en el cámping Bou Gaffer.
La **estación de servicio** se localiza en el centro.

VISITA

Hay numerosas **casbas** junto a la carretera de Rissani. Sólo pueden verse por fuera.
Interesante circuito por pistas en el interior del **palmeral.**
Grabados rupestres en diferentes puntos de los alrededores. Destacan los de Aït Ouazik al suroeste y los de Tiouririne junto a la carretera de Tansikht, a 5 km de Tazzarine.
El **Jebel Saghro** ofrece muchos rincones interesantes para las excursiones a pie o en un vehículo todoterreno. Ver el capítulo "Nkob" [pág. 257].

DORMIR Y COMER EN TAZZARINE

CÁMPING

CÁMPING CARAVANING AMASTTOU

En Tazzarine, telf. 044 839 078, fax 044 839 0535; e-mail: complexeamasttou@caramail.com. Se halla en pleno palmeral, accesible por un camino bien indicado. Es uno de los mejores cámpings de Marruecos: limpio, bien situado, decorado con gusto y bien mantenido, con ducha caliente. Dispone asimismo de dos habitaciones muy sencillas y de varias jaimas equipadas con sábanas y colchones, además de un restaurante y una balsa donde refrescarse.

VILLAGE TOURISTIQUE BOUGAFER

Junto a la carretera de Taghbalt, telf. 044 839 005 y 84, fax 044 839 086; www.tourisme-tazarine.com. Posee 60 habitaciones funcionales, todas ellas provistas con aire acondicionado, baño y muchas de ellas con vistas al palmeral. Aunque es un establecimiento dirigido a los grupos, los individuales son recibidos igualmente con la misma amabilidad. También hay una buena piscina, dos restaurantes donde se sirve vino y un bar frecuentado por la población local. Precio: 200 DH.

TELOUET, IGHREM N'OUGOUDAL Y RUTA DEL TIZI N'TICHKA

EL PUERTO DE TICHKA SEPARA LA WILAYA DE MARRAKECH DE LA PROVINCIA DE OUARZAZATE.

Habitada desde muy antiguo por la tribu berébere Glaua, la región de Telouet constituía un paso estratégico en la ruta de Marrakech al valle del Drâa y de allí al África subsahariana. Esto dio un gran poder a las diferentes familias que dominaron la zona en nombre del sultán, y muy especialmente a la última de ellas, conocida como los Glaui, quienes lograron convertir los valles presaháricos en su feudo particular, en pleno siglo XX.

INFO Y TRANSPORTES

Códigos postales. Telouet: 45252
Ighrem n'Ougoudal: 45250
Aït Ourir y Taddert: 42050

Guías. Acompañantes de montaña titulados en las gîtes d'Etape. Guías amables y competentes, aunque sin credenciales, en el Auberge Chez Abdou de Ighrem n'Ougoudal. Recomendables sobre todo para ver los grabados rupestres. En Telouet está Mohamed Bouafoud, telf. 0670 974 734, e-mail: momotwarigu@hotmail.fr.

Bancos. En Marrakech y Ouarzazate solamente.

Un **autocar privado** diario enlaza Telouet con Ouarzazate. También hay **taxis colectivos.** La N-9 de Marrakech a Ouarzazate es recorrida por numerosos autocares y taxis colectivos al día, así como tres **autocares CTM.**

ACCESOS

La **carretera N-9** comunica Marrakech con Ouarzazate por el puerto de Tichka. Buena, pero con curvas interminables y fuertes desniveles. El paisaje compensa con creces cualquier inconveniente.

La **carretera 6802** une Telouet a la N-9 en las cercanías del Tizi n'Tichka. Correcta pero lenta. Más allá de Telouet, la 6802 continúa hacia Anemiter, y de allí a Tamdakht y Ait Ben Haddou por las gargantas de Ounila (asfaltado en 2010), volviendo a salir a la N-9 a unos 20 km de Ouarzazate.

COMPRAS Y ACTIVIDADES DEPORTIVAS

Minerales del Atlas, por todas partes a lo largo de la P-31. Hay que tener cuidado ya que en muchos casos es simple cuarzo pintado de colorines para hacerlo más atractivo.

Senderismo: diferentes recorridos posibles. El más interesante es el de Anemiter al lago de Tamda n'Oungoumar. De allí podéis continuar hacia el valle de Tessaoute.

También es digno de mención el de Ighrem n'Ougoudal hacia el valle del río Zat por el puerto de Taïnant.

VISITA

Aparte de los dos puntos de interés que se mencionan a continuación, la ruta del Tizi n'Tichka merece la pena por sus paisajes, tanto naturales como humanos, con abundancia de pueblecitos de piedra, casbas y actividad agrícola. Ver también el capítulo "Aït Ben Haddou" [pág. 64].

TELOUET

La **casba de Telouet** *(entrada: 20 DH)* se levanta a 87 km por la carretera de Marrakech más otros 20 km por una carretera local con muchas curvas. Era la residencia original de la familia El Glaui. La parte más antigua, construida en tapial, parece datar del siglo XVIII. El resto está hecho de piedra y fechado entre mediados del siglo XIX y principios del siglo XX. Todo se halla en ruinas, excepto un par de salas que fueron completamente renovadas en los años 1950 y que pueden visitarse. Su estilo es árabe urbano, con profusión de yeso moldeado, azulejos y mosaicos. No

EL GLAUI

Cuando hablamos de El Glaui nos referimos generalmente a El Haj Thami El Mezuari El Glaui, que fue pachá de Marrakech y estuvo a pocos pasos del trono en los años 1950. Sin embargo, la saga de los Glaui había empezado un siglo antes. El primero en destacar fue Mohamed U Ahmed El Mezuari, original de la región de Ouarzazate, quien tomó el sobrenombre de El Glaui al ser nombrado por Mulay Abderrahmán caíd de la tribu Glaua. El nuevo caíd se instaló en la casba de Telouet, lo que le permitió controlar uno de los pasos más importantes del Gran Atlas, el Tizi n'Telouet, y percibir tributos de los mercaderes que se dirigían a Marrakech o al valle del Drâa.

A la muerte de su padre en 1886, El Madani El Mezuari El Glaui tomó el relevo en el caidato de la tribu. En 1993, regresando de una desastrosa campaña contra los Ait Atá del Tafilalet, Hassan I acertó a pasar por la casba de Teluet, donde recibió generosa hospitalidad y apoyo incondicional. De aquella estancia surgió el nombramiento de El Madani El Glaui como jalifa del sultán en las regiones de los Glaua, del Todra y del Tafilalet. Un título puramente honorífico, pues tales territorios estaban por conquistar, pero que permitió a El Madani extender poco a poco sus dominios con apoyo oficial.

Fallecido Hassan I, subió al trono su joven hijo Mulay Abdelaziz, quien emprendió una desafortunada política económica que llevó el país al guarda ningún parecido con las otras casbas de la región, estando mucho más próxima a los grandes palacios de Marrakech. El **zoco** de Telouet tiene lugar los jueves y está siempre muy animado, con un aspecto muy tradicional.

IGHREM N'OUGOUDAL

El **granero** colectivo **de Ighrem n'Ougoudal,** a 78 km en la carretera de Marrakech, puede visitarse tras una propina para el vigilante, que vive al lado. Ha sido restaurado por el Ministerio de Cultura y su imagen interior es fascinante, con casi un centenar de departamentos donde las diferentes familias guardaban el grano, distribuidos en torno a un patio central rodeado de columnas de madera de tuya.

Ighrem n'Ougoudal es también la base para una excursión a los **grabados rupestres de Taïnant,** que están a unas tres horas andando y representan sobre todo símbolos abstractos, medias lunas y espirales. Para encontrarlos es necesario ir con un guía que conozca su emplazamiento exacto, el cual se puede solicitar en el restaurante *Chez Abdou.*

caos en pocos años. Los Glaui jugaron un importante papel entre sus detractores, de modo que, cuando el sultán fue destronado y substituido por Mulay Hafid, El Madani obtuvo el cargo de Primer Ministro y su hermano Thami el de Pachá de Marrakech.

Tras la implantación del protectorado en 1912, los Glaui adoptaron una posición colaboracionista con los franceses que les permitió controlar, en su nombre, la mayor parte del sur marroquí. El Madani murió en 1918. Desde aquel momento, Thami El Glaui tomó en sus manos las riendas del poder familiar y repartió entre sus otros hermanos, hijos y sobrinos los principales caidatos de la región. Su actitud pro francesa le llevó a enfrentarse muy a menudo con el nuevo sultán Mohamed V, quien mantenía una postura de resistencia pasiva. Tal enfrentamiento alcanzó su grado más alto en 1953, cuando el sultán fue depuesto por el ejército galo y tuvo que exiliarse a Madagascar. Parece que en aquel momento Thami El Glaui llegó a aspirar al trono, renegando de sus raíces beréberes para darse una supuesta ascendencia jerifiana. Sin embargo, el trono fue ocupado por un familiar de Mohamed V, lo que permitió a los conjurados mantener cierta apariencia de legalidad dinástica.

Luego los acontecimientos se precipitaron. Francia se vio obligada a aceptar la independencia de Marruecos y Mohamed V regresó del exilio en 1955. Entonces el octogenario Thami El Glaui se postró a sus pies para obtener el perdón real. Murió a los pocos meses.

DORMIR Y COMER EN TELOUET O EN LA RUTA DEL TIZI N'TICHKA

■ **EN AÏT OURIR,** *a 35 km de Marrakech y 168 km de Ouarzazate*

AUBERGE LE COQ HARDI

BP 18, Pont du Zat, telf. / fax 0524 480 056, móvil 0661 241 309, web: www.coqhardimarrakech.com. Consta de 24 habitaciones bastante correctas, con baño, distribuidas alrededor de un jardín con piscina y parque infantil. El restaurante tiene un comedor europeo con chimenea y otro de estilo árabe, pero toda la cocina es marroquí. A la carta por 100 DH. Sirven alcohol. Precio: 180 DH la doble.

AUBERGE DES NOYERS

Telf. 0524 484 575. Propone 14 habitaciones interiores muy sencillas, con lavabo, a 120 DH la doble. El baño comunitario es correcto. En el restaurante, con chimenea, se come por 60 DH y tienen bebidas alcohólicas.

Numerosos cafetines de carretera ofrecen pinchos y tayines de cordero a precios muy populares. Preguntad antes de comer y compararlos entre sí, pues los hay que aplican tarifas especiales para turistas. La carne es excelente.

■ **EN DAR OUDAR TOUAMA,** *a 55 km de Marrakech y a 148 km de Ouarzazate*

HÔTEL DAR OUDAR

Telf. 0524 484 772, móvil 0661 340 194. Tiene 14 habitaciones sencillas, correctas, con baño, a 200 DH la doble. En el restaurante se come por unos 90 DH, cocina marroquí.

■ **EN IGHREM N'OUGOUDAL,** *a 125 km de Marrakech y 78 km de Ouarzazate*

CAFÉ RESTAURANT CHEZ ABDOU

En la carretera, frente a Correos. Suculentos *tayines* de cordero tal como se hacían antaño, con fuego de carbón y cazuela de barro. Pinchos. Ensaladas enormes. Sobre 80 DH por una comida. Disponen también de 3 cuartitos extremadamente simples (colchones en el suelo). No hay ducha caliente, pero os acompañan al *hamam.* Organizan además excursiones para ver los grabados rupestres de Taïnant. El trato es muy amable y el ambiente familiar. No sirven bebidas alcohólicas.

AUBERGE CHEZ MIMI

En el centro del pueblo. Mimi, la francesa, se fue hace muchos años y el establecimiento ha quedado como un bar para los alcohólicos locales. Cuenta con 6 habitaciones simples. Restaurante.

■ **EN TELOUET,** *a 131 km de Marrakech y 107 km de Ouarzazate*

AUBERGE DE TELOUET

En la carretera, entre el pueblo y la casba, telf. 0524 891 375, móvil 0662 134 455, web: www.telouet.com, e-mail: aubtelouet@yahoo.fr. Es un hermoso edificio de piedra. Ofrece 9 habitaciones con baño, de aire rústico, y otras 4 absolutamente básicas. La terraza disfruta de una vista excelente y en el restaurante se come una sabrosa cocina local. Media pensión a 160 DH por persona. 200 DH

MAISON D'HÔTES IFOULKI

Detrás del zoco de Telouet, telf. 0524 891 314, móvil 0670 411 398, e-mail: hafoulki@yahoo.fr. Cuenta con 5 habitaciones bien mantenidas y simpáticas dentro de su simplicidad, con un baño comunitario bien hecho. La doble cuesta 250 DH. Hay asimismo una sala de yoga y de baile, ya que organizan estas actividades, así como cursos de acuarela. Se come una buena comida casera por 90 DH.

AUBERGE LE LION D'OR

A la entrada de la casba de Telouet, telf. 0524 888 507, móvil 0618 123 437. Abierto en 2010, dispone de 5 habitaciones sencillas pero limpias, una de ellas con baño. En el restaurante hay varios menús entre 80 y 150 DH. Un saloncito fresco y simpático abierto por un lado permite comer contemplando el valle. Precios: de 300 a 400 DH en media pensión.

■ **EN OUAOURIOUKT,** *accesible por pista desde Anemiter*

GÎTE D'ETAPE DE LOS HERMANOS BOUCHEHOUD

Está bien equipada, con ducha caliente. Su cocina ofrece platos muy familiares que son deliciosos.

■ **EN TISSELDAY,** *a 152 km de Marrakech y 51 km de Ouarzazate*

MAISON D'HÔTES I ROCHA

Telf. 0667 737 002, web: www.irocha.com, e-mail: contact@irocha.com. El acceso es por 300 m de pista buena. La casa ha sido construida con materiales autóctonos dentro del más puro estilo de la región. Son 11 habitaciones encantadoras, climatizadas, con baño. Hay piscina, jardín, un *hammam,* una biblioteca y una terraza con vistas al valle. Almuerzos: 100 DH, menús del día fresco: 900 DH para dos personas en media pensión

TETOUAN Y MARTIL

CAPITAL DE PROVINCIA. 360.000 HABITANTES.

Heredera de la Tamuda romana, Tetouan (significa "las fuentes" en beréber) fue fundada por los meriníes a principios del siglo XIV. Pronto se erigió en base de los corsarios que atacaban barcos europeos y, como represalia, fue destruida en 1399 por la flota castellana. Un siglo más tarde, sin embargo, renació y se repobló gracias a la llegada de numerosas familias árabes huidas de Al-Andalus tras la toma de Granada, encabezadas por Sidi El Mandri. El proceso continuó durante mucho tiempo, sobre todo con la expulsión de los moriscos. En la llamada Guerra de África de 1860, España ocupó Tetouan por primera vez. Se retiró un par de años más tarde contra una fuerte indemnización, pero a partir de 1912, con la implantación del protectorado, la sometió de nuevo, convirtiéndola en capital de la Zona del Norte. Hoy es una ciudad bulliciosa y ajetreada, que vive básicamente del comercio, conservando un aire tradicional tanto en las construcciones como en las costumbres.

INFO

Código postal. 93000
Delegación de Turismo. 30 Av. Mohamed V, BP 62, telf. 0539 961 915 y 0539 961 914. Está al lado del Consulado español.
Bancos. Hay varias entidades en la ciudad nueva, repartidas entre la Av. Mohamed V y la Pl. Moulay el Mehdi.
Asociación de guías. Frente a la Escuela de Artes y Oficios, en un primer piso, telf. y fax. 0539 999 314.
Plano detallado de la medina expuesto en la plaza Hassan II.
Iglesia católica. 4 Pl. Moulay El Mehdi, telf. 0539 963 227.
Web: www.visitetanger.com.

ACCESOS

La **carretera N-1,** buena a pesar de las curvas, enlaza con Tánger al noroeste y Chefchaouen al sur.
La **carretera N-13** viene de Ceuta por el norte. Es excelente, pero en verano está sobrecargada.
La **carretera R-417,** en buen estado, se desvía de la N-1 hacia el suroeste para enlazar con la autopista de Rabat.
La **carretera N-16,** con curvas interminables y algo estrecha, llega de Oued Laou por el sudeste.

ACTIVIDADES DEPORTIVAS

Senderismo. Diferentes circuitos pensados para la práctica del senderismo han sido trazados con pintura en los montes Haouz, al norte de Tetouan.

TRANSPORTES

Autocares Supratours a Tánger, 2 al día. Salen de la agencia *Supratours,* 18 Av. du 10 Mai, Tetouan.
Autocares CTM a Tánger, Chefchaouen, Al Hoceima, Nador, Fès, Casablanca, Agadir, Tiznit, Safi, Ouarzazate y Laayoune. Salen de una estación propia, situada en la Av. Sidi Driss.
Autocares privados a Tánger (18 al día), a la frontera de Ceuta (17 al día), Oujda, Casablanca, Fès, Marrakech, Beni Mellal y a todos los pueblos y ciudades del norte. Estación de autocares al principio de la Rue Moulay al Abbas, junto al Ayuntamiento.
Taxis colectivos a Tánger, Chefchaouen, Oued Laou, Mdiq, Fnideq y a la frontera de Ceuta. Se encuentran repartidos entre la Rue Moulay al Abbas y sus adyacentes.
Autobuses urbanos a Martil, Mdiq así como otros pueblos de los alrededores.
Taxis pequeños que circulan por el interior de la ciudad.
Aeropuerto Sania Rmel a 5 km en la carretera de circunvalación, telf. 0539 971 876, fax. 0539 971 098. No hay vuelos regulares. *Royal Air Maroc:* 5 Av. Mohamed V, telf. 0539 961 260, 610 y 577, fax. 0539 702 992. También en el aeropuerto, telf. 0539 971 233.
Alquiler de automóviles sin conductor. *Douka Nord sarl,* 10 Rue Chakib Arsalan, telf. y fax. 0539 969 666. *Rent a Car Bab el Okla,* telf. 0661 086 290 y 0539 998 890.
Aparcamiento de Bab Tout en la muralla, subiendo desde la Pl. Moulay el Mehdi.

VISITA

Para ver bien Tetouan conviene dedicarle una jornada entera. Tanto su medina como la ciudad colonial merecen una visita, sin olvidar sus dos museos y una escuela de oficios tradicionales.

LA CIUDAD

La **medina** de Tetouan, considerada por la UNESCO Patrimonio de la Humanidad, es una de las más vivas y coloridas de Marruecos. Escasamente influenciada por el turismo y organizada en gremios de artesanos y comerciantes, aún conserva su carácter tradicional. Además de joyas, babuchas, telas, muebles y una variada artesanía local, en sus callejuelas se venden alimentos frescos, frutas, verduras, carnes y mucho pescado. A ciertas horas resulta difícil transitar por ellas a causa del gentío que se acumula. Su estilo arquitectónico es claramente andalusí con profusión de arcadas hechas de ladrillos que se traslucen bajo el encalado. Muchos tramos de las calles quedan cubiertos por el piso alto de las viviendas, permitiendo ver los techos tradicionales de madera y cañas. Por doquier aparecen decenas de **mezquitas** con sus hermosos alminares, zagüías, morabitos y fuentes públicas. También hay una **medersa** llamada *Loukach* en la plaza de Garsa Kebira, así como una fortificación construida por Sidi El Mandri a finales del siglo XV, que por el momento se mantiene cerrada.

Entre las **zagüías,** hay que destacar por su valor estético la de *Sidi El Haj Ali Baraka,* de principios del siglo XVIII, la de *Sidi Alí Ben Raisoun* con su alminar octogonal y su entrada de vistosos colores, y la de *Sidi Saidi,* patrón de la ciudad.

La **mezquita Erzini,** fechada en 1591, es la más antigua y conserva su alminar encalado de una simplicidad absoluta, característico de aquella época.

La **Gran Mezquita,** en cambio, construida a principios del siglo XIX, no tiene un interés específico.

En el Mellah, la **sinagoga Sin Ben-goualid** *(abierta al público)* fue restaurada gracias a la cooperación internacional, especialmente de la Junta de Andalucía.

Las **curtidurías** de Tetouan continúan en pleno funcionamiento cerca de Bab Mkabar, en un recinto cerrado al que se accede (mediante una propina) desde la calle El Jarrazin, donde se concentran los puestos de babuchas. Constituyen un espectáculo muy colorido pero también algo triste, pues los curtidores trabajan en condiciones muy precarias de higiene y salud dentro de las cubas de tintes y el olor que desprenden éstos resulta nauseabundo.

La **muralla** que rodea la medina se conserva en algunos tramos, mientras que en otros ha desaparecido. En ella se abren 7 puertas originales entre las que destacan del punto de vista artístico *Bab Tout, Bab Nouadir* y, sobre todo, *Bab el Okla.* Esta última data del siglo XVI y estaba protegida por una fortificación con una batería de cañones.

La **casba,** situada por encima de la medina, no se puede visitar porque forma parte de un conjunto militar colonial que hoy está en ruinas. No obstante, puede verse desde el exterior ofreciendo una bonita imagen con el cementerio en primer plano desde el camino que sale de Bab Mkabar. La **Escuela de Artes y Oficios** *(telf. y fax. 0539 972 721, visita: de lunes a viernes de 8.30 h a 15.30 h. Entrada: 10 DH)* está enfrente de Bab el Okla, sin cartel en la puerta pero muy visible por el carácter monumental del edificio. Fue construida bajo el protectorado español en 1928, con el objetivo de conservar los oficios tradicionales y aún hoy continúa en funcionamiento. Aquí se pueden ver los diferentes talle-

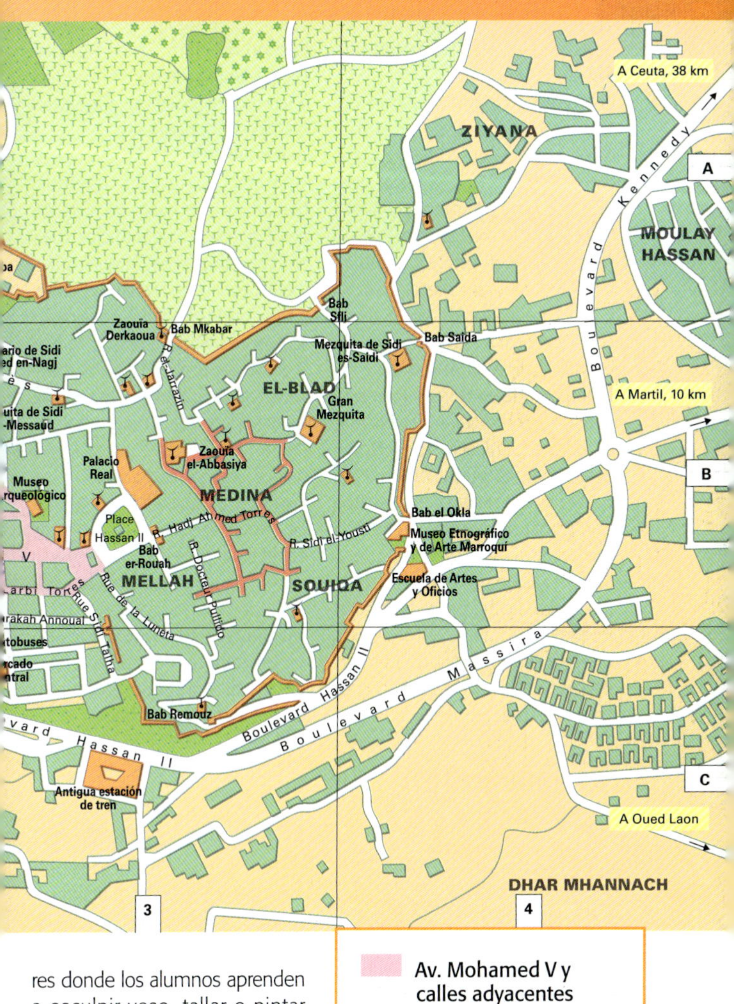

res donde los alumnos aprenden a esculpir yeso, tallar o pintar madera, tejer mantas, forjar hierro, realizar mosaicos de cerámica, etc., pudiéndose apreciar tanto los materiales como las técnicas y herramientas utilizadas.

Hay también una sala donde se exponen algunos productos acabados de alta calidad. La propia escuela está construida y deco-

Av. Mohamed V y calles adyacentes

Por esta amplia avenida se registra un gran movimiento de paseantes y numerosas terrazas de cafés, llenas todo el día.

Medina

En la medina se respira el ambiente comercial de la ciudad, sobre todo por la tarde.

rada artesanalmente como un verdadero palacio.

El **Museo Etnográfico** *(visita de 10 a 15 h. Fines de semana cerrado. Entrada: 10 DH)* ocupa la fortaleza de Bab el Okla, que data de mediados del siglo XIX. Se accede al mismo por Bab el Okla y la callejuela que gira a la izquierda. Alberga colecciones de objetos tradicionales, tanto de la cultura morisca tetuaní como de la vida rural de la región.

El **Museo Arqueológico** *(cerrado sábados, domingos y martes por la mañana. Entrada: 10 DH)* fue creado bajo el protectorado y no ha cambiado mucho desde entonces. Contiene objetos púnicos y romanos de la zona norte, pero también algún grabado rupestre y puntas de flecha procedentes de lo que era el Sahara español. Hay una sala específica sobre Lixus con estatuas, utensilios, mosaicos, monedas y cerámica, así como una reproducción del crómlech de Mzoura. En la planta superior se pueden encontrar algunas antigüedades islámicas y portuguesas.

La **ciudad colonial** de Tetouan es la mejor conservada de todo Marruecos y se extiende al oeste de la medina. Los edificios más hermosos están en la Av. Mohamed V, en la calle Mohamed Torres y sobre todo alrededor de la plaza Moulay El Mehdi. También merece la pena visitar el edificio del **mercado central,** siempre rebosante de actividad, y la antigua estación de tren, actualmente cerrada, que parece un auténtico castillo.

Para obtener una vista panorámica de Tetouan resulta muy recomendable subir a **Torreta,** al otro lado del río Martil, yendo a la izquierda en la primera bifurcación.

Las **playas** no faltan en la región de Tetouan. La más cercana es la **de Martil,** donde desemboca el río del mismo nombre.

DORMIR EN TETOUAN

PENSIÓN VICTORIA (B2) **1**

23 Av. Mohamed V, primer piso, telf. 0539 965 015. Dispone de 8 habitaciones bien amuebladas, y bastante correctas dentro de su sencillez, con servicios comunitarios.

PENSIÓN IBERIA (B2) **2**

5 Pl. Moulay el Mehdi, tercer piso, telf. 0539 963 679. Posee 14 habitaciones, sencillas pero limpias y correctas, con ducha caliente y baños comunitarios. Algunas dan a la plaza, lo que significa que se puede disfrutar del bullicio pero también soportar el Precio: 100 DH.

HÔTEL PRÍNCIPE (B2) **3**

20 Rue Youssef ben Tachfine, telf. 066 553 820. 60 habitaciones, algunas con ducha y el resto sólo con lavabo. Hay una cafetería en la planta baja. Precio: 100 DH.

HÔTEL BILBAO (B3) **4**

7 Av. Mohamed V, telf. 066 153 130. Ocupa un magnífico edificio colonial en cuyo interior parece no haber cambiado nada desde aquella época. Tiene 30 habitaciones, algunas equipadas con una ducha rudimentaria. Es un establecimiento con más encanto, realmente, que comodidad. Precio: 100 DH.

HÔTEL KANDILIKHAS (B3) **5**

3 Rue Mikka, El Mechouar, Hay El Kods, telf. 0539 962 230. Recientemente inaugurada en una callejuela del antiguo barrio judío, esta pensión familiar ofrece una docena de habitaciones sencillas y algo justas de espacio, pero extremadamente limpias y arregladas con gracia. El baño es comunitario y está impecable. Precio: 150 DH.

HÔTEL OUMAÏMA (B2) **6**

Av. 10 Mai, Tetouan, telf. 0539 963 473. Consta de 33 habitaciones pequeñas y austeras pero muy agradables con baño, teléfono y calefacción. Hay además una pizzería y un restaurante a precios económicos. Precio: 250 DH.

HÔTEL DE PARIS (B2) **7**

11 Rue Chakib Arssalane, telf. 0539 966 750, fax 0539 712 654. Tiene medio centenar de habitaciones funcionales, con baño, teléfono interior y calefacción, así como algunas con televisión y balcón. En los sanitarios se puede percibir la huella del tiempo. Precio: 300 DH.

HÔTEL PANORAMA VISTA (C2) **8**

Av. Moulay Abbas, telf. 0539 964 970, fax. 0539 964 969, web: www.panoramavista.com, e-mail: panoramavista@menara.ma. Incluye 63 habitaciones impecables, limpias y bien mantenidas, aunque sin lujos, equipadas con baño, teléfono, televisión, balcón y algunas con aire acondicionado. La vista sobre la montaña justifica su nombre. También hay un amplio salón de té. Precio: 400 DH con desayuno.

RIAD DALIA (B3) **9**

25 Rue Ouessaa, Mtamar, telf. 0539 964 318, móvil 018 025 049; web: www.riad-dalia.com, e-mail: contactdalia@googlemail.com. Es una casa antigua en el corazón de la medina. Cuenta con 8 habitaciones llenas de encanto, distribuidas alrededor de un patio andalusí. Las hay de diferentes tipos y a diferentes precios. En el restaurante, que ocupa el propio patio y los 3 salones adyacentes, se puede comer por 100 DH el menú del día. Precio: de 300 a 600 DH con desayuno, según la habitación.

HÔTEL EL YACOUTA

Route de Sebta, km 2, telf. 0539 996 978 y 79, fax. 0539 996 973, e-mail: yacouta@menara.ma. Son 40 habitaciones limpias y espaciosas, equipadas con baño, teléfono, calefacción, televisión, etc. También hay un salón de té, sala de conferencias y un restaurante especializado en pescados y mariscos, donde el menú cuesta 135 DH. Precio: 500 DH.

EL REDUCTO (B3) **10**

38 Rue Zawya, Mechouar Essaid, telf. y fax 0539 968 120; web: www.riadtetouan.com, e-mail: elreducto2006@yahoo.es. Se trata de una mansión del siglo XVIII restau-

COMPRAS

Artesanía de diferentes tipos en la medina.
Libros. Alcaraz, Av. Mohamed V, telf. 0539 704 782.
Bebidas alcohólicas. Supermercado La Española, 3 Rue 10 Mai.

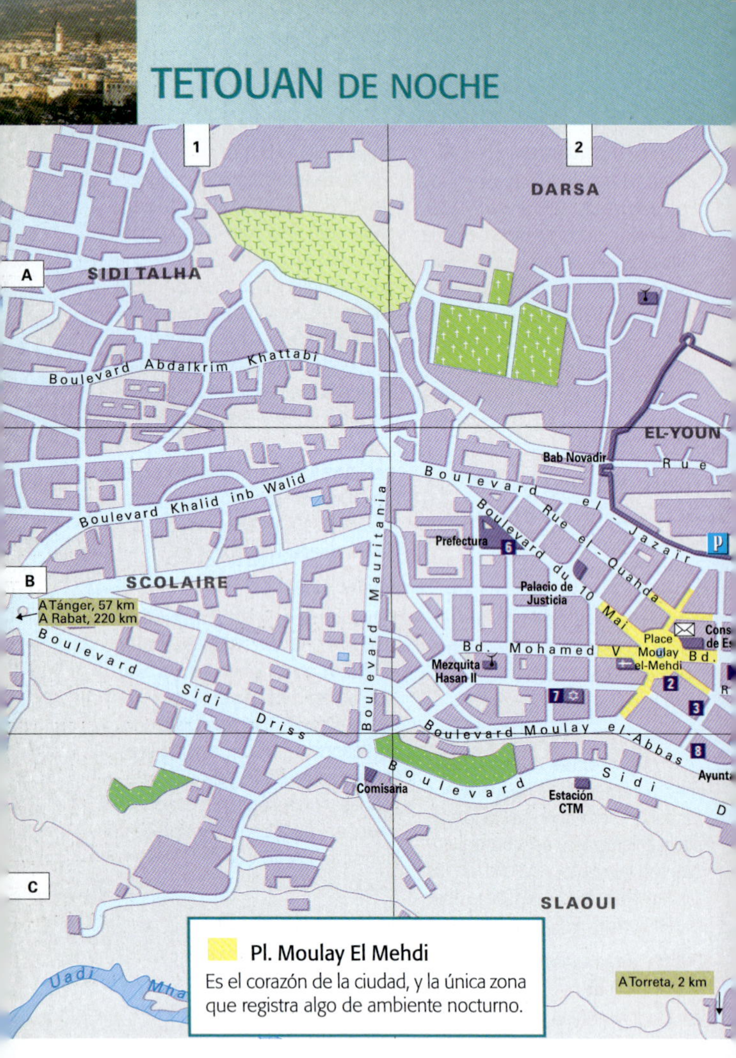

rada por el visir Haddad durante el protectorado y recientemente transformada en hotel. Tiene sólo 4 habitaciones de aire verdaderamente señorial, con mucho carácter y equipadas con un buen cuarto de baño. El restaurante ofrece variedad de especialidades marroquíes y pescados, entre 90 y 200 DH, pudiendo acompañarse con vino. Precios: 700-a 900 DH media pensión.

HÔTEL CHAMS

Av. Abdelhalak Torres, BP 4060, telf. 0539 990 901 a 06, fax. 0539 990 907, www.hchams.tk, hchams@menara.ma. Está a 2 km de Tetouan, en la carretera de Martil. Dispone de 68 habitaciones confortables, con aire acondicionado, baño, teléfono y televisión. Algunas tienen balcón. Tiene 4 suites lujosas, cada una de un

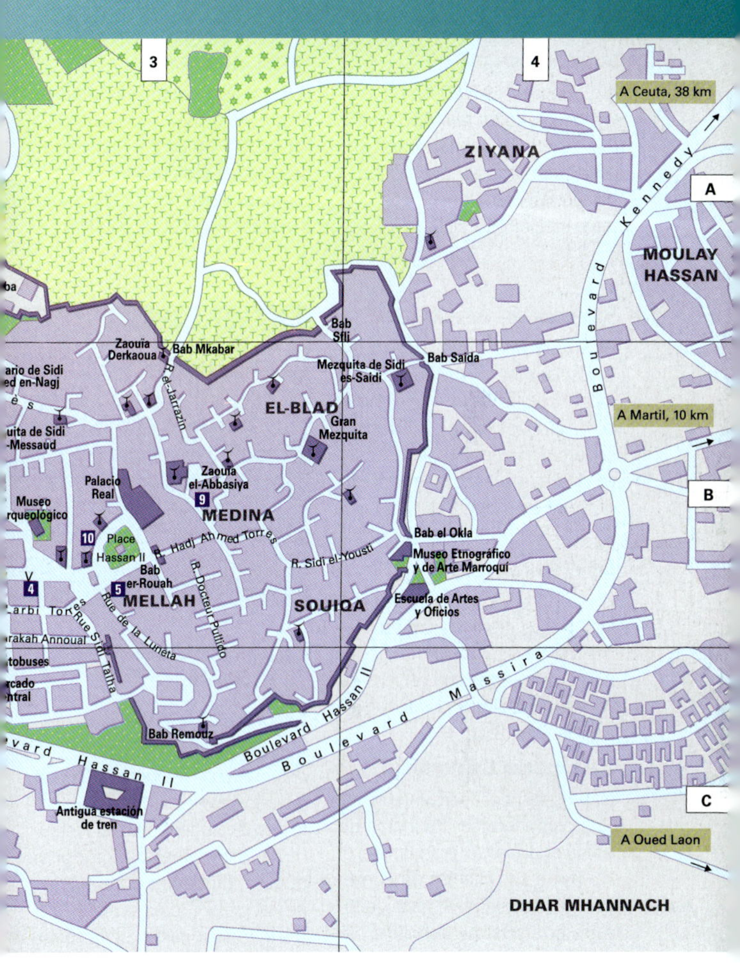

color. La piscina es pequeña pero bonita rodeada de césped. En el restaurante, un menú con cocina marroquí e internacional cuesta 160 DH. Precios: 500-630 DH.

En la región

■ Cámpings

Cámping Alboustane

Av. de la Corniche, 93150 Martil, telf. 0539 688 822, fax 0539 689 682. Está a 300 m de la playa y es uno de los mejores cámpings de la costa marroquí. Cuenta con un bloque de sanitarios muy correctos y bien cuidados, ducha caliente en invierno, una piscina grande y limpia y un restaurante que ofrece una amplia carta con cocina marroquí e internacional. Precio: de 100 a 130 DH por una comida.

HÔTEL MARHABA

Av. Hassan II, 93150 Martil, a 1 km de la playa. telf. 0539 689 029. Tiene 18 habitaciones sencillas pero limpias, con lavabo y balcón, así como ducha comunitaria. Precio: 180 DH.

HÔTEL ADDIAFA

A 8 km de Tetouan en la carretera de Martil, telf. 0539 688 011, fax 0539 688 010. 47 habitaciones grandes, algunas con baño completo y otras con lavabo. Junto a la carretera. Precio: 200 DH.

COMER EN TETOUAN

SÁNDWICHES BAHR (B2) ❶

21 Rue Al Moukaouma, cerca de la Pl. Moulay el Mehdi. Es un local sencillo pero muy limpio con paredes blancas, donde saborear excelentes pescados y carnes a la plancha. Precio: de 40 a 80 DH según elección.

RESTAURANT LE RESTINGA (B2) ❷

21 Av. Mohamed V. Ocupa un patio interior con árboles y cañizo. Tienen carnes y pescados, que pueden acompañarse con cerveza. La cocina es bastante correcta. Precio: de 60 a 80 DH.

RESTAURANT GRANADA (B2) ❸

Está dentro del aparcamiento de Bab Tout y ofrece dos horas de estacionamiento gratuito en el mismo a sus clientes. El comedor, de alta calidad, está decorado con gusto y sencillez. Su epsecialidad son las carnes, los pescados, así como otros platos especiales de la casa. Precios: de 70 a 100 DH.

LA CASA DE ESPAÑA (B2) ❹

4 Rue Chakib Arsalan, en la ciudad nueva de Tetouan. Es un club privado para españoles residentes en la ciudad, pero el restaurante está abierto a todo el público. Proponen un excelente pescado, así como diferentes platos internacionales. Sirven bebidas alcohólicas. Precios: de 100 a 150 DH.

LA NOCHE

El mejor lugar donde tomar una copa en plan tranquilo y disfrutando del entorno es sin lugar a dudas **EL REDUCTO.** También hay bar en el **HÔTEL SAFIR,** en la carretera de Ceuta, y sirven cerveza en el **RESTAURANTE RESTINGA.**

AVISO

El número y las letras que acompañan a los hoteles y restaurantes hacen referencia a su situación en los distintos planos de la ciudad. Por ejemplo, **LA CASA DE ESPAÑA** (B2) ❹ significa que dicho restaurante se encuentra situado en el plano de Tetouan de día [pág. 366-367], en la cuadrícula (B2) señalado con el número ❹.

TINEJDAD

PROVINCIA DE ERRACHIDIA. 30.000 HABITANTES.

Más que una población, Tinejdad es un centro administrativo y mercantil para los 20 ksur esparcidos por el oasis de Ferkla, algunos de ellos probablemente milenarios y otros levantados en el siglo XIX.
Hasta hace poco tiempo había pasado desapercibido a los viajeros y sólo ha empezado a conocerse tras la apertura en 2002 de un museo en el interior del *Ksar* El Khorbat. Se trata de un ambicioso proyecto que pretende salvaguardar y revitalizar esta antigua fortaleza, en la que viven aún 70 familias.

INFO Y TRANSPORTES

Código postal.
Tinejdad centro. 52600
El Khorbat. 52002
Bancos. Banque Populaire, en el centro.
Autocares Supratours a Marrakech, Errachidia y Merzouga.
Autocares CTM a Errachidia y Marrakech.
Autocares privados a Errachidia, Fès, Meknès, Tánger, Casablanca, Marrakech, Agadir, Erfoud y Zagora.
Taxis colectivos Errachidia, Goulmima y Tinerhir.

ACCESOS

La **carretera N-10,** enlaza con Ouarzazate al oeste y Errachidia al nordeste.
La **carretera R-702,** correcta, viene de Erfoud por el este.

VISITA

El interés de Tinejdad se centra en el palmeral de Ferkla con sus numerosos ksur y especialmente en El Khorbat. Se pueden hacer asimismo numerosas excursiones por los alrededores. Ver también los capítulos Goulmima [pág. 166] y Tinerhir [pág. 376].
El **Museo de los Oasis** *(abierto todo el día, entrada: 20 DH)* ocupa 3 casas rehabilitadas en el interior del *Ksar* El Khorbat. Se accede por una pista de 500 m indicada a partir de la carretera de Tinerhir, a 5 km del centro de Tinejdad. Consta de 18 salas donde se explican los aspectos de la vida tradicional en los oasis del sur: la agricultura, la alfarería, la nutrición, la construcción, la indumentaria, el culto, la guerra, etc. No sólo contiene un millar de antigüedades, sino también muchos planos, fotos, maquetas, mapas y explicaciones en varios idiomas, entre ellos el español. Es el único museo del sur hecho con un objetivo didáctico y en él hallaréis probablemente las respuestas a todas esas preguntas que uno suele hacerse cuando recorre la región por primera vez.
Aparte del museo, el ***Ksar* El Khorbat** merece absolutamente la visita por su propio valor artístico e histórico. Fue la capital del oasis y de

TOMAR ALGO

Café Mountazah, situado en la carretera de Errachidia. Dispone de un extenso jardín.
Café Panorama, situado en la carretera N-10, junto al puente. Disfruta de una de las mejores vistas sobre el palmeral.

la tribu Ait Merghad desde su construcción en 1860 hasta la implantación del protectorado en 1933. Su estructura sorprende por su regularidad, con una calle central cubierta que se ve cortada por 8 callejones en los que se distribuyen los habitantes por clanes, dando lugar a unos pozos de luz en los cruces. La única vivienda que se abre a esta calle central pertenece a la del antiguo caíd.
Este *ksar* está siendo rehabilitado por la asociación AEDI con ayuda del Colegio de Aparejadores de Barcelona y se conserva por ello en buen estado. En los locales de esta asociación se llevan a cabo diferentes labores artesanales femeninas, como el bordado de jaiques y el tejido de alfombras. También existe la posibilidad de visitar el interior de una casa antigua *(entrada: la voluntad)* para ver como se vivía y se vive aún dentro de la fortaleza.
La **fuente de Lalla Mimouna** *(telf. y fax: 035 786 798; móvil: 0661 351 674; entrada 50 DH)* forma varios estanques naturales de agua sulfurosa en medio del desierto, a 8 km del centro por la carretera de Tinerhir. Aprovechando estos estanques, el lugar ha sido acondicionado y embellecido con objetos antiguos.
El **palmeral de Ferkla** ofrece varios circuitos interesantes a pie, en bicicleta todo terreno o en automóvil, jalonados de *ksur* entre los que destaca **Asrir** por su antigüedad, por su mezquita considerada de época almorávide y por su tradición alfarera.
Es interesante asimismo la visita de un **molino** tradicional de aceite en pleno funcionamiento. De todo ello se puede encontrar información en el restaurante *El Khorbat.*
Aghbalou n'Kerdous es un pueblo pintoresco con una gran fuente situado a 50 km por carretera, en el Gran Atlas. El camino discurre por varios oasis de montaña de una extraordinaria belleza, con una vista panorámica espectacular sobre **Igoudamen.**
El **zoco** que se celebra en Tinejdad tiene lugar los miércoles y los domingos.

ACTIVIDADES DEPORTIVAS

Entre las diversas actividades se pueden alquilar bicicletas todo terreno para disfrutar en la pista de acceso al Museo de los Oasis.

DORMIR EN TINEJDAD

El sector turístico de Tinejdad ha empezado su actividad recientemente, pero se desarrolla bien.

HÒTEL REDA

En la carretera de Tinerhir, telf. 035 880 284, móvil 070 185 841, e-mail: ouroui02@hotmail.com. Consta de 10 habitaciones sencillas, limpias y climatizadas, con un grupo de sanitarios comunes correcto. También tiene restaurante. Precio: 150 DH.

GÎTE EL KHORBAT

En el Ksar El Khorbat, telf. 035 880 355, fax 035 880 357; móvil 0676 527 392. web: www.elkhorbat.com, elkhorbat@gmail.com. Se accede por la misma pista de 500 m que conduce al Museo de los Oasis, indicada a 5 km del centro por la carretera de Tinerhir y practicable con cualquier vehículo. Posee una decena de habitaciones muy confortables, climatizadas, amplias y llenas de encanto, con un buen cuarto de baño, un saloncito y parte de ellas con terraza o patio privados. Ocupan diferentes viviendas del *ksar* con un siglo y medio de antigüedad, restauradas en 2003 respetando la estructura, los materiales y las técnicas de origen. Es un lugar ideal para pasar unos días disfrutando de la tranquilidad y apreciando la cultura beréber. Dispone de una piscina recién construida. Precio: 800 DH en media pensión, con descuentos de hasta el 30 por cien para estancias de varios días.

CORMER EN TINEJDAD

Tinejdad es el lugar ideal para parar a almorzar cuando se va de Tinerhir a Merzouga o biceversa.

Hay media docena de cafés a lo largo de la carretera de Tinerhir en los que preparan pinchos y *tayines* a precios populares. Precio: de 50 a 80 DH.

RESTAURANT EL KHORBAT

En el palmeral de El Khorbat, accesible por la misma pista del Museo de los Oasis, telf. 035 880 355. Consta de un comedor tradicional y una gran terraza bajo las palmeras, con vistas al ksar. Ofrece una sabrosa cocina casera preparada por las mujeres del pueblo. Entre sus especialidades está el *tayín* de dromedario, aunque también proponen algunos platos internacionales. Precio: de 80 a 150 DH.

COMPRAS

La **Galería de Arte Chez Zaid,** en la carretera, además de pinturas actuales ofrece todo tipo de objetos de uso tradicional de la región, a precios de anticuario. En la **cooperativa** femenina de El Khorbat se pueden adquirir diferentes productos artesanales, en especial pañuelos y mantos bordados.

TINERHIR Y VALLE DEL TODRA

CAPITAL DE PROVINCIA. 37.000 HABITANTES EN TINERHIR, 80.000 EN TODO EL VALLE.

En la Edad Media, el valle del Todra constituía un principado independiente, dedicado a la explotación de minas de plata y al comercio con el África Subsahariana. Más tarde fue ocupado por los diferentes imperios marroquíes, aunque sus habitantes demostraron a lo largo de la historia una clara tendencia independentista. Esta disidencia llegó hasta 1932 en que fue sometido por el ejército francés. A partir de ese momento Tinerhir se convirtió en el centro administrativo del valle, desarrollándose paulatinamente. Hoy es una ciudad que vive del comercio, de la artesanía y del turismo, sin olvidar las minas de plata, que siguen explotándose. Su magnífico palmeral, su patrimonio arquitectónico y las gargantas del Todra hacen de Tinerhir uno de los lugares de mayor interés del país para los turistas.

INFO

Código postal. 45800
Guías. En el Hôtel Lamrani o en el Saghro.
Bancos. Hay 5 entidades en la Av. Mohamed V.

ACCESOS

La **carretera N-10,** en perfecto estado, comunica con Ouarzazate al suroeste y Errachidia al nordeste.

La **carretera R-703** se dirige a Imilchil por las gargantas del Todra. Es algo estrecha pero por el momento está bien asfaltada.

La **carretera R-113** enlaza con Alnif al sur, si bien los últimos 15 km aún están sin asfaltar.

Una **pista 4x4** viene de Nkob a través del Jebel Saghro, que ofrece un magnífico paisaje agreste.

TRANSPORTES

Autocares Supratours a Marrakech (2 al día), Errachidia y Merzouga.

Autocares CTM a Marrakech y Errachidia.

Autocares privados a Errachidia, Fès, Meknès, Tánger, Casablanca, Marrakech, Agadir, Erfoud y Zagora. Algunos salen de la carretera y los demás frente a la gran mezquita. Se ha construido una nueva estación de autobuses que está situada al final de la Av. Bir Anzarane

Taxis colectivos a Errachidia, Tinejdad, Boumalne Dadès, El Kelaa Mgouna, Ouarzazate y a las gargantas del Todra. Mientras no se abra la nueva estación, los taxis tendrán su salida junto al jardín público.

Furgonetas todos los días a Tamtatoucht, Alnif y los lunes a Imilchil; junto al jardín público.

Circuitos 4x4: El Sur Tours, en la carretera de las gargantas, km 9, telf. 0524 895 235, móvil 0667 807 437, e-mail: elsurtours@yahoo.es.

Talleres mecánicos en la Av. Hassan II (junto al Hôtel Todra) y en la Av. Bir Anzarane.

VISITA

Dentro de la ciudad destacan el barrio antiguo y la casba de El Glaoui, así como la mezquita de Afanour en las afueras. Las excursiones más interesantes son a las gargantas del Todra, al palmeral y a El Hart, un pueblecito conocido por su cerámica. Es recomendable también una excursión a Tinejdad [pág. 373] para visitar el Museo de los Oasis.

TINERHIR

El antiguo *ksar* de Tinerhir, o **barrio antiguo** se sitúa junto al palmeral, sigue habitado en su mayor parte y muchas de sus viviendas todavía son de tierra cruda, si bien ha perdido las murallas y las puertas monumentales. Algunos lo llaman "el barrio judío" por haber vivido en él unas cuantas familias israelitas hasta 1960. Cuenta con una calle comercial muy animada, llena siempre de mujeres, donde se concentran los joyeros y vendedores de ropa. También hay tiendas de alfombras camufladas bajo la apariencia de casas particulares.
La **casba de El Glaoui** se levanta en lo alto de una loma con vista excelente sobre la ciudad y el valle. Fue construida entre 1919 y 1933 para someter a las tribus rebeldes de la región. Abandonada en 1956, hoy está toda en ruinas. Existe, sin embargo, un proyecto para reconstruirla y transformarla en museo en un futuro más o menos lejano. Antes de llegar a la casba de El Glaoui, a media subida, un caminito permite trepar sobre la loma, junto a la antigua caserna francesa, desde donde se obtiene una excelente vista de conjunto sobre la ciudad y el valle del Todra.
A la **mezquita Ikelan de Afanour** *(telf. 0659 907 518, abierta de 8.30 h a 12 h y de 15 h hasta la puesta de sol. Entrada: aportación voluntaria, de 10 DH o 20 DH)* se puede llegar andando 300 m por el palmeral desde la carretera de Errachidia, pasado el puente. Se trata de un monumento de gran valor histórico y artístico, utilizado como escuela coránica hasta mediados del siglo XX. La sala de abluciones es única por su decoración y desde la terraza se obtiene una vista magnífica del palmeral. El monumento fue restaurado en 2007 por una asociación local, con ayuda de un grupo de arquitectos catalanes. Información en la página mosqueeikelane.ifrance.com.

COMPRAS

La **cerámica** de El Hart, recubierta con una pintura natural a base de minerales. Se vende en el zoco de los lunes y en comercios del centro.
Fuelles para avivar el fuego, típicos de Tinerhir. En varias tiendas del centro, sobre todo junto al antiguo *ksar.*
Bebidas alcohólicas en *Supermarché Chez Michèlle,* Av. Mohamed V.

TINERHIR

"La Calle de las Mujeres"
En esta calle situada cerca de Souika, se respira un gran ambiente comercial por la tarde, sobre todo femenino.
Av. Hassan II
Hay gran concentración de cafés, por lo que el movimiento es continuo.
La plaza Souika
Se concentra un gran número de cafeterías que se llenan, generalmente de hombres, a la caída de la tarde.
A
B
C
D
1
2
5
Antigua Caserna
Avenue des
Avenue
1
Jardín público
Avenue
Gendarmería
Estación de autocares
Mohammed V
Avenue
Avenue Sid
Avenue Bir Anzarane
3
Avenue
a Ouarzazate, 165 km

El **zoco** de Tinerhir se halla a 2 km en la carretera de Ouarzazate. El lugar entrama un gran interés los lunes por la mañana, repartido en tres zonas: una dedicada a las verduras, otra a los objetos de uso modernos y una tercera a los productos artesanales. Los domingos se suelen vender frutas y legumbres al por mayor. El sábado se ofrece todo tipo de ganado.

El valle de Todra

Las **gargantas del Todra** empiezan a unos 15 km de Tinerhir y se prolongan a lo largo de 18 km siguiendo la carretera de Imilchil, aunque se van ensanchando paulatinamente hasta desaparecer por completo.

El punto más impresionante, con paredes de 300 m cortadas a pico, es precisamente la entrada, donde se levantan los hoteles. Claro está que también es el punto más turístico, lleno de autocares al mediodía. Por eso es recomendable ir a primera hora de la mañana.

Al final del desfiladero (a 35 km de Tinerhir) se encuentra **Tamtatoucht,** un pueblo rodeado de cultivos extremadamente verdes y que incluye 9 casbas de principios del siglo XX. La mejor imagen de conjunto se obtiene desde la terraza del *Auberge Badou,* un lugar excelente para tomar un té o para comer, según la hora.

El **palmeral del Todra** empieza en las gargantas, pasa junto a Tinerhir y termina unos 20 km más al este. La parte más frondosa es la que rodea la Fuente de los Peces Sagrados, a mitad de camino entre Tinerhir y la gar-

ganta. Lo mejor para disfrutar del palmeral es recorrerlo a pie durante la tarde, mientras los lugareños cultivan y las mujeres recogen alfalfa para las vacas. Es un lugar paradisíaco, lleno de vida.
Una nueva carretera asfaltada permite acceder a los pueblos de la margen izquierda, algunos de ellos de un alto interés arquitectónico, como **Asfalou.**
El Hart n'laamine es uno de los pueblos del palmeral, situado unos 15 km al este de Tinerhir y accesible por diferentes pistas. Aparte de la interesante arquitectura del viejo *ksar,* destaca por la presencia de múltiples alfareros. Repartidos por el oasis hay más de 50 *ksur,* casi todos en ruinas, así como una quincena de casbas. Todo este patrimonio pasa desapercibido a primera vista. Hay otro **zoco** a 16 km de Tinerhir, tiene lugar los jueves.
Imiter es un pueblo situado a 25 km de Tinerhir en la carretera de Ouarzazate y con 7 casbas elegantes. Sólo pueden verse por fuera.

DORMIR EN TINERHIR

La oferta es bastante amplia e incluye algunos establecimientos con mucho encanto, como el *Hôtel Tomboctou.*

FIESTAS

El **Musem de El Hart n'Igourramen** se celebra una semana después de Aid el Kebir junto al morabito de Sidi El Haj Amar, a 15 km por la carretera de Errachidia más 4 km por una pista a la derecha. Dura 3 días y consiste en un gran mercado muy populoso en el que se venden todo tipo de objetos, así como dromedarios y otro ganado. Hay que tener cuidado con los carteristas y procurar no permanecer en el lugar más allá de la puesta de sol.

■ CÁMPINGS

CÁMPING ATLAS

Telf. y fax 0524 895 046. Está a 8 km de Tinerhir en la carretera de las gargantas. Abren de marzo a octubre. El entorno es paradisíaco, se halla en la parte más espesa del palmeral. Tiene ducha caliente y sanitarios correctos, así como un restaurante marroquí bien reputado y 7 habitaciones sencillas, limpias. Junto a él hay 2 cámpings que gozan de idéntica situación.

■ HOTELES

HÔTEL L'OASIS (B2) **1**

189 Av. Mohamed V, telf. / fax 0524 833 670, e-mail: iminoulmou@caramail.com. Dispone de 22 habitaciones muy correctas, la mitad de ellas con baño. Conviene evitar las que dan a la carretera ya que son algo ruidosas. Hay una cafetería popular en la planta baja y un restaurante en el segundo piso, con dos terrazas que ofrecen una buena vista

ACTIVIDADES DEPORTIVAS

Bicicletas todoterreno de alquiler en diferentes comercios del centro de Tinerhir y en el *Hôtel Tomboctou.* Lo mejor que se puede hacer con ellas es recorrer el palmeral hacia el sudeste, por pistas con escaso desnivel. Calculad de 30 a 60 km para dar una vuelta completa.

Las gargantas del Todra son ideales para practicar la **escalada.** Cuentan con dos centenares de vías equipadas, desde 25 m hasta 300 m. La dificultad es más bien elevada, casi todo sexto y séptimo grado, algunas de quinto. Más información en el *Hôtel Les Roches* y en el *Hôtel El Mansour.* El material tenéis que traéroslo vosotros.

Assettif Aventure, a 1 km de las gargantas del Todra, telf. 0524 895 090, organiza **circuitos ecuestres** por toda la región.

sobre la ciudad. El menú cuesta 70 DH. y las habitaciones dobles 150 DH.

HÔTEL LES GORGES

382 Av. Mohamed V, a 2 km en la carretera de Ouarzazate, telf. y fax 0524 834 800, e-mail: les gorges@yahoo.fr. Cuenta con 14 habitaciones limpias y bien amuebladas, con ventilador, repartidas en 3 pisos, así como un restaurante en el sótano donde se come correctamente por unos 80 DH. Habitación doble: 200 DH.

L'AVENIR (B3) 2

Pl. Souika, móvil: 0672 521 389, e-mail: avenirhotel@gmail.com, web: www.lavenir-tinghir.com. Tiene 11 habitaciones limpias y agradables, con un bloque de sanitarios común. En el restaurante se come por unos 75 DH. Hay además una jaima sobre la terraza, donde podéis pernoctar si lleváis un saco de dormir; en verano es la mejor opción. Precio: 120 DH.

MAISON D'HÔTES RETOUR AU CALME

En el barrio antiguo, con acceso desde la carretera de Erfoud, telf. 0524 834 924, móvil 073 861 824, hote.calme@mageos.com. Consta de 9 habitaciones con o sin baño, todas con vistas al palmeral, sin lujos pero con cierto encanto. También preparan buenas comidas. Habitaciones dobles: de 80 a 200 DH.

HÔTEL BACHIR

Av. Mohamed V, telf. 0524 833 623, fax 0524 833 060, e-mail: hotelbachir@yahoo.fr. Consta de 12 habitaciones, con lavabo, decoradas al estilo marroquí moderno. También hay restaurante. Precio: 220 DH.

HÔTEL LES ROCHES

En el interior de la garganta del Todra, BP 131, telf. 0524 895 134, fax 0524 833 611; e-mail: hlesroches@hotmail.com. Posee 25

habitaciones sin mucho encanto, la mayor parte con baño, así como un enorme restaurante en forma de tienda caidal, abarrotado de grupos al mediodía. El menú cuesta 100 DH. Habitación doble: 300 DH.

Hôtel Yasmina

En la garganta del Todra, telf. 0524 895 118, fax 0524 893 013. Se compone de 22 habitaciones con baño. También se puede pernoctar en los salones. El restaurante suele estar lleno de grupos al mediodía. Por la noche se orgnaizan veladas folclóricas a todo volumen. Precio: 300 DH.

Hôtel Amazir

A 10 km de Tinerhir y 5 km de las gargantas del Todra, telf. 0524 895 109, fax 0524 895 050; web: www.lamazir.com, e-mail: contact@lamazir.com. Goza de una situación envidiable, junto al palmeral, aunque su estilo arquitectónico moderno se adapta con dificultad al entorno. Consta de 20 habitaciones limpias y correctas con baño y la mitad de ellas con balcón. La piscina es pequeña pero está rodeada de una terraza sobre el río y cubierta con grandes palmeras. También hay restaurante. Precio: 550 DH.

CAFÉS

En la terraza de **La Nouvelle Étoile,** situada en un extremo del jardín público, se puede tomar un buen café.

Hôtel Tomboctou (D2) 3

126 Av. Bir Anzarane, telf. 0524 834 604 y 0524 835 191, fax 0524 833 505; web: www.hoteltomboctou.com, e-mail: tomboctou@menara.ma. Es una verdadera casba de tierra cruda, construida en 1944 por el Chij Bassú U Alí y rehabilitada en 1993 manteniendo su estructura original. 17 habitaciones acogedoras climatizadas, amuebladas al estilo tradicional de la región, equipadas con baño, teléfono. El restaurante ocupa una tienda caidal frente a la casba y propone un menú a 95 DH o la carta. Cocina marroquí e internacional. Sirven alcohol. Hay una piscina y un jardín agradables. Precio: 515 DH con desayuno.

Hôtel la Kasbah (A3) 4

69 Av. Mohamed V, telf. y fax 0524 834 471, barkaouimohamed2006@yahoo.fr. Ocupa también una casba levantada hacia 1940 por el caid Jilali, aunque sin punto de comparación con el establecimiento anterior. Sus habitaciones, con baño, han sido restauradas en un estilo funcional. Desde su terraza se domina todo el palmeral y la población. Su restaurante, donde se come correctamente por 80 DH, fue uno de los primeros que se abrieron en Tinerhir. Precio: 500 DH en media pensión.

Hòtel Kasbah Lamrani

A 2,5 km en la carretera de Ouarzazate, telf. 0524 835 017, fax 0524 835 027; web: kasbahlamrani.com, e-mail: contact@kasbahlamrani.com. Es un edificio de construcción reciente pero está decorado con gusto dentro del estilo tradicional de la región, sobre todo el vestíbulo. Incluye 23 habitaciones acogedoras, con baño, aire acondicionado, teléfono y televisor, así como una piscina, una gran jaima, un bar y dos restaurantes. Precio: 540 DH.

HÔTEL SAGHRO (A2) **5**

Telf. 0524 834 181, fax 0524 834 352; www.bougafer-saghro.com, saghrotinghir@menara.ma. Se sitúa en lo alto de una loma que domina toda la ciudad y el palmeral. Dispone de 65 habitaciones agradables y bien mantenidas, equipadas con baño, teléfono, aire acondicionado, televisión y balcón. La mayor parte disfrutan de buenas vistas sobre el palmeral o la ciudad. Hay un restaurante con menú a 120 DH, un bar y una hermosa piscina panorámica. Precio: 600 DH.

HÔTEL KENZI BOUGAFER

A 2 km en la carretera de Ouarzazate, telf. 0524 832 200, fax 0524 833 282; www.bougafer-saghro.com, bougafer@ menara.ma. Ocupa un bloque de hormigón con el interior confortable. Tiene 116 habitaciones funcionales, con aire acondicionado, baño, teléfono y televisión. Restaurante marroquí e internacional, bar, sala de conferencias y una piscina. Precio: 600 DH.

LA NOCHE

Hay bares en el **HÔTEL SAGHRO,** con una excelente vista sobre la ciudad, en el **HÔTEL BOUGAFER** y en la **KASBAH LAMRANI.** En los hoteles de las gargantas del Todra suele haber música de tamtam o folclore, aunque las bebidas alcohólicas tenéis que aportarlas vosotros.

TIZNIT

CAPITAL DE PROVINCIA. 52.000 HABITANTES.

La ciudad de Tiznit, con su imponente muralla de tapial, fue levantada en 1882 por el sultán Hassan I sobre una pequeña población más antigua. Durante la guerra colonial, Tiznit sirvió de base a El Hiba en su campaña de resistencia, pero fue finalmente sometida. La urbe actual, aunque muy modernizada, continúa en el interior de las murallas.

INFO

Códigos postales. Tiznit: 85000. Mirleft: 85350. Aglou: 85600.
Sindicato de Iniciativa.
Pl. El Méchouar.
Bancos. Existen varias entidades que se concentran a lo largo en la Av. 20 Août, fuera de la muralla.

ACCESOS

La **carretera N-1,** muy correcta, comunica con Agadir por el norte y Guelmim por el sur.
La **carretera R-104** enlaza Tiznitt con Tafraoute al este y con Sidi Ifni al suroeste. Asfaltada, aunque tramos con muchas curvas.

TRANSPORTES

Autocares CTM hacia Agadir, Casablanca, Tánger y Laayoune La estación (telf. 0528 866 693) está en la carretera de Tafraoute, perose pueden adquirir los billetes en una oficina de la Pl. du Mechouar.

Autocares privados con dirección a Casablanca, Agadir, Tan-Tan, Sidi Ifni, Tafraoute, Tata. Paran en la carretera de Agadir.

Taxis colectivos a Tafraoute, Agadir, Bou Izakarne, Mirleft, Sidi Ifni, Guelmim y Sidi Moussa Aglou. Cada cual sale de un lugar distinto, en las respectivas carreteras.

Taxis pequeños que circulan por el interior de la ciudad.

VISITA

En Tiznit merece la pena pasear por sus zocos, especialmente por el de los joyeros. En los alrededores destacan las playas de Sidi Mohamed Ou Abdellah y Sidi Moussa Aglou.

TIZNIT

En el interior de la muralla, junto al *mechuar* o plaza del palacio, se sitúan los **zocos.** El más concurrido es la **alcaicería nueva,** en la que se venden joyas de oro y plata, dirigidas a la población local. Un poco más lejos está la **alcaicería antigua,** mucho más interesante para la visita, que consiste en una plazuela rodeada de porches con arcadas. Fijáos en los detalles del techo. Allí se venden también joyas, pero, sobre todo, antigüedades para turistas.

La famosa **fuente azul de Lalla Tiznit** se ha secado por completo, de modo que no hay nada que ver. Junto a ella, hay una enorme casba de tierra es utilizada todavía como escuela de artes y oficios.

Para rodear la **muralla,** de 6 km de longitud, se debe tomar una pista que surge de la carretera de Agadir y va a parar al Bd. Hassan II. Su interés no es muy grande. Muchas de las entradas monumentales son de nueva construcción. La más conocida es la llamada *Les 3 Portes,* que en realidad no consta de tres sino de cuatro pasos bajo las respectivas arcadas.

El **zoco** semanal tiene lugar los jueves, en la salida hacia Tafraoute.

COMPRAS Y FIESTAS

Joyas de plata en la nueva alcaicería. Son reputadas en todo Marruecos.

Antigüedades varias en la vieja alcaicería, dirigidas a los turistas.

Complejo artesanal en la Av. 20 Aout. Joyas, alfombras, madera esculpida y madera pintada. Están abiertos de lunes a viernes, en horario de oficina.

Musem de Sidi Mohamed Ou Abdellah en julio, junto a Mirleft. Muy populoso.

Las playas

Mirleft es un pueblo de la costa, que alcanzó una gran fama en la época de los hippies. Junto a él se halla la magnífica **playa de Sidi Mohamed Ou Abdellah,** con el morabito de dicho santo, que tiene fama de sanar a los enfermos mentales. Musem en julio. Un peñasco de roca surge en medio del agua, y a menudo las muchachas de la región trepan hasta su cumbre por la noche, con una vela encendida, pues existe la creencia muy difundida de que así encontrarán un buen partido. En esta playa desemboca el río Salognad, que en otra época marcaba la frontera entre los protectorados español y francés. Todavía se pueden distinguir ambos puestos de vigilancia, hoy en ruinas. Podéis bañaros, pero tened cuidado con las corrientes. **Sidi Moussa Aglou** fue una ciudad importante en la Edad Media. Hoy sólo queda de ella un pueblecito de pescadores, con cuevas abiertas en el acantilado, y casas de nueva construcción destinadas a los veraneantes. Una nueva carretera une Sidi Moussa Aglou con Mirleft por la costa, pasando junto a varias playas casi vírgenes y a una curiosa aldea de pescadores llamada **Sidi Bou L'Fedaïl.**

Rue Tasoukt
En esta calle se concentra todo el bullicio comercial de la ciudad, tanto por la mañana como por la tarde.

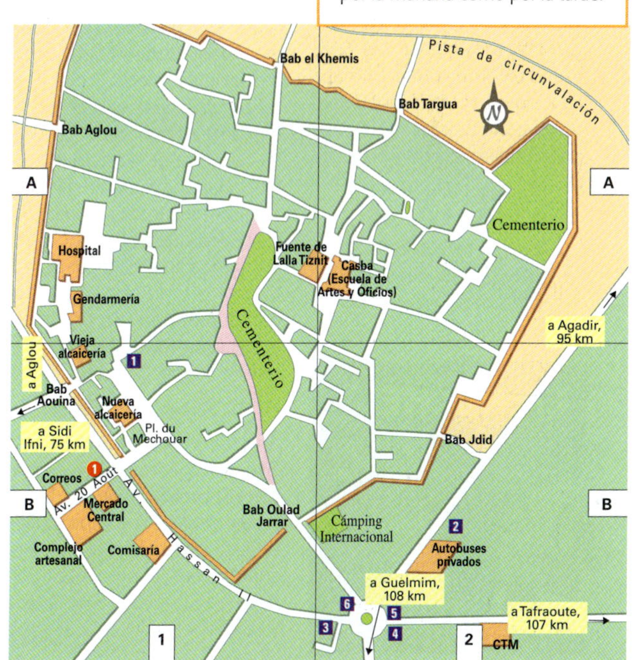

DORMIR EN TIZNIT Y ALREDEDORES

■ CÁMPING

CÁMPING INTERNATIONAL

Telf. 0528 861 354. En el interior de un recinto amurallado, junto a Bab Oulad Jarrar. Arboles pequeños. Ducha caliente y sanitarios correctos.

HÔTEL DES TOURISTES (B1) **1**

80 Pl. du Méchouar, telf. 0528 862 018, móvil 073 369 060, e-mail: hottour85@hotmail.com. Tiene 12 habitaciones sencillas pero limpias y bien mantenidas, con sanitarios comunes, y una terraza. Precio: 90 DH.

HÔTEL DE LA FONTAINE (B2) **2**

10 Bd. Lalla Abla, telf. / fax 0528 861 466, móvil 0661 529 883; Abierto en 2008, cuenta con una treintena de habitaciones impecables, parte de ellas con baño y aire acondicionado. Precio: unos 140 DH.

HÔTEL DE PARIS (B2) **3**

Av. Hassan II, telf. 0528 862 865, fax 0528 601 395, web: www.hoteldeparis.ma. Dispone de 20 habitaciones agradables, con baño, balcón y teléfono. El restaurante presenta una amplia carta de pescados, carnes y platos marroquíes, sobre 80 DH. Precio: 200 DH.

HÔTEL AGLOU BEACH

A 15 km de Tiznit en Aglou Plage, telf. 0528 613 034, fax 0528 613 039, e-mail: agloubeach@hotmail.com. Consta de 25 habitaciones amplias y confortables, con baño, teléfono y balcón, muchas de ellas con vistas al mar. Hay asimismo una terraza panorámica y dos restaurantes. Precio: 250 DH.

TIZNIT HÔTEL (B2) **4**

Rue Bir Anzarane, telf. 0528 862 411 / 0528 863 886, fax 0528 862 119, tiznit-hotel@menara.ma. Aunque está situado en un cruce de carreteras, no resulta muy ruidoso gracias a su estructura, que mira hacia el interior. Se compone de 40 habitaciones funcionales, con baño, teléfono y balcón, repartidas a dos niveles en torno a la piscina. Cuenta asimismo con pista de tenis, bar, discoteca y un restaurante de cocina marroquí. Se organizan actuaciones musicales junto a la piscina. Precio: 310 DH.

HÔTEL ASSAKA (B2) **5**

Av. Lalla Abla, telf. 0528 602 286, fax 0528 601 315, e-mail: hotelassaka@hotmail.com. Posee medio centenar de habitaciones de estilo internacional, amplias, confortables, con un cuarto de baño grande, aire acondicionado y televisor. Precio: 320 DH.

LA NOCHE

Se puede escuchar música en vivo en el bar del **HÔTEL TIZNIT,** situado junto a la piscina. También hay una discoteca.

HÔTEL IDOU TIZNIT (B2) 6
Telf. 0528 600 333/444, fax 0528 600 666; web: www.idoutiznit.com, e-mail: reservation@idoutiznit.com. Consta de 6 suites y 87 habitaciones de mucha categoría, con un buen baño, aire acondicionado, teléfono, televisor y minibar, distribuidas alrededor de la piscina. También tiene dos bares y un buen restaurante. Precio medio: 525 DH con desayuno incluido.

COMER EN TIZNIT Y ALREDERDORES

Aparte de los restaurantes de los hoteles, sólo hay un establecimiento digno de mención.

RESTAURANT LA VILLE NOUVELLE (B1) 1
Av. 20 Août, telf. 0528 600 963. El comedor, muy correcto, se halla en el primer piso y también hay una terraza panorámica. Propone carnes, pescados, tayines y pastas, todo muy bien preparado. El precio medio ronda de 50 a 70 DH.

ZAGORA Y VALLE DEL DRÂA

ZAGORA ES CAPITAL DE PROVINCIA. 35.000 HABITANTES.

El valle del Drâa ha sido cuna de varias civilizaciones desde una época remota. Sus numerosos ksur capitalizaban el comercio entre Marrakech y el África subsahariana. Entre ellos destacaba Amezrou. Cuando el ejército francés ocupó la región en 1932, al lado de Amezrou fundaron Zagora, que tomó su nombre de la montaña cercana. En el último decenio este centro administrativo y comercial se ha desarrollado a gran velocidad gracias al turismo, que encuentra en él una base para las excursiones al desierto

INFO Y TRANSPORTES

Código postal. Zagora: 45900. Tamegroute: 45600
Bancos. En la Av. Mohamed V.
Autocares CTM a Marrakech y Mhamid.
Alquiler de 4x4 con chófer: *Amezrou Transport Touristique,* Av. Mohamed V, telf. y fax: 0524 847 119. También en diferentes hoteles. Todos organizan excursiones y veladas en el desierto.
Autocares Supratours a Marrakech (1 al día).
Autocares privados a Mhamid, Marrakech, Errachidia por Ouarzazate y a Rabat por Nkob, Erfoud y Midelt. La estación está a 2.5 km en la carretera de Ouarzazate.
Taxis colectivos a Mhamid, Agdz, Ouarzazate y Rissani.

ACCESOS

La **carretera N-9** comunica con Ouarzazate al noroeste. Hay tramos correctos, pero en otros es algo estrecha, mal asfaltada y con muchas curvas.

ZAGORA

La **carretera N-12** une Zagora con Foum Zguid al oeste.
Una **pista** pedregosa se dirige al Tizi n'Tafilalet, al este. De allí podéis ir con un todo terreno a diferentes puntos, como Taghbalt, Mcissi o Taouz. Otra pista a pocos kilómetros de Zagora se encamina a Tazzarine por el norte; resulta mejor que la precedente, y con mayor interés paisajístico. Asfaltada hasta Zaouia Tafechna y de allí a la N-12.

VISITA

El **zoco** de Zagora se celebra los domingos y está muy animado. En su interior hay un mercado permanente, aunque lo único que atrae la atención de los viajeros en la ciudad es el famoso cartel que indica "Tombouctou, 52 días en dromedario" [pág. 391].
El **mirador del Jebel Zagora** ofrece una vista magnífica de la población, con el palmeral y el desierto al fondo. Se accede por una pista bastante mala. En la falda de la montaña se pueden distinguir las ruinas de una fortaleza levantada por los almorávides a finales del siglo XI, parte de la cual fue arrasada en 2005.

COMPRAS

Tamegroute tiene una cooperativa de alfareros, donde podéis adquirir diferentes piezas de cerámica verde, color natural que se obtiene mediante una mezcla de sílice, sulfato de plomo y óxido de cobre. Zagora está llena de bazares, donde se venden joyas de plata y alfombras del Atlas Medio, todo a precios abusivos. Regatead sin piedad y no creáis ni una palabra de lo que os cuenten.

El **palmeral** es agradable para pasear por su interior. Entre los circuitos posibles, cabe destacar la pista que se dirige de Zagora a Beni Zouli por la margen izquierda del río. A partir de Beni Zouli se puede salir por asfalto a la N-9.
Amezrou es un interesante *ksar* situado al sur de Zagora, sobre un promontorio. Incluye un antiguo barrio hebreo con 50 casas y una gran mezquita con un alminar de tierra cruda muy curioso por su decoración de arcos ciegos. El pueblo fue construido en el siglo XVIII como capital de la región y residencia del gobernador, substituyendo una ciudad más antigua, **Tagmadert,** cuyas ruinas aún pueden distinguirse al sur de Amezrou y donde nació en el siglo XVI la dinastía Saadí.
Tissergat es otro *ksar* que está al norte de Zagora, bastante bien conservado gracias a una intervención estatal llevada a cabo en 1970 con ayuda de la ONU. Su imagen al atardecer es magnífica desde la carretera de Ouarzazate. En su interior, una vivienda ha sido transformada en **Museo de Artes y Tradiciones** (entrada: 20 DH).
Contiene una gran variedad de objetos de la región, así como del Sahara e incluso del África subsahariana, todo bien clasificado, pero

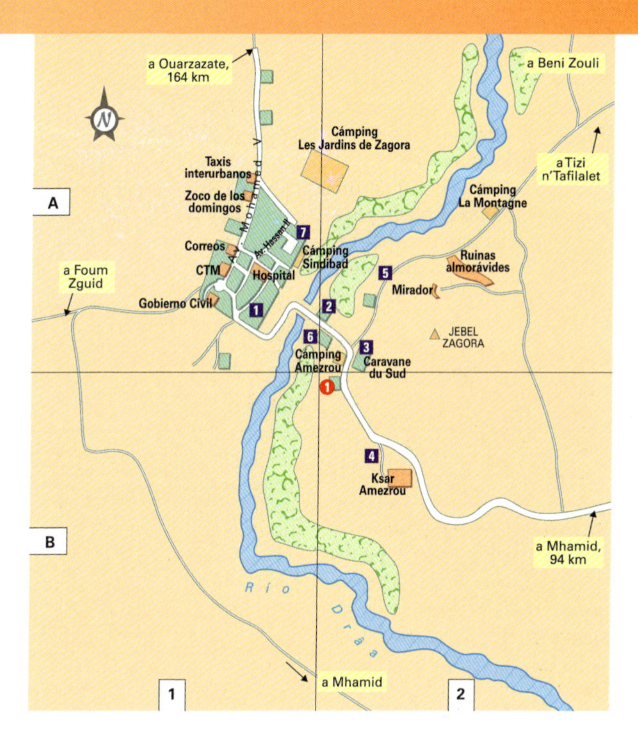

sus promotores tratan a los visitantes sin la menor consideración.

En **Tinzouline** se puede visitar la casba llamada **Er Ribat,** aún habitada. Es probablemente una de las más antiguas de la región, mencionada ya por Mármol Carvajal en el siglo XVI, y su estructura es muy particular, con un enorme patio central rodeado de galerías sin arcos.

Tamgroute, 19 km al sur de Zagora, cuenta con una de las *zagüías* más importantes del país, la Nasería, fundada por Sidi Mohamed ben Naser en el siglo XVII. Del edificio original se puede admirar el portal. La biblioteca ocupa una sala de construcción moderna y en ella se agrupan más de 4.000 manuscritos árabes *(visita libre, pero hay que dejar una propina al bibliotecario).* Hay talleres de forja y numerosos alfareros que hacen objetos de un tono verdoso. Las callejuelas oscuras de la parte antigua, entre la *zagüía* y los ceramistas, ofrecen una imagen sobrecogedora. Incluso hay quien las llama "calles subterráneas". En el valle hay más de un centenar de *ksur.*

FIESTAS

Musem de la zagüía Kadiria en Zagora, con ocasión del *Mulud.*

Musem de Sidi Mohamed ben Naser, en Tamegroute, durante la fiesta de Achura (día 10 de Moharram).

DORMIR EN ZAGORA

La oferta es muy amplia, sobre todo en la categoría media. Lo que sigue sólo es una selección. Quienes viajen con un presupuesto más ajustado pueden pernoctar en los salones y terrazas de muchos hoteles, como el Kasbah Asmaa o La Fibule du Drâa.

■ CÁMPINGS

L'OASIS ENCHANTÉE

El Aroumiat, a 5 km por la carretera de Ouarzazate más 500 m de pista, telf. 062 734 689. Cuenta con una buena piscina, rodeada de palmeras así como una ducha caliente, aunque los sanitarios podrían estar mejor cuidados. También dispone de un restaurante y algunas jaimas.

LES JARDINS DE ZAGORA

Telf. y fax 0524 846 971. Presenta la ventaja de estar en la ciudad. Hay un pequeño espacio con muchas palmeras. En el restaurante se puede comer por unos 80 DH.

CHEZ ALI (A1) **1**

Av. Atlas, telf. 0524 846 258, chezali@hotmail.com. Ocupa un edificio que imita a una casba de un estilo moderno. Está situado junto al palmeral y su espléndido jardín hace el lugar verdaderamente agradable. Incluye 12 habitaciones con baño, sencillas pero limpias, así como 4 jaimas y otras 4 habitaciones con un grupo de sanitarios comunes correcto. En el restaurante se come por unos 80 DH. Habitación doble: 200 DH con desayuno.

KASBAH OULAD OTHMANE

A 52 km de Zagora por la carretera de Ouarzazate, telf. y fax 0524 848 537, móvil 0662 058 285, kasbahdumaroc@orange.fr, www.kasbahdumaroc.com. Dentro de esta verdadera casba de tierra se han abierto 10 habitaciones bien integradas en su entorno, sin lujos pero bien cuidadas, todas con baño. Tres de ellas disfrutan de vistas al palmeral, las demás dan al interior. Hay una piscina y un salón tradicional amueblado. El restaurante propone una cocina local auténtica. Precio: 360 DH con desayuno.

JNANE DAR-DIAFA

En Tamegroute, telf. 0524 840 622, fax 0524 840 568, móvil 0661 348 149; www.jnanedar.ch, maroc@jnanedar.ch. Las 7 habitaciones con o sin baño están muy deterioradas, lo mismo que el bloque de sanitarios comunes. Precio: de 200 a 400 DH. Es muy recomendable como restaurante, pues ofrece un espacio relajante junto a un extenso huerto donde se puede comer a gusto una cocina marroquí muy correcta por 90 DH y aparcar el coche a la sombra de las palmeras.

HÔTEL KASBAH ASMAA (A2) **2**

Route de Mhamid, BP. 78, telf. 0524 847 599 / 241, fax 0524 847 527, móvil 0661 173 630; web: www.asmaa-zagora.com, e-mail: kasbah@asmaa-zagora.com. Consta de 38 habitaciones muy agradables con aire acondicionado, baño completo y balcón, dando algunas a la piscina y otras al pal-

A TOMBOUCTOU, 52 DÍAS

El cartel de "A Tombouctou, 52 días (en dromedario)" se puso para los viajeros muchos años después de que pasara por allí la última caravana. Sin embargo, es cierto que la ruta de Zagora a Tombouctou se hacía en 52 etapas, lo cual significaba unos dos meses y medio al añadírsele los días de reposo necesario en los diferentes oasis. El tramo más duro estaba entre Taoudeni y Araouane, ocho jornadas sin poder repostar agua.

La época dorada del tráfico caravanero se puede situar entre los siglos X y XV. Las caravanas llevaban principalmente sal y productos artesanales marroquíes hacia el sur, volviendo con oro y esclavos. Luego comenzó el declive, debido al descubrimiento de América y a los nuevos intercambios comerciales entre Europa y el África subsahariana por vía marítima. Ahora los europeos llevaban productos manufacturados, armas y alcohol hacia África, los cambiaban por esclavos que embarcaban hacia América y regresaban de allí con las bodegas cargadas de oro.

El declive del comercio a través del desierto fue un proceso lento, que duró hasta finales del siglo XIX. El golpe de gracia se lo dio el ejército francés al ocupar Tombouctou en 1893. Con todo, hasta mediados del siglo XX continuó circulando alguna que otra caravana, destinada al consumo propio de las poblaciones saharianas.

Las últimas caravanas que llegaron a Mhamid, hace

pocas décadas, ya no iban cargadas como antaño. Su mercancía no era otra que los propios dromedarios, traídos de contrabando desde el Touat argelino o desde Mali. La drástica punición del contrabando de ganado por parte de las autoridades marroquíes, la guerra del Sahara occidental y la adopción de los nuevos transportes terrestres parecen haber acabado definitivamente con la ruta caravanera. A menos que se reconvierta, dentro de algunos años, en una ruta turística, que todo podría ser. En cualquier caso, el cartel continúa en pie.

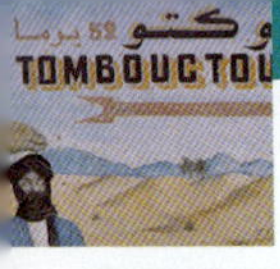

ACTIVIDADES DEPORTIVAS

Los **circuitos en dromedario** son la última moda de Zagora, una verdadera fiebre. Todos los hoteles, cámpings, agencias e incluso particulares se dedican a ello, de modo que la lista sería interminable. Sólo citaremos a quienes abrieron la veda y mantienen su reputación de seriedad desde hace años: *Caravane du Sud,* telf. 0661 348 383, caravanesud@iam.net.ma, en el cruce de la carretera de Mhamid con la pista del Tizi n'Tafilalet. Los precios varían de un lugar a otro, de 350 a 500 DH por persona y día incluyendo la comida y el alojamiento en jaimas.
Alquiler de *quads* en *Sahara Quad Aventure,* donde arranca la pista del Tizi n'Tafilalet, telf. 044 848 288, fax 044 847 299.

meral. Hay varias jaimas en las que se puede tomar un té o una cerveza. Pero lo mejor del establecimiento es su espléndido jardín y su piscina rodeada de palmeras. En el restaurante, repartido en tres salones muy acogedores de estilo árabe urbano, se proponen varios menús marroquíes entre 80 y 140 DH que pueden acompañarse con vino. Suele estar repleto de grupos al mediodía. Precio: 550 DH.

HÔTEL ZAGOUR (A2) 3

Telf. 0524 846 178 / 298, fax 0524 847 451; www.zagour.com, hotelzagour@yahoo.fr. Situado en la pista del Tizi n'Tafilalet, a 100 m de la carretera de Mhamid, es un establecimiento sin pretensiones ostentosas, donde el cliente recibe un trato directo y amistoso. Posee 18 habitaciones acogedoras con aire acondicionado, baño y teléfono. Algunas de ellas ofrecen vistas al palmeral. También disponen de una pequeña piscina y restaurante. Precio: 500 DH.

HÔTEL TERNATA

Av. Mohamed V, frente a la estación de taxis, telf. 0524 846 969, fax 0524 846 966, e-mail: ternata_zagora@yahoo.fr. Dispone de 40 habitaciones climatizadas, limpias, con baño, construidas a cuatro niveles en torno a una pequeña piscina. Los precios son ajustados: 220 DH la doble.

DAR RAHA ç(B2) 4

BP 142, telf. 0524 846 993, móvil 0670 023 696, darraha_zagora@yahoo.fr, www.darraha.com. Cierran de mediados de junio a mediados de agosto. Está en el interior de Amezrou, cerca del antiguo *ksar,* ofreciendo una buena vista del mismo y del palmeral desde la terraza. Consta de 9 habitaciones acogedoras, de un estilo sobrio que es propio de la región, repartidos por diferentes rincones de una casa de tierra rehabilitada. Se puede comer en su restaurante por unos 80 DH. Es buen lugar para los amantes del turismo cultural. Precio: 470 DH desayuno.

DAR EL HIBA

En Tissergate, a 8 km por la carretera de Ouarzazate, telf. 0524 847 805; e-mail: hoteldarelhiba@menara.ma. Se trata de una auténtica casba de tierra construida en 1905 en el interior del *Ksar* Tissergat. Como restaurante resulta muy recomendable, ya que se puede comer bastante bien por 70 DH. En cuanto al alojamiento, dispone de 14 habitaciones espartanas y pequeñas, sobrevaloradas, con un grupo de duchas en el exterior. Hay 2 habitaciones con aire acondicionado y un baño. Precios: de 350 a 500 DH en media pensión.

PALAIS ASMAA (A2) 5

BP 78, telf. 0524 847 555/491, fax 0524 847 516; web: www.asmaa-zagora.com, e-mail: palais@asmaa-zagora.com. Está en la pista del Tizi n'Tafilalt. Son 77 habitaciones y suites de estilo palaciego urbano, algo ampuloso, con mosaicos, molduras de yeso esculpido, etc. Todas con baño, balcón y televisión. Unas dan al palmeral y otras al jardín. Hay un bar y dos restaurantes. Precio: 770 DH.

HÔTEL LA FIBULE DU DRÂA (A1) 6

Route de Mhamid, telf. 0524 847 318, fax 0524 847 271; e-mail; fibule@atlasnet.net.ma. Incluye 31 habitaciones, 24 de ellas con baño y aire acondicionado. El recubrimiento de las paredes con barro y paja le da un aire muy tradicional. Hay piscina, un jardín lleno de flores, un restaurante y un bar abierto al público. En temporada alta la media pensión es obligatoria. Precios: de 600 a 800 DH.

HÔTEL KSAR TINSOULINE (A1) 7

Av. Hassan II, telf. 0524 847 252, fax 0524 847 042; e-mail: tinsouli@menara.ma. Incluye un centenar de habitaciones amplias de estilo internacional, equipadas con baño completo, aire acondicionado y televisión, así como una suite con mucho más carácter a 960 DH. Se distribuyen alrededor de una piscina, donde está el bar. El jardín está junto al palmeral. Hay jaimas donde sentarse a pasar el tiempo, un *hammam* y un restaurante con un bonito salón marroquí donde se come por 100 DH buena cocina francesa. Doble: 750 DH.

■ RESTAURANTES

LA BARAKA (B2) 1

Route de Mhamid, telf. 0524 847 159. Posee un amplio salón agradable, con vistas al palmeral, y una terraza. Al mediodía suele estar lleno de grupos. El menú cuesta 80 DH y hacen un 10 por ciento de descuento para los lectores de esta guía.

LA NOCHE

Hay bares en los hoteles **LA FIBULE** y **PALAIS ASMAA.** Generalmente todos los hoteles y agencias organizan veladas a pie de dunas.

ITINERARIOS

8 ITINERARIOS POR MARRUECOS

Las rutas que se ofrecen a continuación permiten enlazar las diferentes localidades y lugares de interés mencionados en esta guía. Las referencia que aparecen entre corchetes junto a las localidades remiten a las páginas donde se hallan descritas. En el mapa de las pág. 398-399 aparecen marcadas todas las rutas.

1. EL NORTE

DE 5 A 8 JORNADAS. 700 KM

Podéis empezar y terminar en Ceuta o en Tánger, según hayáis llegado en avión o en ferry. Este recorrido es agradable durante todo el año.

- De Ceuta a **Tánger** [pág. 326] por la costa del Estrecho, 63 km. Magníficos paisajes y playas.
- De Tánger a **Asilah** [pág. 73] por la N-1, 42 km. Se atraviesan varios bosques y playas. Merece la pena visitar Asilah.
- De Asila a **Larache** [pág. 192] por la misma carretera, 40 km. Se ve el mar en algunos puntos.
- De Larache a **Meknès** [pág. 224] por las carreteras N-1 y R-413 hay 190 km. Se atraviesa una extensa región agrícola sin mayor interés. Aconsejamos pasar al menos una noche en Meknès para visitar la ciudad y las ruinas de **Volubilis.**
- De Meknès a **Fès** [pág. 149] se puede ir por la autopista, 60 km. En Fès deberéis pasar una noche como mínimo, dos para verla bien.
- De Fès a **Chefchaouen** [pág. 110] por las carreteras N-4 y N-13, 205 km. A vuestro paso por Ouazzane tendréis la ocasión de visitar su **medina,** de aire muy tradicional, nada turística y en la que destaca por su decoración el alminar de la zagüía. De allí a Chefchaouen el recorrido es pintoresco, entre bosques y montañas. Merece la pena dormir en Chefchaouen.
- De Chefchaouen a **Tetouan** [pág. 363] por la carretera N-2 hay 60 km. El paisaje, de baja montaña, resulta muy agradable, dominando los tonos verdes. Tras la visita de Tetouan podéis regresar a Ceuta, 40 km junto a la playa, o a Tánger, 56 km por el macizo de Jebala.

2. LAS CIUDADES IMPERIALES

DE 6 A 10 JORNADAS. 1.000 KM

Planteamos la ruta desde Marrakech por ser el destino más frecuente de los aviones desde Europa. Pero también podéis empezar y acabar en Casablanca, o venir por tierra desde España enlazando este itinerario con el precedente. Si lo hacéis en verano, preparaos para pasar calor.

• De **Marrakech** [pág. 199] a **Fès** son 483 km por la carretera N-8. Sin embargo, si disponéis de tiempo, es preferible desviarse de la ruta en el primer tramo para visitar **Azilal** [pág. 80] y las **cataratas de Ouzoud,** pudiendo pernoctar luego en **Beni Mellal** [pág. 87]. Esto significa unos 100 km de más y unas cuantas curvas, pero el paisaje bien lo justifica. Para ver bien Fès, deberéis pasar un par de noches en la ciudad.

• De Fès a **Meknès** podéis ir por la autopista, 60 km. Si tenéis tiempo, os aconsejamos pernoctar en Meknès para visitar la ciudad y las **ruinas de Volubilis.** En caso contrario, tras echar un vistazo, enlazaréis con la etapa siguiente.

• De Meknès a **Rabat** [pág. 281] conviene ir por autopista los 130 km. Si preferís la carretera, pasaréis por **Khémisset** y **Tiflet,** cuyo único atractivo son los puestos que venden alfombras de la región. En Rabat hay que pasar una noche.

• De Rabat a **Casablanca** [pág. 96] existe igualmente una autopista, 100 km. Si vais con tiempo, podéis dar una vuelta por esta gran urbe o incluso pernoctar en ella antes de continuar hacia Marrakech, 230 km por la A-3 y la N-9. En caso contrario, sabed que una nueva autopista rodea Casablanca, con lo cual os ahorráis un tiempo considerable.

3. LA RUTA DE LAS CASBAS Y EL DESIERTO

DE 5 A 8 JORNADAS. 1.200 KM

El punto de partida y llegada puede ser Ouarzazate o Marrakech. En este último caso hay que añadirle 400 km y dos jornadas más a esta previsión, pero el interés paisajístico del Tizi n'Tichka lo justifica [ver Telouet, pág. 359]. Se puede realizar este itinerario todo el año, aunque si se va en verano el calor puede ser asfixiante.

• De **Ouarzazate** [pág. 262] a **Skoura** [pág. 313] sólo les separan 40 km, de modo que debéis elegir uno de los dos como principio de etapa.

• De Skoura a **El Kelaa Mgouna** [pág. 126] se recorren 45 km por un paisaje desértico. En principio podéis pasar de largo esta población y seguir hacia el Dadès.

• De El Kelaa Mgouna a **Boumalne** y las **gargantas del Dadès** [pág. 91] continuaréis por la carretera N-10, 25 km. La visita del valle justifica la estancia.

• De Boumalne Dadès a **Tinerhir** [pág. 373] quedan 50 km por la N-10, con paisaje igualmente desértico. En Tinerhir hay que pasar, por lo menos, una noche para conocer el **valle del Todra.**

• De Tinerhir a **Tinejdad** [pág. 373] hay 50 km. Es imprescindible parar en Tinejdad para visitar El Khorbat y su museo.

• De Tinejdad a **Erfoud** [pág. 129] es preferible acceder por la carretera R-702 que va directa, 90 km con un entorno desértico y pequeños oasis. La otra opción es dar

8 ITINERARIOS

Gibraltar
Mar
Mediterráneo
Tánger
Ceuta
Tetuán
Oued Laou
Al Hoceima
Melilla
Nador
Saidia
Chefchaouen
Rif
Berkane
Desf. de
Zegzel
Ouazzane
Boured
Oujda
Taunate
Taza
Guercif
Jerada
Moulay
Idriss
Fès
Meknès
Debdou
Aïn Beni Mathar
Sefrou
Muluya
Ifrane
Outat Oulad
el-Haj
Azrou
Atlas Medio
Tendrara
Midelt
Circo de
Jaffar
Buarfa
Desf.
de Ziz
Imilchil
Aïn Chair
Figuig
Lahmar
Errachidia
Bou Kals
Tinejdad
Béchar
Erfoud
Merzouga
Alnif
Rissani
Abadla
Taouz
ITINERARIOS RECOMENDADOS
El Norte
Ciudades Imperiales
La Ruta de las Casbas y el desierto
Ciudades Imperiales y Casbas
La Costa del Atlántico
El Anti Atlas
El Mediterráneo Oriental
El Atlas y el desierto

la vuelta por **Goulmima** [pág. 166] y **Errachidia** [pág. 134], lo que permite conocer el **valle del Ziz,** con interesantes paisajes, pero resulta unos 80 km más largo. Como Erfoud carece de interés, os aconsejamos enlazar con la etapa siguiente, a menos que busquéis exclusivamente la comodidad de sus hoteles.

• De Erfoud a **Merzouga** [pág. 237] quedan 50 km de asfalto y pista, practicable con cualquier vehículo. Merzouga es otra de las ciudades que merece absolutamente la estancia.

• De Merzouga a **Rissani** [pág. 294] hay unos 40 km de pista practicable con un turismo pero no señalizada. Después de dar una vuelta por esta población podéis continuar el camino.

• De Rissani a **Tazzarine** [pág. 357], 173 km. En el km 97 pasaréis por **Alnif,** una pequeña población que cuenta con un par de hoteles modestos, en los que también preparan comidas. El paisaje es siempre desértico. Tazzarine resulta bastante agradable, pero si tenéis el tiempo justo podéis pasar de largo.

• De Tazzarine a **Nkob** [pág. 257] por la carretera N-12, sólo distan 34 km. Evidentemente debéis elegir entre una y otra si deseáis pernoctar.

• De Nkob a **Zagora** [pág. 385], y Mhamid, 207 km por las carreteras N-12 y N-9. Se atraviesa un paisaje desértico al principio, internándose luego en el frondoso **valle del Drâa.** Es necesario pernoctar al menos una noche en algún punto del valle.

• De Mhamid a **Agdz** [pág. 61] hay 192 km por la N-9, siguiendo el oasis. No hace falta pernoctar en Agdz, sino que podéis seguir por la misma carretera hacia Ouarzazate, 70 km, atravesando el Anti Atlas por un puerto impresionante, o bien enlazar por Tasla con el itinerario 6.

4. CIUDADES IMPERIALES Y CASBAS

DE 10 A 15 JORNADAS. 1.700 KM

Este itinerario combina lo más interesante de los anteriores. Ponemos Marrakech como punto de partida y llegada por ser allí donde aterrizan la mayoría de los aviones, pero también se puede hacer desde Casablanca, o bien llegando por tierra desde la Península.

• De **Marrakech** a **Ouarzazate** hay que seguir la carretera N-9 durante 200 km [ver capítulo Telouet, pág. 359]. El paisaje es maravilloso y justifica múltiples paradas. También **Ait Ben Haddou** [pág. 64] merece la visita. El final de la etapa está en Ouarzazate o en la vecina Skoura.

• De Ouarzazate, seguir la N-10 por **Skoura** y **El Kelaa Mgouna,** hasta **Boumalne Dadès,** 115 km en total. Allí podéis terminar la etapa, excepto si preferís llegar hasta Tinerhir tras visitar el **valle del Dadès.**

• De Boumalne Dadès a **Tinerhir** [pág. 376] hay 50 km. Conviene permanecer un día entero para ver el valle del Todra, tras lo cual existe la opción de seguir otros 50 km hasta **Tinejdad** [pág. 373].

• Saliendo de Tinejdad tenéis dos opciones. La más rápida es ir por **Goulmima** hacia Errachidia (90 km), pero la más interesante es dar la vuelta por **Erfoud** y **Merzouga** donde podréis ver el desierto de arena (unos 180 km de más).

• Tras pasar una noche cerca de las dunas, la carretera N-13 os acercará a **Errachidia.** Sin embargo, como esta ciudad carece de interés, lo mejor es que sigáis hacia **Midelt** [pág. 245], e incluso podéis llegar a **Fès** el mismo día (a 364 km de Errachidia).

En Fès tendréis que pernoctar un par de noches para ver la medina como se merece.

• De Fès a **Meknès** restan sólo 60 km por la autopista.

Sin embargo, es interesante hacer una parada con objeto de adentrarse en la ciudad así como en las ruinas de **Volubilis.**

• De Meknès a **Rabat** es preferible ir también por autopista la distancia de 130 km. En Rabat se debe pasar al menos una noche, para visitarla y disfrutar del frescor del aire marino tras la estancia en el interior.

• De Rabat volveréis hacia Marrakech, 330 km, pasando junto a **Casablanca** pero sin necesidad de entrar en ella, dada su escasa relevancia.

5. LA COSTA DEL ATLÁNTICO, DE TÁNGER A ESSAOUIRA

DE 6 A 12 JORNADAS. 1.000 KM, SÓLO IDA

El punto de partida puede ser Tánger o Ceuta (en este último caso hay que sumar 63 km por la carretera que sigue el Estrecho). Como punto final hemos elegido Marrakech, donde podréis enlazar con cualquiera de los otros itinerarios o regresar directamente en una jornada por la autopista de Casablanca a Tánger. Este recorrido es factible todo el año y muy adecuado para el verano, pues en la costa el calor resulta bastante suave.

• Salimos de Tánger a **Asila** por la carretera N-1, 42 km. En Asilah deberíamos pasar al menos una noche.

• De Asilah a **Larache** por la misma carretera, 40 km. Tras la visita de Larache, se continúa hacia **Moulay Bousselham** por la auto-

pista, 48 km. Y, si disponéis de poco tiempo, también podéis enlazar esta etapa con la que sigue.

• De Moulay Bousselham a **Rabat** tenéis dos opciones: la autopista (130 km) y una carretera local que pasa por **Kénitra** [pág. 184]. El único interés de esta última es visitar la **casba de Mehdia.** En Rabat debéis pasar una noche como mínimo.

• De Rabat a **Casablanca** es preferible ir por la autopista, 100 km. No es forzoso pernoctar en Casablanca, dado su escaso interés.

• De Casablanca a **El Jadida** [pág. 120] existe una carretera nacional y una local. La ventaja de esta última es que pasa cerca del mar y permite visitar **Azemmour,** una ciudad de alto interés histórico descrita en los alrededores de El Jadida. En total, 95 km. El Jadida bien merece una noche.

• De El Jadida a **Oualidia** [pág. 260] hay 80 km por la carretera de la costa. La belleza de esta pequeña población justifica igualmente la estancia.

• De Oualidia a **Safi** [pág. 298] sólo distan 68 km. La etapa es breve, pero, como en Safi hay bastante que ver, os aconsejamos pasar allí una noche.

• De Safi a **Essaouira** por la carretera de la costa, 123 km. En el km 31 tomaréis un pequeño desvío a la derecha anunciado como "Village de pécheurs", que permite ver las ruinas portuguesas de **Souira Kédima,** muy pintorescas. En Essaouira lo ideal es tomarse un día de descanso.

• De Essaouira a **Marrakech** quedan 178 km por la ctra. R-207, cuyo interés paisajístico resulta escaso. En Marrakech se puede enlazar con los otros itinerarios.

6. EL ANTI ATLAS

DE 7 A 12 JORNADAS. 1.650 KM

El punto de partida es Ouarzazate, adonde podéis llegar en avión. Otra opción es enlazar con el itinerario 3 por la carretera de Tasla. Este recorrido es absolutamente desaconsejable en verano.

• De Ouarzazate a Taliouine [pág.] hay 175 km por un terreno montañoso y árido. Es preferible pernoctar en Taliouine para no hacer demasiado larga la etapa.

• Taliouine y **Tata** [pág. 351] distan 206 km por Igherm, constituyendo todo este recorrido un verdadero regalo para la vista.

• De Tata a **Guelmim** [pág. 169], hay 288 km. Paisaje desértico y oasis. Merece una visita el **granero de Amtoudi.**

• De Guelmim a **Sidi Ifni** [pág. 310] son 56 km por una carreterita de montaña. Aunque no tenga muchos monumentos para visitar, merece la pena parar en Sidi Ifni.

• De Sidi Ifni a **Mirleft** y **Tiznit** [pág. 381], 73 km. Dado el escaso interés de esta ciudad, os aconse-

jamos continuar hacia **Tafraoute** [pág. 317], 107 km. Tafraoute merece la estancia para conocer la región.

• De Tafraoute a **Agadir** [pág. 50], 165 km por la carretera R-105. Magníficos paisajes de montaña. En Agadir tenéis que pasar, por lo menos, una noche.

• De Agadir a **Taroudannt** tenéis 85 km por el valle del Sous. Podéis pernoctar en Taroudannt o continuar hacia Oulad Berhil.

• De Taroudannt a **Marrakech** [pág. 199] quedan 227 km por la N-10 y la R-203, con hermosos paisajes de montaña y abundantes curvas, debiendo circular con la máxima precaución. En invierno hay riesgo de nieve. Se puede hacer una parada intermedia en **Ouirgane.**

7. EL MEDITERRÁNEO ORIENTAL

DE 4 A 7 JORNADAS. 700 KM

El punto de partida y regreso puede ser Nador o Melilla, comunicadas ambas con la Península mediante frecuentes barcos. Este recorrido es factible durante todo el año y aconsejable en verano.

• De Melilla o Nador a **Al Hoceima** [pág. 68], 120 km. La nueva carretera discurre por la costa y en algún tramo se observan curiosas formaciones de roca. Al Hoceima merece, como mínimo, un día de estancia.

• De Al Hoceima a **Taza,** 160 km. Se va por la antigua carretera de Nador hasta atravesar un elevado puerto de montaña y luego se toma un desvío a la derecha. En Taza pasaréis una noche, o dos si queréis recorrer el **Jebel Tazzeka.**

• De Taza a **Oujda** [pág. 275] por la carretera N-6, 230 km.

A vuestro paso por Taourirt, resulta muy aconsejable tomar un desvío a la derecha para subir hasta **Debdou,** lo que viene a representar unos 100 km de más.
En Oujda se puede pernoctar una noche.

• De Oujda a **Saidia** [pág. 304], 70 km. Esta población tiene poco interés, de modo que podéis continuar hacia **Nador** [pág. 254], unos 90 km por la carretera de la costa, a través de paisajes pintorescos.

8. EL ATLAS Y EL DESIERTO EN 4X4

DE 9 A 15 JORNADAS

Este itinerario empieza en Fès, donde se puede enlazar con el número 1 o con el número 2, y termina en Marrakech, donde podéis tomar un avión o conectar igualmente con otros itinerarios. Es practicable únicmente con un vehículo todoterreno, en principio todo el año, excepto en caso de nevadas muy fuertes.

• De Fès a Sefrou por la carretera R-503, 30 km. Tras la visita de Sefrou podéis continuar por la misma R-503 y luego por la ctra. 4620 a la derecha, que discurre junto al lago Aoua. Pasado el lago saldréis a la N-8. A vuestra derecha queda **Imouzze**r [pág. 183], que no tiene mucho interés. Continuando hacia la izquierda se alcanza **Ifrane** [pág. 173] en unos 65 km. Es un final de etapa adecuado.

• De Ifrane a **Azrou** [pág. 83] distan 17 km. Llegando a Azrou, lo mejor es realizar el circuito de los bosques de cedros indicado en el capítulo correspondiente, que os conducirá a **Khenifra** en 140 km. Como habréis pasado el día en la montaña, tendréis que pernoctar en Khenifra.

• Desde Khenifra tenéis dos opciones. La primera es continuar por la ctra. de Marrakech una veintena de kilómetros y desviaros luego a la izquierda por la R-503. La segunda opción, más larga pero más interesante por el paisaje, consiste en retroceder 24 km por donde llegasteis y tomar una pista con restos de asfalto que os conducirá a **Itzer** siempre por bosques de cedros y montañas. Una vez allí, seguir los indicadores de Boumia y Tounfite. En total, unos 130 km. **Tounfite** no dispone de ningún alojamiento, de modo que emprenderéis directamente la pista de **Imilchil** [pág. 177], a 95 km. En el km 35 hay un pequeño albergue donde podéis pasar la noche si se os ha hecho tarde y no lleváis material de acampada. Todo este recorrido hasta Imilchil es altamente pintoresco, a base de montañas áridas, otras cubiertas de cedros y numerosos poblados. En Imilchil termina la etapa, pudiendo hacer una excursión a los lagos.

• De Imilchil a **Tinerhir** [pág. 376] hay unos 120 km, actualmente todos asfaltados, discurriendo por hermosos pueblos entre los que destaca **Agoudal** y por el **puerto de Tirherhouzine** (2.635 m), con riesgo de nieve en invierno. Más tarde se pasa por **Ait Hani** y por **Tamtatoucht,** otro pueblo interesante. Si se ha hechado el tiempo encima siempre se puede pernoctar en el *Auberge Baddou.* En caso contrario, también se puede llegar hasta Tinerhir ese mismo día, siendo ésta una parada obligada.

• De Tinerhir a **Merzouga,** 209 km por **Tinejdad** [pág. 373], donde hay que parar a ver el Museo de los Oasis, y una pista que va a parar a la N-12 cerca de Alnif. La nacional os llevará hasta **Rissani,** donde encontraréis la carretera de Merzouga. Un bello final de etapa para ver el atardecer y el amanecer junto a las dunas.

• De Merzouga a **Mhamid,** 275 km por diferentes pistas del desierto. Podéis hacerlo en una etapa, o en dos. Se sale de Merzouga hacia el sur. En **Taouz** (km 26), donde termina el asfalto, se toma un desvío a la izquierda que figura como "dirección prohibida". Se dejan varios caminos a la izquierda y uno a la derecha en el km 41, que penetra en Jdaid.

A la salida de **Ramlia** (km 80) atravesaréis el río Gheris, con

abundante arena. A partir de aquí se circula por un desierto absoluto, interrumpido sólo por algún pequeño oasis, como Zguilma. Finalmente se alcanza el valle del Draâ, encontrando el asfalto en Tagounit.

• De Mhamid a **Agdz** y **Ouarzazate** se accede por la carretara N-9, 255 km.

• De Ouarzazate a **Marrakech** os aconsejamos la variante por la pista de Ait Ben Haddou y Telouet, 215 km en total. Está siendo asfaltada en 2010 y es muy recomendable por la belleza de sus paisajes.

EL CONTEXTO

ÁRABES Y BERÉBERES

Parece que los primeros pobladores de Marruecos eran de raza negra y hablaban uno o varios idiomas hoy desaparecidos. De modo que los beréberes no serían los habitantes más antiguos del país, como se dice a menudo, pero sí los más antiguos de los que se ha conservado hasta el presente la lengua y la cultura. Se piensa que los beréberes vinie-

ron de oriente unos 3.000 años a.C., mas, como la información que tenemos es casi nula y nos movemos en el terreno de las hipótesis, no creemos necesario ahondar en este tema.

Lo que sí está claro es que, cuando llegaron a Marruecos los fenicios y luego los romanos, hallaron una población que hablaba beréber; de modo que las razas más antiguas habían adoptado esta lengua.

Los árabes irrumpieron en el país mucho más tarde, a finales del siglo VII, y lo hicieron como mensajeros del Islam recién nacido. En esas primeras oleadas, su impor-

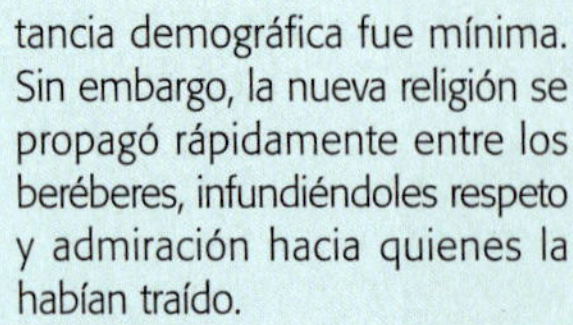

tancia demográfica fue mínima. Sin embargo, la nueva religión se propagó rápidamente entre los beréberes, infundiéndoles respeto y admiración hacia quienes la habían traído.

De este modo, en los siglos que siguieron, la cultura árabe fue penetrando poco a poco en Marruecos, a pesar de los escasos árabes que vivían allí. La mayor parte de los que llegaban preferían continuar su camino para establecerse en la bella Al-Andalus.

A partir del siglo XII sí se produjo un movimiento demográfico importante, con las tribus Beni Hilal y Beni Maaquil expulsadas previamente de Egipto, quienes se establecieron en muchas regiones marroquíes, en las que, a partir de aquel momento, el árabe pasó a ser el idioma dominante. No está claro, sin embargo, que habiendo partido de Egipto unas decenas de miles de personas, a su llegada fuesen más de un millón. La única explicación lógica es suponer que muchos de ellos eran, en realidad, beréberes arabizados que se les habían unido en el camino. El prestigio que daba el hecho de pertenecer al pueblo del profeta justificaba sobradamente el ansia de muchas tribus beréberes por cambiar de identidad.

La otra gran fuente de población arabófona para Marruecos fueron los andalusíes que regresaban de la Península Ibérica empujados por la Reconquista, los cuales se establecían en las principales ciudades del norte. Tal proceso culminó con la expulsión de los moriscos de España.

Hoy siguen conviviendo en Marruecos dos tipos de población, árabes y beréberes o, mejor dicho, arabófonos y berberófonos. Las diferencias entre ambos grupos son de orden cultural y no sanguíneo, como se ha visto. La barrera principal que los separa es el idioma, pero existen asimismo otros rasgos particulares, a nivel de costumbres e incluso de derecho consuetudinario, aunque este último va desapareciendo.

Se calcula que cerca de un 40 por 100 de la población marroquí tiene el beréber como lengua materna, si bien muchos de ellos, los que habitan en las ciudades, en la práctica son bilingües. En zonas rurales, por el contrario, la mayoría de los habitantes desconocen cualquier otro idioma. Sobre todo las mujeres.

El beréber se trasmite por tradición oral, pues carece de escritura. Existe, sin embargo, un alfabeto llamado "líbico", derivado del fenicio, que fue adoptado por los beréberes en la antigüedad, perdurando tal vez hasta la introducción del Islam. A partir de ese momento, la lengua del profeta fue la única que se utilizó por escrito. Esto tiene su lógica, dado que la mayor parte de los textos que se producían tenían una relación directa o indirecta con el Corán y que las únicas personas con cultura suficiente para escribir eran los alfaquíes y los miembros de las zagüías u órdenes religiosas.

El beréber

Actualmente hay grupos de intelectuales que tratan de revitalizar el beréber. Se han creado numerosas asociaciones y se publican revistas, en las cuales aparece, muy de vez en cuando, algún artículo escrito en el alfabeto líbico. Los demás redactores, o bien transcriben los fonemas beréberes mediante letras latinas, o bien se resignan a utilizar directamente el árabe o el francés.

En Marruecos hay tres grupos beréberes claramente diferenciados por su dialecto y que además responden a unos orígenes étnicos determinados. Quienes hablan la *tarifit* o lengua del Rif son los últimos representantes de los Zanata, que antiguamente ocupaban todas las estepas orientales y que fueron arabizados en su mayoría por contacto con los Beni Hilal, confundiéndose con ellos. Hoy la *tarifit* se habla sólo en la región de Nador y Al Hoceima.

Quienes emplean la *tamazight* son descendientes de las tribus nómadas Zanaga, que habían llegado a dominar todo el Sáhara occidental y que también adoptaron el árabe en gran parte, por

CRONOLOGÍA HISTÓRICA

Siglo XII a.C. Se crean las primeras bases comerciales fenicias en las costas marroquíes.

Siglo V a.C. Los cartagineses, sucesores de los fenicios, establecen nuevas bases comerciales, incidiendo profundamente en la cultura y en la vida de Marruecos.

146 a.C. Destrucción de Cartago e inicio del influjo romano en Marruecos.

118 a.C. (aprox.). Bocchus I crea el reino de Mauritania, heredero de Cartago en cuanto a costumbres y forma de actuar.

33 a.C. Primera ocupación romana del reino de Mauritania, que dura ocho años.

25 a.C. Juba II alcanza el trono de Mauritania y contrae matrimonio con Cleopatra Selene. Fuerte influencia romana en su reinado.

33 d.C. A la muerte de Juba II, le sucede su hijo Ptolomeo.

40 d.C. Ptolomeo es llamado a Roma y asesinado por Calígula.

42 d.C. El reino de Mauritania es absorbido por el imperio romano y dividido en dos provincias. La de Mauritania Tingitania se corresponde aproximadamente con el Marruecos actual. La capitalidad oscila entre Tánger y Volubilis.

Siglo III. Aparición del Cristianismo en la Mauritania Tingitania. Poco después hay un retroceso del imperio romano, que evacua la mayor parte de sus territorios. No obstante, la cultura latina y la nueva religión se mantienen.

Siglo V. Los vándalos llegan a Marruecos. Apenas han quedado huellas de su paso.

Siglo VI. El imperio bizantino domina la costa mediterránea marroquí.

622. La Hégira (retirada de Mahoma de La Meca a Medina) marca el inicio del calendario musulmán. Comienza la expansión árabe-islámica.

681. El ejército musulmán de Sidi Oqba alcanza por primera vez Marruecos. Empiezan las conversiones al Islam entre los beréberes.

710. Las tropas de Sidi Muza, gobernador árabe de Kairuan, entran en la Península Ibérica junto con numerosos efectivos beréberes islamizados, bajo el mando del caudillo Tariq ibn Ziad. El Islam se propaga al mismo tiempo por Marruecos.

740. Estalla una revuelta en el Magreb islamizado, que a partir de este momento escapa al dominio de Damasco y adopta la tendencia religiosa *jareyita.*

757. Los beréberes Zanata del bajo Ziz fundan el reino de Sijilmassa.

788. Idris I, descendiente del profeta, llega a Volubilis y es coronado rey por las tribus beréberes.

789. Fundación de Fès por Idris I.
809. Fundación del barrio Kairuaní de Fès por Idris II.
920. Ocupación de Fès por los fatimitas de Kairuán.
976. Ocupación de todo Marruecos por el califato de Córdoba.
1053. Inicio de la invasión almorávide procedente de Mauritania. Ocupación de Sijilmassa.
1062. Fundación de Marrakech por los almorávides. Su imperio se extiende hasta el Ebro.
1146. Toma de Marrakech por los almohades, procedentes del Atlas occidental. Todo Marruecos y Al-Andalus queda bajo su dominio. Necesitando una fuerza de choque, los almohades toman a su servicio a las tribus árabes Beni Hilal procedentes de Egipto.
1248. Ocupación de Fès por los Meriníes. Fundación de Fès Jdid. Su imperio se extiende hacia el este, pero no consiguen dominar Al-Andalus.
1415. Los portugueses ocupan Ceuta y después otras ciudades de la costa. Se inicia la reacción de las cofradías religiosas.
1434. Los portugueses consiguen doblar el cabo Bojador y se instalan en la isla de Arguín. Comienza el comercio marítimo Entre el África subsahariana y Europa.
1471. Los Uatasíes substituyen a los Meriníes en el trono de Fès, pero no consiguen frenar la invasión portuguesa.
1492. Caída del reino nazarí de Granada. Empieza la emigración de andalusíes a Marruecos, tanto musulmanes como hebreos.
1497. Los castellanos ocupan Melilla.
1516. El imperio turco se apodera de Argel y extiende su influencia sobre Marruecos.
1525. Los Saadíes fundan su imperio con capital en Marrakech, con el apoyo de las cofradías religiosas.
1541. Los Saadíes consiguen expulsar a los portugueses de la mayor parte del territorio marroquí.
1549. Toma de Fès por los Saadíes.
1578. Batalla de Oued el Makhzen o de los Tres Reyes, motivada por querellas internas de los Saadíes y con intervención portuguesa. Ascensión al trono de Ahmed el Mansur tras la muerte de sus dos hermanos. También el rey Sebastián de Portugal pierde la vida, pasando Portugal a la corona de Castilla.
1590. Un ejército de Ahmed el Mansur conquista Tombuctú y el imperio Songhai.
1603. A la muerte de Ahmed el Mansur recomienzan las disputas por el trono. El imperio saadí entra en decadencia. Las zagüías toman el poder en diferentes regiones.

1614. Culmina la expulsión de los moriscos de España, estableciéndose en el norte de Marruecos.
1631. Mulay Ali Cherif crea la dinastía Alauita en el Tafilalt.
1672. Subida al trono de Mulay Ismail. Empieza uno de los periodos más brillantes del imperio marroquí.
1727. Muerte de Mulay Ismail y caída del país en la anarquía.
1757. Sidi Mohamed ben Abdellah, nieto de Mulay Ismail, restablece el orden.
1816. Mulay Slimán acaba con la piratería y emprende la lucha contra las zagüías.
1830. El ejército francés ocupa Argelia. Mulay Abderrahmán ayuda a los resistentes argelinos, lo que provoca un enfrentamiento franco-marroquí.
1844. Batalla de Isly. Marruecos es derrotado por Francia.
1856. Firma del tratado anglomarroquí, en el que se acepta la presencia de cónsules y de mercaderes extranjeros en todos los puertos del país.
1860. España ocupa Tetouan y exige una fuerte indemnización para liberarla.
1863. Firma del tratado franco-marroquí, con grandes ventajas para esta potencia.
1873. Sube al trono Mulay Hassan, emprendiendo una política de dureza.
1880. Conferencia de Madrid. Las potencias europeas penetran en Marruecos.
1884. Primeras incursiones españolas en el Sáhara.
1894. A la muerte de Mulay Hassan, le sucede su hijo Mulay Abdelaziz, menor de edad. El país es gobernado a su antojo por el visir Ba Ahmed. Reforma fiscal desastrosa. El Estado se ve incapaz de resistir la invasión francesa.
1905. El káiser alemán Guillermo II visita Tánger y es recibido en loor de multitud, viendo en él un protector contra la influencia francesa.
1906. Conferencia de Algeciras. Marruecos se doblega a las imposiciones europeas.
1907. Sucesos de Casablanca. La muerte de varios obreros franceses sirve para justificar una primera ocupación de la ciudad y alrededores por el ejército galo.
1911. Un acorazado alemán hace su aparición en la bahía de Agadir. La consiguiente negociación franco-germana deja la puerta abierta a Francia para influir en Marruecos.
1912. El Tratado de Fès implanta el protectorado francés en Marruecos. La capital pasa a Rabat. Abdicación de Mulay Hafid. El trono pasa a Mulay Yusef. Empieza la conquista del país por el ejército galo. A España se le adjudica el norte, el Sáhara y el territorio Sidi Ifni.
1921. Batalla de Annoual. El ejército español es derrotado por los rifeños de Abdelkrim. Más de 15.000 muertos.
1925. Desembarco de Alhucemas y sumisión del Rif a España.

1927. A la muerte de Mulay Yusef le sucede su hijo Mohamed V. El poder del sultán es puramente simbólico.
1930. Mohamed V se muestra reticente a firmar algunos decretos presentados por Francia, como el Dahir Beréber.
1934. Batallas del ejército francés contra las tribus del sur. Sumisión de todo el territorio. España ocupa Sidi Ifni.
1942. Desembarco de las tropas americanas en la costa marroquí para intervenir en la Segunda Guerra Mundial.
1944. Manifiesto de la Independencia.
1947. Discurso de Mohamed V en Tánger, en el que se reivindica la independencia.
1953. Mohamed V es depuesto por el ejército francés y enviado al exilio. Comienza la lucha por la independencia.
1955. Retorno de Mohamed V del exilio. Se inicia el proceso de independencia.
1956. Marruecos obtiene la independencia de Francia y de España. Esta última conserva Sidi Ifni y el Sáhara.
1958. España devuelve a Marruecos el territorio de Tarfaya.
1959. Guerra de Sidi Ifni. El territorio español queda reducido a la ciudad.
1961. A la muerte de Mohamed V, le sucede su hijo Hassan II.
1969. España concede la independencia a Sidi Ifni.
1972. La primera constitución marroquí es aprobada en referéndum.
1975. Tras la Marcha Verde, el gobierno español da el Sáhara a Marruecos. Empieza la guerra con el Frente Polisario.
1991. Alto el fuego en el Sáhara, bajo control de las Naciones Unidas. Empiezan las negociaciones para organizar un referéndum.
1999. A la muerte de Hassan II, le sucede su hijo Mohamed VI.
2000. La Reforma del Código Civil, que recoge el abandono de la poligamia, provoca varias manifestaciones.
2001. El gobierno marroquí retira a su embajador en Madrid y las relaciones diplomáticas entre Marruecos y España se interrumpen un año.
2002. Incidente en la isla Perejil ocupado por Marruecos.
2003. Terroristas suicidas cometen cinco ataques simultáneos en Casablanca, uno de ellos contra la Casa de España.
2007. La visita de los reyes de España a las ciudades autónomas de Ceuta y Melilla causa malestar en algunos sectores marroquíes. El embajador en España es llamado a consulta.
Noviembre 2010. Marruecos decreta el toque de queda en El Aaiun y en las zonas con saharauis. Los incidentes de los últimos días, en el momento de publicar esta guía, se desencadenaron tras un intento de la policía marroquí de desalojar un campamento de manifestantes saharauis cerca de El Aaiun.

influencia de los Beni Maaquil. Con todo, la *tamazight* se sigue utilizando en el Atlas Medio, en el Gran Atlas central y oriental, así como en el Jebel Saghro y en algunos valles presaháricos. Otros Zanaga que se quedaron aislados en el extremo sur del desierto son los que hoy denominamos Tuareg.

El tercer grupo, mayoritario en Marruecos, es el que habla *tasusit* o dialecto del Sous. Tienen por antepasados a los Masmuda, de tradición sedentaria, y ocupan todo el Anti Atlas, el Gran Atlas occidental, el valle del Sous y las llanuras preatlánticas hasta El Jadida, en las que conviven con otras tribus árabes o arabizadas. Además, como estos habitantes del Sous demuestran una especial aptitud para los negocios, controlan las zonas comerciales de las grandes ciudades del país.

Los demás habitantes de Marruecos, alrededor de un 60 por 100, tienen el árabe dialectal como lengua materna, que se trasmite asimismo por tradición oral y presenta diferencias considerables con el árabe culto, tanto a nivel de vocabulario como de sintaxis. Para entendernos, la distancia entre ellos es casi la misma que hay entre el latín y el castellano. El árabe culto es el idioma oficial del reino, resulta idéntico en todos los países árabes y se emplea tanto en los medios de comunicación como en la enseñanza, en los tribunales de justicia o en los discursos públicos.

Las Leyes

Además de la lengua, los beréberes se diferencian de los árabes por algunas costumbres particulares, como los tatuajes de las mujeres, y por haberse regido durante siglos mediante un derecho consuetudinario propio de cada tribu pero con ciertos rasgos comunes entre sí.

Existen tres diferencias básicas entre la ley coránica y dichos códigos tribales. En primer lugar, para juzgar cualquier delito cometido

o cualquier litigio, la ley islámica se basa en el testimonio y los códigos beréberes en el juramento. En segundo lugar, la ley coránica limita el matrimonio legal a cuatro esposas, mientras este límite no está previsto en muchos de los códigos beréberes. Por fin, la ley islámica obliga a repartir las herencias entre todos los descendientes del difunto, dando a las hijas la mitad que a los hijos varones, mientras en el derecho consuetudinario beréber las hijas no heredan en absoluto.

En los años 1930, el protectorado francés trató de promocionar este derecho particular de los beréberes y elevarlo al rango nacional, con el claro objetivo de dividir para vencer. Esto provocó un movimiento de reacción que aceleró, en primer lugar, la lucha contra el propio protectorado y, en segundo término, la desaparición de los códigos tribales una vez se hubo conseguido la independencia.

El actual Estado marroquí ha tomado muchos de sus principios del panarabismo, se ha hermanado con los movimientos nacionalistas de los demás países árabes y ha ido dejando de lado sus propias particularidades. Por eso, cuando nacieron las primeras agrupaciones culturales beréberes hacia 1990, la reacción del Estado fue encarcelar a sus miembros.

Con el tiempo, sin embargo, supo admitir que la pluralidad de culturas no constituía una amenaza para su integridad política. Entonces autorizó las asociaciones y las publicaciones periódicas, e incluso se introdujo en la emisora nacional un telediario repetido en los tres dialectos beréberes.

En la última década el movimiento beréber ha avanzado mucho, llegando a inventarse un calendario propio que toma como fecha de partida el año 940 a.C., cuando la dinastía libia se hizo con el poder en Egipto. Las ideas independentistas o autonomistas chocan con la falta de un territorio específico para este pueblo.

Por el contrario, hay valles como el Drâa o el Ziz, en los que las aldeas arabófonas y berberófonas están entremezcladas; en otras zonas como el Atlas Medio, las ciudades han adoptado el árabe mientras en el mundo rural se sigue hablando beréber; por fin, las regiones de predominio beréber mencionadas más arriba no forman un bloque conjunto, sino que se hallan distribuidas por todo el país.

ORGANIZACIÓN POLÍTICA Y ADMINISTRATIVA

La monarquía constitucional

Marruecos es una monarquía constitucional. Esta expresión, sin embargo, no tiene el mismo valor en África que en Europa. La constitución marroquí no emana, como la española, de unas Cortes Constituyentes elegidas por el pueblo, sino que fue redactada por un equipo de prestigiosos juristas marroquíes y franceses, a instancias del rey Hassan II, en 1972, y aprobada luego en plebiscito popular por una inmensa mayoría no muy lejana al 100 por 100 del electorado. Posteriormente, en 1996, se votó y aprobó también por amplia mayoría una reforma constitucional estableciendo un sistema parlamentario bicameral, con una cámara baja elegida directamente por el pueblo y una cámara alta de tipo corporativo. Con anterioridad, la cámara única era elegida en parte por las corporaciones profesionales y en parte por el pueblo. Esta sutil diferencia ha permitido a los socialistas de la USFP alcanzar la mayoría de la cámara baja en las elecciones de 1998 y formar un gobierno de coalición que se mantuvo bajo presidencia socialista hasta las elecciones de 2003.

Los partidos políticos

La primera formación política marroquí fue el Istiqlal o partido de la independencia, que vio la luz en 1944 con la firma del famoso Manifiesto de la Independencia. Su ideario es básicamente nacionalista y jugó un papel importantísimo tanto en la lucha contra el protectorado como en la reivindicación del antiguo Sáhara Español para Marruecos.

De una escisión por la izquierda del Istiqlal protagonizada por Mehdi Ben Barka surgió en 1959 la Unión Nacional de Fuerzas Populares (UNFP), de la que, a su vez, se escindió por la izquierda la Unión Socialista de Fuerzas Populares (USFP). Todos ellos fueron reconocidos por el nuevo sistema constitucional. El último en recibir la legalización fue el partido comunista, que se vio obligado a cambiar su nombre por el de Partido Popular Socialista (PPS), pues el término "comunista" conllevaba el rechazo de la religión y era, por lo tanto, incompatible con el carácter confesional islámico del Estado marroquí.

Los demás partidos actuales fueron creados desde el poder y se mantuvieron en él hasta las elecciones de 1998. Hoy comparten el gobierno, como ya hemos dicho, con sus antiguos opositores. La ideología de tales partidos es muy difusa. Cada uno se apoya sobre un sector determinado de la sociedad, como puede ser el campesinado o incluso la población de lengua beréber, y todos ellos tienen un punto en común: el apoyo incondicional a las sugerencias de Su Majestad.

La situación actual

El reinado de Mohamed VI se inició con un espíritu de apertura democrática que comportó la destitución de algunos hombres fuertes como Driss Basri, el retorno de exiliados, la aparición de libros prohibidos hasta entonces y la legalización de partidos islamistas moderados.

Este proceso de apertura se vio frenado en parte tras los atentados de Casablanca de 2003 y el alarmante número de votos obtenidos por los islamistas en esa misma época. Sin embargo, la popularidad del rey se mantiene y en ello juega un papel importante la lucha que Mohamed VI lleva a cabo contra la corrupción de la administración pública, de un modo muy lento y discreto, pero efectivo. Prueba de ello es el número de alcaldes corruptos detenidos desde 2005 hasta hoy.

El reino de Marruecos está dividido en 16 grandes regiones, en las que se agrupan las provincias y *wilayas*. Una *wilaya* se compone de varias prefecturas. Dentro de cada provincia o prefectura hay una serie de círculos controlados por un caíd y cada círculo incluye diferentes municipios rurales o urbanos. Los caídes y los gobernadores son designados por el Ministro del Interior, mientras los presidentes de los municipios son elegidos por sufragio universal cada 6 años. Las provincias y prefecturas cuentan asimismo con una asamblea consultativa elegida por sufragio indirecto a partir de los Ayuntamientos. La página web www.maroc.ma ofrece información más detallada sobre la administración marroquí.

LA ECONOMÍA

Población

La población marroquí ha crecido desmesuradamente en las últimas décadas, debido al cese de las guerras tribales, a la mejora de las condiciones higiénicas y al progreso de la medicina. En zonas rurales, la progresión demográfica se mantiene, pues en la mentalidad tradicional el hecho de tener muchos hijos es una manera de asegurarse un buen futuro. Por el contrario, en las grandes ciudades el ritmo ha empezado a descender. Con todo, una población de unos 30 millones de habitantes no se puede considerar muy elevada para un país del tamaño de Marruecos; ni siquiera descontándole las grandes extensiones desérticas del sur.

Recursos naturales

Los recursos naturales con los que cuenta esta tierra son extraordinarios: amplias zonas cultivables, un subsuelo riquísimo, un banco de pesca fuera de lo común, amplios terrenos de pasto para el ganado y una variedad paisajística y cultural tan grande que resulta inagotable para el

turismo. En otra latitud, semejantes recursos serían más que suficientes para vivir con desahogo una población de 30 millones de personas. Si aquí no lo son es debido a una serie de problemas derivados de la pasada colonización, de la pusilánime actitud administrativa y de la falta de preparación profesional que sería necesaria para desarrollar los diferentes sectores económicos.

El Marruecos precolonial vivía anclado en el subdesarrollo y en la miseria. La mayor parte de las tierras estaban sin cultivar. No había más comunicaciones que los caminos de herradura. Las tribus luchaban unas contra otras por apoderarse de los escasos recursos alimenticios. Nadie se preocupaba de producir más que lo imprescindible para subsistir, pues el que poseía alguna riqueza se convertía automáticamente en víctima de los caídes o jefes locales, quienes tenían por tarea básica expoliar a sus administrados y repartir el botín con sus superiores. En la cúspide de la pirámide se hallaba el sultán.

Los protectorados

El protectorado vino a remediar tal situación. Se activó la explotación de las tierras cultivables y del subsuelo; se crearon comunicaciones de todo tipo, que facilitarían los intercambios comerciales, y se garantizó al mismo tiempo la seguridad y los derechos de propiedad a quienes lograsen acumular alguna riqueza. Pero todo esto se hizo, como es lógico, en provecho de las potencias colonizadoras: España y, sobre todo, Francia.

Bajo el protectorado, las minas rendían como nunca, pero no dieron lugar a una industria siderometalúrgica, sino que los minerales partían directamente hacia Europa, de donde regresaba una parte en forma de productos acabados. Tales productos manufacturados fueron poco a poco sustituyendo a los objetos artesanales propios del país, lo que hizo mella en este importante sector de su economía.

Las nuevas tierras agrícolas fueron adjudicadas a colonos franceses, quienes introdujeron cultivos en muchos casos ajenos a las necesidades de la población. La industria que se creó fue mínima y tampoco respondía a la demanda de los marroquíes.

Al obtener la independencia política en el año 1956, el país quedó sin embargo atado por la dependencia económica de Francia, que posteriormente se iría reduciendo en beneficio de los Estados Unidos.

Exportaciones e importaciones

En medio siglo que ha transcurrido desde entonces, la economía marroquí se ha desarrollado en una progresión geométrica. Obligado es reconocerlo. Pero sus grandes rasgos continúan siendo los de un país tercermundista. Es decir, se siguen exportando básicamente materias primas o productos agrícolas e importándose sobre todo bienes de consumo.

También se importan bienes de producción, destinados a incrementar el sector industrial, pero se hace en mucha menor medida

y esto es debido, en parte, a lo exagerado de las tasas aduaneras. Los pequeños bienes de consumo llegan a menudo por la vía del contrabando, o bien están exentos de tasas al ser considerados productos de primera necesidad.

Marruecos, que en el siglo XVI era un gran exportador de azúcar, ahora tiene que importarlo. Al mismo tiempo, envía al exterior grandes contingentes de frutas y verduras. Esto hace subir desmesuradamente los precios en el mercado interior, donde sólo se queda el sobrante, encareciendo el coste de la vida. Otro tanto sucede con la pesca, destinada sobre todo a Europa, cuando no la llevan a cabo directamente barcos europeos. El pueblo marroquí se tiene que conformar con las sardinas, que todavía son muy baratas.

El dinero de las licencias, como el de las tasas aduaneras, sirve para financiar un aparato estatal excesivamente burocratizado e incapaz de moderar su presupuesto por el gran derroche de tiempo y recursos.

La ganadería sí parece adaptada básicamente al consumo de la población marroquí, aunque insuficiente algunos años para cubrir las exigencias de la tradición, como el degollar un borrego por familia en Aid el Kebir.

Impuestos y tasas

El sistema tributario marroquí es también exagerado y constituye un enorme impedimento para el desarrollo del sector industrial. Un IVA del 20 por 100 y un impuesto sobre beneficios alrededor del 40 por 100 sumadas a las tasas indirectas no atraen precisamente a los inversores, quienes prefieren dedicarse al comercio, donde el control fiscal resulta mucho más difícil.

Por si esto fuera poco, las trabas burocráticas creadas por una administración obsoleta y mastodóntica, heredera de un sistema de tipo francés adaptado al ritmo africano, bastan para asustar a cualquier inversor, sobre todo si es un extranjero y no está acostumbrado a perder su tiempo en rellenar impresos inútiles o en dar vueltas a la ciudad en busca de una póliza.

La banca tampoco resulta especialmente ágil a la hora de conceder créditos. A las complicaciones del papeleo se une muchas veces la falta de garantías, puesto que, fuera de las grandes urbes, la mayor parte de los terrenos no figuran en el registro de la propiedad y no se pueden legalizar los títulos de propiedad.

Industria, comercio y turismo

La explotación del subsuelo es importantísima y en ella destacan sobremanera los fosfatos, que son monopolio del Estado desde 1920. La minería, sin embargo, continúa sin dar lugar a una industria siderometalúrgica digna de mención. Los sectores industriales más importantes hoy son el textil, la confección, la alimentaria y el cemento.

El comercio, a pequeña o gran escala, legal o clandestino, al mayor o al detalle, interior o exterior, es el gran protagonista de la economía marroquí. Ocupa sin duda a más de la mitad de la población activa y escapa a cualquier posibilidad de control fiscal o estadístico.

El artesanado, aunque conserva cierta importancia numérica, está perdiendo calidad y prestigio día tras día. Rechazado por el mercado nacional, que prefiere los productos industriales de importación, se ve relegado a un público turístico incapaz de apreciar su valor. De modo que los artesanos, presionados por los bazaristas que les imponen precios ridículos para poder aumentar sus beneficios, trabajan cada vez peor.

El turismo es una de las potencialidades peor aprovechadas de Marruecos. Un país que cuenta con 2.000 km largos de costas, una veintena de ciudades antiguas cargadas de monumentos, cuatro cadenas montañosas dispares entre sí, un desierto jalonado de oasis, un mundo rural lleno de vida, lagos, bosques, gargantas, paisajes maravillosos y todo tipo de posibilidades deportivas debería tener, por regla natural, 50 millones de turistas al año. Sin embargo, Marruecos apenas supera los cuatro millones de visitantes extranjeros, con una de las tasas de retorno más bajas del mundo.

Tal desfase tiene diferentes causas. La principal sin duda es la mala fama, debida a las molestias que causan a los turistas los falsos guías, los comerciantes pegajosos y los niños pedigüeños. En segundo lugar, la infraestructura existente no podría absorber mucho más turismo del que hay actualmente. En tercer lugar, la calidad del servicio a todos los niveles resulta más bien baja, tanto si hablamos de hostelería como de restauración, transporte, animación o agencias de viajes, por no mencionar a los guías oficiales. Tal carencia es debida a la falta de calificación profesional, sobre todo del personal directivo. Cabe mencionar también el estado de abandono en que se hallan muchos monumentos –en el sentido más amplio de la palabra– y, finalmente, los fuertes abusos que se suelen cometer con los precios, en relación a la calidad ofrecida. En este último tema, las líneas aéreas se llevan la palma. Con todo, la aparición de nuevas compañías aéreas de bajo coste y la paulatina mejora de las infraestructuras que se está llevando a cabo permiten ver el futuro con optimismo

LA ENSEÑANZA

En Marruecos, la escolarización es obligatoria por ley entre los 6 y los 12 años. El Ministerio de Educación hace lo posible para que dicha ley se aplique. Hay escuelas en todos los pueblos y aldeas, y los directores visitan personalmente a los padres para convencerles de que manden sus hijos a estudiar. Sin embargo, cuando éstos se niegan en redondo –lo que sucede con cierta frecuencia en zonas montañosas–, el Ministerio no dispone de fuerza para obligarles. Las razones aducidas por los padres para tal negativa son que sus niños deben cuidar del ganado, o bien que aprender árabe clásico y matemáticas no les servirá para nada en su vida de pastores. En esto, las niñas son las más discriminadas, puesto que sus madres las obligan a realizar las tareas del hogar.

Como la población infantil ha crecido sin mesura en estos últimos años, el número de aulas ya no es suficiente para todos. La solución adoptada es la diversificación horaria. Unos niños van a la escuela de 8 h a 10 h y de 14 h a 16 h; otros, de 10 h a 12 h y de 16 h a 18 h, de lunes a sábado. Es por eso que el viajero tiene a menudo la sensación de que los alumnos están todo el día paseando por la calle o por los caminos de montaña.

La matrícula es gratuita, pero los padres tienen que comprar los libros. Esto representa una carga considerable para las familias numerosas, que puede influir en

su decisión de escolarizar o no a sus hijos. Existe por ello una asociación benéfica que financia la adquisición de libros a las clases sociales menos favorecidas.

Durante los dos primeros años, la enseñanza es en árabe culto exclusivamente, un idioma que resulta novedoso para los niños, acostumbrados a hablar beréber o árabe dialectal marroquí, excepto si han hecho previamente algún curso de preescolar. Existen dos tipos de educación preescolar: la privada, equiparable a las guarderías europeas, y la escuela coránica. En esta última son los alfa-

quíes quienes enseñan a memorizar versículos del libro sagrado, en árabe clásico. Ambas están ausentes en zonas rurales.

A partir del tercer curso se introduce el francés como lengua complementaria. Sin embargo, las demás materias continúan enseñándose en árabe culto, que es el idioma oficial del país. Al terminar el sexto curso, el alumno es libre de seguir estudiando o de empezar a trabajar, pues el mínimo exigido por la ley laboral son 12 años. En el caso de que decida continuar aprendiendo, deberá acudir a un instituto, donde realizará los tres últimos cursos de "básica", y luego a un liceo, en el que cursará otros tres años de bachillerato.

La enseñanza media también es gratuita, pero los institutos y liceos se hallan sólo en los núcleos urbanos de cierta importancia, lo que significa un desplazamiento excesivo para los adolescentes de zonas rurales. Quienes verdaderamente tienen interés en estudiar se van a vivir a casa de algún familiar o amigo establecido cerca de algún instituto. Los demás renuncian. En esto, los habitantes de las ciudades tienen una ventaja considerable respecto a los del campo.

Lo mismo sucede con las universidades y con los centros de formación profesional, que sólo se hallan en las grandes urbes. A diferencia de lo que sucede en la primaria, la distribución por sexos en la enseñanza superior está igualada. Sin embargo, para muchas mujeres el matrimonio significa el final de su carrera universitaria o de su vida laboral.

En los últimos años, el esfuerzo realizado por el Estado marroquí para extender la educación y combatir el analfabetismo es enorme, titánico. No obstante, cabe señalar que tal esfuerzo ha sido hasta ahora más cuantitativo que cualitativo. Los métodos de enseñanza se basan en la simple memorización y no crean en el alumno una actitud reflexiva o racionalista. Numerosos licenciados no encuentran trabajo porque no están realmente capacitados para desempeñarlo, y resulta penoso ver algunos titulados de las escuelas de formación profesional, sin preparación. Como toda la administración marroquí, también este sector se ve afectado por la corrupción (la compra de notas brillantes).

El esfuerzo cualitativo en la educación es el gran reto para Marruecos en los próximos años; algo imprescindible si se quiere que el país continúe avanzando desde un punto de vista económico y social.

EL ISLAM

LAS REVELACIONES DE MAHOMA

El Islam nació en el siglo VII a partir de las revelaciones recibidas por Mahoma, que posteriormente fueron agrupadas en un libro santo, el Corán. Mahoma vivía en La Meca, una ciudad dominada en aquel momento por la aristocracia coraichita, que rechazó de plano sus predicaciones. En la Arabia del siglo VII había cristia-

nos y judíos, pero la religión mayoritaria era la idólatra. Se veneraban diferentes dioses representados por grandes estatuas de piedra.

El propio profeta pertenecía al clan hachemita, que también formaba parte de los coraichitas. Ante la violenta reacción de la aristocracia en el poder, Mahoma y los hachemitas se vieron obligados a huir de La Meca para refugiarse en Medina, donde su mensaje tuvo mayor aceptación. Esta huida, que tuvo lugar en el año 622, es conocida como la Hégira y marca el principio del calendario musulmán.

Los habitantes de Medina, tras convertirse al Islam, declararon la guerra a los de La Meca y acabaron venciéndoles, de modo que la nueva religión fue adoptada por numerosas tribus del área. Estas tribus reconocieron a Mahoma como jefe espiritual y al mismo tiempo como árbitro de sus conflictos, lo que le dio un determinado poder temporal.

El cisma

A la muerte del Profeta –sin descendencia masculina– se produjo un conflicto sucesorio. Los coraichitas, convertidos ya al islam, vieron llegado el momento de recuperar el poder político, mientras los parientes de Mahoma se creían con derecho a heredar el cargo. Los cuatro primeros califas pertenecieron, en efecto, a la familia del profeta, pero su reinado estuvo lleno de contestación y tres de ellos (Omar, Otmán y Alí) terminaron asesinados.

En aquel periodo de pugna surgieron tres tendencias dentro de la comunidad musulmana. La primera, protagonizada por los coraichitas, daría lugar al islam sunnita. La segunda, encarnada en los partidarios de Alí, acabaría llamándose chiita. La tercera, conocida como *jareyita,* agrupaba a quienes se negaban a elegir entre uno y otro clan. El cisma se hizo inevitable.

Tras el asesinato de Alí, fueron los coraichitas quienes tomaron el poder, estableciendo la dinastía Omeya con capital en Damasco. Un siglo más tarde serían substi-

tuidos por los Abasidas de Bagdad, emparentados con el profeta pero que mantuvieron la tendencia sunnita como credo oficial del imperio. Mientras tanto, chiitas y *jareyitas* tuvieron que huir y refugiarse en los puntos más alejados del mundo islámico.

Así, en Marruecos, el control ejercido por Damasco duró muy pocos años; pronto los beréberes islamizados adoptaron el *jareyismo,* creando pequeños principados independientes. Con la llegada de Idris I, descendiente de Alí, parece probable que quienes le acogieron se convirtieran al chiismo, aunque no existen documentos que lo acrediten. De todos modos, a partir del siglo XI, los almorávides impusieron al país el rito sunnita, que se ha mantenido hasta hoy.

ISLAM Y CRISTIANISMO

Las raíces del Islam se hunden en el Antiguo Testamento, aceptado por Mahoma en su integridad. Por el contrario, del Evangelio toma sólo algunas ideas. Considera a Jesucristo como un profeta más, negando su divinidad, y recalca la unicidad de Dios, oponiéndose así a la idea cristiana de Santísima Trinidad. Estos dos puntos son los que separan básicamente a ambas religiones.

No obstante, las iras del Corán no se dirigen contra los cristianos ni contra los hebreos, a quienes considera "ligeramente equivocados", sino contra los idólatras.

Además del Dios único (Alah), los ángeles, el demonio (Chitán), el paraíso, el infierno, el juicio final y los profetas bíblicos, el Islam afirma también la existencia de los genios (*yenun,* plural de *yin),* unos espíritus benignos o malignos que cohabitan con los hombres e intervienen a menudo en sus vidas. Este reconocimiento facilitó sin duda la penetración de la religión mahometana en el África animista. Todavía hoy, en Marruecos, las creencias populares dan una gran importancia a la intervención de los genios, a quienes se puede convocar mediante la brujería.

Por el contrario, el Corán no menciona en momento alguno a los santos. Tal concepto no existió en el mundo musulmán de los primeros tiempos. No obstante, a partir del siglo X, el contacto con la filosofía clásica recibida a través de Persia, con la mística hindú y con el cristianismo copto dio lugar al sufismo. A su muerte, los grandes pensadores sufíes fueron rodeados por un halo de santidad y sus discípulos crearon agrupaciones en las que se combinaba la vida monacal con la defensa del Islam por las armas. Fueron los *ribats,* que en Marruecos dieron lugar a las zagüías.

Aunque con cierta frecuencia se haya perdido el hilo conductor entre el sufismo que les dio vida y su actual funcionamiento, los miembros de tales zagüías son vistos por el pueblo como santos y sus tumbas, recubiertas con un morabito, se convierten en lugares de peregrinaje. La veneración de que son objeto llega a rozar en algunos casos la idolatría.

Contra esta presunta idolatría, que interpretaban como herética, se levantó a finales del siglo XVIII el

movimiento uahabita. Más tarde, sus seguidores alcanzaron el poder en Arabia Saudita, donde los morabitos fueron arrasados y quedó prohibida cualquier tendencia fuera de la sunnita original.

El chiismo domina en Irán y mantiene cierta importancia en algunos otros países, pero no en Marruecos. Por su parte, el *jareyismo* perdió mucha fuerza a partir de la dominación almorávide y se halla reducido a ciertos grupos demográficos aislados, como los ibaditas del Mozab argelino y el sultanato de Omán.

Principios del Islam

El Islam se basa en cinco "pilares" o deberes fundamentales: la profesión de fe, la oración, la limosna, el ayuno en el mes de Ramadán y la peregrinación a La Meca una vez en la vida.

La **profesión de fe** es el acto imprescindible para ser musulmán. Consiste en pronunciar la frase "doy fe de que no hay más dios que Dios y doy fe de que Mahoma es el profeta de Dios". Equivale al bautismo para un cristiano y se repite con mucha frecuencia, como mínimo una vez al día.

La **oración** es también obligatoria y se basa en repetir versículos del Corán, combinándolos con otras palabras rituales y con una serie de genuflexiones. Puede llevarse a cabo en cualquier lugar, excepto la gran oración de los viernes al mediodía, que debe rezarse en la mezquita. Previamente hay que hacer una serie de abluciones para estar limpio y presentable ante Dios. El almuédano llama a rezar seis veces al día: al alba, antes del amanecer, al mediodía, por la tarde, a la puesta de sol y por la noche, aunque la primera es sólo surerogatoria.

El **azaque** es una obligación estrictamente regulada por el Corán, que establece un porcentaje a dar sobre cada uno de los bienes que se poseen (no sobre los beneficios obtenidos, sino sobre el capital en sí). Tal donación forzosa va desde el 2,5 por ciento para las

joyas o el dinero en metálico, hasta el 10 por ciento sobre determinados productos agrícolas. En los primeros tiempos del islam, este tributo iba a parar a las arcas de la comunidad musulmana y servía tanto para ayudar a los necesitados como para sufragar los gastos del culto. Hoy en día, con el establecimiento de unos impuestos de tipo europeo en todos los países musulmanes, la el azaque ha quedado como una norma espiritual de cumplimiento voluntario y cada uno la puede dar a quien mejor le parezca, siempre que se trate de alguien con escasos recursos.

Ramadán es un mes del calendario islámico, en el que tuvo lugar la primera revelación del Corán. Para conmemorar este hecho, todo musulmán adulto en buen estado de salud debe ayunar durante las horas del día, desde el alba hasta la puesta de sol. Este ayuno incluye la comida, la bebida de cualquier tipo, el tabaco, las relaciones sexuales y el maquillaje. Durante la noche, sin embargo, uno puede resarcirse a su gusto. Los marroquíes se toman el Ramadán muy en serio –lo que no es el caso de algunos otros países mahometanos–, de modo que, además de ayunar, en ese mes practican las demás obligaciones con un celo muy especial y se privan de consumir alcohol día y noche (cosa que teóricamente deberían hacer todo el año).

La **peregrinación a La Meca** una vez en la vida también es obligatoria para quien pueda permitírselo desde un punto de vista económico. Debe hacerse en unos momentos determinados del año y siguiendo un ritual muy preciso.

Además de todas estas obligaciones, el Corán señala algunas prohibiciones como no comer carne de cerdo ni de cualquier animal que no haya sido degollado en el nombre de Dios; no consumir tampoco la sangre; no beber alcohol, o por lo menos ésta es la interpretación que se hace actualmente del texto coránico; no arriesgar el dinero en juegos de azar; no mentir ni falsear las pesas o medidas en el comercio, etc.

En definitiva, se trata de medidas que tienden a regular el buen funcionamiento de la sociedad, protegiendo al mismo tiempo la salud pública y la unidad familiar. Lógicamente, tales medidas estaban adaptadas a la sociedad árabe del siglo VII en la letra, aún cuando el espíritu pudiera ser de aplicación universal para todos los pueblos.

EL ISLAMISMO POLÍTICO

CONFUSIÓN SEMÁNTICA

El Islam es una religión que hemos tratado de describir en el artículo precedente. También es una cultura arraigada en múltiples países desde hace más de mil años. El islamismo político, por su parte, es una ideología que se ha desarrollado en el siglo XX, si bien se le pueden hallar algunos precedentes en otras épocas históricas. Confundir el Islam con el islamismo equivale a algo así como confundir el cristianismo con la democracia cristiana.

La ideología política que llamamos islamismo, como cualquier otra ideología, no pertenece a un único partido sino que inspira a un elevado número de grupos en los diferentes países donde tiene algún eco. Entre tales grupos hay unos más moderados y otros más radicales. Con frecuencia estos últimos optan por la acción armada para tratar de imponer sus ideas, convirtiéndose así en terroristas. Identificar islamismo con terrorismo es un error de generalización que se comete a menudo debido a la ignorancia.

Vayan estas dos advertencias por delante antes de intentar definir el concepto de islamismo político, un concepto que ha nacido en Occidente, fuera del mundo musulmán, para referirse a un conjunto de fenómenos diversos como si fueran uno solo. En los medios de comunicación se suelen utilizar, en el mismo sentido que islamismo, otros términos como "integrismo" y "fundamentalismo". En el presente artículo vamos a evitarlos por considerarlos todavía más confusos: el integrismo es una corriente nacida dentro de la Iglesia Católica, mientras el fundamentalismo surgió en el seno de la iglesia protestante norteamericana. Por lo tanto, ninguna de las dos guarda relación alguna con el Islam.

En occidente, dentro del saco del islamismo político se suele meter a los uahabitas que triunfaron en Arabia Saudita a principios del siglo XX; a los *ayatolahs* chiítas que consiguieron destronar al Sha del Irán; al Hizab Alah libanés, también chiíta; a los Hermanos Musulmanes egipcios, sunnitas; a los talibanes afganos; a los comandos suicidas palestinos que luchan por la liberación de sus territorios; al FIS argelino, e incluso al panarabismo del líder irakí Saddam Hussein. Quienes equiparan entre sí todos estos movimientos para imaginarse un fantasmagórico Partido de Dios dispuesto a arrasar el mundo, sin duda olvidan el detalle de que los uahabitas detestan a los chi-

ítas por encima de todo y que las organizaciones islamistas, del Magreb hasta el Líbano, aparte de no poderse ver entre sí, sólo coinciden con la ideología de Saddam Hussein en un tema tan sencillo como el rechazo del imperialismo norteamericano.

¿Cuál es, entonces, el punto en común para todas estas tendencias y muchas otras que se desarrollan desde Mauritania hasta Turquía, conocidas por los occidentales como "islamistas"? El único punto en común es la búsqueda de soluciones a los problemas de la sociedad actual en determinados principios de la sharía o tradición musulmana. Cabe recalcar la palabra "determinados" porque ninguno de los grupos calificados de islamistas trata de aplicar todos los artículos de la ley coránica. Los más moderados hablan sólo de prohibir la venta de alcohol, de guardar las formas en la indumentaria femenina o de evitar la influencia occidentalizante de los medios de comunicación. Los más extremistas pretenden reintroducir en el código penal la amputación de las manos para los acusados de robo, la flagelación por delitos de conciencia y la muerte por lapidación para los culpables de adulterio, medida esta última que pertenece a la tradición pre-islámica y no se halla respaldada en modo alguno por el Corán.

El islamismo político en Marruecos

Los diferentes "islamismos" han ido surgiendo a partir de 1928 como respuestas a realidades concretas de países musulmanes en los que el Estado actuaba contra los principios del Corán y han arraigado con fuerza donde los problemas económicos y sociales no eran solucionados por el poder político.

La existencia en Marruecos de un fuerte Islam oficial encarnado en el propio monarca y un relativo bienestar de la población –en comparación con otros países del área– han constituido hasta ahora un freno a la ideología islamista. No obstante, ésta ha estado presente desde los años 1970, época en que se vio favorecida por el poder en todo el mundo árabe para hacer frente a las reivindicaciones de la izquierda. Tal ideología arraigó en las universidades, consideradas como "fábricas de parados", y en los barrios de chabolas.

Durante el reinado de Hassan II los partidos de signo islamista estaban prohibidos, pero existían asociaciones legales de carácter benéfico que recibían fondos de Arabia Saudita y que constituían el germen para una futura intervención política. En las elecciones de 2002 la formación Justicia y Desarrollo fue autorizada a presentar candidaturas en algunas circunscripciones y obtuvo un apoyo alarmante, debido quizás al elevado índice de abstenciones y al desencanto del electorado por los otros partidos, considerados corruptos e ineficaces.

Con posterioridad, en mayo de 2003, los atentados de Casablanca pusieron de manifiesto la existencia de otro islamismo de carácter violento que hasta ese momento no se había dado en Marruecos. Esto desencadenó una ola de represión por parte del Estado, que limitó los medios de propaganda islamista y reforzó la vigilancia sobre la población, una vigilancia que se había ido suavizando en la década anterior. Como resultado, el islamismo parece hoy bajo control. De todos modos, sólo un desarrollo económico y social adecuado puede erradicarlo definitivamente.

LA SOCIEDAD ACTUAL

El ciudadano marroquí de hoy vive sometido a dos polos de atracción radicalmente opuestos. Por un lado están sus propias tradiciones ancestrales, dignas del mayor respeto, su religión y su cultura. Por otro, la modernidad, la tecnología, el consumismo y la tentadora imagen de occidente. Sin embargo, el marroquí actual, sea joven o mayor, sea miserable o pudiente, no se siente desgarrado por esta doble atracción. Antes al contrario, trata de compatibilizar ambas influencias y de acomodar su vida diaria a las mismas.

La costumbre es insoslayable. Nadie se atreve a actuar contra ella, so pena de ser amonestado por sus mayores, despreciado por sus parientes y criticado por sus vecinos. No hay nada peor para un marroquí que ser la comidilla de los demás. Antes prefiere pasar hambre, sufrir cualquier dolor o soportar una existencia infeliz. El "qué dirán" es la norma básica de comportamiento y tiende siempre a defender la costumbre.

Ahora bien, la costumbre no es en absoluto inamovible, sino que evoluciona siguiendo los pasos de la sociedad. Lo que hoy se considera una norma de obligado cumplimiento no lo era hace dos décadas ni mucho menos lo será dentro de cuatro lustros. De manera que la costumbre constituye una mezcla entre la tradición ancestral y la moda.

A LA BÚSQUEDA DE UN PARAÍSO TELEVISIVO

Las influencias de occidente llegan, sobre todo, a través de la televisión. Los mensajes captados por las antenas parabólicas, que han alcanzado ya hasta el último rincón del país, resultan tentadores para cualquiera y más para las clases populares marroquíes, pues trasladan al televidente a un mundo de ensueño

en el que todo es posible y todo se halla al alcance de la mano, con sólo firmar unas letras de crédito o dar un número de tarjeta por teléfono.

Como este mundo irreal contrasta con su entorno de todos los días, en el que predomina la austeridad, el televidente marroquí se siente impelido a partir en busca de aquella Tierra Prometida o país de Jauja. Si es ambicioso y además tiene cierta capacidad para desempeñar un oficio apreciado en Europa, se buscará la manera de conseguir un contrato laboral o incluso se casará con una mujer extranjera con tal de obtener el visado, lo cual no es tarea sencilla en absoluto. Ahora bien, si es un joven con más ambición que nivel intelectual, optará tal vez por la solución desesperada de montar en una patera para intentar cruzar el Estrecho en viaje nocturno.

A primera vista, resulta difícil comprender que un joven con 30.000 dirhams en el bolsillo –esto es lo que llegan a pagar por subirse a la barquichuela– pueda exponer su vida de un modo tan estúpido sólo por buscar un paraíso que se ha imaginado al ver los anuncios de la televisión. Parece absurdo. Sin embargo, ¿no hay también muchos jóvenes europeos que echan a perder su relajada existencia entregándose a la heroína? En ambos casos, lo que hay detrás de los respectivos dramas es una mafia bien organizada, que sabe cómo elegir y atrapar a sus víctimas. Lo que no acertamos a explicarnos es que en un país tan controlado como Marruecos, donde la delincuencia es tan escasa y donde la única droga que circula con relativa facilidad es el hachís de producción propia, la mafia de las pateras pueda, por el contrario, seguir funcionando con total impunidad.

Los emigrantes

Quienes han conseguido convertir el sueño en realidad y trabajan hoy en el extranjero regresan periódicamente de vacaciones a su tierra de origen, ofreciendo una imagen triunfal de opulencia y de satisfacción que en muchos casos dista considerablemente de la realidad y que contribuye a fomentar en sus allegados el deseo de partir en busca del paraíso imaginario. Inútil sería insistir sobre este fenómeno, que en España conocemos perfectamente por haberlo vivido hace unas décadas quienes iban a trabajar a Suiza o Alemania.

Sin embargo, cabe señalar un dato que explica la capacidad ahorrativa de los emigrantes y es la posibilidad que tienen de saltarse muchas de las costumbres a las que se hallan ligados quienes viven dentro de Marruecos. Tales costumbres, como la de recibir a sus visitantes con banquetes pantagruélicos a base de carne o el estrenar un vestido para cada festividad religiosa, representan pérdidas de tiempo y de dinero considerables. En Europa pueden habitar diez o quince emigrantes bajo un mismo techo sin tener que avergonzarse ante nadie por su hacinamiento.

Dos tendencias y una cultura

El ansia por emigrar en busca de un paraíso imaginario representa la máxima sumisión a las influencias occidentales. La tendencia contraria se refleja en actitudes como el islamismo (ver artículo precedente) o como la reivindicación cultural beréber. Sin embargo, sería erróneo pensar que conviven hoy en el país dos tipos de ciudadanos con ideas opuestas entre sí, obstinados los unos en europeizarse a toda costa y refugiados los otros en actitudes tradicionalistas para protegerse de la europeización.

Los islamistas, los defensores a ultranza de la cultura beréber y los demás grupos de carácter tradicionalista son los primeros en utilizar las nuevas tecnologías y se someten al consumismo como el que más. Lo que caracteriza, pues, a la sociedad marroquí actual es que ambas tendencias contradictorias coexisten dentro de cada hogar y en el alma de cada individuo, siendo además aceptadas como algo normal.

Esta doble atracción se refleja en todos los aspectos de la vida cotidiana, en todas las costumbres. El **estilo arquitectónico** es híbrido, con predominio de los materiales europeos pero manteniendo la estructura de varios salones o estancias en torno a un espacio central. Cada día se ven más tejados, que van substituyendo muy lentamente las clásicas azoteas.

El **mobiliario** también es básicamente occidental, pues incluso los catres o canapés que caracterizaban hasta hace muy poco tiempo los salones marroquíes hoy están dejando paso a vulgares tresillos.

En el **vestido** conviven ambos modelos, el occidental y el marroquí, que se hallan aproximadamente igualados. Lo mismo podemos decir de las joyas, el calzado, el maquillaje y los objetos decorativos.

La **cocina** es básicamente marroquí, aunque la olla a presión y la sartén modernas han substituido por completo los cacharros propios del país. Los refrescos a base de soda están superando ya sin discusión al té con menta de siempre. Por el contrario, las bebidas alcohólicas –teóricamente prohibidas– todavía tienen un público bastante restringido y algo mal visto por parte de los demás ciudadanos, excepto entre la burguesía. La gran mayoría de los hombres y también algunas mujeres –cada vez más– consumen cigarrillos nacionales o de importación, mientras el uso de la pipa tradicional continúa en retroceso.

El **idioma** que predomina en la calle es el árabe dialectal, seguido por el beréber. Sin embargo, el uso del francés va ganando terreno en las grandes ciudades. En cuanto a la lengua escrita, el francés y el árabe culto se hallan en una posición muy parecida, e incluso nos atreveríamos a insinuar que con ventaja para el primero. No hay que olvidar además el inglés, que avanza a pasos agigantados de la mano de las nuevas tecnologías.

En el **arte** sucede otro tanto. Abundan los pintores sobre telas y los escultores adeptos a los estilos europeos (figurativos o abstractos), pero al mismo tiempo se conservan vivos los diferentes tipos de artesanía tradicional (madera pintada o tallada, yeso esculpido, cerámica, bronce grabado, etcétera, todo ello con motivos geométricos). La **música** que hoy predomina es el *rai,* con raíces árabes y cantado en el dialecto marroquí, pero claramente influido por un ritmo y unos instrumentos occidentales modernos.

El empleo del **ocio** sigue repartido por sexos. Las mujeres se reúnen en casa de una de ellas para charlar y contemplar la televisión, básicamente seriales egipcios o mexicanos. Los hombres se dan cita en el café, para conversar y ver también la televisión, sobre todo los partidos de fútbol. El teatro, los cines y las discotecas existen, pero sólo para un público restringido. Entre los habitantes de las grandes urbes, cada vez es más corriente el ir a veranear en familia, a la playa o a la montaña, y también el salir en pareja los jóvenes, aunque sólo sea para tomar un refresco. En este sentido, las últimas décadas ha vivido una verdadera revolución sexual, con el acceso de las mujeres a las cafeterías, antes reservadas estrictamente a los hombres. A los bares donde se sirve alcohol, por el contrario, siguen acudiendo solamente las chicas de reputación dudosa.

Donde mejor podemos observar el carácter híbrido de la costumbre marroquí actual es en una fiesta, sobre todo en una boda. No entraremos en detalles acerca de tal ceremonia, que se describe en el capítulo siguiente. Baste decir que a los atuendos tradicionales con los que se presentaban los novios ante los invitados se ha sumado ahora el vestido largo de blanco para la novia y el traje negro para el novio, en el más puro y rancio estilo europeo. Y que a la práctica de sacar a la novia en una caja o palanquín para conducirla a casa del novio se añade ahora el pasacalles en varios automóviles haciendo sonar los cláxones al modo francés. Por no hablar de la fiesta en sí misma, cada día más parecida a una discoteca, por mucho que los hombres y las mujeres la continúen celebrando por separado.

EL MATRIMONIO

De todas las costumbres marroquíes, la que mayor curiosidad suele causar en el viajero europeo es la relativa al matrimonio. Esto es debido, sobre todo, a temas como la poligamia, la dote y la negociación entre familias.

En efecto, el Corán autoriza al hombre a casarse con un máximo de **cuatro mujeres,** aunque añade "siempre y cuando pueda mantenerlas". Esta condición hace que, hoy en día, debido a los gastos que exige la vida moderna, la gran mayoría de los marroquíes se conformen con una sola esposa y los más pudientes no pasen de dos. En otra época, sin embargo, era normal entre los burgueses tener hasta cuatro mujeres y algunos viajeros del siglo XIX cuentan cómo el sultán disponía de un juez a su servicio exclusivo para irlo casando y divorciando casi diariamente, según la pareja con la que deseara pasar la noche. Las repudiadas y las que esperaban turno formaban parte de su harén. Este mismo esquema se reproducía, a mucha menor escala, en los hogares opulentos de Fès y de Marrakech. La intervención del juez para validar el matrimonio, sin embargo, no figura en el Corán, sino que fue establecida con posterioridad a la muerte del profeta y, a lo largo de la historia, se ha limitado a las familias distinguidas.

El pueblo llano marroquí, hasta mediados del siglo XX, se contentaba con otro sistema llamado el *fatha:* se reunían los contrayentes con sus respectivos padres delante de testigos, llegando a un **acuerdo verbal.** A continuación un alfaquí pronunciaba la primera azora del Corán, la Fatiha, y la fiesta multitudinaria que se celebraba luego servía para que todo el mundo se diese por enterado de la novedad.

Hoy en día, la ley marroquí señala como imprescindible la intervención de los **notarios** o *adules,* quienes levantan acta del contrato matrimonial. Este acta, debidamente reconocida por el juez, constituye un documento necesario a la pareja para poder vivir juntos, viajar o tomar habitación en un hotel. En ella se describen los antecedentes de los novios, si habían estado ya casados con

anterioridad y si el marido tiene otras esposas, así como el valor de la dote, que el padre de la novia reconoce haber percibido o bien que el novio se compromete a abonar con posterioridad.

Últimamente la ley marroquí se ha hecho mucho más estricta, de modo que los notarios deben exigir a los contrayentes una serie de documentos previos, que antes no eran precisos: los carnés de identidad, partidas de nacimiento, certificados médicos y de estado civil, etc. En el caso de que el marido tenga ya otra esposa, ésta debe dar su conformidad.

Una vez establecida el acta notarial, el Estado reconoce a los contrayentes el derecho a la vida conyugal. Sin embargo, todavía pueden pasar días o meses antes de celebrarse la verdadera boda, que es la que da legitimidad ante los ojos del pueblo.

La **dote** constituye una exigencia *sine qua non* fijada por el Corán. No obstante, en cada uno de los países islámicos y en cada época se han hecho diferentes interpretaciones. En el siglo XVI, por ejemplo, era el padre de la novia el que pagaba la dote al novio, según cuenta León el Africano. En el Marruecos actual es a la inversa, lo que se ajusta mucho más al texto sagrado. Sin embargo, su valor puede variar sin límites. Entre las tribus beréberes del Gran Atlas, todavía es normal una dote de 50 a 100 dirhams, mientras en las ciudades acostumbran a pagarse de 10.000 a 20.000 dirhams. Excepto algunas parejas modernas que demuestran su rechazo de la tradición fijando la dote en un simbólico dirham.

Esta suma es entregada por el novio al padre de la novia, entendiéndose que lo utilizará éste para comprar el ajuar de su hija y para costear la fiesta. Sin embargo, también en esto existen diferentes opciones. Los novios con sentido práctico prefieren reducir al mínimo la dote y financiar ellos la ceremonia, mientras otros hacen justo lo contrario. En este último caso, el objetivo es salvaguardar el honor del padre, pues, como el valor de la dote figura en el acta notarial y ésta es fisgoneada sistemáticamente por toda la familia, si su importe les pareciese demasiado reducido podrían comentar por lo bajo que " fulano de tal ha entregado a su hija por cuatro chavos". Una vez más, el "qué dirán" constituye la norma básica de comportamiento.

También hay padres que exigen el inscribir una dote muy elevada, haciendo constar en el acta que la mayor parte queda pendiente de pago. Esto constituye un seguro anti-divorcio para la mujer, pues el marido no puede repudiarla sin haberle abonado previamente, ante notario, dicha deuda.

La costumbre más arraigada en Marruecos es llevar a cabo el matrimonio por un **pacto entre familias.** Normalmente son las madres las que se ponen de acuerdo entre sí. A continuación comunican la idea a los respectivos maridos y, si estos lo aceptan, el asunto ya toma un carácter público. Los interesados son los últimos en conocer su destino y, si no les parece bien, tienen derecho a oponerse. Sin embargo, el respeto a sus mayores les impele normalmente a dar su consentimiento. En el caso de que las cosas vayan muy mal, ya se divorciarán.

Es preciso valorar la importancia que se da a la virginidad en el rito nupcial, según explicaremos más adelante, para comprender la prisa de muchos padres en casar a sus hijas, con quien sea y como sea. El hecho de que luego se divorcien carece de importancia, mientras que, si la muchacha llegase a perder su virginidad antes de la boda, el deshonor caería sobre su familia.

Este deseo de los padres choca sin embargo con la nueva ley, que establece en 18 años la edad mínima para el matrimonio. Aunque se hizo con buena intención, dicha norma está produciendo efectos negativos, pues numerosas adolescentes se convierten en madres solteras o se ven abocadas a practicar el aborto. Éste es ampliamente tolerado y, cuando se trata de mujeres casadas, incluso se lleva a cabo en los hospitales públicos.

En las grandes ciudades, hoy en día, también hay parejas que se forman por iniciativa propia y solicitan a sus padres autorización para casarse. Sin embargo, tales casos aún son minoritarios.

La **ceremonia nupcial** cambia mucho de unas regiones a otras, de las ciudades al mundo rural e incluso entre las diferentes tribus. Esto nos impide hacer una descripción detallada, que sólo se correspondería a una realidad parcial. Nos limitaremos, pues, a señalar ciertos rasgos comunes a la mayoría de los ritos marroquíes.

Tales festejos únicamente tienen sentido si la novia se supone virgen. Cuando se trata de una mujer divorciada, o cuando los novios reconocen haber mantenido relaciones prematrimoniales, se limitarán a celebrar un pequeño banquete tras firmar el acta notarial, en el que sólo participarán los parientes y los amigos íntimos. El coste medio de una boda es de unos 50.000 dirhams, lo que obliga a las familias pobres a ahorrar durante años y a endeudarse para el resto de sus vidas. La duración media es de cuatro días, pudiendo llegar hasta una semana. Durante todo este tiempo, cientos o incluso miles de "invitados" acuden a comer o a cenar en las viviendas familiares de los contrayentes. Entrecomillamos la palabra invitados porque muchos de ellos se presentan sin haber recibido participación alguna. Por lo común, las mujeres van a casa de la novia y los hombres a casa del novio. La base de los banquetes es la carne de vacuno, apenas decorada con alguna legumbre. Esto obliga a sacrificar una o varias reses para el evento, dependiendo del número de comensales previstos.

También se canta y se baila; hasta hace poco, al ritmo de las diferentes músicas propias de cada tribu o región; actualmente, al son de una orquesta con batería y guitarra eléctrica. Los novios apenas participan de la ceremonia. No comen junto a los invitados, ni bailan, sino que se limitan a mostrarse con diferentes atuendos, a cual más espectacular. Sobre todo la novia. Sus manos y sus pies, asimismo son teñidos de alheña. El último día, la novia es conducida en el interior de un palanquín a casa de su futuro marido, acompañada por la multitud. Los antropólogos tienen aquí un buen material para comparar este modo de llevar a las vírgenes en Marruecos y la manera de acarrear a la Virgen en las procesiones andaluzas. Hoy en día, lamentablemente, tal costumbre está siendo substituida por el sistema francés de salir ambos novios en un coche, seguido por otros automóviles que hacen sonar el claxon.

Una vez llegada a su destino, la novia debe perder su virginidad. Varias mujeres atienden junto a la puerta de la cámara nupcial la aparición de una prenda manchada de sangre. Se trata de damas expertas en el tema, que saben distinguir la sangre virginal de cualquier otra. Si su veredicto es favorable, la fiesta continúa, la prenda pasa de unas manos a otras, todos bailan alegremente y el novio sale vestido de blanco para recibir las enhorabuenas de sus parientes o amigos.

Ahora bien, cuando la prenda no se mancha de sangre, la fiesta termina en tragedia. El novio aparece con ropas oscuras, viéndose por lo general obligado a repudiar inmediatamente a su flamante esposa para evitar las críticas y las burlas de la gente. El deshonor cae entonces sobre la familia de la desdichada, que durante años se verá señalada con el dedo por la calle. Lo mejor que puede hacer es abandonar su hogar y dedicarse a la prostitución en alguna ciudad lejana. La costumbre resulta cruel.

El **repudio** es un privilegio que otorga el Corán al marido. Si lo ejerce una sola vez, puede retractarse y reemprender la vida matrimonial. Pero pronunciada tres veces la frase comporta una renuncia definitiva y no podrá volver a casarse con esta mujer, excepto si ella pasa entre tanto por otro matrimonio. La ley islámica reconoce asimismo el divorcio, que es una decisión del juez a partir de una demanda presentada por cualquiera de los cónyugues. De todos modos, el nuevo código personal marroquí que se aprobó en 2004 pone algunas trabas al repudio y concede a la esposa un buen número de derechos que antes no tenía.

LA GASTRONOMÍA

Si el visitante se suele ir de Marruecos con la impresión de que su cocina resulta pobre y escasamente variada es, en primer lugar, por culpa de los restaurantes, que se limitan a las recetas fáciles, y en segundo lugar porque los propios viajeros acostumbran a pedir los cuatro platos famosos, ya que desconocen el contenido de los demás.

Cierto es que el arte culinario marroquí no presenta la riqueza del español, del francés o del italiano, pero sin duda es uno de los más destacados de África, fruto de las aportaciones de los diferentes pueblos que han llegado a esta tierra a lo largo de la historia. Como en las demás formas del arte, debemos distinguir entre el mundo rural y las ciudades. En éstas últimas es donde se halla el verdadero refinamiento.

Debemos aclarar, ante todo, que una comida casera marroquí no consta de varios platos sucesivos como la europea, sino que se sirve todo a la vez. El almuerzo incluye un plato fuerte y diferentes ensaladas o legumbres para acompañarlo. La cena suele consistir en uno o dos tazones de sopa, siempre con mucho pan. El concepto de postre no existe. Los dulces se toman como aperitivos, acompañados de té. Por el contrario, un banquete para invitados incluye tres o cuatro platos fuertes que los comensales se limitan a probar a la espera del último: la carne de vacuno. Con el postrer pedazo de carne en la boca, se levantan de la mesa y dan por finalizada la ceremonia.

LOS PLATOS TÍPICOS

Para clasificar las diferentes recetas de la cocina urbana marroquí, resulta mucho más práctico agruparlas por modos de cocción antes que por materias primas. Así, cabe distinguir el *tayín,* el *cascás,* la olla para la sopa, el horno, la *tangía* y las brasas. El único punto en común a todos ellos, que caracteriza esta gastronomía, es el condimento a base de tres hierbas (perejil, cilantro, apio) y seis especias: pimienta negra, pimienta roja, comino, jengibre, canela y azafrán, así como sal y azúcar.

El ***tayín*** es una cazuela de barro con tapa cónica, donde se cuecen diferentes tipos de alimentos con aceite y un poco de agua, lo

que da lugar a una salsa en la que se mojan enormes cantidades de pan. Existen más de treinta recetas preparadas en el *tayín:* la ternera con guisantes, patata y zanahoria; la ternera con membrillo, la ternera con ciruelas, la ternera troceada con tomate, la ternera con pimiento, cebolla y huevo *(kalía);* el cordero con judías verdes, el cordero con boniato, el cordero con zanahorias y nabos, el pollo con limón y aceitunas, el pollo con pasas y cebolla, el pollo con almendras, el pichón con dátiles, el pichón con pasas y ciruelas, el pichón con aceitunas negras, el pescado con patatas, las sardinas con tomate, la carne de dromedario con ver-

duras, las lentejas con tomate, la tripa con alubias, el conejo con cebollas y pasas, la carne de vacuno triturada en forma de pequeñas albóndigas *(kefta)* con tomate y huevo, etc. Muchos de estos *tayines* resultan francamente dulces, pues en Marruecos el plato fuerte no tiene por qué ser salado.

En el cascás se preparan los diferentes tipos de **cuscús,** que son casi tantos como los *tayines* y cuya relación evitamos por ser muy parecida a la anterior. Baste explicar

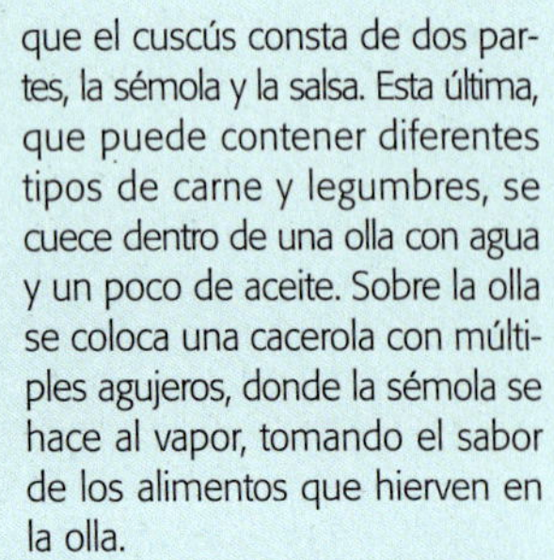

que el cuscús consta de dos partes, la sémola y la salsa. Esta última, que puede contener diferentes tipos de carne y legumbres, se cuece dentro de una olla con agua y un poco de aceite. Sobre la olla se coloca una cacerola con múltiples agujeros, donde la sémola se hace al vapor, tomando el sabor de los alimentos que hierven en la olla.

En el cascás se pueden preparar asimismo diferentes tipos de carne, como el *mbahar* o cordero al vapor, el pichón relleno de arroz y el pollo relleno de aceitunas. Su cocción es muy lenta y el resultado delicioso.

Entre las múltiples variedades de **sopa,** cabe mencionar la *harira* de tomate, cebolla, garbanzos, fideos y harina; la *chorba* de legumbres con harina; la *bisara* o puré de habas secas, que se toma generalmente como desayuno; la *charía* a base de pasta, etc.

En el **horno** se preparan el famoso *mechuí* de cordero, el suculento pollo *mhammar* con aceite y almendras, el pescado de diferentes clases con patatas, cebolla, tomate, pimiento y aceite, y también los numerosos tipos de pasta, entre los que destacan la *bastela* rellena de pollo o pichón, almendras y cebolla, y los pequeños *briuats* (sobrecitos), que pueden llenarse con *kefta* (carne picada) o con arroz.

La ***tangía*** es un ánfora de cerámica, en la que se introducen pedazos de carne con múltiples especias, se cierra bien y se deja cocer durante toda una noche sobre las cenizas calientes de un horno de pan. La más conocida

es la *tangía marrakechía,* de cordero. La *fassía* se prepara con carne de ternera.
Sobre las brasas de leña o de carbón se asan los **pinchos,** que pueden ser de cordero, de filete de ternera, de hígado, de *kefta* (carne de vacuno triturada) o de pollo.
Las **ensaladas** que acompañan el plato fuerte son de muchos tipos, algunas crudas y otras cocinadas (berenjenas y pimientos al horno, espinacas rehogadas...), algunas saladas y otras dulces (lechuga con azúcar, zanahoria con zumo de naranja, etc.).
La **cocina rural** marroquí resulta mucho más rudimentaria. Las ensaladas prácticamente no existen. La sopa más frecuente es la de nabos. El almuerzo consiste invariablemente en una mezcla de verduras con algún pedazo de carne de vacuno o de ovino, preparada con mucho aceite dentro de una cazuela más honda que el *tayín.* La cena de todos los días es el cuscús, pero sin la salsa propia de las ciudades, es decir, un plato de sémola regada con *lebení* (leche agria) y a veces decorada con berenjenas o trozos de tripa. La carne de cabra, despreciada por los habitantes de las urbes, constituye una especialidad de los nómadas.

Con la comida no se suele tomar ningún líquido. Una vez terminada, se bebe un buen trago de agua o de lebení, mientras el té sirve como desayuno y aperitivo.
Cuanto se ha dicho hasta aquí se refiere a las costumbres tradicionales. Hoy en día, sin embargo, todo ha cambiado. El supuesto *tayín* se prepara en una olla exprés, las ensaladas han alcanzado el mundo rural y cualquier comida se acompaña con refrescos industriales de soda.

EL ARTE

Como el Islam desaconseja reproducir las imágenes de la naturaleza para no ofender a Dios tratando de imitar su obra, el arte marroquí ha evitado a lo largo de los siglos la pintura sobre tela o la escultura, común en Europa. Por lo tanto, la creación estética se ha visto limitada a la arquitectura, entendiendo ésta de un modo extensivo, incluyendo la decoración de las paredes, del suelo y de los artesonados.

En Marruecos coexisten dos grandes corrientes artísticas. La primera es anterior al Islam, predomina en zonas rurales y se caracteriza por su austeridad. Para entendernos y simplificando mucho las cosas, podemos llamarlo arte beréber.
La otra corriente, conocida como hispanoárabe, fue introducida en el siglo XI a partir de Al-Andalus y se distingue por su abundancia de pequeños detalles. Domina por completo las ciudades, avan-

zando cada vez más en el mundo rural, donde a partir del siglo XIX aparece mezclada con el estilo autóctono.

Arte beréber

La **arquitectura beréber** emplea básicamente dos materiales: la piedra y la tierra cruda. Esta última puede ser compactada por el sistema del tapial (apisonada dentro de un encofrado de madera) o bien mediante adobes de barro mezclado con paja, secados al sol. Si el primer método sirve para los muros principales, el segundo es ideal para tabiques, columnas, arcos y decoración. El revestimiento se hace también con tierra y paja. Unos buenos aleros y una inclinación adecuada en las terrazas, con el mantenimiento debido, garantizan siglos de duración a estos edificios aparentemente frágiles.

La belleza del arte beréber se halla en su propia textura, en sus volúmenes, en la simplicidad de las líneas rectas o ligeramente curvadas y en su adaptación al entorno natural, del que parece formar parte. Su ornamentación, cuando existe, se limita al apareaje de adobes, dejando algunos huecos entre ellos, en los dinteles de las puertas o en lo alto de las torres, por lo que hace al exterior, y a la colocación caprichosa de las cañas o tallos de adelfa del techo en el interior de las mezquitas o de las estancias donde se recibe a los invitados. Si en algunas casbas del Gran Atlas aparecen paredes y falsos techos de yeso pintado es ya por influencia marrakechí.

El arte hispano-árabe

El arte hispano-árabe se introdujo en Marruecos gracias al contacto cultural durante la ocupación de Al-Andalus por parte de los almorávides y de los almohades, arraigando en las ciudades con fuerza inusitada y experimentando una evolución propia, desde el siglo XI hasta el siglo XX: una evolución que muchos autores consideran degeneración a partir del siglo XIV, pues cada vez abundan más los colorines y los azulejos, mientras los motivos geométricos, florales o epigráficos van perdiendo carácter.

Las **formas arquitectónicas** hispano-árabes presentan un escaso interés, a base de líneas verticales y horizontales llenas de monotonía y volúmenes masivos de los que sólo se destacan los alminares de las mezquitas. Tratándose de un arte urbano y siendo la ciudad marroquí una aglomeración de edificios sin apenas espacio entre ellos, el aspecto exterior de los mismos carece de importancia. Como máximo presenta alguna decoración el portal o el mencionado alminar.

Por el contrario, la grandeza de este arte se halla en la ornamentación de los espacios interiores, entendiendo como tales los salones y los numerosos patios abiertos. Es allí donde se aplican a fondo, hasta el último detalle, los recursos del estilo hispano-árabe: los arcos multilobulados, las tallas en madera de cedro, la escultura sobre yeso y los mosaicos formados por miles de pequeñas piezas de tierra cocida y coloreada. Se trata de un trabajo metó-

dico, académico, en el que el artista no se distingue apenas del simple artesano.

El **material de construcción** propio de dicho estilo son los ladrillos de tierra cocida. Sin embargo, en Marruecos los encontramos a menudo combinados con la piedra tallada y con el tapial, si bien este último no contiene sólo tierra como en el arte beréber sino un mortero de cal. Por el contrario, no se usan los adobes en absoluto, de modo que es frecuente ver un muro de tapial en el que se han introducido, para los detalles, ladrillos de tierra cocida.

Las diferentes **etapas** del arte hispano-árabe en Marruecos van ligadas a las respectivas dinastías, puesto que se trata de un estilo promovido desde el poder y empleado básicamente en edificios oficiales o públicos: palacios, mezquitas, medersas, *fonduks,* mausoleos, portales de las murallas, etc. Las particularidades de cada época, sin embargo, son escasas, puesto que carece de influencias externas y tiende a copiarse a sí mismo.

De un modo general se considera que este arte, introducido por los almorávides, alcanzó su máxima grandeza con los almohades y su perfección decorativa con los meriníes, entrando luego en decadencia. Los saadíes todavía trataron de imitar la gloria del pasado, mientras los artesanos del periodo alauita se limitarían a derrochar materiales nobles, colocándolos sin gracia ni concierto.

Esta decadencia alcanzó su punto álgido en las postrimerías del siglo XIX, coincidiendo con la grave crisis del Estado alauita. En los palacios que se hacen construir los grandes visires, como el de La Bahía en Marrakech, se notan claras influencias extranjeras, apareciendo las pinturas figurativas, ausentes hasta entonces del arte marroquí. Es en ese momento, desde mediados del siglo XIX, cuando se hace patente el influjo del estilo hispano-árabe sobre el estilo beréber.

En los *ksur* del Tafilalet, en las casbas de los grandes caídes del Drâa, en las mansiones de El

Glaoui, de El Goundafi y de todos los jefes poderosos iban apareciendo el yeso esculpido, los azulejos, las arcadas multiformes... El mundo rural se humillaba ante las ciudades, tratando de imitar su decaído modelo.

El arte moderno

Tras la implantación del protectorado, las autoridades trataron de reavivar la creatividad artística. En la zona española del norte nació en 1946 la escuela de Bellas Artes de Tetouan, donde recibieron su formación los creadores de nuevos estilos figurativos y abstractos, de pintura sobre tela y escultura. En la zona francesa, mientras tanto, se promocionaba el aprendizaje de las artes tradicionales, que darían algunos frutos importantes tras la independencia. Sin embargo, las nuevas aportaciones resultaron escasas, a menos que consideremos como tales las estructuras de hormigón armado. Los monumentos del siglo XX destacan más por su profusión de detalles y por la nobleza de sus materiales que por su propio valor artístico.

Lo que no consiguieron los franceses, a pesar del empeño que pusieron en defender la cultura beréber para oponerla al nacionalismo árabe, fue reanimar el arte autóctono de las zonas rurales, que cada día se ve más despreciado y substituido lentamente por un estilo urbano moderno de muy escaso valor.

LA MÚSICA

La música marroquí proviene de tres orígenes étnicos distintos: el beréber, el subsahariano y el árabe-andalusí. Entre todos han dado lugar a unos estilos puros y otros en los que se combinan aportaciones de las tres raíces.

La **música beréber** incluye numerosas variantes de las diferentes regiones y tribus, destacando el *ahuach* en el Atlas occidental y el *aheiduz* en el Atlas oriental. En ambos casos se trata de **bailes populares,** en los que participa todo el mundo, con ocasión de las bodas u otras fiestas. Existen también músicos y tropas folclóricas profesionales; las más conocidas están en el Atlas Medio (tribu Zayaní) y en el Anti Atlas (grupos de dialecto *tasusit).* Dentro de la **música árabe clásica** podemos distinguir la puramente andalusí, muy culta y minoritaria, que fue introducida en el país por los refugiados que huyeron de la reconquista, y otro ritmo llamado *malhum,* algo más ligero y con influencias orientales. Las principales orquestas clásicas están en Fès, Tetouan, Rabat y Chefchaouen.

El **ritmo subsahariano** llegó con los esclavos negros que durante siglos fueron traídos por las caravanas para trabajar en Marruecos. Básicamente se ve representado por los grupos de *gnaua* (guineanos), repartidos por todas las ciudades del país. Es en Marrakech y en Essaouira, sin embargo, donde son más numerosos. En esta última población tiene lugar un festival especializado en junio.

La **música religiosa** recibe ciertas influencias de los tres orígenes y es patrimonio de las zagüías que siguen las enseñanzas de un determinado maestro sufí. En este caso se trata de un ritmo ritual que conduce al trance mediante la repetición acompasada del nombre de Dios. Cada zagüía tiene su propio ritmo característico.

La música popular

También la música *chabía* o popular presenta influencias de las tres raíces. Cantada en árabe dialectal, comenzó siendo interpretada en los zocos o en las plazas de las ciudades, mas hoy se ha convertido en protagonista de la radio, principal materia prima de la discografía comercial y recurso básico para los conjuntos que tocan en las veladas públicas o privadas, como las bodas. Protagonismo que comparte con el *rai.*

También el *rai* se canta en árabe dialectal. Nació hace tres décadas en Argelia y penetró rápidamente a través de numerosos músicos de Oujda. Hoy arrastra multitudes. En él se reúnen las principales características del estilo *chabii* con un ritmo de clara influencia occidental, casi discotequero.

A diferencia de lo que sucede con muchos otros aspectos de la vida y de la cultura marroquíes, la penetración de la música europea y norteamericana en Marruecos está resultando lenta e incluso se ve rechazada con cierta frecuencia en las zonas rurales del sur, donde los ritmos beréberes mantienen su tradicional presencia.

BIBLIOGRAFÍA COMENTADA

Arquitectura y arte

AAVV: *Itinerario Cultural de Almorávides y Almohades,* El Legado Andalusí, Granada 1999, ISBN 84-930615-0-6. Un recorrido por Marruecos y por la Península Ibérica siguiendo los monumentos o las huellas de estas dos dinastías.

AMAHAN, ALI Y CAMBAZARD-AMAHAN, CATHERINE: *Arrêts sur sites,* Ed. Le Fennec, Casablanca 1999, ISBN 9981-838-94-2. En francés. Relación de los principales monumentos marroquíes de todas las épocas.

MIMÓ, ROGER: *Fortalezas de barro en el sur de Marruecos,* Ed. Compañía Literaria, Madrid 1996, ISBN 84-8213-044-7. Estudio sobre las construcciones tradicionales del sur marroquí y el cambio social que ha conducido a su abandono.

SEARIGHT, SUSAN Y HOURBETTE, DANIÈLE: *Gravures rupestres du*

Haut Atlas, Ed. Belvisi / Edisud, Casablanca 1992. En francés. Guía para localizar y apreciar los grabados rupestres en diferentes puntos del Gran Atlas.

Etnología

AAVV: *Los pueblos beréberes en el Magreb,* Ed. Iepala, Madrid 1997, ISBN 1131-5741. Artículos sobre diferentes temas de actualidad relacionados con los beréberes.

CAMPS, GABRIEL: *Los beréberes: de la orilla del Mediterráneo al límite meridional del Sáhara,* Ed. Icaria, Barcelona 1998, ISBN 84-87072-13-5. Seguimiento histórico del pueblo beréber. Muy interesante como acercamiento general a este tema.

CARO BAROJA, JULIO: *Estudios Saharianos,* Ed. Júcar, Barcelona 1990, ISBN 84-334-7027-2. Estudio muy detallado sobre las tribus del antiguo Sáhara Español, publicado por primera vez en 1955.

ZAFRANI, HAIM: *Los judíos del Occidente Musulmán,* Ed. Mapfre, Madrid 1994, ISBN 84-7100-613-8. Traducido del francés. Análisis histórico y social acerca de la comunidad hebrea de Al-Andalus y Marruecos.

Gastronomía

AAVV: *Cocina marroquí,* Ed. Icaria, Barcelona 1997, ISBN 84-7426-278-X. Resumen de los principales platos marroquíes, muy adecuado para hacerse una idea sobre la gastronomía tradicional del país.

BENKIRANE, FETTOUMA: *Las mejores recetas de la cocina marroquí,* Ed. Sochepress, Casablanca 1999. Traducido del francés. Casi dos centenares de recetas actualizadas. Con ilustraciones.

Historia y actualidad

AAVV: *Histoire du Maroc,* Librairie Nationale, Casablanca 1990, ISBN 2-218-00928-5. En francés. Repaso concienzudo de toda la historia marroquí, desde los orígenes hasta la independencia.

DELANOË, GUY: *Lyautey, Juin, Mohamed V,* Ed. Eddif, Casablanca 1993, ISBN 2-908801-45-0. En francés. Marruecos bajo el protectorado, visto por uno de sus protagonistas. Interesante.

DIEGO AGUIRRE, JOSÉ RAMÓN: *Guerra en el Sáhara,* Ed. Istmo, Madrid 1991, ISBN 84-7090-252-0. Interesantísimo seguimiento de la colonización española del Sáhara y su posterior entrega a Marruecos.

MEZZINE, LARBI: *Le Tafilalt,* editado por la Faculté des Lettres et des Sciences Humaines, Rabat 1987. En francés. Estudio muy serio sobre el sur marroquí en los siglos XVII y XVIII. De lectura un poco difícil, es una joya para quienes realmente quieran investigar a fondo el tema.

VALENZUELA, JAVIER Y MASEGOSA, ALBERTO: *La última frontera,* Ed. Temas de Hoy, Madrid 1996, ISBN 84-7880-642-3. Serio repaso de todos los temas que son actualidad en Marruecos, realizado por dos periodistas destacados durante años en este país. Absolutamente recomendable para hacerse una idea general. Este libro se halla prohibido en el interior de Marruecos a causa de un mapa que no incluye el Sáhara.

WOOLMAN, DAVID S.: *Abd el-Krim y la guerra del Rif,* Ed. Oikos-tau, Barcelona 1988, ISBN 84-281-0617-7. Interesante acercamiento a la guerra del Rif y la implantación del protectorado español en general.

ISLAM

ASÍN PALACIOS, MIGUEL: *El islam cristianizado,* Ed. Hiperión, Madrid 1990, ISBN 84-7517-046-3. Análisis de las influencias cristianas en el sufismo, a través de la obra de Ibn Arabi. La primera edición es de 1931.

CHERIF-CHERGUI, ABDERRAHMÁN: *La ideología islámica,* Instituto Hispano-Árabe de Cultura, Madrid 1977, ISBN 84-6000854-1. Análisis del pensamiento islámico a través de sus fuentes, el Corán y los hadices del profeta.

ERNST, CARL W.: *Sufismo,* Ed. Oniro, Barcelona 1999, ISBN 84-89920-63-X.Traducido del inglés. Una introducción a la teoría y la práctica sufíes.

ESTEVA, JORDI: *Mil y una voces,* Ed. El País Aguilar, Madrid 1998, ISBN 84-03-59384-8. Entrevistas con diferentes personalidades del mundo islámico, todas ellas de un gran interés. Lectura altamente recomendada.

GOYTISOLO, JUAN: *De La Ceca a La Meca,* Ed. Alfaguara, Madrid 1997, ISBN 84-204-8193-9. Artículos sobre diferentes temas del mundo islámico, incluidos algunos acerca de Marruecos.

LACOMBA, JOAN: *Sociedad y política en el Magreb,* Ed. Patronato Sud-Nord, Madrid 1997, ISBN 84-8319-007-9. Estudio muy serio sobre el islamismo en los tres países del Magreb. Muy recomendable para quienes quieran comprender este fenómeno.

NAIR, SAMI: *En el nombre de Dios,* Ed. Icaria, Madrid 1995, ISBN 84-7426-263-l. Traducido del francés. Análisis acerca del islamismo en Argelia.

MONTAÑISMO

AAVV: *Randonnées pédestres dans le massif du Mgoun,* Ed. Belvisi/ Edisud, Casablanca 1989. En francés. Ocho itinerarios pedestres y algunos descensos de cañones en el Gran Atlas central.

COLLOMB, ROBIN G.: *Atlas mountains,* Ed. West Col, 1987, ISBN 906227-31-3. En inglés. Estudio centrado en el Gran Atlas occidental.

COMINELLI, CLAUDE: *Ski dans le Haut Atlas de Marrakech,* edición del autor, Andorra 1984. Descripción del Gran Atlas Occidental y de sus mejores itinerarios en esquí.

DRESH, JEAN Y LÉPINEY, JACQUES DE: *Le massif du Toubkal,* Ed. Belvisi/ Edisud, Casablanca 1993, ISBN 9981-819-00-X. En francés. La primera edición data de 1936. Descripción del Gran Atlas Occidental y los principales itinerarios a realizar en él.

MIMÓ, ROGER, ESCOFET, JOSEP MARÍA BARREDA, XAVIER: *Grandes Destinos, Marruecos,* Ed. Barrabes, Huesca 2003, ISBN 84-95744-

32-5. Ofrece un amplio abanico de posibilidades para practicar deportes de montaña.

PEYRON, MICHAEL: *La grande traversée de l'Atlas Marocain,* edición del autor, Rabat 1988. En francés. Descripción detallada de los diferentes recorridos posibles a través de todo el Gran Atlas y el Atlas Medio. Senderismo y esquí.

MUJER

KASRIEL, MICHÈLE: *Libres femmes du Haut-Atlas?,* Ed. L'Harmattan, París 1989, ISBN 2-7384-0592-4. En francés. Un estudio sobre el papel de la mujer en la microsociedad que representa la tribu Ait Hadidú.

MERNISSI, FÁTIMA: *Marruecos a través de sus mujeres,* Ed. del Oriente y del Mediterráneo, Madrid 1993, ISBN 84-87198-06-6. Traducido del francés. Interesantísima visión de la sociedad marroquí a través de una serie de entrevistas con mujeres del pueblo llano.

MERNISSI, FÁTIMA: *Rêves de femmes,* Ed. Le Fennec, Casablanca 1994, ISBN 9981-838-52-7. En francés. La autora nos introduce en el ambiente femenino de la Fès de los años 1940, en una mezcla de narrativa e historia. Genial.

MERNISSI, FÁTIMA: *Etes-vous vacciné contre le harem?,* Ed. Le Fennec, Casablanca 1997, ISBN 9981-838-88-8. En francés. Acercamiento desenfadado a la imagen de la mujer en occidente, vista desde Marruecos.

NAAMANE-GUESSOUS, SOUMAYA: *Au-delà de toute pudeur,* Ed. Eddif, Casablanca 1997, ISBN 2-908801-11-6. En francés. Análisis desgarrador acerca de la sexualidad femenina en Marruecos. Un libro de lectura obligada si deseáis comprender algo sobre el papel de la mujer en esta sociedad.

NARRATIVA

ARABI, EL HASSANE: *Cuentos del Marruecos Español,* Ed. Clan, Madrid 1998, ISBN 84-89142-21-1. Antología de cuentos populares marroquíes, muy bien recogidos.

BEN JELLOUN, TAHAR: *L'Homme rompu,* Ed. de Seuil, París 1994, ISBN 2.02.025839-0. En francés. Novela que trata de la corrupción en la administración marroquí.

BEN JELLOUN, TAHAR: *Día de silencio en Tánger,* Ed. Península, Barcelona 1990, ISBN 84-297-3062-1. Traducido del francés. Deliciosa novela ambientada en Tánger, más descriptiva que de acción.

BENNANI, AZIZA: *Tetuán, ciudad de todos los misterios,* Universidad de Granada, 1992, ISBN 84-338-1565-2. Antología de textos de los múltiples autores que han escrito sobre Tetouan desde 1860 hasta la actualidad.

GOYTISOLO, JUAN: *Reivindicación del conde don Julián,* Ed. Seix Barral, Barcelona 1988, ISBN 84-322-0438-2. Novela ambientada en Tánger. El lenguaje empleado resulta a veces algo difícil de entender.

HUGHES, RICHARD: *En el regazo del Atlas,* Ed. Alfaguara, Madrid

1986, ISBN 84-204-3622-4. Traducido del inglés. Cuentos basados en la tradición oral marroquí pero acompañados por las propias vivencias del autor. Encantadores.

MATA, FERNANDO: *Smara,* Ed. Simancas, Valladolid 1997. ISBN 84-85232-37-2. Relato autobiográfico muy bien ambientado en el antiguo Sáhara español.

TORBADO, JESÚS: *El imperio de arena,* Ed. Plaza & Janés, Barcelona 1998, ISBN 84-01-38583-0. Novela ambientada en Sidi Ifni. Es interesante por su contexto histórico.

VIAJES

BADÍA LEBLICH, DOMINGO: *Viajes de Ali Bey,* Ed. Compañía Literaria, Madrid 1996, ISBN 84-8213-036-6. Traducido del francés, aunque el autor fuera catalán. Relación de un largo viaje por Marruecos y Oriente, comenzado en 1803.

BENÍTEZ, CRISTÓBAL: *Viaje a Timbouctou,* Ed. Laertes, Barcelona 1987, ISBN 84-7584-053-1. Crónica de un viaje lleno de dificultades, realizado en 1880, a través de todo Marruecos y el Sáhara. Fue uno de los primeros europeos en alcanzar aquella ciudad misteriosa.

BERTRANA, AURORA: *El Marroc sensual i fanàtic,* Ed. de l'Eixample, Barcelona 1992, ISBN 84-86279-26-7. En catalán. Relato de un viaje desde Tetouan hasta Ouarzazate, en 1936. No se limita a describir paisajes o ciudades, sino que trata, en vano, de comprender "el alma marroquí".

CANETTI, ELÍAS: *Las voces de Marrakesh,* Ed. Pre-textos, Valencia 1996, ISBN 84-85081-42-0. Traducido del inglés. Un agradable paseo por la Marrakech de los años 1950.

FOUCAULD, CHARLES DE: *Viaje a Marruecos,* Ed. José J. de Olañeta, Palma 1998, ISBN 84-7651-692-4. Traducido del francés. Interesantísimo relato de un viaje por todo Marruecos realizado en 1883, básicamente por zonas desconocidas hasta entonces.

JUAN LEÓN AFRICANO: *Descripción General del África,* Ed. Lunwerg-El Legado Andalusí, Barcelona 1995, ISBN 84-7782-355-3. Traducido del italiano. Descripción geográfica e histórica de Marruecos y el norte de África en el siglo XVI.

LOTI, PIERRE: *Au Maroc,* Ed. La Boîte à Documents, París 1988, ISBN 2-906164-04-6. En francés. Crónica de un viaje de Tánger a Fès, acompañando al embajador de Francia. Es más valioso por su estilo literario que por la información que proporciona sobre el país.

PIERA, JOSEP: *Seduccions de Marràqueix,* Ed. 62, Barcelona 1996, ISBN 84-297-4207-7. En catalán. Relato de una estancia en Marrakech y su región, en los años 1990.

POTOKI, JEAN: *Viaje al imperio de Marruecos,* Ed. Laertes, Barcelona 1991, ISBN 84-85346-80-7. Traducido del francés. Relación de un viaje a Tetouan, Tánger y Rabat, realizado en 1791.

ÍNDICE DE LUGARES

ÍNDICE DE MAPAS Y PLANOS

MAPAS

PLANOS

ESPAÑA

Andalucía
Aragón
Asturias
Barcelona
Canarias
Cantabria
Castilla-La Mancha
Castilla y León
Cataluña
Extremadura
Galicia
Ibiza y Formentera
Madrid
Mallorca
Menorca
Murcia
Navarra
País Vasco
La Rioja
Sevilla
Valencia y Comunidad Valenciana

España en moto
Europa LowCost
Francia
India
Italia
Gran Bretaña
Alemania

GUÍA VIVA

INTERNACIONAL

Alemania
Amsterdam y Holanda
Argentina
Atenas
Azores
Bélgica
Berlín
Bolivia
Borgoña, Alsacia y Francia Nordeste
Bretaña y Normandía
Budapest

Buenos Aires
Cabo Verde
Cancún, Yucatán
Centroamérica:
 La Ruta Maya
Cerdeña
Ciudad de México
Córcega
Costa Rica
Creta
Croacia
Cuba
Delhi, Jaipur y Agra
Ecuador
Egipto
Escocia
Eslovenia
Estambul
 y Turquía Esencial
Florencia, Venecia y Roma
Finlandia
Francia Sur
Grecia
India Norte
India Sur
Inglaterra y Gales
Irlanda
Islas Griegas
Italia Norte
Italia Sur
Jordania
Lisboa
Londres
Madeira
Marruecos
México
Moscú y San Petersburgo
Nepal
Nicaragua
Noruega
Nueva York
Panamá
París
Perú
Polonia
Portugal
Praga
Praga, Viena y Budapest
República Dominicana
Río de Janeiro
 y Salvador de Bahía
Roma
San Francisco
Senegal
Shanghai, Beijing, Xi'an
 (China Norte)
Sicilia
Siria
Suecia
Suiza
Tailandia
Tánger, Tetuán, Chauen
 y Norte de Marruecos
Tokyo/Kioto
Tunicia
Uruguay
Valle del Loira
 y Francia Centro
Viena y Austria Esencial
Vietnam